U0929168

轨道交通车辆维修与运用管理

孙志才　邢湘利　主编

中国铁道出版社

2019年·北京

内容简介

本书根据《铁路货车运用维修规程》、《铁路客车运用维修规程》、《铁路动车组运用维修规程》、《铁路技术管理规程》等相关规程，结合铁路车辆专业高等职业技术教育和铁路方面人才培养的特点，对轨道交通车辆部门的运用管理工作和车辆运用维修等方面的内容进行了详细介绍，主要包括车辆维修运用管理方面有关规程，客、货车故障处理及事故案例，动车组运用与维修，运用客车常见故障及应急处理方法，车辆事故案例分析及防范措施，城市轨道交通运用及维修等内容。

本书可作为高职高专院校相关专业教材，同时可供铁路车辆运用相关技术人员和高等院校师生参考使用。

图书在版编目(CIP)数据

轨道交通车辆维修与运用管理/孙志才，邢湘利主编. —北京：中国铁道出版社，2013.3(2019.1 重印)
ISBN 978-7-113-16124-8

Ⅰ.①轨… Ⅱ.①孙… ②邢… Ⅲ.①铁路车辆-车辆检修-高等职业教育-教材 ②铁路车辆-管理-高等职业教育-教材 Ⅳ.①U279

中国版本图书馆 CIP 数据核字(2013)第 036308 号

书 名：轨道交通车辆维修与运用管理
作 者：孙志才 邢湘利 主编

责任编辑：王明容 王风雨 **电话：**010-51873423 **电子信箱：**tdpress@126.com
助理编辑：黄 璐
封面设计：郑春鹏
责任校对：焦桂荣
责任印制：陆 宁

出版发行：中国铁道出版社(100054，北京市西城区右安门西街 8 号)
网 址：http://www.tdpress.com
印 刷：北京虎彩文化传播有限公司
版 次：2013 年 3 月第 1 版 2019 年 1 月第 4 次印刷
开 本：787 mm×1 092 mm 1/16 印张：23.5 字数：596 千
书 号：ISBN 978-7-113-16124-8
定 价：75.00 元

版权所有 侵权必究

凡购买铁道版的图书，如有缺页、倒页、脱页者，请与本社读者服务部联系调换。
电 话：市电(010)51873170，路电(021)73170(发行部)
打击盗版举报电话：市电(010)63549504，路电(021)73187

编委会名单

主　　编： 孙志才　邢湘利

副 主 编： 程云杰　蔡光辉

参编人员： 齐海龙　李秀春　张　强　刘德强
王颜明

前　言

在经济日益发展的今天，轨道运输行业已经占据各大运输行业中的主导地位。轨道交通事业的迅速发展、车辆技术装备水平的不断提高，迫使我们对于轨道运输车辆专业的教学应更加深入，为提高学员们实作技能水平、增强学员对轨道交通车辆故障的处理能力、强化学员对轨道交通车辆运用管理的了解，特编写了此书。

本书根据《铁路货车运用维修规程》、《铁路客车运用维修规程》、《铁路动车组运用维修规程》、《铁路技术管理规程》等相关规程，结合铁道车辆专业高等职业技术教育和铁路方面人才培养的特点，对轨道交通车辆部门的运用管理工作和车辆运用维修等方面的内容进行了详细的介绍，主要包括：车辆维修运用管理方面有关规程，客、货车故障处理及事故案例，运用客车常见故障及应急处理方法，车辆事故案例分析及防范措施，城市轨道交通运用及维修等。

本书内容详细，重点突出理论知识与现场实际相结合，方便教学。各章节相对独立性较强，并且独立章节内调理清晰，有助于学员们的理解。

本书在编写过程中得到了苏州轨道交通有限公司凌松涛、凌世清、张豪杰、余俊、秦蓉花等同志的大力支持，在此表示衷心的感谢。

由于编者水平有限，不妥之处希望广大读者批评指正。

编　者

2012 年 12 月

目 录

第一章 绪 论 …… 1

第一节 铁路客车的发展 …… 1
第二节 铁路货车的发展 …… 3
第三节 城市轨道车辆的发展 …… 5
第四节 铁道车辆部门职能 …… 9

第二章 铁路客车维修 …… 26

第一节 铁路客车运用维修规程 …… 26
第二节 客车技术整备所作业顺序及作业分工 …… 40
第三节 客整所列车技术检查作业过程 …… 41
第四节 运用客车出库质量标准 …… 50
第五节 单车技术检查作业过程 …… 59
第六节 客车辅修及 A1 级检修 …… 69
第七节 客车制动机试验 …… 91
第八节 旅客列车检修所 …… 96
第九节 客车的快速修作业 …… 98
第十节 旅客列车乘务 …… 102
第十一节 运转车长的职能 …… 112

第三章 动车组管理 …… 115

第一节 动车组管理 …… 115
第二节 动车组维修制度及周期 …… 115
第三节 动车组运行要求 …… 116
第四节 动车组一级检修流程及作业步骤 …… 116
第五节 动车组一级检修质量标准 …… 118
第六节 动车二级检修流程及作业步骤 …… 129
第七节 动车组二级检修质量标准 …… 131
第八节 动车组乘务 …… 152

第四章 铁路货车维修 …… 155

第一节 铁路货车专业知识 …… 155
第二节 货车有关行车规章要求 …… 162

第三节 铁路货车运用主要工作及性质…… 164
第四节 列车技术作业方式、性质及时间 …… 165
第五节 铁路货车检查范围及质量标准…… 167
第六节 列检一列作业标准…… 177
第七节 单车技术检查作业…… 181
第八节 大件修作业程序及标准…… 187
第九节 列车自动制动机试验…… 198

第五章 运用客车常见故障及应急处理方法…… 201

第一节 普通客车故障…… 201
第二节 快速客车故障…… 224

第六章 运用货车常见故障及处理方法…… 238

第一节 制动装置部分故障及处理…… 238
第二节 转向架部分故障及处理…… 248
第三节 车体部分故障及处理…… 257

第七章 车辆事故案例分析及防范措施…… 260

第一节 客车制动部分…… 260
第二节 货车制动部分…… 272
第三节 转向架事故…… 279
第四节 车钩缓冲装置事故案例…… 293
第五节 发电车事故…… 299
第六节 车电装置事故案例…… 307
第七节 火灾事故案例…… 315
第八节 燃烧温水锅炉取暖装置事故案例…… 319
第九节 车内设备事故案例…… 322
第十节 接触网设备事故案例…… 327
第十一节 脱轨事故案例…… 329
第十二节 其他事故案例…… 337

第八章 城市轨道交通车辆维修工艺及设备…… 342

第一节 车辆检修限度与工艺管理的基本内容…… 342
第二节 车辆修理的生产组织及工艺过程…… 344
第三节 城市轨道车辆的日常维修…… 349
第四节 城市轨道车辆的定修…… 353
第五节 城市轨道车辆的架修和大修…… 357

第一章　绪　论

第一节　铁路客车的发展

新中国成立前我国几乎没有独立的客车制造工业。新中国成立后为适应经济飞速发展，我国从 1953 年开始自行设计制造客车。至今，已先后设计并批量制造了 21 型、22 型和 25 型客车。我国最早设计制造的主型客车是 21 型车，从 1961 年开始被 22 型车取代。30 多年时间里，22 型客车在我国客运中一直占据着主导地位。到 20 世纪 90 年代初才逐渐被 25 型车替代。从此，25 型车成为我国升级换代的主型客车。

作为换代车，25 型车的研制早在 1965 年就已经起步，只是由于“文化大革命”的原因而停滞。后来随着改革开放形势的发展，20 世纪 80 年代后期 90 年代初开始，研制步伐才不断加快。为了解决客运繁忙区间和某些线路旅客列车严重超员的问题，相继批量生产了中短途用 25.5 m 空调双层客车，试制了中长途用双层客车。本着生产一代、研制一代、构思一代的滚动开发思路，在引进英国样车的基础上，吸收国内成熟经验和原民德进口车的优点，开发研制了 25A 型空调客车（通常称之为“168”客车），进而又设计制造了成本较低的 25G 经济型客车，同时并开始设计制造非限定运用区间用 25B 型客车。特别是 1993 年 3 列广深线用 25Z 型准高速客车的研制成功，为我国客车的提速打下了基础，为时速 200 km 及以上高速客车的开发拉开了序幕。正是在上述几种 25 型客车研制的基础上，为满足 1997 年客车提速需要，我国又设计制造了 25K 型快速客车。其转向架基本是采用准高速转向架的技术，车体基本是 25G 型车的技术，将我国新造客车的最高运行速度由 140 km/h 提高到 160 km/h。为满足 1998 年客车再次提速的需要，制造了近 1 000 辆更为新型的 25K 型快速客车，该批车无论是内外部的装饰还是各种性能，投入运用后在社会上反映良好，许多技术已经赶上或超过了原民德进口客车的水平。中国铁路 25T 型客车是为满足中国铁路第五次大提速而设计制造的，它吸收了多年来 25 型准高速客车、提速客车的设计制造技术及运用经验，同时采用近几年来研究的新技术。车辆的设计制造贯彻了先进、成熟、经济、适用、可靠的方针，遵循了标准化、系列化、模组化、资讯化的原则。

近 10 年来，客车的技术水平和品种的发展相当快，几乎是年年有新产品，年年上新台阶。据长春、唐山、四方、浦镇四家制造厂及长沙重型机器厂设计图样的不完全统计，我国各种客车设计品种总数已达 570 多种，近 10 年品种总数约为前 40 年的总和。除常用品种外，还设计制造了档次较高的“高质车”、高级软卧车、各种特种车和出口车等。为了上水平、上档次，采用了许多新材料、新技术、新设备。车体广泛采用耐候钢、高档漆及复合材料。在最高运行速度为 140 km/h 的 206、206G、209、209PK、CW-1 型转向架基础上，成功研制并批量生产了最高运行速度为 160 km/h 的 206WP、206KP、209HS、CW-2 等新型转向架。采用了 104 型电空制动机和 F8 型电空制动机，并研制了盘形制动装置、防滑器、单元制动器、合成闸瓦等。绝大多数车都安装了空调。为了满足大编组空调列车供电的需要，研制了多种大功率发电车；为解决电化区段由机车供电而非电化区段又可由发电车供电问题，研制出一列DC 600 V和AC 380 V兼容供电的旅客列车。研制并采用了高强度 15C 型车钩、小间隙车钩、增大容量的 G1 型缓冲器、橡胶风挡、耐磨风挡、铝制单元式车窗等。许多车设计安装了信息显示装置，部分车安装了进口或国产的密封式风挡、电控风动塞拉门等。

另外，改革开放以来，随着我国国民经济的迅猛发展，人民生活水平的不断提高，消费观念的转变，公务外出，旅游观光，探亲访友，尤其是节假日消费经济的兴起，出现了客运繁忙的景象，各种运输方式的市场竞争日趋激烈，铁路以其安全、舒适、价廉、快速和全天候占有优势。铁道部在主要干线实现提速的同时，极其重视动车组的开发，不失时机地组织中国铁路机车车辆工业总公司所属的各机车、车辆制造厂等单位，先后开发研制了我国全双层内燃动车组、液力传动内燃动车组、准高速双层内燃动车组、时速 120 km 电动车组、时速200 km电动车组等。这些动车组是城际间和市郊铁路小编组、大密度的有效客运工具，以其编组灵活、快捷方便、安全可靠、乘坐舒适而倍受各国铁路青睐。这些动车组的投入营运，为铁路客运注入了新的活力，增强了竞争实力，也方便了广大旅客。2012 年，我国铁路累计发送旅客 18.93 亿人，比 2011 年增加8 618万人，增长 4.8%，旅客周转量完成9 812.33亿人公里，增长 2.1%，完成的旅客周转量世界第一，这些成绩的取得都得益于我国铁路客车的快速发展。

今后我国客车车辆的展望：

随着改革开放、国民经济和铁路的大发展，人民生活水平的不断提高，铁路客车的制造业及其产品、技术水平也将不断发展，品种不断增加。高质量、高档次、多用途、多层次的铁路客车、时速 200 km 的客车、高速客车，摆式车辆和城市轨道车在近期和将来均可望得到更好地发展。

1. 开发高质量、高档次、多用途、多层次的现代化客车

由于 25 型车的大批量生产，22 型车自 1994 年已基本停止生产。现阶段，25 型客车已成为主型客车，但其品种和水平仍需不断增加和提高。在“高质客车”基础上，应进一步开发研制适应旅游业发展的高档豪华型客车和观光旅游客车；为了提高服务质量，适应国内外用户不同层次多方面的需求，应发展多用途、多层次的现代化卧车和座车等。

2. 进一步开发推广双层客车

双层客车应成为我国今后发展的一种重要车型。除中短途外，应特别注意总结中长途双层客车设计、制造、运用经验，为进一步改进设计和加快发展做准备。

3. 开发时速 300 km 及以上的高速客车

根据国外高速铁路、高速车发展情况和我国客车提速形势，为了满足经济发展和市场的需要，我国必须修建高速铁路。目前我们已完全掌握时速 300 km 高速车的设计制造技术，同时对国外先进技术进行消化吸收和改进创新。随着我国自主研发设计制造的 CRH 系列动车组的大量投入使用，将更进一步地推动我国高速客车的设计制造技术。

4. 开发高原客车

青藏高原空气稀薄、气压低、氧气少，旅客乘车一般都有反应。为此，高原铁路客车应注意车体的密封性能和医疗设施的开发和研制。

5. 开发客车关键技术

为了搞好上述新型客车的研制开发，应提前或同时搞好关键技术的开发研究，如减轻客车车体自重的轻量化研究：开发选用不锈钢、铝合金、复合材料及内装修材料的优化结构设计；改进客车的供电技术；改进制动技术和车钩缓冲装置，减少列车冲动；改进车体结构，推广应用橡胶风挡和密闭式风挡，提高车门、车窗的气密性，以改进车体的隔声性能；研究开发高速客车用

车体、转向架、制动机、空调、供电、控制等主要部件及技术等。

第二节　铁路货车的发展

中华人民共和国成立以来，我国铁路货车经历了两个阶段、实现了三次大的升级换代。第一阶段是1949年至1957年的仿制国外产品阶段，第二阶段是1957年至今的自行设计、自主创新阶段。在这两个阶段中，我国铁路货车实现了三次大的升级换代。

1. 1956～1957年，新中国第一个自主设计的P_{13}型棚车和载重30 t铁路货车在我国全面停产，标志着我国铁路货车实现了载重由30 t级向50 t级的第一次升级换代。

2. 1976～1978年，载重60 t的C_{62A}型敞车落成和载重50 t级铁路货车在我国全面停产，标志着我国铁路货车实现了载重50 t级向60 t级的第二次升级换代。

3. 2003～2006年，载重70 t、80 t级新型提速、重载铁路货车研制和载重60 t级铁路货车在我国全面停产，标志着我国铁路货车实现了载重由60 t级向70 t、80 t级和时速由70 km、80 km向120 km的第三次升级换代。

自20世纪80年代改革开放以来，我国铁路货车呈现出了快速发展的良好势头。截止到2009年底，我国拥有各型铁路货车约73万辆，其中，国铁货车61万辆。铁路货车轴重由建国初期的11 t普遍发展到21 t，新型铁路货车也已经向23 t、25 t轴重发展；载重由30 t发展到50 t、60 t，进而发展到70 t、80 t，大秦线运煤专用敞车载重已经达到了80 t。铁路货车商业运营速度也从20世纪70年代的70 km/h、80 km/h提高到现在的120 km/h。铁路货车制动系统由K2型、GK型三通阀、空重车手动调整、铸铁闸瓦发展到性能优良的120型控制阀、自动空重车调整装置和新型高摩合成闸瓦；车钩也由强度较低的普通铸钢制造的2号、13号车钩发展到由C级钢、E级钢制造的高强度13A型小间隙车钩以及E级钢材料的连锁型高强度16型转动车钩、17型固定车钩；缓冲器由小容量弹簧摩擦式的1号、2号，橡胶摩擦式的MX-1型发展成大容量的弹簧摩擦式的MT-2型，并正在研制性能优良、容量更大的缓冲器；转向架在普遍采用21 t轴重、在商业运营速度为120 km/h的转K2型转向架或转K4型转向架的基础上，迅速应用25 t轴重的转K5型转向架和低动力型转K6型转向架。

1998～2002年，研制开发了具有世界先进水平、时速120 km的转K2型转向架和P_{65}型行包快运棚车等系列提速铁路货车，开创了我国铁路货车的提速先河；完成了既有铁路货车120 km/h提速改造设计和实验，揭开了我国铁路货车提速的崭新一页。

2003～2004年，为大秦线载重80 t级C_{80}型铝合金、C_{80B}型不锈钢重载铁路货车开发和2万吨重载组合列车开行奠定了重载技术基础。

我国铁路货车立足高起点、高标准，通过自主创新、集成创新、引进消化吸收再创新，以低动力转向架、车体轻量化等核心技术为依托，建立了我国铁路货车技术平台和标准体系；深入开展基础性和可靠性研究，全面应用铁路货车性能仿真分析、试验台试验和线路综合性试验等方法，形成了我国铁路货车可靠性评价体系，为我国铁路重载运输提供了技术装备保障。特别是2000年以来，我国铁路货车整体技术已达到国际先进水平，部分技术已经超过世界先进水平，较好地满足了我国铁路发展的需要，有力地保证了货物运输安全，形成了多项高水平的适合我国铁路实际运用条件的核心技术，涵盖了设计、制造、试验等各个领域。

随着铁路货车技术的发展和钢材生产能力的提高，我国铁路货车已从钢木混合结构进入全钢结构时代，由焊接结构全面替代了铆接结构；耐候钢、铝合金、不锈钢等新型金属材料的使用实现了车体轻量化；含油尼龙、橡胶、弹性体、高分子复合材料等非金属材料的使用减少了零部件磨耗，提高了铁路货车性能的稳定性。新材料技术的应用，使铁路货车的强度、可靠性大幅提高，延长了检修周期，减少了故障发生率，铁路货车综合技术性能有了本质提升。

一、列车的定义

列车是铁路运输的主要形式。为提高运输效率，保证列车运行安全，列车的编组、质量（重量）、长度等方面须符合一定要求。按列车编组计划、列车运行图及《铁路技术管理规程》（简称《技规》）有关规定编成的车列，挂有牵引的机车及规定的列车标志，称为列车。单机、动车及重型轨道车，虽未完全具备列车条件，亦应按列车办理。

在铁路运输生产中，根据需要和服务对象，每种列车分别担任着不同的运输任务。按运输性质和任务的不同，列车分为以下几种。

1. 旅客列车

旅客列车是指运送旅客及行李、包裹、邮件的列车。按其运行途程、运行速度及性质不同可分为：

(1)动车组列车：分跨局、管内动车组列车。

(2)直达特快旅客列车。

(3)特快旅客列车：分跨局、管内特快旅客列车。

(4)快速旅客列车：分跨局、管内快速旅客列车。

(5)普通旅客列车：分普通旅客快车和普通旅客慢车。

(6)临时旅客列车：分跨局、管内临时旅客列车。

(7)临时旅游列车。

(8)回送客车车底列车。

2. 行邮行包列车

行邮行包列车是指按旅客列车运输方式组织，可以使用货运站站场设备，整列装载行邮行包的列车。分为：

(1)特快行邮列车。

(2)快速行邮列车。

(3)行包列车。

3. 货物列车

货物列车是指运送货物和排送空货车的列车。它包括：

(1)“五定”班列：系指在装车地或编组站编组，到发时间、运行线路、停车地点、运输价格和列车车次等五方面固定的列车。

(2)快运列车：为运送远距离的鲜活易腐及其他急运货物的列车。

(3)重载列车：用于运载大宗总重大、轴重大散货的列车。

(4)直达列车：系指在装车地或编组站编组，通过一个及其以上编组站不进行改编作业的列车。

(5)直通列车：指在编组站或区段站编组，通过一个及其以上区段不进行改编作业的列

(6)保温列车：由机械冷藏车组编组而成的列车。

(7)自备车列车：由自备车组编组而成的列车。

(8)区段列车：在编组站或区段站编组，到达前方第一个技术站解体，在区段内不进行摘挂

作业的列车。

(9)摘挂列车:在技术站(或中间站)编组,在区段内中间站进行摘挂作业的列车。

(10)超限列车:挂有装运超限货物车辆的列车。

(11)小运转列车:分区段小运转列车和枢纽小运转列车两种。在编组站或区段站和邻近区段内的几个中间站开行的列车为区段小运转列车,在枢纽内各站间开行的列车为枢纽小运转列车。

4. 军用列车

用来运送军队与军用物资的列车。

5. 路用列车

专为运送铁路自用物资而开行的列车。

二、列车等级

列车运行的等级顺序为:动车组列车、特快旅客列车、特快行邮列车、快速旅客列车、普通旅客列车、快速行邮列车、行包列车、军用列车、货物列车、路用列车。

开往事故现场救援、抢修、抢救的列车,应优先办理。特殊指定的列车的等级,应在指定时确定。

三、列车运行方向与行车时刻

1. 列车运行方向

列车运行原则上以开往北京方向为上行,车次编为双数;远离北京方向为下行,车次编为单数。但在一些线路上,列车运行方向与开往或远离北京并不明显,为了统一上、下行方向,全国各线的列车运行方向,以铁道部规定为准。在枢纽地区,列车运行方向由各铁路局规定。在个别区间,使用直通车次时,可与规定方向不符。

2. 行车时刻

为贯彻行车工作的集中领导、统一指挥,全国的铁路行车时刻均以北京时间为标准,从零时起计算,实行二十四小时制。

第三节　城市轨道车辆的发展

一、城市轨道交通的由来与发展

1. 世界城市轨道交通发展简史

历史证明,城市是人类活动的中心和社会进步的重要标志。随着科技进步和劳动生产率的提高,农村人口越来越向城市集中,城市规模不断扩大,城市人口急剧增长。城市范围内集中的大量人员流动,要求配置便捷、可达性强的客运交通工具,以便人们高效率地到达出行目的地。近百年来世界上许多大城市的发展经验告诉我们,只有采用快速轨道交通系统(地铁、轻轨、城市快速铁路等)作为公共交通的骨干网络,才有可能有效地完成艰巨的城市客运任务。另一方面,为了建设生态城市,应把摊大饼式的城市发展模式转变为伸开手掌型发展,而其骨架就是城市快速轨道交通。

城市快速轨道交通发展至今已有100多年历史,种类、形式繁多。按不同的标准,可分为轮轨系统与磁悬浮系统、双轨系统与独轨系统等。一般从客运能力大小的角度,可把城市轨道交通分为大运量的城市快速铁路和地铁系统、中运量的轻轨交通系统和小运量的独轨交通。

2. 城市地铁的发展

城市轨道公共交通的雏形是轨道公共马车。1863年，世界上第一条用蒸汽机车牵引的地下铁道线路在英国伦敦建成通车，至今已有130多年的历史。由于列车在地下隧道内运行，尽管隧道里烟雾熏人，但当时的伦敦市民甚至皇亲显贵们，都乐于乘坐这种地下列车，因为在拥挤不堪的伦敦地面街道上乘坐公共马车，其条件和速度还不如地铁。从此以后，世界上一些著名的大都市相继建造地铁。

自1863年至1899年，有英国的伦敦和格拉斯哥、美国的纽约和波士顿、匈牙利的布达佩斯、奥地利的维也纳以及法国的巴黎共5个国家的7座城市率先建成了地铁。

伦敦自1863年创建世界上第一条地铁以来，历经130多年的发展，通过不断提高技术水平，伦敦地铁系统已成为当今世界上的先进技术范例之一，尤其是地铁实现了电气化后，伦敦的地铁几乎每年都有新进展。目前，伦敦地铁线路总长度约410 km，地下隧道171 km，共设置车站275座，地铁车辆保有量总数约4 139辆，年客运总量已突破8亿人次。

受伦敦成功建设地铁的影响，美国纽约也于1867年建成了第一条地铁。随着纽约城市规模的扩大，城市人口不断增加，到1900年市区人口已有185万人，同时地铁建设也在不间断地发展。现在纽约已发展成为世界上地铁线路最多、里程最长的一座城市。

目前，纽约地铁线路总长度约421 km，其中地下隧道258 km，共设置车站476座，地铁车辆保有总数约6 561辆，年客运总量已突破10亿人次。

法国巴黎也是最早修建地铁的城市之一，但比英国要晚37年。为举办“凡尔赛展览会”而修建的巴黎第一条地铁从巴士底通往马约门，全长约10 km，它为巴黎地铁网络的不断发展和完善打下了基础。时至今日，巴黎市区已拥有地铁线路15条，其中2条为环线，有4条地铁采用橡胶轮体系的VAL车辆。地铁线路总长度约2 014 km，地下隧道约占175 km，共设置车站370座，车辆保有总数约3 472辆，年客运量总数也已突破12亿人次。巴黎的地区快速地铁(RER)非常发达，运营线路共有363 km，其中114 km与地铁共线，249 km为城市快速铁路SNCP。RER的年客运量约4亿人次。在进入20世纪的最初24年里(1900～1924年)，在欧洲和美洲又有9座大城市相继修建了地铁，如德国的柏林、汉堡，美国的费城以及西班牙的马德里等。

柏林的第一条地铁开通于1902年。发展至今，市区地铁已四通八达，有的线路已采用自动化运行技术。目前，柏林已有9条地铁线路，线路总长度约142 km(其中地下隧道约占104 km)，共设置车站166座，车辆保有量约2 410辆，年客运总量约6.6亿人次。

西班牙也是欧洲较早修建地铁的国家之一。1919年，马德里的第一条地铁线路开始运行，现在已发展到10条地铁线路，线路总长度约115 km，共设车站158座，车辆保有总数约1 012辆，年客运总量约4亿人次。

1925年至1949年，其间经历了第二次世界大战，各国都着眼于自身的安危，地铁建设处于低潮，但仍有日本的东京、大阪，苏联的莫斯科等少数城市在此期间修建地铁。

日本东京的第一条地铁线路于1927年建成通车。虽然日本的地铁也是效法欧洲技术建设而成，但他们在修建地铁的同时，着重开发主要车站及其邻近的公众聚集场所，这些场所能促进地下商业中心的建设，而且与地下车站连成一片，使地铁这一公益性基础设施获得了新的活力，取得了较好的经济效益和社会效益。

1996 年，东京地铁已拥有 12 条地铁线路，线路总长度约 237 km，共设置车站 196 座，车辆保有总数约 2 450 辆，年客运总量已突破 25 亿人次，是当时世界上地铁客运量最大的城市之一。

1932 年莫斯科的第一条地铁开始动工，线路全长约 11.6 km，共设置车站 13 座，到 1935 年 5 月建成通车运营。其建设速度之快，在当时是空前的。以后莫斯科的地铁建设就一直没有中断过，即使在第二次世界大战期间也没有停顿。发展至今，莫斯科已拥有地铁线路 9 条，线路总长度约 244 km，地铁车站总数为 150 座。莫斯科地铁系统的建筑风格和客运效率是举世闻名的，每个车站都是由著名的建筑师设计，并配有许多雕塑作品，艺术水平较高，使旅行者有身临宫殿之感。而所有地铁终点站都与公共汽车、无轨电车和轻轨系统相衔接，有几个车站还与铁路火车站相连接，为旅客提供了方便的换乘条件。目前，莫斯科地铁系统保有车辆总数约 3 200 辆，年客运量已突破 26 亿人次。

第二次世界大战以后，1950 年至 1974 年的 24 年间，世界上地铁建设蓬勃发展。在此期间，有加拿大的多伦多、蒙特利尔，意大利的罗马、米兰，美国的费城、旧金山，前苏联的彼得格勒、基辅，日本的名古屋、横滨，韩国的汉城以及中国的北京等约 30 座城市相继建成了地铁。具有代表性的地铁项目有：

日本的名古屋，第一条地铁线路于 1957 年建成通车，现有 5 条地铁线路，线路总长度约 76.5 km，共设 61 座车站，车辆保有总量约 730 辆，年客运量已突破 6 亿人次。

韩国的汉城，第一条地铁线路于 1974 年建成通车，现共有 4 条地铁线路，线路总长度约 131 km，共设置车站 114 座，车辆保有总量约 1 602 辆，年客运量已超过 13 亿人次。

加拿大的蒙特利尔，第一条地铁线路于 1966 年建成通车，现在已有 4 条线路，线路总长度约 64 km，共设车站 65 座，车辆保有量总数约 760 辆，年客运总量约 3.5 亿人次。

蒙特利尔的地铁主要采用橡胶轮胎走行系统，以法国的 VAL 技术为基础，列车在表面光滑的混凝土轨道上行驶，客运效率和乘坐舒适度都很高。线路布局充分考虑了与周围环境的协调，乘客换乘其他交通工具极为方便。新建地铁车站的建筑风格各不相同，建筑雄伟、辉煌而明快，为城市开辟了良好的地下活动空间。每座车站都与周围环境融为一体；在公园中，车站与树林绿茵配合成协调优美的景观；在商业繁华区，站台的高度往往与林荫人行道的高度相同，而且可直接相通；有的车站还可直接通向办公大楼或大饭店的厅廊。这些精心设计，给人们的出行和换乘创造了极为方便的条件。

北京第一条地铁于 1969 年 10 月建成通车，线路长度为 23.6 km；第二条环线又于 1984 年 9 月建成通车，全长 199 km。截止 1992 年 10 月西单站建成通车，北京保持正常运营的地铁线路共长 43.5 km，年客运量已突破 5 亿人次，与建成初期 1971 年的年客运量 828 万人次相比，运量增长已超过了 65 倍，其客运量占全市公共交通总运量的密度，已由当初的 8%增长到 15%。2000 年 6 月 28 日地铁 1 号线全线贯通并投入运营，至此北京地铁线路总长达 55.5 km，设车站 41 座，保有车辆总数近 600 辆。地铁 1 号线投入运营后，地铁客运量增加了 8%。这样的增长态势是任何其他交通工具所无法比拟的。这说明城市客运交通的需求量很大，发展大、中客运量的轨道交通系统显然是我国大城市交通走出困境的必由之路。

1975 年至 1995 年的 20 年时间里，地铁建设在原有基础上取得了长足的进展，世界上 30 多座城市在此期间建成了地铁或正在修建地铁，美洲有华盛顿、温哥华等 9 座城市，欧洲有布鲁塞尔、里昂、华沙等 9 座城市，亚洲则更多，有神户、香港、加尔各答以及天津和上海等 16 座城市。具有一定代表性的项目有：

美国的华盛顿，第一条地铁线路于1976年建成通车，现已有4条地铁线路，线路总长度约144 km，共设车站74座，保有车辆总数约764辆，年客运量超过1.5亿人次。华盛顿的地铁工程建设比较经济实用，车站建筑无富丽豪华之装饰，以朴素大方为特色，客运系统充分应用安全可靠的先进技术，为乘客提供了安全、舒适、快捷的服务条件，是现代地铁建设的范例之一。

香港地铁是由政府的地铁公司经营的，自第一条线路于1977年建成通车以来，现在已有3条线路在正常运营，线路总长度约43.2 km，共设车站38座。目前香港还在继续修建地铁，以满足港岛交通的需要。由于80%的香港居民都居住在依山傍水的窄小走廊地带，要想通过大规模拆除房屋、拓宽道路来减轻交通拥挤程度是不可取的。香港有效发展了大运量的地铁系统，为居民出行提供了快速、优良的服务。目前投入运行的3条线路，在太子道站设有交叉换乘站，在九龙塘地铁站还设有与广九铁路相接的换乘站。为了鼓励居民更多地使用地铁，还在葵芳和荃湾两个地铁站附近建有多层停车场，以供驾车人员换乘地铁之用。香港地铁建成后的运输效率和为港岛经济带来的巨大效益是举世闻名的，现在年客运总量已超过10亿人次。香港地铁公司还负责修建了新机场快速轨道交通线。该线全长34 km，连接中环与赤岖角机场，已于1998年6月建成通车。香港还建有轻轨交通31.75 km，设有51座车站，保有车辆99辆。

中国的上海，地铁1号线工程于1995年5月建成通车，线路总长为21 km，近期运用车辆为162辆，预期年客运总量约3.6亿人次，约占上海市公交客运总量的8%左右，为上海市发展大运量快速客运交通开创了先例。上海地铁2号线一期工程于2000年5月正式建成通车。该线全长19 km，设有13座车站和一个停车场，保有车辆24列，共计144辆车。上海地铁是引进国际80年代先进技术而建成的，并由此而形成了我国地铁行业的第二种技术标准，即车辆宽度为3 m，长度约22 m，列车按8节编组，最高速度可达80 km/h，车辆传动采用风冷式GTO斩波调压技术，供电方式为直流1 500 V架空线受电，列车运行采用自动控制系统。这种车辆采用铝合金结构车体，具有质量轻、防腐性能好、能耗低等优点，由于预留了模拟制动机ATC自动运行装置，远期还可实现自动驾驶，以满足高密度行车的需要。

从上述世界地铁建设发展概况可以看出，在20世纪50年代至90年代之间，世界范围内的城市地下铁道有了迅速发展。其主要原因一是在战后以和平和发展为主流的年代里，亚洲、拉丁美洲、东欧的城市化进程加快，数百万人口的城市不断增加；二是发达国家中的小汽车激增与城市街道有限通行能力之间的矛盾日益突出，空气严重污染，使这些城市都面临着如何在较长的距离内，以最有效而快速的方式来输送大量乘客的问题。实践证明，只有通过建造地下铁道系统，才能解决这一难题。据统计，目前世界上已有40多个国家和地区的127座城市都建造了地下铁道，累计地铁线路总长度为5 263.9 km，年客运总量约为230亿人次。

3. 发展现状与展望

早在60年代，北京就已开始修建地铁，1969年北京地铁一期工程建成通车，全长23.6 km，1984年北京地铁二号线二期工程投入使用，全长19.9 km，两条地铁线路总长43.5 km，共设有29座车站，日均客运量为146万人次，占全市日公交客运量的15%，尚未形成轨道交通为骨干的体系。2012年9月6号线、8号线工期、9号线、10号线全面开始调试，至此，北京城市轨道交通运营线路总长已突破440 km。

天津市在80年代建成第一条地铁，线路长7.4 km，设6座车站，日客运量约3万人次，远未形成公交骨干能力。

上海市在90年代开始兴建地铁，1号线于1995年5月建成，1996年向南延伸至莘庄，全长20.5 km;设17座车站,平均日客运量为100万人次,占上海市公交总运量的8%。上海地铁2号线一期工程,于1995年12月开工建设,1999年底试通车,2000年5月正式通车,长19 km,设13座车站及1处停车场。上海地铁3号线(明珠线一期工程)长24.7 km,设19座车站,于1998年开工建设,将于2000年底建成通车,那时上海将拥有65 km地铁运营线。目前,1号线北延伸段(上海站—秦和路站)12.5 km、4号线(明珠二期)22.3 km已开工建设。预计上海近几年将以每年10～15 km的速度发展城市轨道交通。

广州地铁1号线广州钢铁厂—火车站,全长185 km,设16座车站,于1998年12月建成通车。到2000年上半年为止我国已建成的地铁线路总长已超过120 km。

至今我国已有20多个城市制定了修建轨道交通的计划,由于所需资金巨大,上海、广州地铁建设费用高达8～10亿元/km,资金筹措必须走多元化投融资的道路,并大力降低造价。为此不仅要做好规划和选线工作,还要加快地铁车辆、设备的国产化进程,并加强管理。这样就有可能大幅度降低地铁造价,降到4～5亿元/km,使建设能力增大1倍。

我国的城市轨道交通发展经过了35年的历程,经历过一段曲折,如今已进入加快发展的时期。国务院于1998年批准同意深圳地铁一期工程、上海明珠线、广州地铁2号线为地铁设备国产化的依托项目,新一轮城市轨道交通项目开始启动。截止到2013年初,我国北京、香港、上海、广州、苏州等20多个城市的轨道交通系统相继投入使用。专家预计今后10年,甚至更长时间内都会是我国城市轨道交通的黄金发展期。

第四节 铁道车辆部门职能

一、车辆部门的组织机构及运用管理系统

铁路车辆是铁路运输的主要设备,是铁路完成运输任务的物质基础。车辆部门须及时提供足够数量的技术状态良好的车辆和加强车辆运用管理工作,对完成铁路运输任务具有重要意义。

1. 车辆部门的组织机构

为适应市场经济的发展,全国铁路运输的组织机构在不断地改革和完善中,因此,车辆部门的组织机构也处在改革和完善的过程中。我国现行的铁路运输组织机构是以铁道部为全国铁路的最高行政领导机构,并按运输组织需要设立各业务部门。在铁道部的统筹规划下,按运输组织需要在全国设立若干个铁路局,由铁道部直接领导。铁路局负责组织与领导各业务段和车站的运输生产工作,保证行车安全。车站和业务段是铁路运输企业的基层生产单位,每个单位既可独立工作,但又互相关联、互相制约。

现行车辆部门的组织机构是全国铁路运输组织中的一个分支机构。铁道部运输局车辆部下设客车、动车、货车、管验四个处。前三个分管相应的检修运用工作,管验负责办公、后勤、招投标。铁路局车辆处下设客车、动车、运用、检修、设备、综合等科室。客车、动车负责相应的检修运用工作。运用科负责货车运用,检修科负责货车检修。综合科相当于办公室,负责日常工作。

铁路局车辆处是负责组织与领导本路局管辖范围内各车辆段以及与车辆有关的基层站段的运输生产活动,保证行车安全。认真贯彻执行铁道部对车辆工作的方针、政策、指示、命令、规范、规程、技术标准;提出本路局车辆部门工作的发展规划和实施计划;指导和督促下属各业务段完成各项技术指标和质量指标。路局车辆处通常下设客车科、动车科、货车科、设备科、调

度室、办公室及红外线设备检修所等职能科室。

车辆段是客、货车辆检修运用的基地，是贯彻执行车辆规章制度的基层单位。它的基本任务是负责车辆的定期检修和日常维修工作，为铁路运输提供足够的、技术状态良好的客车和货车，在检修保证期内和保证区段内保证行车安全。并要负责管辖内的列检所、站修作业场、红外线轴温探测所及客整所等的管理。

2. 车辆运用管理系统

车辆是铁路运输的重要工具。车辆运用管理工作是铁路运输组织的重要组成部分。加强车辆运用管理，对提高车辆检修质量、降低运营成本、加速车辆周转、保证行车安全、优质及高效地完成铁路运输任务都有着重要意义。

车辆运用维修工作实行“铁道部——铁路局——车辆段”大三级和“车辆段——运用车间——班组(作业场)”小三级管理，明确各级管理职能和工作标准，达到管理规范、标准统一、目标一致，形成高效的专业技术管理体系，促进车辆运用标准化建设，提升车辆运用管理水平，确保运输安全生产。

铁路局车辆处是铁路局车辆运用维修工作的主管部门，由主管客、货车工作的副处长分别全面负责客、货车运用维修工作，铁路局车辆处客、货车(运用)科分别负责铁路局客、货车运用维修日常技术管理工作。客、货车运用专职，客整所专职，站修专职，安全专职，5T运用专职以及信息化专(兼)职等分工协作，充分发挥“检查、指导、监督、协调”的专业化管理作用，共同做好铁路局客、货车运用维修管理工作。

车辆段车辆运用维修管理工作由主管运用工作的段领导全面负责，技术科负责车辆段车辆运用维修日常技术管理工作。运用专职、客整所专职、站修专职、5T运用专职以及信息化专(兼)职等分工协作，按照“强化技术管理、完善考评机制、规范现场作业”的要求，发挥“检查、贯彻、管理、落实”的技术管理职能，共同做好车辆段车辆运用维修管理工作。

二、车辆运用工作的意义和任务

1. 车辆运用工作的性质

车辆运用工作必须以科学的管理体制，先进的检修设备，严格的规章制度，对运用中的车辆施行迅速、及时、正确的维修，保证运用车辆性能安全可靠，加速车辆周转，确保铁路运输任务的完成。

车辆运用工作包括管理和检修两个方面的内容。

(1)我国铁路客车实行固定配属制，日常维修由车辆段的客车整备所(库列检)和客列检负责。

(2)货车通行全国，除特种车辆和专用车列外，一般不实行配属制，而是实行在全国铁路上按区段维修负责制。实行配属的货车，其维修工作由所配属或指定的车辆段(车辆工厂)或列检所负责。

①由于货车数量多，车型复杂，运用条件差，又通行全国，维修场地分散，技检作业时间紧等特点，所以，车辆运用维修工作的任务艰巨，责任重大。

②货车运用中的检查维修工作是日夜不间断地在露天作业，职工劳动条件艰苦。

③由于我国铁路的迅速发展，重载、提速和信息技术等铁路现代化技术的应用和推广，使运用工作技术性更强。

(3)对于大型矿山、钢铁以及有色金属公司、石油、化工等所有企业自备运输货车在铁路线上运行时，必须事先经铁路授权的车辆专业人员检查和质量确认。铁路各列检所必须按路内运用车要求和规定进行检修，并保证运行安全。对企业自备的专用货车(如装运化工产品、有毒物品、放射性物品等的货车和发电车)，列检只对走行、制动、钩缓等部分进行检查和维修，其余部分由企业自行负责。企业自备车的定检检修可以委托铁路车辆段或车辆工厂完成。也可以自做，但其检修能力和质量必须经所在铁路局鉴定并经铁道部审核批准。

为此，要求从事车辆运用工作的岗位人员必须具有一定的技术理论知识和较高实作技能和丰富的实际经验，善于分析运用车辆的安全、质量状态，掌握故障规律，采取应变措施。要求从事车辆运用工作的广大职工必须树立全局观点，遵章守纪，做好本职工作，加强协作，紧密配合，努力完成车辆检修任务。

2. 车辆运用工作的任务

车辆运用工作的基本任务是在检修中贯彻落实党的方针政策、执行规章命令、遵守两纪、加强职工队伍建设、发现和处理车辆在运用中发生的故障，保证行车安全。

(1)正确执行各级组织发布的有关文件、电报、技术改造措施、规章命令；

(2)正确编制生产计划及技术措施，加强全面质量管理，落实检修规定，提高修车质量；

(3)在保证车辆检修质量的基础上努力缩短车辆修(休)车时间，加速车辆周转提高运用效率；

(4)维修好本段配属车辆和段管辖范围内的外属运用车辆，防止事故，保证安全；

(5)认真贯彻劳动保护法令和安全技术规则，做好劳动保护工作，积极改善职工劳动条件，保证安全生产；

(6)定期调查分析运用车辆技术状态，对运用、维修中的故障进行信息收集、处理、分析，形成质量信息反馈系统，对车辆结构、设计、制造、修理和运用管理提出改进意见，为完善车辆结构设计提供依据。

3. 车辆运用工作与其他部门的关系

铁路行车组织工作，必须贯彻安全第一的方针，坚持高度集中、统一领导的原则，发扬联劳协作的精神，运输、机务、车辆、工务、电务等部门都必须正确组织本部门的工作，主动配合，均衡生产，协同动作，以保证列车按运行图运行。并不断提高效率，挖掘运输潜力，实现安全、正确、优质高效地完成和超额完成铁路运输任务。

(1)车辆段与车务部门的关系

①车辆段与车站的关系

车辆段应按计划扣留定检到期或临时发生故障的车辆，并尽快修竣；车站应根据车辆段的要求按时取送修竣或待修车辆。

列检所应充分利用技术检修时间完成检修作业，以保证列车编组、装卸车计划的完成；车站应将列车的到发、解体、编组、货物装卸等有关事项，及时通知列检所，并为车辆的摘车与不摘车修提供方便条件。在调车和摘挂机车时，应加强联防，注意列检人员的作业安全。

②车辆段与客运段、列车段的关系

对客车按规定进行备品交接；检车员或车辆乘务员与运转车长或列车长要加强联系，了解列车中车辆运行情况，确保行车安全。

(2)车辆段与机务段的关系

车辆段的列车检修人员应与机车乘务员密切配合，对始发列车进行制动机作用试验；对到达列车应尽快进行试风及摘开机车，以便使机车按时入库；对运行途中发生制动机故障的列车，机车乘务员应会同检车员进行制动机试验；在调车和向车辆段取送车辆时，机车乘务人员应特别注意车辆检修人员技术作业的安全。

(3)车辆段与工务段、电务段的关系

主要是加强协作，共同保证行车安全，杜绝各自的设备发生相互干扰，防止建筑物或车辆零部件超出限界，引起碰撞事故。

三、车辆主要运用技术指标

车辆是铁路运输的运载工具。它的运用效率反映着铁路运营工作的水平，关系到铁路运输任务的完成与运输成本的高低。最经济、最合理的运用全部铁路车辆，是铁路部门重要课题之一。铁路车辆运用的经济性和合理性，主要是通过统计与分析某些技术指标，来正确、及时地反映和考核车辆运用的实际状况。车辆运用效率的高低，可以从车辆周转的快慢和车辆装载的满、欠两方面来考核。衡量车辆周转快慢的基本指标有货车周转时间、货车日车公里、客车车底周转时间、客车日车公里等。

(一)车辆运用有关的主要运营指标

1. 现在货车

现在货车，是指每日 18:00 时管内现有的全部货车。

现在货车按支配权来划分，可分为支配货车(铁路有权调配使用的货车，包括部属货车和进入我国参加营业运输的外国货车)和非支配货车(铁路无权调配使用的企业自备车和企业租用车)；以运用类别来划分，可分为运用货车和非运用货车两种。

正确掌握现在货车能为正确地编制作业计划，提供可靠的依据，有助于提高列车编解效率、加速车辆周转。

(1)运用货车：指参加铁路营业运输生产的一切空、重货车，统称为运用货车。它是表明运输生产能力的一项重要指标。铁路完成运输任务的多少很大程度上取决于运用货车的多少。

当日 18:00 运用货车数与现在货车数之比，称为货车运用率。运用率愈高，说明投入直接运输生产的货车愈多。

(2)非运用货车：指不参加铁路营业运输的非生产性的货车和企业自备、租用的空货车，统称为非运用货车。非运用货车包括备用车、检修车、代客货车、路用车(其中包括救援车，架桥机及铺轨机的附属车，线路施工运送长钢轨的平车和铺轨车，轮渡及各种轨道吊的游车或隔离车，职工用水或机车储水和补水用的水罐车，机车用油、储油、补油用的油罐车，已改装的战备车、检衡车、发电车、消防车、除雪车、勘测车等，以及不能装货的零担宿营车、施工宿营车、洗罐车、整备罐车、改装及试验车、企业自备及租用和淘汰车等。

一定数量的非运用货车，是运输生产所必需的。但非运用货车要严格控制，不能占用过多，压缩非运用货车是挖掘货车潜力的重要途径。为此，车辆有关部门要提高修车效率，缩短停修时间，努力压缩检修车数，增加运用货车数，为挖掘运输潜力作贡献。

2. 现在客车

现在客车包括运用客车和非运用客车两种。

(1)运用客车：凡是办理旅客营业的客车统称为运用客车。如供旅客乘坐的软、硬座车，软、硬卧车及为旅客服务的行李车、餐车等。

(2)非运用客车：凡不办理旅客营业的客车以及技术状态不良，不能编挂于列车中运行的客车，均为非运用客车。如备用车、公务车、福利车、特种用途客车及各种检修客车等。

3. 货车车辆公里

一辆货车走行一公里叫一车辆公里。运用货车车辆公里是运用货车总走行的公里,它是反映货车走行工作量的数量指标,它在一定程度上还反映了轮对磨耗的程度。

运用货车车辆公里等于重车车辆公里与空车车辆公里之和。

4. 货车日车公里

货车日车公里,是指在一定时期内铁路局或全路平均每一辆运用货车在一昼夜内的走行公里数。计算货车日车公里的公式有以下两种:

货车日车公里=运用货车车辆公里/运用货车时间(km/d)

货车日车公里=货车全周转距离/货车周转时间(km/d)

货车日车公里是反映货车流动程度的指标。货车的流动程度愈大,即平均每辆货车每天走行的公里愈多,在空车走行率一定的条件下,货车所完成的货运量就愈大。

5. 货车全周转距离及周转时间

(1)货车全周转距离(简称全周距):是指货车每周转一次(也可以说每完成一个工作量)的平均运行距离。它包括货车在重车状态下和空车状态下的全部行程。货车全周转距离与货车周转时间成正比。若其他因素不变,全周距愈长,货车周转时间也愈长。因此,全周距应在保证工农业生产和为人民生活服务的前提下力求缩短。

(2)货车周转时间:是指运用货车在一次周转中(即完成一个工作量的整个过程中)平均所花费的时间。

货车周转时间是考核货车运用效率的最重要的指标之一,也是技术计划中最重要的指标之一。它反映着整个货车周转过程的总效率,反映着所有与运输有关各部门的工作质量与工作效率。因此,通常把它称为反映货车运用效率的综合性指标。

加速货车周转,对提高运输效率具有重要意义。缩短货车周转时间,就能以一定数量的运用车完成更多的运输任务,即完成一定数量的运输任务,也可以少使用车辆。

车辆运用部门,要不断改进自己的工作,提高车辆检修质量,在确保运行安全的前提下缩短车辆在车站上的停修时间,加速车辆周转。

6. 货车载重量

货车载重量是反映货车载重力利用程度的指标,通常可分为货车静载重和货车动载重两种。

(1)货车静载重:是指在一定时期内,车站、铁路局或全路平均每装车一辆所装载的货物吨数。它直接影响到装车数,影响到为完成一定货物发送吨数所需要的运用车数。车辆的类型对于静载重具有重大影响,增加全部运用车中大型车所占的比例,是提高静载重的有效措施。

(2)货车动载重:是指在一定时期内,全路、一个铁路局平均每一货车公里所完成的货物吨公里数。它一般分为重车动载重(指在一定时期内平均每一重车公里所完成的货物周转数)和运用货车动载重(指平均每一运用货车公里所完成的货物吨公里数)两种。

货车静载重仅能反映在装车时或重车状态的静止条件下(即不包括距离因素)货车载重能力的利用程度。货车动载重则不同,它所反映的是平均每一重车公里或运用货车公里所完成的货物周转量,从而也就表现出货车在运送货物全过程中的利用程度。

7. 车辆保有量

(1)货车保有量

货车是在全国各铁路线上运行的。对于一辆货车来说，它经常从一个铁路局的管辖区进入另一个铁路局的管辖区，并不固定在某一铁路局管辖区内，所以各铁路局的实际保有量是变化的。但每个铁路局都需要保持一定数量的运用货车，才能完成所承担的运输任务。因此，铁道部在每月编制运输技术计划时，分配给各铁路局一定的运用货车保有量。同样，各铁路局也分配给所属各车站一定的运用货车保有量。分配货车保有量的计算公式如下：

$$N = U \cdot \theta$$

式中 N——运用货车保有量(辆)；

θ——周转时间(d)；

U——工作量(辆/d)。

工作量是指铁路局或全路每天新生产的重车数，可按下列公式计算：

全路工作量＝使用车数

路局工作量＝使用车数＋接运重车数

正确掌握铁路局的运用货车保有量，是保证完成规定运输任务的重要环节。因此，铁路局应经常采取各种调整措施，使每天的运用货车保有量基本上符合规定的标准。

(2)客车保有量

我国铁路客车由铁道部分别配属给各铁路局，所以各局的客车保有量是相对稳定的数值，即全部配属的客车辆数。

客车保有量也可由下式求得：

$$P = (1 + a)\sum Lm$$

式中 P——客车配属辆数；

a——非运用车保有系数，一般取 0.36(其中备用车 0.10、波动率 0.20、检修率 0.06)；

L——旅客列车车底列数；

m——车底组成辆数。

计算客、货车保有量的目的：一方面是为了更好地掌握车辆的分布情况，以均衡地完成铁路运输任务；另一方面，用保有量乘以各种修程的修理循环系数，可以计算出检修任务量。

8. 旅客列车公里及运用客车车辆公里

(1)旅客列车公里：是指由铁路局所属各段配属车底开行的旅客列车公里总数。全路旅客列车公里是全国各铁路局旅客列车公里的总和。

(2)运用客车车辆公里：是指由铁路局所属各段配属客车在各区段走行公里的总和。

旅客列车公里是计划和考核与旅客列车有关支出的一项重要指标，而运用客车公里则是客车车辆公里的重要组成部分，是计划和考核客车检修费用等有关客运支出的一项重要指标。

9. 旅客列车车底周转时间

旅客列车车底周转时间，简称车底周转时间，是指为了开行运行图中某一对旅客列车的车底，从第一次由车底始发站发出之时起，至下一次再由该始发站发出时止，所经过的全部时间。

车底周转时间反映着车底周转全过程的效率，反映着所有与客运有关各部门的工作效率。第三章车辆运用管理工作车底周转时间的长短，直接影响到为开行某对列车所需要的车底数，从而也就影响到铁路所需要的运用客车数。因此，在计划旅客列车车底需要数时，都要使用车底周转时间这一重要指标。

10. 旅客列车技术速度、旅行速度、直达速度

(1)旅客列车技术速度:是指列车在区段内运行,不包括列车在沿途中间站停车时间在内的平均速度。

(2)旅客列车旅行速度(也称区段速度或商务速度):是指列车在区段内运行的平均速度(将列车在沿途中间站的停车时间考虑在内)。

(3)旅客列车直达速度(直通速度):是指列车在车底始发站和折返站之间的平均速度,也就是旅客列车在其运行全程中的平均速度。

(二)车辆检修指标

1. 检修车辆现有数

检修车辆现有数,也叫不良车数、残车数或检修车数,是指每日18:00全路、一个铁路局、一个车辆修理工厂或车辆段的管辖范围内所具有的全部已扣修的在修和待修的车辆数,其中包括部属车辆(包括企业租用车)中因定检到期或临修而扣修的车辆;因事故破损和待报废及回送中的检修车辆;也包括在铁路营业线运用中,因临时发生故障而摘车临修的外国车及企业自备车。

检修车辆现有数可按下列公式计算:

检修车辆现有数=日初残存检修车数+本日扣修车数-本日修竣车数(辆)

检修车辆现有数可以反映全路或一个铁路局车辆的状况,也可以反映各个车辆检修单位、路局或全路修车工作的进展。为了保证工厂和车辆段修车计划有步骤、有节奏地均衡完成,铁道部规定了各铁路局和修理工厂有一定的检修车定量,也叫残车定量,铁路局也规定了所属车辆段的残车定量。各段、厂要采取一切必要措施,努力减少管内的检修车数,使之经常保持在规定定量以下。加强扣车的计划性和减少摘车临修,是减少检修车数的一个主要途径,而提高修车效率,缩短检修时间及提高修车的当日出车率,也是减少检修车辆的重要措施。

2. 车辆检修率

车辆检修率,又称车辆不良率,是以相对数字反映车辆状态的指标,分为货车检修率和客车检修率两种。

(1)货车检修率:是全路或一个铁路局不良货车数与支配货车数之比。计算公式如下:

货车检修率(货车不良率)=(不良货车数/支配货车数)×100%

由于我国铁路货车是全路通用,没有固定配属局,而且各铁路局货车检修任务是根据各局检修能力分配的。另外,由于各铁路局管内有无车辆修理工厂及其修车能力的大小不同,其所需的在厂车数和待入厂车数也不同。因此,分别计算各局货车检修率是没有实际意义的,故一般只计算全路的货车检修率,作为考查车辆检修运用成绩的依据。

(2)客车检修率:是不良客车数与配属客车数之比。计算公式如下:

客车检修率(客车不良率)=(不良客车数/配属客车数)×100%

由于客车都有固定配属,所以它和货车情况不同,除了应当计算全路客车检修率外,还应分别计算各铁路局的客车检修率。

车辆检修率愈低,表示不良车辆数愈少,可以参加运用的车辆数愈多。因此,车辆检修率愈低愈好。

车辆检修率与检修车辆数成正比,而与支配货车数及配属客车数成反比。由于车辆检修率的大小和检修车辆数成正比,因此,它也在一定程度上反映了全路车辆修理的质量。当修车质量较高时,随着检修车辆数的减少,车辆检修率也就相应降低。反之,当修车质量较差时,随着修车数增大,车辆检修率也就相应增高。

3. 车辆检修停留时间

车辆检修停留时间，简称休车时间。它是指在一定时期内，全路或一个铁路局、一个车辆修理工厂、一个车辆段或其他修车单位，平均检修一辆车的全部停留时间。

休车时间是按客、货车辆的各种修程分别计算的。客车厂、段修的休车时间以天为单位，辅修、临修以小时为单位；货车厂、段修休车时间以天为单位，辅修、临修以小时为单位。

休车时间是表示修车工作进度的重要指标。在保证修车质量的前提下，如果休车时间愈短，则表明修车效率愈高；休车时间愈长，则表示修车效率愈低。

每一检修车辆的全部休车时间，对于交由车辆段修理的车辆来说，大致包括站休时间、待修时间和修理时间 3 个内容；对于交由工厂检修的车辆来说，往往还要加上由确认需要送交工厂检修的地点编入列车，直至送到工厂所在地办理入厂手续完了为止的全部时间，也可称之为回送时间。为了加快修车进度，缩短休车时间，就必须努力缩短站休、待修、修理和回送时间。对车辆检修部门来说，往往又以缩短待修和修理时间为主要关键。

缩短待修和修理时间的途径，主要在于不断改进检修车间的劳动组织，提高修车人员的思想觉悟和操作技术水平以及采用先进的技术设备等。

4. 责任晚点

责任晚点是考核列检工作质量的重要指标。检车人员应在列车运行图规定的时间内检修好车辆，并确保运行到下一个列检作业场而该作业场检修范围的部位不发生故障。凡由于工作组织不当影响列车按图定时间开出列车的和由于检修列车造成的晚点叫列检责任晚点。这种晚点多因车辆故障危及行车安全，如在列车队不能修复时，必须做甩车处理，所以习惯上称始发甩车晚点。

5. 责任事故

车辆运用部门应消灭行车事故，确保列车运行安全。由于本列检作业场或段责任造成事故的应按《铁路交通事故调查处理规则》规定，列入责任事故，铁路局、车辆段按件数考核。对一般事故，客车按每百辆配属车发生件数统计；货车按管内货物列车运行量每百万辆公里发生的件数统计。

除上述车辆检修运用工作指标外，还有车辆段每年每名工人的平均修车辆数、站修作业场的台位利用率、半日出车率、劳动生产率、临修率等质量指标。

（三）车辆检修统计办法

1. 检修客货车现有数

(1)凡定检到期及技术状态不良并以车辆检修通知书(车统—23)扣修或以检修车回送单(车统—26)回送至管辖区段内的客货车辆，均按检修车计算。

(2)检修客车现有数，不论客车实际所在地点，均由客车配属车辆段列报，但摘车临修的客车，则由实际摘车修理的车辆段列报。

(3)检修货车现有数，由货车检修的所在车辆段列报。回送中的检修货车，由当日 18:00 车辆所在地段的车辆段列报。在铁路营业线运用的外国车，企业自备重车及企业租用重车，临时发生故障而扣修时，亦按检修货车统计。

(4)检修货车现有数分为“在厂”和“在段”车数。送往工厂修理的货车，经车辆段与工厂交接完了时起算在厂检修车。

(5)车辆修竣后，自车辆段或工厂将车辆修竣通知单(车统—36)送交车站签字时起，由检修车现有数中减去。报废的检修车，自接到铁路局统计部门通知时起，由检修车现有数中剔除。

2. 客货检修车的起算时分

(1)扣修的车辆,自车站指定人员在车辆检修通知书(车统—23)上签字时算起(车站与车辆段双方协议,对办理“车辆检修通知书”需有间隔时间时,经铁路局同意,可按协议规定办理时分算起)。对需要卸空后修理的重车,自卸车完了,车站通知车辆段的时分起算。

在无列检人员的车站,车辆发生故障时,不论车辆是否空、重或需要倒装,均自车站通知车辆段或列检作业场的时分起算检修车。经列检人员检查,若确定重车需要倒装后修理时,自列检人员通知时起撤销检修车,卸空后,再自车站通知时起转入检修车。

(2)回送客车顺路使用时,自列车出发至到达摘车时止的时间,不计算检修车。

3. 客货检修车的车种分类

(1)客车的车种分为:硬座车、软座车、硬卧车、软卧车、行邮车、餐车、公务车(包括瞭望车)、代用客车(包括简易客车)及其他等9类。各种类型的合造车,按较高一级车计算。

(2)货车的车种分类为:棚车(包括通风车、零担宿营车)、敞车(包括煤车、矿石车)、平车、砂石车、罐车、保温车及其他(家畜车、长大货物车、散装水泥车、代用罐车、特种车、淘汰车、其他各种货车)7个主要类型。

4. 车辆段修竣车数

凡由车辆段进行检修的客、货车(不包括返工修和不摘车修)均由施修段统计修竣车数。摘车检修的车辆,根据车站在车辆修竣通知单(车统—36)上签字的时刻计算。数种修程同时进行的车辆,则按以下规定统计:

(1)辅修与轴检、临修同时进行的,只统计辅修的修竣车数。

(2)临修与轴检同时进行的,分别统计临修及轴检的辆数。

(四)专用货车及企业自备车

1. 专用货车

专用货车是指机械冷藏列车、长期固定装卸地点循环使用的专用罐车、行包快运专列、标记载重90 t及以上的长大货物车,以及其他指定的专用货车。

专用货车由铁道部发布配属命令,指定铁路局、车辆段等负责管理、维修,并根据需要配备乘务检车人员。

固定配属的专用货车应按规定涂打配属标记,定期检修原则上均由配属段、专修段负责施修。运用中列检作业场发现厂修、段修接近到期或过期时,在确保安全的前提下,按规定办理回送手续,回送配属车辆段或铁道部指定的单位施修。但对载重90t及以上的长大货车,其辅修、轴检到期时,由车辆所在地的车辆段按期施修(滑动轴承由铁道部指定的车辆段施修);厂、段修到期时,由铁道部指定的工厂或车辆段施修。

(1)罐车

①罐车管理

罐车按其用途分为轻油、黏油、润滑油、食用油、水罐、液化石油气、酸碱类、液氯及其他粉状、液态、气体类罐车等类别,并按要求涂打专用标记。

②石油专列罐车的运用维修

a. 石油专列罐车应固定配属,各配属段应设有固定的检修基地,并配备必要的设备,整备及备用车停留线路和整修人员,负责对所属罐车进行辅修和定期整备。

b. 配属铁路局、车辆段应有专(兼)职人员负责管理,有计划地进行检修和整备,防止拆散编组。为保证按期进行整备及入厂、段检修，应按专列罐车周转列数和基本组辆数，在配属段配置一定数量的备用罐车。

c. 配属铁路局、车辆段可根据需要配备车辆乘务检车员，并应配备一定数量的检修工具及供乘务检车人员休息和存放常用车辆配件、工具的宿营车。

d. 各列检作业场对专列罐车应认真检查、维修，发现故障应积极组织抢修，尽量做到不摘车施修，以保证其编组完整。如施行摘车修理时，摘车施修铁路局应在摘车及修竣当日 18:00 报铁道部车辆调度和通知配属铁路局、车辆段，并于修复后由摘车的车辆段负责办理回送手续，及时通知罐车调度将该车编入配属段的专列中，向本属基地回送。配属基地所在车站，应根据车辆部门提出的摘解计划及时摘解车辆。各铁路局不得截留、使用固定配属的专列罐车。

e. 专列罐车在备用时，应存放在配属局的检修基地或固定的备用车站，并加强管理、保证配件齐全。

f. 在用蒸汽加温罐车卸油时，进入罐体加温层的蒸气压力不大于500 kPa，不准用明火烘烤加温卸车。

(2)机械冷藏列车

机械冷藏列车（简称机冷车组，含单节机械冷藏车）是铁路运送需冷藏、保温的易腐货物的专用列车。由铁道部统一配属给有关铁路局的机冷车车辆段负责管理和维修。每列车组应根据不同车型配备乘务人员，负责运输货物的技术服务及列车运用中的维修保养。对列车实行包乘、包检、包修负责制。

机冷列车在运用中加油，应在铁道部指定的加油站或指定地点进行。加油站应设加油线、供水、供油、卸油、储油等设施及相应的房屋与设备。

列检作业场对机冷车组的闸瓦及闸瓦插销、车钩连接及轮对进行检查，并进行制动机试验。对机冷车组乘务人员预报的车辆故障，应积极配合处理，发现热轴时，由列检作业场确认能否继续安全运行。

(3)加冰冷藏车

加冰冷藏车（简称冰冷车）是铁路运送易腐货物的专用车辆，各有关单位必须加强冰冷车的运用管理和维修工作，保证易腐货物的运输需要。

①各车站应按《铁路鲜活货物运输规则》装车，严禁使用冰冷车装运易于损坏车内设备的非易腐货物（如煤、砖、矿石、水泥等）和有毒、恶臭易污染车体的货物。

②装卸货物或进行加冰作业时，要妥善开关车门和冰箱盖，不准硬砸、硬撬，以防损坏车辆，并注意不损坏冰箱及车内各种设备。

③各铁路局应根据管内冰冷车装卸集结和站线设施等情况，指定车站作为冰冷车的保管站，各铁路局应将选定保管车站的站名报铁道部备案。

④卸货后的空冰冷车，应在所在铁路局指定的保管站集结备用，并应固定线路集中存放，以便保管和维修。备用冰冷车必须技术状态良好，定检不过期并符合运用条件。不得在非指定的保管站、地点存放备用冰冷车。

⑤各铁路局应根据经常停放的冰冷车数配备必要的维修人员，负责冰冷车备用、解除后的日常检查和维修工作，使冰冷车经常保持各部技术状态良好。对定检到期或过期的冰冷车，应逐级请令，回送指定的车辆段、工厂施修。

未经保管站检查或卸车后直接调往装车的冰冷车，车内设备及卫生状态应由装车站负责检查处理。

(4)行包快运专列

行包快运专列的车辆定检由配属段负责施修,配属段要认真掌握车辆的技术动态,按规定进行车辆定检。列检作业场发现零散的非本属行包快运列车车辆时,要及时请令回送配属段。

①行包快运专列技术检查应在铁道部规定的列检作业场进行。每次装车前车辆须进行整备,并按临修统计工作量,整备作业须在整备基地进行。

②整备基地必须设有长度不少于 500 m 的平直整备线,线路两侧地面硬化,配备 50T 油镐、微控单车试验器、电焊机、电动打磨机,并设有架车台位等工装设备。

(5)长大货物车

①长大车管理

长大货物车的运用、管理、维修须符合下列要求:

a. 长大货物车使用后各铁路局应立即向铁道部请示回送去向的命令,以便送往经铁道部同意的车站。

b. 各铁路局应设专人负责长大货物车的运用、检修工作。承担长大货物车检修的车辆段,应有专人掌握车辆的去向和定检期限,有计划地做好检修工作。

c. 长大货物车装车前、装车时、装车后,运输部门均须通知就近车辆段派检车员进行技术检查,并在检查记录单上签字,保证长大货物车技术状态良好。

各列检作业场发现长大货物车厂、段修到期、过期时应及时按规定手续扣修,并请令回送指定车辆段、工厂施修。

②250 t 及以上的长大车管理

载重在 250 t 及以上的长大货物车,是运输特大型货物的专用车辆,其运用工作受铁道部统一指挥。

a. 运用时可附挂工具维修车,并派车辆检修人员担当乘务工作,负责装车前、装车过程中和装车后车辆技术状况的检查,随车监视车辆运行状况。

b. 须按设计规定速度运行,其通过最小曲线半径和道岔须符合该特大型长大货物车使用说明书规定,在运行中(重车状态)不得施行紧急制动。

c. 在重车状态运行时,遇障碍物需绕行时,必须于绕行前,在平直线路上停车,做侧移处理后,方可继续运行。

d. 在运行时因发生行车机械事故或遇自然灾害不能运行时,车辆乘务组负责人员应立即电告当地车站、铁路局和铁道部,并听从当地铁路局指挥。

e. 钳夹车在空车状态回送时,须短连挂,并应挂于列车尾部,准许编入直达列车中。

2. 自备车

企业自备货车是企业为满足自身生产需要自行购置的、经国家铁路过轨运输的货车车辆。

(1)自备车注册、过轨

①进入国铁营业线运行的自备车(包括国外进口的新旧车辆),必须具备《企业自备铁路货车编码注册工作实施细则》规定的车种、车型、车号。

②企业自备货车在国家铁路过轨运输实行许可证制度。

③企业申请办理自备货车过轨运输,应符合以下条件:

a. 自备货车必须达到铁道部规定的安全标准和技术条件;

b. 自备货车的过轨运输主要用于满足企业自身生产需要,并具有稳定的货源;

c. 拥有自备货车停放和作业所需的自有铁路线、必要的场地和设施。

④自备车产权所属单位须按规定向所在铁路局提出自备车过轨(新增、产权变更)申请,铁路局报铁道部批准后,由所属铁路局车辆处填发“企业自备铁路货车注册登记表”(简称注册登记表),并按《企业自备铁路货车编码注册工作实施细则》规定发给车号。

⑤铁路局车辆处应按规定办理注册登记表,注册登记表一式 4 份,加盖车辆处公章,交车辆产权使用单位、车辆制造或检修合同单位、铁路局车辆处各存 1 份,并报铁道部备案。

⑥进入国铁营业线运行的自备车,车辆所属单位或使用单位,每年必须到所在地铁路局车辆部门进行申报、审核,产权变更时须由车辆部门派员进行技术鉴定合格后,重新办理注册。同时,签订“自备车过轨检查协议”和“自备车定检检修合同”(企业自做定检的可不签检修合同)。“自备车过轨检查协议”和“自备车定检检修合同”内容包括:车辆运行区间、期限、技术要求、检修费用、运行安全保证责任等事项。企业自备车注册登记表、“自备车过轨检查协议”和“自备车定检检修合同”的签订工作由铁路局车辆处组织有关车辆段和自备车所属单位或使用单位参加进行。自备车注册登记表、“自备车过轨检查协议”须报铁路局车辆处备案,“自备车过轨检查协议”还须抄送有关铁路局。“自备车定检检修合同”报铁路局批准,由铁路局统一安排年度检修计划,并报铁道部备案。未注册登记,未签订“企业自备车过轨检查协议”,“企业自备车定检检修合同”,未安装货车车号自动识别标签的自备车,一律不得办理过轨和签订运输过轨协议。

⑦自备车过轨进入国铁营业线运行时,企业须向当地车站提出申请,由车站通知铁路车辆部门进行技术检查,自备车各部分技术状态须符合铁道部制定的规章要求,非铁道部设计定型的车辆检查合格后填发“企业自备车过轨技术检查合格证书”,作为通过过轨技术检查的依据。办理自备车过轨的企业,须向车辆部门提供交通工具和车辆技术检查条件。

(2)自备车检修

①列检作业场对在国铁营业线运行的企业自备车辆,应与国有铁路运用货车同样检查和修理,并保证安全。但对企业自备的专用货车(如装载化工产品、放射性物品、有毒物品的货车、发电列车等)只对转向架、制动装置、钩缓装置进行检查、维修,其他部分由企业和承修单位负责。列车中的企业自备货车装用放射性或有毒等危险物品时,列检作业场所在车站须在列车到达前,将装用放射性或剧毒物等危险物品货车的车位、车号通知列检作业场。列检作业场对企业单位(含路内单位)的轨道起重机、架桥机、放线车等自轮运转特种设备,只检查车轮技术状态,符合运用货车规定。企业自备车辆在国铁营业线运行时,发生事故按铁道部有关规定办理。

②自备车长期在国铁营业线固定区段运行,而不经过铁路列检作业场时,可由列检作业场按铁路同性质车辆的有关规定,派人检查、维修。具体办法由车辆所属单位与所在地车辆段协议商定。

③自备车的检修应由签订检修合同的单位承担,签约双方必须严格履行合同。在确保安全的前提下,定检到期和过期的自备车准许顺向继续运行到企业(或承担检修单位)所在站,但辅修不得超过 10 天、段修不得超过 1 个月,确因运输需要或安全等原因,需要非检修合同单位施行自备车定检时,签约检修单位与施修单位在同一铁路局的,由铁路局车辆处安排施修;签约检修单位与施修单位不在同一铁路局的,由铁道部安排。

④承担自备车检修的铁路单位,必须是铁路货车车辆段或货车修理工厂。车辆段承担自备车定检,企业对进入国铁营业线的自备车自行施行定检,均须经铁路局车辆处按统一标准进行检修资格认证,并报铁道部批准后,按铁道部批准的修程、车种、车型施修。承担企业自备车

中的压力罐车段修及以上修程的(对全车进行检修)检修资格审批工作,由有关专业部门进行。未经铁道部批准任何单位不得承做自备车定检。

⑤自备车检修单位必须具备铁道部规定的装备、技术、管理、人员素质等方面的条件。车辆段承做自备车厂修须在段修修车车间或具备相应条件的厂修专门场地进行;自备车段修须在段修修车车间进行;自备车辅修须在站修作业场及其以上修程的场所进行。批准承做自备车定检的单位不得将自备车的整车、车体及转向架等主要零部件委托其他厂家修理。

⑥铁路局车辆处每年须对管内承担自备车检修的单位,按规定进行检修资格认证,并于当年12月1日前将认证情况书面报铁道部。经铁道部审批合格并发给检修资格的单位,方可继续承做自备车定检。铁道部审批不合格的取消自备车检修资格,其自备车检修任务,由铁路局车辆处统一调配,企业可委托所在地具备自备车检修资格的铁路车辆段检修。

四、车辆检修

(一)车辆检修制度

我国传统的铁路机车车辆检修制度是实行计划预防检修制度,主要采用定期检修方式。该检修制度使我国铁路车辆检修过频,修时过长,降低了车辆的利用率。过剩维修严重,增加了维修成本、加大了建设投资,同时也不利于车辆可靠性的提高。现行检修制度的不合理性是长期形成的,新的检修制度需要一个逐步建立与完善的过程,因为,新的检修制度的实施必须具备一定的条件,即要建立起完善的计算机信息系统,要有完善的质量信息反馈系统和制度,要具备必要的检测手段和诊断标准等。我国目前尚不完全具备这些条件,而且短期内也很难完成。因此我国机车车辆检修制度在很长一段时间内仍然必须在计划预防检修的框架内。

根据我国《铁路技术管理规程》有关规定:"车辆实行定期检修,并逐步扩大实施状态修、换件修和主要零部件的专业化集中修。车辆修程,客车分为厂修、段修、辅修,最高速度超过120 km/h的客车按走行公里进行检修,修程为A1、A2、A3、A4;货车分为厂修、段修、辅修。检修周期及技术标准,由铁道部有关车辆规章规定。"动车组施行计划性的预防检修,检修分为五个等级,一级和二级检修为运用检修,三级、四级和五级检修为定期检修。

(二)车辆定检修程

1. 客车

客车的修程分为A1、A2、A3、A4四级修程。客车检修周期见表1-1。A1、A2级修程为运用维修,A3、A4级修程为定期检修。

表1-1 客车检修周期表

序号	车型	车种	厂修或A4修周期	段修或A3修周期	A2修周期	A1修周期	备注
1	22(23)型	22型(23型);硬卧车、硬座车、软卧车、软座车、餐车、行李车、邮政车,上述车种的合适车等	(240±60)万km或距新造或上次厂修8年	(60±20)万km或距上次段修及以上各修程2年		(20±2)万km或距上次辅修及以上各修程8个月	

续上表

序号	车型	车种	厂修或A4修周期	段修或A3修周期	A2修周期	A1修周期	备注
2	22(23)型	22B型：硬卧车、硬座车、软卧车、软座车、餐车、行李车、邮政车，上述车种的合适车等	(240±60)万 km或距新造或上次厂修8年	(60±20)万 km或距上次段修及以上各修程2年		(20±2)万 km或距上次辅修及以上各修程8个月	
3		部属客车、公务车、试验车、支教车、维修车、特种车等不常用车	(240±60)万 km或距新造或上次厂修10年	(60±20)万 km或距上次段修及以上各修程2.5年		(20±2)万 km或距上次辅修及以上各修程8个月	比照25型
4	双客	硬卧车、硬座车、软卧车、软座车、餐车、行李车，上述车种的合适车等	(240±60)万 km或距新造或上次厂修10年	(60±20)万 km或距上次段修及以上各修程2.5年		(20±2)万 km或距上次辅修及以上各修程8个月	
5	25B、25A、25G型	硬卧车、硬座车、软卧车、软座车、餐车、行李车、邮政车，上述车种的合适车，发电车	(240±60)万 km或距新造或上次厂修10年	(60±20)万 km或距上次段修及以上各修程2.5年		(20±2)万 km或距上次辅修及以上各修程8个月	
6		部属客车、公务车、试验车、特种车等不常用车	(240±60)万 km或距新造或上次厂修10年	(60±20)万 km或距上次段修及以上各修程2.5年		(20±2)万 km或距上次辅修及以上各修程8个月	
7	25K、25Z、25G、19K、25T、19T型	硬卧车、硬座车、软卧车、软座车、餐车、行李车、邮政车，上述车种的合适车，发电车	(240±40)万 km或距新造或上次A4修程超过10年	(80±10)万 km或距上次A3修程超过2年	(40±10)万 km或距上次A2修程超过2年	(20±2)万 km或距上次A1修程超过1年	

2. 动车组

动车组根据车型的不同，检修周期分别为：

(1)CRH_1型动车组

一级检修：运行里程4 000 km或48 h；二级检修：15天；三级检修：120万 km；四级检修：240万 km：五级检修：480万 km。

(2)CRH_2型动车组

一级检修：运行里程4 000 km或48 h；二级检修：3万 km或30天；三级检修：45万 km或1年；四级检修：90万 km或3年；五级检修：180万 km或6年。

(3)CRH_3型动车组

一级检修：运行里程4 000 km或48 h；二级检修：暂定2万 km；三级检修：120万 km；四

级检修：240 万 km；五级检修：480 万 km。

(4)CRH_5 型动车组

一级检修：运行里程 4 000 km 或 48 h；二级检修：6 万 km；三级检修：120 万 km；四级检修：240 万 km；五级检修：480 万 km。

3. 货车

货车的定期检修一般分为货车厂修 4～12 年(根据车种、车型而定)，段修为 1～2 年(根据车种、车型而定)，辅修为 6 个月。

(三)车辆运用维修工作

车辆在运用中的安全性和可靠性，原则上应由车辆制造质量和施行厂、段修的质量来保证，但由于车辆在长期运用中，各零部件会发生不同程度的磨耗与损伤，如不及时进行检查维修，车辆运行质量必然下降，甚至可能酿成行车事故。因此，车辆日常检查维修对延长车辆寿命和完成运输生产任务具有重要意义。

车辆日常维修工作，货车由列检作业场和站修作业场担任；客车由客车技术整备所(库列检)和旅客列检作业场(客列检)担任。

1. 客车运用维修

(1)客车运用维修的意义

客车是运送旅客的运载工具，为了保证旅客列车在运行中的绝对安全和满足旅客在旅行生活中的需要，运用客车的技术状态，包括为旅客服务的采暖、给水、通风、照明、卫生等设备，必须经常处于良好状态。因此，加强客车的运用维修保养非常重要。

(2)客车运用维修的内容

库列检：对于进入客车整备所库列检的旅客列车(包括外属客车)进行全面检查、试验和修理。按时进行季节性的防暑、防寒整备工作。

客列检：对始发、到达及通过的旅客列车进行技术检查和维修。

客车乘务：车辆包乘组对值乘的旅客列车进行途中技术检查、维修和管理工作。

客车运用维修的内容，严格执行铁道部颁发的各项规程。

2. 货车运用维修

(1)货车运用维修意义

货车运用条件较差，在解体、编组及机械化装卸作业中承受频繁的冲击，易腐货物对配件造成的腐蚀，重载运输、长大列车在运行中的冲撞等，使货车零部件产生较大的磨耗、变形、松弛、腐蚀等故障。因此，必须对货车进行及时的检查维修，使运用中的货车保持良好的技术状态，保证安全、正点、优质、高效地完成货物运输任务。

(2)货车运用维修的内容

①辅修。

②摘车临修。

③列车检修，即对货物列车的车辆进行技术检查修理。

④货物列车包乘维修。

(3)摘车修及不摘车修

①摘车修

把有故障的车辆从列车中摘下，送到专用修车线或站修作业场内施修，称摘车修。实行摘车修可以充分利用固定台位和机械化修车设备，按技术标准修复车辆，消除故障，保证质量。

但会增加调车作业的工作量和车辆停留时间，对运输效率有所影响。在列车内无法修复的故障必须施行摘车修。

②不摘车修

在列车到达后、始发前进行技术检查时，对发现的车辆故障，能在停车线上利用站停时间修复的，称不摘车修。实行不摘车修，能较快地消除危及行车安全的故障，可加速车辆周转，提高运输效率。

采用摘车修及不摘车修两种修理方式，应根据车辆故障情况和站场设备及运输要求等条件加以综合考虑。原则是：凡是在列车中能处理的故障，尽量在列车内修复；在列车内修复较困难，不能保证质量或会影响正点编发时，应采用摘车修理。

五、车辆调度工作

现代化生产要求有科学的管理，而科学的管理又依赖于周密的计划，以及在执行计划中的调度指挥工作。

铁路车辆调度（或称检调）是铁路运输调度指挥系统的重要组成部分，是组织完成车辆检修、运用工作，为铁路运输提供良好车辆的指挥中枢。在日常运输生产活动中密切配合各调度，按有关规定及时组织处理客、货列车运行中发生的有关车辆问题，完成日班计划，实现安全正点、按图行车。车辆部门有关检修、运用人员，必须服从车辆调度的统一指挥，努力做好本职工作。

铁道部运输局、铁路局车辆处及车辆段应成立车辆调度机构，分别掌握管内车辆的检修、运用工作。列检所及库列检值班员也属车辆调度系统，接受车辆段调度员的统一指挥。

各级车辆调度人员，要加强政治学习，不断提高思想觉悟和业务水平，认真执行党的方针政策和上级指示，严守国家机密，昼夜值班，坚守工作岗位，做好本职工作。组织有关人员，努力压缩检修车，减少非运用车，充分发挥车辆运用效能。树立全局观念，与有关单位加强联系，密切配合，及时、果断、妥善地处理好在车辆检修和运用中的问题。

（一）车辆段调度员职责

1. 树立全局观念，按检修计划的车种、车型、数量均衡地扣送定期检修车辆。随时掌握检修、洗罐进度和厂、段修检修车定量，及时了解、分析检修时间和修车进度，进行检查督促，采取措施，减少残车，压缩检修时间。

2. 掌握安全生产情况，做好宣传工作，及时表扬好人好事。发生事故后，要认真了解情况，查明原因，及时汇报。对于发生危及行车安全的情况，要通知有关单位及时处理。

3. 掌握客、货车回送和备用车、配属车动态。

4. 掌握车辆使用情况，发生不按规定使用和损坏车辆时，要采取措施，立即处理，并提请有关单位注意改进。

5. 及时、正确地填报有关表报、台账，联系实际，进行分析研究，不断改进工作作风，提高调度工作水平。

（二）列检值班员职责

1. 及时下达列检作业计划，合理组织劳动力，掌握技检时间，保证列车安全、正点。经常与相邻列检所保持联系，了解发出列车质量，掌握列车运行中的车辆故障情况，不断改进工作。

2. 掌握定检扣车计划，与有关单位加强联系，密切配合，协同动作，及时取送检修

3. 及时、正确地填写有关表报、台账，做好货车检修原始资料的积累、保管和统计工作。

4. 传达贯彻上级命令、通知，收集情况，表扬好人好事。

(三)列尾值班员职责

1. 树立以行车运输为主的大局意识，严格执行上级命令。

2. 及时与列尾管理中心及各点联系，了解工作动态，做好当班工作安排。

3. 根据生产需要，对所辖列尾站点进行合理调配。

4. 做好联控信息调查工作，做好记录，及时汇报。

(四)库检值班员职责

1. 及时传达贯彻上级通知，严守机密。经常收集情况，表扬好人好事。与有关方面联系，做好列车到发前的布置工作。

2. 及时、正确的填写有关表报、台账，做好客车检修基础资料积累、保管和统计工作。

(五)车辆调度主要统计报表

车辆调度的主要统计报表有“车辆调度日报”(车调报—1)和“客货车检修成绩报表”(车统报—1)，此外，各级调度还设有调度日志(格式由各局自定)，作为记事及交接班之用。

各级车辆调度人员应根据统计报表有关资料及收集情况进行综合分析，特别是对当日客货车的残车增减情况，客货车检修计划完成进度以及发生事故和故障的情况，进行深入的分析，向上级有关部门提供改进工作的依据，以充分发挥统计报表应有的作用。

第二章　铁路客车维修

第一节　铁路客车运用维修规程

《铁路客车运用维修规程》以铁路跨越式发展的工作思路，总揽客车运用全局，既立足于既有客车的技术标准又着眼于发展、兼顾铁路装备现代化的需要，是铁路客车向时速200 km及以上动车组发展的过渡时期客车运用维修管理的基本规程。

铁路客车是铁路旅客运输的重要运载工具。铁路客车运用维修工作是铁路运输的重要组成部分，运用客车的维修质量直接关系到旅客生命财产的安全。提供良好设备，保证行车安全，为旅客运输服务，是铁路客车运用维修工作的基本任务。为加强铁路客车运用技术管理工作，提高运用客车质量，根据铁路运输需要和装备技术的发展，特制定本规程。

铁路客车实行固定配属管理。客车所属的铁路局、车辆段对客车的维修质量、安全负责。铁路客车运用维修工作必须坚持质量第一和为运输服务的原则，积极推行按走行公里施修的维修体制，贯彻修、养并重，预防为主的方针，不断加强基础工作，完善运用管理制度，为铁路旅客运输提供质量良好的客车。

从事铁路客车运用维修工作的广大职工须努力学习现代化管理和现代科学技术知识，不断提高现代化管理和技术业务水平，对工作要认真负责，严格执行规章、命令和各项标准，总结推广先进经验，勇于改革创新，不断提高检修质量，保证质量良好地完成旅客运输任务。

不断加强客车维修基地建设，大力采用新技术、新工艺和新装备，逐步实现管理信息化、装备现代化、检修专业化、检测智能化。

铁路客车运用维修人员昼夜不间断地工作在运输生产第一线，各级领导必须关心职工生活，不断改善劳动条件和工作环境。

本规程是国有铁路客车运用维修管理工作的基本依据。参与国有铁路运营的地方、合资等铁路和路外企业的客车运用维修管理工作，均执行本规程。本规程由铁道部负责解释、修改。

一、路用车管理

1. 路用客车分为铁道部统一管理的路用客车和铁路局自行管理的路用客车。

2. 由铁道部统一管理的路用客车，由铁道部统一下达车号，纳入铁道部、铁路局客车配属统计，如：公务、试验、维修、检测车等。

3. 由铁路局自行管理的路用客车，由铁路局自行编排车号，另行统计，报铁道部备案，不纳入铁道部客车配属统计。如：采石场用车、大型机械化养路用车、工程宿营车、救援列车、生活供应车等。编号规则为："某局""用途""三位车号"，例如：京局救援001。

4. 凡需将运用客车改为铁路局自管路用车辆的必须报铁道部批准。

5. 路用客车须严格按客车检修、运用有关规定进行管理。非铁路局所属路用客车，由所属单位委托就近铁路局代管。

二、修程管理

1. 跨局直通旅客列车每运行一个往返必须安排入库检修；单程运行距离在2 000 km及以上的旅客列车，在折返站原则上应安排入库检修。铁路局管内运行的旅客列车可按走行公里确定入库检修周期，原则上运行 4 000 km 须入库检修一次。旅客列车入库进行技术检查作业的时间每次不得少于6 h。

2. 凡入库检修的车辆，出库前必须达到《运用客车出库质量标准》；未完成检修或未达到标准的，一律不得上线运行。

3. 标记速度为 160 km/h 的客车运行(20±2)万 km(或距上次各级修程不超过 1 年)实施 A1 级检修，其他各型客车运行(20±2)万 km(或距上次各级修程不超过 8 个月)实施辅修。

三、运用客车整修及质量标准

运用客车每年应进行三次集中整修。春运前，实施春运整修；春运后至暑运前，实施春季整修；暑运后，实施秋季防寒整修。每年三次运用客车整修除执行《运用客车出库质量标准》外，还应结合各次整修的特点，进行有针对性的重点整治。具体要求如下：

(1)车辆段应成立整修领导小组，组织、安排、落实整修的各项工作。

(2)进行逐辆的分钩检查。进行逐辆电气绝缘测试。

(3)对轮对技术状态进行全面普查鉴定。对轴温报警装置、漏电报警器、漏电检测装置的安装情况和技术状态全面检查。

(4)全面检查灭火器、烟火报警装置和消防锤等消防设施的技术状态。

(5)全面紧固Ⅰ、Ⅱ路电源、主断路器、主接触器、空调各电机、电茶炉、电热器、应急电源等关键电气部件的接线端子；通电带负载 30 min 以上，检测上述端子温升情况。检查电力、通信连接线、连接座和分线盒中主干线接线端子状态。

(6)春季整修时，空调客车须检测空调机组压缩机、通风机、冷凝风机的运行电流；彻底清扫空调回风和蒸发器滤尘网；彻底清扫空调蒸发器和冷凝器。

(7)秋季整修时，应开罩检查并彻底清扫电暖器、车顶空气预热器。

(8)运行到华东、华中、华南、西南的客车，在 5 月 1 日前，其他客车在 6 月 1 日前完成客车电扇和独立供电空调客车的安装调试工作。具体启用日期由铁路局指定。

(9)春运和秋季整修时，应落实客车防冻的有关要求，同时须安排进行电采暖试验和独立燃煤锅炉焚火采暖试验。整修结束后，由铁路局组织有关部门进行质量验收和交接，发给防寒合格证，统一张贴在乘务室内。

四、质量监督

1. 车辆段应设质量检查机构，配置专职的质量检查人员，由车辆段直接管理。质量检查机构应每月对全部运用列车进行质量检查和鉴定，并做出质量分析与评价报告，根据故障规律有针对性地开展工作。

2. 每年春、秋两季，由铁路局组织对运用列车质量逐列进行鉴定，同时对备用客车进行质量抽查，鉴定结果应上报铁道部。临客列车编组整修后，由车辆段主管段长组织检查验收。

3. 每年秋季，由铁道部组织对全路进京、进沪、进穗的运用列车质量进行鉴定。

4. 车辆段每月、铁路局每半年应安排一次辅修或 A1 级检修的质量对规。对规的结果应逐级上报。

5. 车辆段每半年、铁路局每年应安排一次发电车质量对规检查。对规的结果应逐级上报。

6. 运用列车质量鉴定应严格执行《运用客车质量鉴定条件》。

(1)列车等级根据车辆质量和乘务管理状况综合评定,采用评分制办法,满分为1 000分,其中:管理部分200分,质量部分800分,按得分多少划分列车等级。

(2)列车等级分4挡。A级列车为900～1 000分,B级列车为800～899分,C级列车为700～799分,700分以下为D级列车。

(3)D级列车,一年内取消安全优质列车和红旗列车的评比资格,取消其配属单位的安全评优资格。

(4)鉴定列车在一年内发生险性及以上责任行车事故的,取消鉴定评比资格。

(5)评分标准分为A、B、C、D 4类。发现A类故障(问题),每处每件扣5分;发现B类故障(问题),每处每件扣10分;发现C类故障(问题),每处每件扣20分;管理部分发现D类问题,此项得0分;质量部分发现D类故障,扣250分。

(6)鉴定列车编组中加挂的外属车辆属鉴定范围,鉴定成绩纳入加挂车之配属路局、车辆段的"加挂车辆"项。

(7)客车上所有设备、部件等不论使用与否均属鉴定范围。

7. 在鉴定到达列车时,遇有下列情况,不影响车辆和列车等级:

(1)列车运行途中临时发生的车辆故障,车辆乘务员发现后在"旅客列车技术状态交接簿"(车统—181)中注明者。

(2)列车运行途中,车辆设备备品损坏、丢失,有书面证明者。

8. 辅修质量对规应执行《客车辅修质量对规办法》,95分以上的为合格,95分到85分的为基本合格,85分以下的为不合格。

9. A1级检修质量对规应严格执行《客车A1级检修质量对规办法》,950分以上的为合格,950分到850分的为基本合格,850分以下的为不合格。

10. 发电车质量对规应严格执行《标准化发电车评分标准》,900分以上为合格,900分到800分为基本合格,800分以下为不合格。

五、库列检职责

库列检、客列检、车辆包乘组是对运用客车进行检修、维护和保养的重要部门,担负着确保旅客列车绝对安全和为旅客提供良好旅行条件的重要职责,处于铁路运输安全生产的第一线,是确保旅客列车绝对安全的关键环节,是围歼旅客列车事故的主要防线,是展现人民铁路风貌的重要窗口。

库列检职责如下:

1. 库列检是运用客车维修与保养的主体,承担着客车入库检修、辅修、A1级检修和客车整修等工作。经检修的本属客车应达到《运用客车出库质量标准》,并保证列车在一个入库检修周期内不发生责任事故。

2. 库列检应对外属列车的车钩及缓冲装置、制动装置、转向架和悬吊装置进行全面检查,及时消除故障;对车辆乘务员交修的故障,经处理后应保证返程时不发生责任事故;必须摘车处理时,应尽量保证原编组返回。

3. 装用盘型制动装置的客车，须进地沟线检修。库列检应配合外属列车做好加油、供电、排污等工作。集中供电空调列车，库内停留期间须使用外接地面电源进行检修。

六、客列检职责

客列检是确保旅客列车安全运行的重要部门，承担对终到、始发、通过旅客列车走行部进行重点技术检查，及时排除危及行车安全故障等工作。

跨局客列检的设置由铁道部指定，其撤销或改变必须经铁道部批准。铁道部跨局客列检的设置地点见“全路跨局客列检设置地点表”。

铁路局管内客列检的设置，由铁路局指定并报部备案。

客列检应有值班室、待检室、设备和材料备品库，配备检修用的无线通信设备、轴温检测装置、广播等设备设施，以及必要的工具、配件、材料。

客列检对发现或预报的车辆故障，必须积极修复或妥善处理，保证行车安全。对故障车辆应否摘车由客列检确认并负责处置。

客列检人员工作时必须佩带臂章，式样如图 2-1 所示。

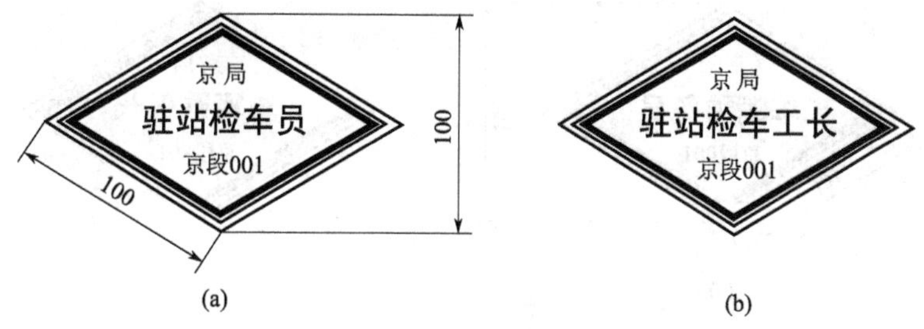

图 2-1　客列检人员臂章式样

注：底料为紫红色呢料，黄色丝线绣字、码边。

1. 对始发旅客列车，负责机车与机后第一辆客车的软管、车端电气连接线的连接，并进行制动机简略试验。

2. 对终到旅客列车，负责列车机车与机后第一辆客车的车钩摘解及软管、车端电气连接线的摘解。对不入库检修的站折返列车，按库列检技术检查作业范围检修，并进行制动机全部试验。

3. 通过旅客列车的技术检查作业范围如下：

(1)列车车辆技术状态交接

①轴温：轴温达到 90 ℃或超过外温加 60 ℃时摘车处理；超过外温加 45 ℃时，通知车辆乘务员重点监控并预报前方客列检重点检查，站折返列车须开盖检查，发现轴承零件破损、油脂变质、混砂、混水、混有金属粉末等异状，不能保证行车安全时应做摘车修理。

②车轮缺损，踏面剥离、擦伤(擦伤深度在 1.5 mm 以内，允许一次运行到终点站更换轮对)。

③摇枕悬吊装置、基础制动装置、轴箱弹簧、摇枕弹簧、空气弹簧装置配件丢失、脱落或损坏。车钩、制动软管、总风管的连接状态。

④按规定施行列车制动机试验。

(2)通过旅客列车的不摘车修范围

①更换轴箱弹簧、摇枕弹簧(圆弹簧外圈支承圈折损或内圈折损,可一次运行到终点站更换),标记速度 160 km/h 及以上的客车除外。

②处理基础制动故障。处理空气制动机故障。更换钩舌、钩舌销,调整钩差。更换处理牵引拉杆故障。处理配件丢失、脱落或损坏故障。

③客列检对发现或预报的车辆故障必须积极修复或妥善处理,保证行车安全。故障车辆是否摘车由客列检确认并负责,车辆乘务员应服从客列检的决定。

④属客列检不摘车修范围的故障,未做处理或摘车处理为客列检责任;经客列检处理的故障,属于不摘车修范围的,应保证安全运行到终点站;属于检查范围的保证安全运行到下一个客列检;通过列车凡因不摘车修造成的晚点,一律为关系晚点,列车辆其他。

七、车辆乘务组职责

车辆乘务组是监控旅客列车运行安全的重要岗位,承担着妥善处理列车运行途中发生的故障和为旅客提供良好服务设施的工作。

车辆乘务员在工作时必须佩带臂章,式样如图 2-2 所示。

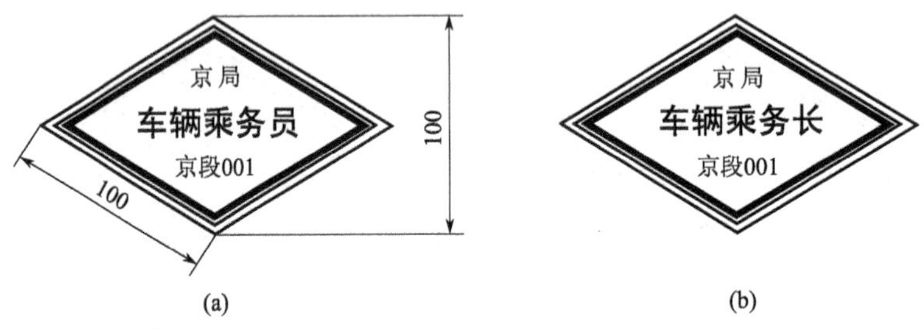

图 2-2 车辆乘务员臂章式样

注:底料为紫红色呢料,黄色丝线绣字、码边。

1. 车辆乘务组在出乘前应按技术作业过程对列车进行检查,核对并签认“旅客列车技术状态交接簿”(车统—181)故障的处理情况;按照分工范围检修并保养车辆;负责尾部标志灯的整修和摘挂;参加始发列车的制动机试验。

2. 车辆乘务组在值乘中应按技术作业过程巡视车厢,发现故障要正确判断、果断处理,并将不能消除的不摘车修故障预报前方客列检。

3. 中途发生临时停车时,应及时联系,查明原因,必要时下车检查处理,并将情况做成记录。运行途中空调装置出现故障,不能正常工作时,车辆乘务员应立即采取修复措施,确认不能及时修复时通知列车长拍发电报。

4. 列车到达终点站,乘务员必须及时检测轴温,做技术检查,随车入库并向值班员汇报运行情况。属于库列检施修范围的故障须填写“旅客列车技术状态交接簿”(车统—181),重点故障须与库列检工长交接。

5. 跨局旅客列车在外局管内须接受当地铁路局的领导,发生事故或意外情况时应及时汇报、服从命令、听从指挥。

6. 值乘中遇有紧急情况需要汇报时,车辆乘务长凭臂章发铁路电报。非经主管部门准许,任何人不得撤换、中止车辆乘务员的工作。

7. 在无库列检、客列检作业的折返站,由车辆乘务员按客列检对通过旅客列车的技术检查范围进行作业。

8. 直达特快旅客列车的车辆乘务员，按规定履行部分运转车长职能。

八、客车技术整备所

客车技术整备所（简称客整所）是客车运用维修保养的重要基地，具有列车的 A1 修、辅修、入库检查、车辆的整修及临修等功能，应设置相应的检修线、临修线、存车线、临修库房、照明、列车供电、供风、供水、车辆防冻、车辆排污、污水处理、配件材料存放、运输通道及生活服务等设施，配备起重、运输、换轮、充电、试风、作业安全防护、通信等装备。客整所的检修、检测技术装备应适应客车新技术发展的需要。

客整所内的整备线、存车线和临修线、空调客车检修线、检修地沟等的设置原则和标准应符合《铁路车辆设备设计规范》（TB 10005）及《铁路客车车辆设备设计规范》（TB 10029）的规定。

九、列车编组

1. 客车应按其标记速度编挂列车。超过定期检修期限的车辆（按规定在延期范围内和经车辆部门鉴定送厂、段施修的客车除外）严禁编入旅客列车。

2. 临时旅客列车的编组按铁道部、铁路局命令办理，提前编组，逐辆整修。特快旅客列车不准编挂货车。其他旅客列车原则上不准编挂货车；在特殊情况下（事故救援、抢险等），局管内旅客列车经铁路局准许，跨局的旅客列车经铁道部准许，方可在列车后部加挂，但不得超过 2 辆。加挂货车的技术状态和构造速度，须符合该列车规定速度要求。客车禁止通过驼峰，调车时禁止溜放。

3. 固定列车编组中的车辆供风状态必须一致。全列空调列车供电制式必须一致。未安装客车轴温报警装置的客车，严禁编入旅客列车。

4. 列车编组中，密封风挡不得与橡胶风挡或铁风挡连挂。列车编组中，子车连续编挂不得超过 2 辆（首尾以 1 辆为限）。全列空调列车额定负载总和不得超过发电车额定输出功率。通过电力连接线的电流量不得大于电力连接线额定容量。采用密接式车钩的列车，须备有中间体过渡车钩、15 号过渡车钩、密接式车钩。

5. 直达特快、特快旅客列车禁止附挂回送机车。其他旅客列车遇特殊情况须附挂跨铁路局的回送机车时，按铁道部命令办理。

十、车辆摘挂

（一）确认车钩高度差

列车中相互连挂的车钩中心水平线的高度差（简称车钩高度差）不得超过75 mm。这个高度差是由车钩中心水平线至轨面的距离，运用限度规定为最高 890 mm 和最低 815 mm 之差而定出的。

若车钩高度差超过规定，当列车运行至道岔或路基松软地段时，车辆上下振动，尤其在陡坡线路上，容易发生脱钩而造成列车分离。车钩高度差较大时，还使车钩钩舌牵引接触面减小，产生过大的弯矩，容易发生断钩事故。

（二）摘挂分工

1. 列车机车与第一辆车的连挂，由机车乘务组负责。软管、车端电气连接线的连接由客列检人员负责;无客列检作业时,由车辆乘务员负责。

2. 列车机车与第一辆车的车钩、软管、车端电气连接线的摘解,由客列检人员负责;无客列检作业时,车钩、软管的摘解由机车乘务组负责,车端电气连接线的摘解由车辆乘务员负责。

3. 旅客列车运行途中甩挂车辆时,车辆的摘挂、软管摘接由调车人员负责。密封风挡及车端电气连接线的摘接由车辆乘务员负责;其他由客列检人员负责,无客列检作业时,由车辆乘务员负责。

4. 由机车向客车供电的列车换挂机车时,由客列检人员、机车乘务员、车辆乘务员办理相关交接手续,并进行签认;无客列检作业时,由车辆乘务员与机车乘务员办理相关交接手续,并进行签认。

十一、客车加挂

1. 临时换挂、加挂客车必须由配属单位保证达到"运用客车出库质量标准"和编组条件。加挂外局所担当的旅客列车时,配属段须派车辆乘务员。

2. 临时换挂、加挂客车,铁路局客运调度员应于列车出发前 6 h 通知车辆调度员,由库列检、客列检按规定检修车辆。中途站加挂客车时,客列检应通知车辆乘务员。无客列检作业的车站,应由车站值班员通知车辆乘务员。

3. 全列空调列车上加挂外属客车时,只允许编挂在尾部,原则上不供电。如有特殊需要时,始发站加挂的客车可以由双方签订协议,安排供电;中途加挂的客车一律不许供电。

4. 加挂客车的供风形式与列车编组不一致时,只允许编挂在列车尾部。双管供风车辆加挂在单管供风列车中,须改为单管供风状态。加挂非空调客车必须是母车。

十二、列车运行

(一)列车标志

列车是指编成的车列并挂有机车及规定的列车标志(单机、动车、自轮运转特种设备,虽未完全具备列车条件,亦应按列车办理)。

列车应根据其种类及运行的线路和方向,在头部和尾部分别显示不同的列车标志。

旅客列车的尾部标志应使用电灯。尾部标志灯的摘挂、保管由车辆部门负责。对中途转向的旅客列车应有备用标志灯,以备转向时使用。

(二)列车乘务组

为完成列车运行中的各项作业,及时处理列车运行中发生的各种情况,根据列车任务、要求和运行条件,配备直接为列车服务的人员组成列车乘务组。

列车乘务组按下列规定组成:

1. 机车乘务人员。

2. 旅客列车、行邮列车和机械冷藏车组,均应有车辆乘务人员;挂有超限货物车辆的列车是否需要添乘人员,应根据装运的命令办理。

3. 旅客列车应有旅客乘务组。

4. 直达特快列车及动车组不设运转车长,其他旅客列车运转车长的设置按有关规定办理。

由于旅客列车及机械冷藏车组的构造较一般车辆复杂,运行中又有特殊要求,规定旅客列车和机械冷藏列车应配有车辆乘务人员。挂有超限货物的列车,在运行途中有时需检查货物的装载情况和车辆的技术状态，应根据挂运命令的要求，决定是否派出添乘人员。

车辆乘务人员应按技术作业规程的规定检查车辆，并参加制动试验。在列车运行途中，应保证车辆运行安全，及时消除车辆故障，并将本身不能完成的不摘车修工作，预报前方车站列检，前方站列检应积极组织人力，修复车辆故障，保持原编组运用。是否摘车检修，由当地列检决定处理。

未设有运转车长的旅客列车，其车辆乘务员应配备列车无线调度通信设备及响墩、火炬、短路铜线、信号旗(灯)等防护用品，在值乘中还应做到：①车站发车前和列车出站后，及时检查列车尾部风压，并向司机通报；②列车发生紧急制动停车后，查明原因，检查车辆技术状态安全无误后，通知司机开车；③负责向司机通报使用紧急制动阀的情况，并协助司机处理有关行车事宜。

旅客列车须有旅客乘务组，为旅客服务。

(三)紧急制动阀的使用

按规定客车应有紧急制动阀及风表，并均应保持作用良好，按规定时间进行检查、校对并铅封。列车乘务人员应随时注意列车运行安全，遇有下列危及行车和人身安全情形时，方可使用紧急制动阀停车。

1. 车辆燃轴或重要部件损坏。

2. 列车发生火灾。

3. 有人从列车上坠落或线路内有人死伤(特快旅客列车不危及本列车运行安全时除外)。

4. 能判明司机不顾停车信号，列车继续运行。

5. 列车无任何信号指示，进入不应进入的地段或车站。

6. 其他危及行车和人身安全必须紧急停车时。

使用紧急制动阀时，不必先行破封，立即将阀手把向全开位置拉动，直至全开为止，不得停顿和关闭。遇弹簧手把时，在列车完全停车以前，不得松手。

在长大下坡道上，使用紧急制动阀前须先看压力表，如压力表指针已由定压下降100 kPa时，不得再行使用紧急制动阀(遇折角塞门关闭时除外)。

(四)破损车辆回送

1. 凡发生事故、故障的车辆，经车辆段检查鉴定，由于当地技术设备能力不足不能修复使用者，可办理回送。回送时，应由车辆段调度请示车辆处调度，必要时请示铁道部调度给予准许回送的命令。

2. 事故、故障车辆经车辆段鉴定后，应填写客货车故障记录(车统—113)一式两份，并向车站提出回送日期、地点、车次、编挂位置及是否限速运行要求，由车站报请调度所发令执行。

3. 回送车辆应由车辆段工长以上人员鉴定，并进行整修，使之符合车辆限界及确保行车安全的要求，方可编入列车，必要时可派人员护送。

4. 回送车辆的技术要求：

(1)走行部：凡属车轮破损，车轴折损、弯曲，侧(构)架折损、弯曲及基础制动配件破损不能保证行车安全者，不得编挂列车回送。但轮对有踏面凹入、擦伤、轮心辐板弹痕超过运用限度及其他裂纹状态时，准许空车回送。

(2)连接缓冲部：凡属车钩破损，缓冲装置失效，应挂在列车尾部。

(3)制动部：制动装置破损不能使用时，应将各配件捆绑牢固，编挂位置应符合列车对“关门车”的要求。

(4)车体部:车体破损,需要整修,严禁超出车体限界,对破损部件应捆绑牢固。

5. 旅客列车不准编挂制动关门车。在运行途中,如制动机临时故障,在停车时间内不能修复时,准许关闭1辆,但列车最后一辆不得为关门车。旅客列车运行途中因故甩车,在有条件的情况下,应积极准备替换车辆,尽量维持原编组。

6. 发生双管供风设备故障或用单管供风机车救援牵引时,车辆乘务员根据命令将编组客车风管路改为单管供风状态。在有客列检作业的车站,由客列检人员协助车辆乘务员处理。全列采用双管供风的旅客列车途中因故改为单管供风后,不再恢复双管供风,直至运行终到站。到达终到站后,由库列检(不入库检修的列车由客列检)恢复双管供风状态,并捆绑后与车辆乘务员交接。

7. 旅客列车凡因超员、超重、偏载造成弹簧压死、车钩钩差过限、车体倾斜过限或走行部零部件与车体发生顶抗、磨碰等危及行车安全时,车辆乘务员应立即通知列车长,由列车长会同车站及时采取疏散措施,消除上述现象后,方准继续运行。装用空气弹簧的客车,运行途中发生空气弹簧故障时应限速运行,最高运行速度不得超过120 km/h。

8. 采用密接式车钩的旅客列车,因故更换15号过渡车钩与机车连接时应限速运行,最高运行速度不得超过140 km/h。采用中间体过渡车钩调车时,一次连挂不得超过4辆,最高运行速度不得超过50 km/h。

9. 采用机车供电的旅客列车,因车辆故障造成机车跳闸或无法送电且不能修复时,必须甩车处理,尽快恢复全列车供电。

10. 旅客列车运行途中,严禁关闭电子防滑装置、轴温报警装置和其他报警装置。旅客列车运行途中,客运乘务员应按规定使用电气设备,发现危及行车安全故障时,应立即采取措施,通知车辆乘务员检修。旅客列车运行途中,客运乘务员应监视客车上各种报警设备的作用,遇有报警,应立即通知车辆乘务员。

11. 发电车供电的空调客车,须在列车始发前1 h开启空调设备对车厢进行预冷、预热;终到后30 min卸载停机。机车供电的空调客车,在列车始发前40 min连挂机车后须立即开启空调对车厢进行预冷、预热。空调客车的空调温控器应设定为:冬季18～20 ℃,夏季24～28 ℃。当环境温度低于18 ℃时,严禁开启空调设备制冷。当环境温度低于5 ℃时,须开启电伴热装置。列车运行中,通风机不得停用。途中因供电装置故障或长时间停留时,车辆乘务员可酌情减少用电负荷。同一发电车各柴油发电机组须均衡使用,各机组运转工时差最多不得超过100 h。

12. 列车运行中,白天无特殊需要严禁使用照明装置;夜间行车23:00后关闭半夜灯(始发、到达及大量上下旅客的车站除外);途中因发电机故障或长时间停留,车辆乘务员可酌情减少用电负荷。列车库内停留时,除检修需要外,严禁使用空调电气设备、电风扇、电茶炉和电冰箱。

13. 列车整备原则上应使用外接电源供电,用电时间一般不超过2 h。备用发电车每15天必须启动机组,检查技术状态,并按规定保养。备用客车须定期对蓄电池进行补充电。

14. 新造25T型客车上线运行前,须进行通电、带载试运行,试运行距离原则上不得少于1 000 km。事故车回送时,必须按调度命令执行,并派人护送。

15. 下列人员出示证件后,允许登乘发电车;其他非发电车值乘人员不得登乘发电车:

(1)各级主管领导检查工作;

(2)各级监察人员检查工作;

(3)列车工作人员因工作关系,需进入发电车,由列车长带领介绍,并经值乘工组长同意方可进入;

(4)由车辆段领导批准的发电车检修、测试人员;

(5)车辆部门派出的添乘人员。

16. 车辆部门的干部添乘检查客车运用工作时,应持铁道部或铁路局填发的“客车添乘证”式样如图 2-3 所示。客车添乘证的填发范围如下:

(1)各铁路局车辆处长、副处长、总工程师,客车科全体人员。

(2)车辆段段长、运用(安全)副段长、技术(安全)科长、客车运用(安全)专职,客车运用车间主任、副主任及乘务指导。

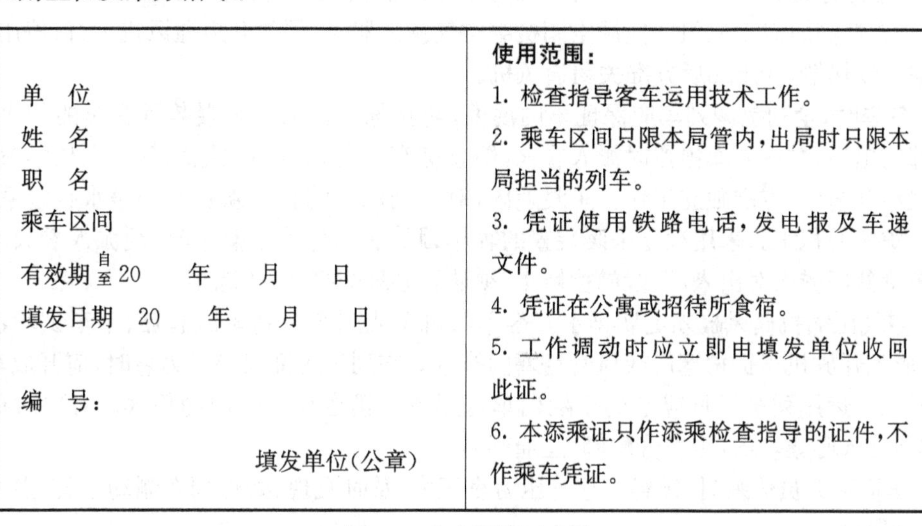

	使用范围:
单　位 姓　名 职　名 乘车区间 有效期自至20　　年　　月　　日 填发日期　20　　年　　月　　日 编　号: 填发单位(公章)	1. 检查指导客车运用技术工作。 2. 乘车区间只限本局管内,出局时只限本局担当的列车。 3. 凭证使用铁路电话,发电报及车递文件。 4. 凭证在公寓或招待所食宿。 5. 工作调动时应立即由填发单位收回此证。 6. 本添乘证只作添乘检查指导的证件,不作乘车凭证。

图 2-3　客车添乘证式样

十三、客车防火与防冻

1. 铁路局应定期组织有关部门检查客车防火工作,消除火灾隐患,确保客车安全。车辆段要加强燃煤锅炉、茶炉、餐车炉灶、电器设备及发电车的检修。

2. 客车焚火人员应负责看管燃煤锅炉室和茶炉室。室内应保持清洁,禁止存放物品、晾挂衣物。燃煤锅炉焚火前必须检查锅炉水位,严禁缺水焚火。炉灰要及时熄灭和清理。餐车工作人员须经常清除炉灶烟筒和排烟罩上的油垢,需拆卸方可清除的部分由车辆部门负责。

3. 旅客列车在库内停留时,燃煤锅炉、燃煤茶炉、餐车炉灶须由客运部门派人看管。停留车内严禁吸烟和动用明火取暖。

4. 配电间的门应锁闭。严禁在配电间堆放物品。配电箱、配电盘、控制箱、电采暖装置等电气装置上部及附近不得堆放或搭挂物品。

5. 严禁用水冲刷地板、墙板及带有电伴热塞拉门乘降梯,以免造成客车绝缘不良。发电车、空调客车的车体接地线、设备接地保护线须可靠连接。运用客车严禁临时配线。确需改造的,须经车辆主管部门批准。列车运行途中,凡发生断路器自动分闸、熔断器熔断时,应首先确认该支路无短路后,方可复位或更换。

6. 发电车内严禁放置杂物。棉纱须存放在指定容器内。严禁乱丢乱放物品。发电车内严禁吸烟。严禁无关人员进入或通过机房。发电车各门、车下燃油箱须加锁。燃油箱及其他各部不得有积油和油垢。运用发电车启机后，须有专业人员不间断地看管和监护。

7. 客车车厢内须按规定配置灭火器。灭火器按产品规定期限进行定期检查并涂打检查日期标记。空调客车车厢内应配置消防锤，并标注“消防专用”。消防锤安装要求为：车厢乘务员室设1个，座车客室设4个，卧车大走廊设2个，餐车客室设4个，双层座车下层客室设4个，双层卧车下层大走廊设2个。

8. 发电车应根据外温变化及时调整使用相应标号的燃油，并按规定在冷却液中加注防冻液。

9. 环境温度低于10 ℃时，需对发电机组采取预热措施进行预热，温度高于10 ℃时方可启机，不得在低温时启动机组。使用空调机组空气预热器时，须先开启通风机运行；停用时，须先关闭空气预热器，10 min后方准关闭通风机。

10. 冬季时，全列空调列车应保证车内温度，防止冻车。独立采暖装置客车的焚火工作，由客运部门担当，并在入库停留时派人看火，防止冻车。在采暖前须组织焚火人员学习，经考试合格发给合格证，方准独立工作。采暖期内，对终到甩下的客车须及时排净水暖管系、温水箱和电茶炉内的积水。采用独立采暖装置的客车因故在运行途中摘车时，须派人看火或彻底排水。车辆部门派人对出入厂、段的检修车，须认真办理交接，防止冻车。

11. 空气压缩机储风缸须定期排水。客车与机车或列车与列车试验器、单车试验器连接风管时，应先开放机车折角塞门或风管路塞门排水。在列车尾部安装压力表时，应开放车辆折角塞门排水。运用列车每月应定期排除列车首尾各三辆客车风缸内的积水。必要时摘开软管，分解清洗远心集尘器，更换分配阀(三通阀)。

12. 车辆乘务员值乘时，须经常检查压力表压力，及时发现、处理列车制动主管、总风管结冰堵塞，确保安全。

13. 春运整修和秋季防寒整修时，应彻底处理车窗及防寒胶条、毡条故障；锅炉室地板与墙板出现缝隙时，应采取措施封堵；对锅炉、管系、各阀及塞门应冲洗除垢，涂打颜色标记，并进行点火试验。

十四、客车备品

新造、厂修客车的移动备品由车辆段向客运(列车)段做一次性交接。客运(列车)段负责保管、使用。客车固定备品须由车辆段配备齐全，经常保持其良好状态，并按下列规定办理交接：

(1)由车辆段填写“客车固定备品卡片”(车统—103)一式两份，一份车辆段存查，一份置于客车备品框内，作为交接点验的依据。客车的固定备品按“固定备品卡片”(车统—103)进行交接；车辆编组整备后由车辆段备品员向车辆乘务长办理一次性交接并在“客车备品交接单”(车统—38)上签字；三乘联检时由车辆乘务长向客运列车长办理交接并签认。

(2)客车因故甩在车站时，车辆乘务长应向所在站的车辆段(列检所)办理备品交接手续；无车辆段(列检所)时，由列车长和车辆乘务长与车站办理备品交接手续，必要时由列车长派人看车。

(3)运用客车的固定备品丢失或损坏时，由列车长填写“客统—36”交车辆段备品员(或车辆乘务员)。车辆段须凭“客统—36”修理或更换，每月向客运(列车)段清算，并上报铁路局。

十五、爱车工作

1. 客运、车辆乘务员对客车设备备品应按规定使用，经常向旅客进行爱车宣传。铁路局应经常检查爱车工作。

2. 严禁使用酸、碱洗刷车辆、厕所铁围板、管罩或用水冲刷地板。严禁在通过台堆积煤或杂物。在客车上安装宣传、引导标志及列车广告，须经路局主管部门批准。严禁在车内乱钉、乱贴、乱挂。严禁敲击、冲撞车体、车门及车内设施。客车结构或内部设备未经部批准不得任意加改或拆除。日常作业过程中应保持车内卫生。

十六、国际联运客车

国际联运客车的运用维修保养工作，除按本规程有关规定办理外，还应执行以下规定：

1. 凡编入国际铁路联运的客车，必须符合《国际铁路联运车辆使用规则》的规定。

2. 外国所属联运客车入境时，指定由入境局负责技术交接与检查。途经局及折返局应认真检查维修，发现故障及时处理并编制记录，保证行车安全。联运过轨到国外的国内客车，应有专人进行维修保养，其宽轨转向架(包括发电机及传动装置)的维修保养，由换装站所在地铁路局负责。车体和标准轨转向架的维修保养由配属局负责。客列检对通过国际列车按规定做技术检查和维修，部属专运处客车由铁道部指定配属，专运处负责所属客车的运用维修保养，沿途客列检应根据上级通知的要求进行检修。

十七、基础管理

1. 逐步完善库列检基地，配齐必要的检修设备。对现有设备应精心管理、使用。设备检修、工具更新、量具仪表校对须保证质量，按期完成，确保其完好率和合格率。铁路客车车辆须有完整和正确反映其技术状态的文件及“客车技术履历簿”等有关资料。上述资料由有关部门或单位妥善保管，并根据情况变化及时修订。大力发展安全检测技术，建立监测、控制和管理决策为一体的高度信息化的安全监控网络。

2. 完善并推广客车故障检测诊断系统、对固定设施进行多层次多方位检测的技术和装备、客车安全运行的地面检测系统，研究采用固定设备在线自动检测、远程诊断及故障预报预警技术，实现列车安全运行动态检测和行车主要设备的实时监测与控制。

3. 极推进客车车辆修制改革，在预防修基础上，开展状态修、换件修和主要零部件的专业化集中修。推广先进检测手段和维修装备，形成运用、维修的现代化管理体系，推行并完善客车按走行公里检修模式。采用新技术、新材料、新工艺，大力提高运输设备的可靠性。进一步完善检修体制，对关键零部件进行寿命研究，实行寿命管理，制定科学的检修标准，不断提高检修质量。铁路局、车辆段必须认真开展客车运用维修保养工作的标准化活动，加强全面质量管理，提高列车质量。标准化验收、考核工作每年进行一次，实行统一领导、分级负责。标准化车间由铁路局，标准化班组、标准化检车员由车辆段验收、命名，并颁发证书和奖励。

十八、工作制度

1. 客车运用维修部门应建立以下生产管理基本制度。

(1)月度计划总结会议制度

每月初，由主管段长主持，各相关部门、车间主任及有关人员参加。总结分析上月任务指标完成情况，布置当月生产计划。

(2)月度安全例会制度

每月末，由主管段长主持，车间主任、技术科、安全科、质检部门参加。重点分析当月运用客车质量和重点故障处理情况，查找安全质量的薄弱环节，制定针对性的措施。

(3)月度质量鉴定制度

质检部门每月应组织质量检查员对运用客车质量进行全面检查，对发现的问题立即提出整改意见。月度质量鉴定情况应及时汇总，并在月度计划总结会上报告。

(4)定期质量鉴定制度

在春运前和春季、秋季客车整修后应对运用列车质量进行全面鉴定，并按运用列车质量鉴定条件进行等级评价。每月应进行一次辅修或A1级检修的质量对规。每半年应安排一次发电车质量对规检查。

(5)事故及事故苗子分析制度

凡发生事故或事故苗子，主管段长必须立即组织分析会，相关部门、车间、班组和责任人参加，查明原因，分清责任，制定措施，并提出考核意见。

(6)“旅客列车技术状态交接簿”(车统—181)管理制度

车辆乘务员应将列车运行情况和发现的车辆故障如实准确地填记在“旅客列车技术状态交接簿”(车统—181)上，列车入库后交值班员。值班员应将汇报的故障另册登记，并通知相关班组安排检修；作业班组处理故障后应向值班员报告，并在“旅客列车技术状态交接簿”(车统—181)上签字确认；出乘的车辆乘务员在列车出库前应对故障的处理情况进行复检，在“旅客列车技术状态交接簿”(车统—181)上签字确认。运用副段长每周抽查、车间干部每天检查“旅客列车技术状态交接簿”(车统—181)情况并签字。

(7)生产交班会议制度

每日开工前，由车间主任主持，生产调度、质量检查员及各班工长参加，下达当日生产计划，提出当日生产重点以及解决关键问题的措施。

(8)班组点名制度

每日开工前，班组应列队点名，由班组工长布置当日工作安排。班组当日工作完成后，由工长主持，总结当日计划完成情况，安全与质量情况，汇总检修故障，并登记在“车统—81”上，于下班前上报车间。

(9)安全防范制度

为确保人身和用电安全，应结合实际，制定并执行有关的安全防范制度。包括发电车送、断电制度，安全号志防护制度，动用电气焊的防护制度，外接电源使用制度，车顶作业防护制度等。

2. 客车运用维修部门应编制并执行下列作业计划：

(1)库列检、客列检日工作计划

编制库列检和客列检日工作计划以列车运行图为依据，包括作业线路、作业时间和作业班组的安排，并应注明有关作业重点和要求。

(2)列车整修计划

编制列车整修计划以上级下达的整修进度和整修任务为依据，包括整修线路、整修标准、整修进度和材料配件及作业人员安排。质量检查员应对整修后的车辆进行全面检查。

(3)A1级检修和辅修计划

编制A1级检修和辅修计划以客车检修周期规定为依据，均衡安排生产，减少对车辆使用的影响。

(4)临时旅客列车(临客)编组整备计划

编制临客编组整备计划以临时旅客列车运行图或调度命令为依据，包括整备线路、整备进度和材料配件及作业人员安排，临客投入运行前应安排出库质量验收。

(5)客车临修计划

临修客车处理故障的时间原则上不得超过 24 h。

(6)客车甩、挂计划。

客车计划性甩、挂应提前安排，需补编的车辆应提前一天进行技术整备。车辆因故障需临时甩挂时，应及时通知有关部门并由车间主任负责快速组织，积极争取时间，避免造成晚点。车辆加挂前应核对其车钩缓冲装置、风挡形式、制动装置形式、供电制式和构造速度等，确认符合编挂要求。

(7)发电车定期保养计划按有关规定执行

3. 客车配属段应根据有关规章、命令和客车运行的实际情况，编制库列检、客列检、客车乘务、辅(A1)修、车电机具检修、柴油发电机组及附属装置的小修、中修，空调机组及控制柜小修等技术作业标准。技术作业标准应明确规定作业程序，质量标准，技术和安全要求，分工范围及责任制等。

4. 车辆段应按照定范围、定标准、定工艺、定周期，人员专业化的要求，编制并执行下列库列检技术作业标准，并随着客车装备的发展，及时补充修订。

(1)客车走行部、制动和车钩缓冲装置技术作业标准；客车空调与附属装置技术作业标准；客车电气控制柜技术作业标准；客车 48 V 电气及控制装置技术作业标准；客车电茶炉技术作业标准；客车应急电源技术作业标准。

(2)客车电子防滑装置技术作业标准；客车轴温报警装置技术作业标准；客车上部设施技术作业标准；客车集便装置技术作业标准；客车塞拉门、电动内端门技术作业标准。

(3)发电车技术作业标准；行车安全监控装置的作业标准；影视系统的技术作业标准；烟雾报警装置的作业标准。

十九、职工培训

1. 各级领导必须按规定配齐客车运用岗位人员，把提高职工素质的工作放在重要地位。加强职业道德、岗位责任制及技术业务、人身安全知识的教育。

2. 客车运用部门各工种应根据部颁职业标准进行培训、考核，按技术水平合理使用，应按规定进行岗前培训，通过铁道部职业技能鉴定的相应等级考核，成绩合格者，按技术水平合理使用。

3. 对客车新规章、新技术、新设备、新工艺，应组织有关人员学习、培训，以适应运用工作不断发展的要求。

二十、作业安全

1. 贯彻执行安全生产方针，不断对职工进行人身安全教育。运用客车的检修人员，在担当本职工作前，须经学习“车辆部门安全技术规则”和“车辆系统人身安全检查表”并考试合格后，方准上岗。坚决杜绝玩忽职守和违章作业。

2. 大力提高行车人员素质，研究应用人机工程理论，改进设备机具，改善作业环境和条件，加强自控和互控手段，减少人为事故。

第二节　客车技术整备所作业顺序及作业分工

一、客整所检修作业程序及内容(图 2-4)

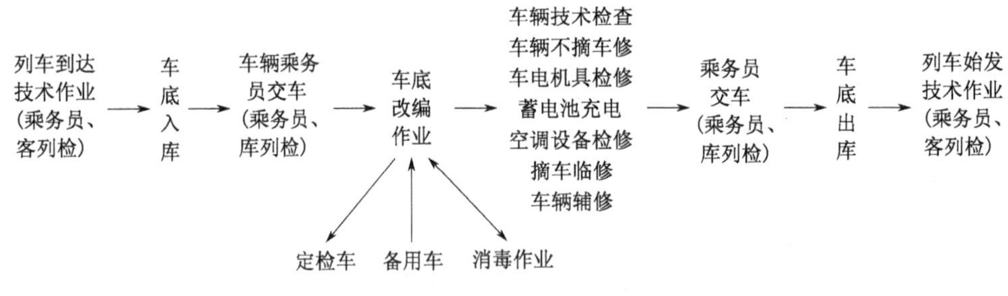

图 2-4　客技站检修作业程序及内容

二、客整所检修作业分工

客整所检修作业按工作性质的不同，一般分为：下部组(检车)、上部组(木、体)、水暖组、车电组、空调组、发电车组、定检组等。对本属车实行包检包修责任制，即除正常检修外，实行定车定人负责相关质量；检修作业时实行代号负责制，各负其责，按作业过程和要求作业，防止漏检、漏修，保证检修质量。

1. 下部组

(1)负责转向架、车钩缓冲、车底架等各配件检查(以心盘与车体分界，包括心盘圆销。制动、暖气、给水、车电等配件除外)。

(2)负责全部制动装置的检查及性能试验(包括手制动机、基础制动装置及紧急制动阀、铅封印、压力表等)。

2. 上部组

(1)负责车体内外一切木制部分及木螺丝结构部分的检查维修。

(2)负责修理或更换车体内部的门、窗、座席及背靠、茶桌、办公桌、行李架、通风器、睡铺、漆布或绒布、合成革垫及地板、门窗锁及玻璃、门把手、衣帽钩、各门划及锁受、门折页、门止簧等车内上部的固定设备备品等。

(3)由乘务组包修范围以外的部分。

3. 水暖组

(1)负责全部供暖装置及给排水装置的检查、试验。包括放热管罩、温水锅炉、茶炉及其附属配件和设备、洗面器、洗手盆、便器、厕所与洗脸室之水泥地板，排水管、排泄管、餐车炉灶、洗菜池等。

(2)负责更换或修理暖气装置各阀、各塞门支管、接头、膨胀柄，以及各螺丝卡子或紧固接头防寒毡条包装，消除泄漏，以及独立温水取暖装置的火炉。烟筒(包括隔热装置)、炉围等的整修。

(3)负责更换或修理各放水及排水阀，各给水塞门、止阀、水表、洗面器、洗手盆以及上下水箱注水孔及盖、各给水管接头的整修、消除泄漏及堵塞故障。

(4)负责燃煤炉车的交接工作。

4. 车电组

(1)发电机检修:与车体上部电气检修在附属品箱之接线部分分界,包括发电机、皮带轮、吊架、附属品箱、电流表、主整流箱及控制箱。

(2)蓄电池检修、充电:在蓄电池接线部分与发电机及上部车体电气检修分界,主要是蓄电池。

(3)上部车体电气检修:除发电机及蓄电池检修内容外的全部车电装置,包括车体配线、播音配线、电力连接器、配电盘、灯具、逆变器、电扇、电铃以及轴温报警器。

5. 空调组

负责空调装置、冰箱及相关设备的维修保养工作。

6. 发电车组

负责集中供电发电车的柴油机、发电机及电气控制装置的维修保养工作。

7. 定检组

负责本属客车的辅修、A1 修及其他各项临修工作。

第三节　客整所列车技术检查作业过程

一、检车组列车技术检查作业过程

1. 作业方式

客整所检车作业方式,有如图 2-5 所示 2 人交替包转向架作业和平行作业两种作业方式。

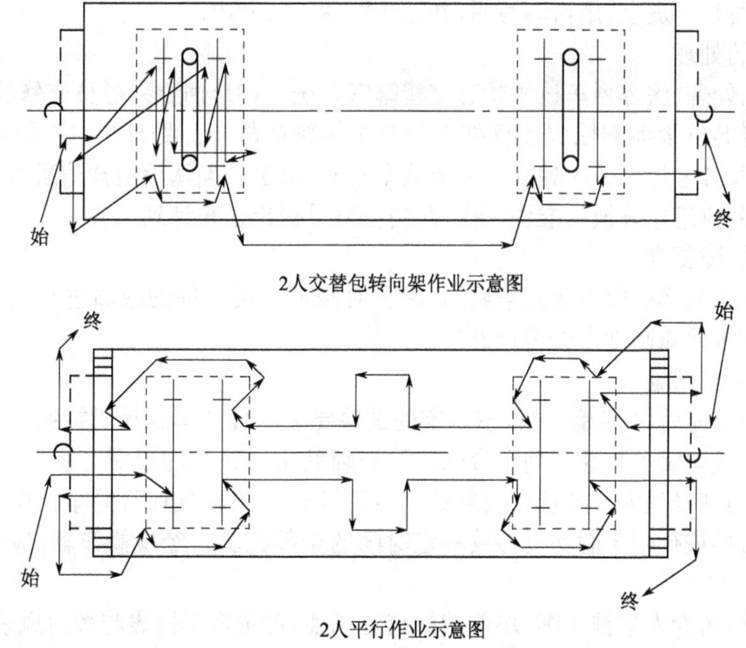

图 2-5　2 人交替包转向架及 2 人平行作业示意图

2. 车底检修人员分工和作业路线(图 2-6)

车底检修实行 4 人检车 4 人修理;检车 4 人编号为①～④号,两人一对,两对分别从车端侧开始向中部作业,直至碰头为止。

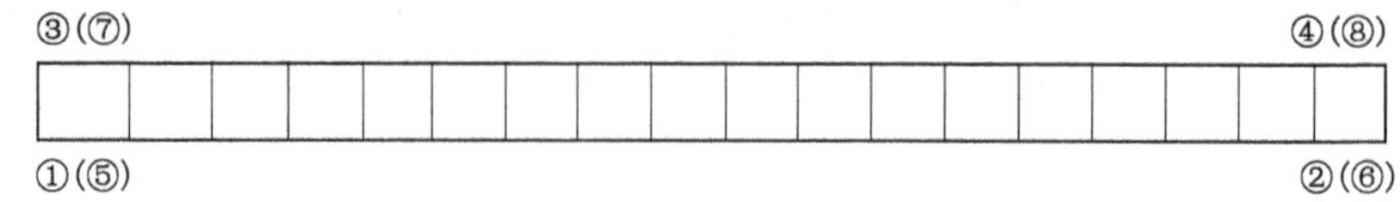

图 2-6　车底检修人员分工和作业路线示意图

修车 4 人编号为⑤～⑧号,两人一对,两对分别从车端两侧开始随相应检车员按标记向中部进行整修作业,直至碰头为止。①、⑤号两人分别为检、修车组组长。

3. 检车作业程序及内容、要求

(1)下达任务

车底进库,工(组)长与回乘乘务员办理交接,回组召集本班(组)人员,包括修理人员,下达作业任务、传达注意事项及车底停放位置,检查每人随身携带工具、材料是否齐全,然后分对出发。

(2)插设防护信号

由①、⑤号负责插设防护信号(安全牌、脱轨器),在列车来车方向左侧钢轨上设置脱轨器,防护距离不少于 20 m,并在车端脱轨器同侧设置防护信号标志(白天红旗,夜间红灯),挂好工种小牌。同时,接好列车制动试验器风源,对列车充风缓解(注意检查车底防溜措施是否到位)。向③、⑦号显示安全防护已安插好的信号后,开始作业。

(3)车辆技术状态检查

从车底两端向中部检查,两人一对,4 人平行作业,呼唤应答。发现故障,应在故障部位或明显处(但不得写在车皮上)用粉笔写明,并记于“车统—15”内。

(4)对故障的处理

修理人员先处理“旅客列车技术状态交接簿”(车统—181)回乘乘务员交修的故障,然后跟随检车员按规定的质量标准依次逐辆处理检车员标画的故障。处理后,在原标记处划“√”。对需要施焊者,配合电焊工一起焊修。需要摘车修时,由工长确认后通知值班员。需要换轮对时,及时联系有关班组作好换轮准备工作,并向值班员提出送车计划。

(5)对车辆故障复查

检车员对车底全部技检作业完毕后,要回头对修理人员处理的故障进行复查。合格者抹去标记;不合格者,通知修理人员再行处理。

(6)列车制动机试验

列车全部检修完后,4 名检车员,按规定的试验要求进行列车制动机持续一定时间的全部试验。对装有空气弹簧等装置的列车应同时检查辅助用风系统的泄漏。发现故障(除活塞行程不合适者外)通知修理人员处理后再复试。对更换分配阀(三通阀)的车辆应先进行单车试验,确认良好后,再进行列车制动机持续一定时间的全部试验。经检修车辆,应达到客车出库质量标准。

试风作业时,由专人掌握大闸,尾部接好校对风表,首尾客车风表与校对风表(车底前部为试验器风表)的压力差不大于20 kPa;制动机试验信号显示由尾部逐一向前部传递。制动机试验信号显示方法为:制动时,白天用检点锤高举头顶,夜间用白色灯光高举并上下晃动;缓解时

(要风信号与缓解信号相同)，白天用检点锤在下部左右摆动，夜间用白色灯光在下部左右摆动；试风完毕，白无用检点锤做圆形转动，夜间用白色灯光做圆形转动。

(7)撤除安全防护信号

作业完后，对号志，由尾部向前部逐个显示完工信号，白天用检点锤、夜间用白色灯光与车体成 45°斜摆动。①、⑤号接到全体完工信号后，撤除安全防护信号及工种小牌。

(8)回所

列队归所，通知值班室作业完毕。

(9)填写台账

由工(组)长汇总检修情况，填写"车统—181"，并向值班员汇报和递交"车统—181"，并填写其他台账。

(10)完工

收集废旧材料、配件等，整理、保养工具，工长主持召开完工会。

二、车电组列车技术检查作业过程

1. 车电检修作业内容

车电人员负责本、外属运用客车及加挂、借用客车的车电部分的日常维修；负责客车进行厂、段修时车电机具的拆装和技术交接工作；担当临时乘务员。

2. 车电检修人员分工

车电作业组每组可设 6 人，按①～⑥编号，分工如下：

(1)①和②号分别为正、副组长并负责全面技术检查，发现故障时用粉笔在故障部位或明显处标记出，复验后清除。

(2)③和④号负责蓄电池及电池箱的故障修理和蓄电池清扫、补液及电压、密度测定。

(3)⑤和⑥号负责其余各部故障处理和电机辅修、清扫及各摩擦部分给润滑油。

(4)如遇疑难故障可由工长调集有关人员处理。

3. 车电检修作业程序及内容

(1)作业前的准备

①工(组)长与到达包乘组联系，了解列车运行途中情况，并将"车统—181"填写的车电故障列为施修重点；

②配齐工具、仪表，并进行必要的校验，确认作用良好，指示无误后，带上常用材料、配件，在工(组)长带领下前往指定线路。

(2)插设防护信号

严格遵守各项安全制度和客整所挂牌作业制度，由专人负责插设防护信号。脱轨器安置在列车来车方向左侧钢轨上，防护距离不少于20 m，防护号志设在脱轨器同侧的列车端部，白天为红旗，夜间为红灯。各作业班组必须分别插上各自的防护信号。插设好防护信号后，开始作业。

(3)检修作业

各部作业人员按分工范围，逐辆检查并做机具清洁，发现故障检修处理。

①发电机、控制箱、整流箱及传动装置(包括连接轴、悬吊装置)的检修，更换损伤闸刀和接线柱等。

②检查蓄电池箱、蓄电池，对蓄电池进行补充电。

③测试车体部分绝缘和配件(包括车外电铃按钮)的通路状态，检查电力连接器，对不良处所，及时修理。

④对餐车电冰箱部分进行检修。

⑤检查修理灯具、开关、插座、电铃、扬声器、厕所有无人显示装置等，夏季使用电风扇期间，对入库列车的电风扇进行运转试验，清扫并修理。

⑥当客车进行辅修或临修开盖检查处理热轴时，负责轴头皮带轮传动装置的拆装工作。

⑦修复“车统—181”交班故障、乘务员出库检查验收及各级管理检查人员抽查、鉴定发现的故障。

⑧发现需摘车施修的故障车时，由工长检查核实后，报车间值班管理人员，待决定后通知值班员办理摘车手续。

⑨检修完毕后复查。各部人员根据“车统—15”内记载的检查情况，逐辆复查。

⑩在修复所有故障后，工长在“车统—181”上签认交接。

经检修后的车辆，应达到客车出库质量标准。

(4)撤除安全防护信号

确认全部人员作业完毕，对号志，专人撤除安全防护信号及工种小牌归所。

(5)填写台账

由工(组)长汇总检修情况，填写“车统—181”及其他表报台账。

(6)完工交接

清理工具，按规定向接班工长交接。总结本班工作并向车间管理人员汇报。

三、空调组列车技术检查作业过程

1. 空调组检修职责

(1)负责配属客车空调装置的日常维修保养和定期养护工作，确保其技术状态良好、运行安全。

(2)负责与本属空调乘务员办理到达前后的交接工作，建立健全台账和原始统计资料。

(3)负责临时编挂客车空调装置的检修、调试和临时派乘工作。

(4)协助处理外属客车空调装置预报的和交修的临时故障。

(5)负责提出空调装置维修计划及易耗、易损件的材料计划，及时修复故障配件。

(6)及时向有关部门汇报运用和技检时间内不能修复的故障。

2. 空调组检修作业内容

(1)作业前的推备

①工(组)长与到达包乘组联系，了解列车运行途中情况，并将“车统—181”填写的车电故障列为施修重点。

②配齐工具、仪表，并进行必要的校验，确认作用良好，指示无误后，带上常用材料、配件，在工(组)长带领下前往指定线路。

(2)插设防护信号

严格遵守各项安全制度和客整所挂牌作业制度，由专人负责插设防护信号。脱轨器安置在列车来车方向左侧钢轨上，防护距离不少于20 m，防护号志设在脱轨器同侧的列车端部，白天为红旗，夜间为红灯。各作业班组必须分别插上各自的防护信号。插设好防护信号后，开始作业。

(3)检修作业

1)本车供电客车空调装置的检查与维修

①客整所空调维修组与回来空调乘务员交接。内容如下：

a. 空调装置的全面情况；

b. 空调装置的运行异状及故障情况；

c. 认真做好"车统—181"的交接。

②根据"车统—181"交修的故障，重点修理。如在技检时间内不能修复时，应及时通知有关人员。换挂车辆时，须确认空调装置工作状态良好。

③对空调装置进行全面检查修理。其内容如下：

a. 柴油发电机组部分

• 清除外部油垢；

• 各部配件应齐全良好；

• 各悬吊装置及配件的紧固螺栓须紧固；

• 柴油机动力输出部分的连接状态须良好；

• 燃油机箱储油量不足者补油；

• 冷却水箱水面不足者补水；

• 油底壳、调速器的机油面不足者补机油；

• 无漏油、水、气现象；

• 三角皮带应齐全、张紧适度、性能良好；

• 冷却风扇应完好。

b. 空调机组及附属装置部分

• 外观检查各部配件齐全良好；

• 滤尘网应无堵塞、腐烂、破损。

c. 电气部分

• 各开关、按钮、指示灯、仪表应齐全、显示正确、作用良好；

• 各安装螺丝紧固；

• 各线端子无松动和出现过热色，接触器触点无烧损；

• 各导线绝缘层无老化、变质、破损，符号和标记正确清晰；

• 控制柜门、锁、销齐全，作用良好；

• 启动电池配件齐全、作用良好，壳体及封口无裂纹，电解液液面高于极板面 5～10 mm，不足者加注蒸馏水。

d. 定期养护维修内容

• 按期测量启动电池电解液相对密度(1.28～1.30)。

• 按期对柴油发电机组养护维修。

• 按期清洗滤尘网。

• 按期对蒸发器，冷凝器进行除尘。

• 各发电机、电动机绕组每月测量一次对地绝缘，阻值不低于4 MΩ；自动空气开关对地绝缘阻值，应不低于5 MΩ。

• 每月对控制柜进行一次除尘。

• 每月对各出风口、回风口进行一次除尘。

e. 空调装置检修后，各部项达到出库质量标准。

f. 列车出库前，客整所与乘务员办理交接。

2)德国进口车(24 型)空调装置的检查和维修

a. 客整所空调维修组与回乘乘务员办好交接。

b. 处理“车统—181”交修的故障。

c. 检查发电机、压缩机、冷凝器、电池箱及其他有关空调、电气悬吊装置，要求无裂损、安装螺栓紧固，减振装置配件齐全、作用良好。

d. 齿轮箱及扭矩支架、安全臂各部螺栓应齐全、紧固、无裂损，迷宫环处无漏油，油量符合规定，车辆走行 12 000 km(约 6 天)时须换油。

e. 万向轴、弹性连接器安装螺栓应紧固，车辆走行 40 000～50 000 km 时，须对万向轴内加注润滑油；车辆运行 60 000 km 时，须对弹性连结器内加注润滑油。

f. 空气滤尘网、冷凝器定期清扫，须无脏绪；空气滤尘网安装良好。车辆运行 7～15 天(具体由各铁路局根据运行地区不同而定)时，清洗空气滤清器。

g. 检查压缩机油位、储液筒液位应符合规定。

h. 盘动压缩机两周，转动应灵活，联轴节无不良现象。

i. 车辆运行 1 000～1 500 h(约 2 个月)，须对发电机轴承加注润滑油。

j. 车辆运行 120 000～150 000 km(约 3 个月)时，须更换齿轮油箱油。

k. 配电柜内外清洁、各部件接线安装牢固、天烧损变色，熔断器保险容量符合规定，仪表、接触器、继电器、开关、按钮、指示灯等配件齐全，触点无烧损、显示正确、作用良风。

l. 检查制冷系统配件齐全、作用良好、安装牢固，无漏氟、漏油，制冷效果良好。

m. 冬季检查电采暖系统配件齐全，安装牢固。无腐蚀破损，接线正确，性能良好。

n. 确认本车绝缘良好，发电、空调等系统运转正常、作用良好，各仪表清晰，显示正常，定检标记正确。

o. 库内作业完后，须达到出库质量标准。

p. 列车出库前，客整所与乘务员办理交接。

3)全列空调列车空调装置的检查和维修

a. 客整所空调维修组与回乘空调乘务组办好交接。内容同前。

b. 处理“车统—181”交修的故障。

c. 全面检查照明系统的设备、元器件，更换不良灯具、开关、镇流器等，使配件齐全，作用良好。

d. 检查列车电力线、集控组连接器良好，无松动、发热、破损，接插作用良好。

e. 对全列车的绝缘阻值进行测量，须符合规定(单车＞2 MΩ)。

f. 定期检查空调机组的冷凝器、蒸发器、压缩机组、通风机、新风排风机、废气排风机，并进行维护清扫；每天检查清扫空气过滤网。

g. 检查电开水护、应急电源、供水用电器、电热温水装置等配件齐全、作用良好，并定期清除电开水炉水垢。

h. 进行空调试验、检查制冷(冬季采暖)性能良好。

i. 各通风风道及风口装置良好。

j. 检查车厢内电热采暖装置、电热管。外部瓷管完好，性能良好。

k. 检查配电室内备配线、电器配件、开关、仪表；要求配件齐全、作用良好、接线牢固、无烧损变色、显示正确；继电器、接触器各触点完好，无烧损。

l. 检查配电盘；安装牢固，内外部清洁。

m. 全列空调列车空调装置库内作业完后，须达到列车出库质量标准，如表 2-2 所示。

n. 列车出库前，容整所与乘务组办理交接。

4)修复“车统—181”交班故障、乘务员出库检查验收及各级管理检查人员抽查、鉴定发现的故障。

5)发现需摘车施修的故障车时，由工长检查核实后，报车间值班管理人员，待决定后通知值班员办理摘车手续。

6)检修完毕后复查。各部人员根据“车统—15”内记载的检查情况，逐辆复查。

7)在修复所有故障后，工长在“车统—181”上签认交接。

(4)撤除安全防护信号

确认全部人员作业完毕，对号志，专人撤除安全防护信号及工种小牌归所。

(5)填写台账

由工(组)长汇总检修情况，填写“车统—181”及其他表报台账。

(6)完工交接

清理工具，按规定向接班工长交接。总结本班工作并向车间管理人员汇报。

四、发电车列车技术检查作业过程

1. 检查车下各悬吊装置，无裂损、开焊，紧固螺栓齐全、紧固。减振器件齐全完好。

2. 检查整流充电装置配件齐全、作用良好、内部清洁。

3. 检查油箱及各管接头无泄漏。

4. 检查蓄电池。

5. 检查柴油发电机组膨胀水箱。水位不得低于 1/2；上油箱油位不得低于下限值。上、下油箱自动补油、限油继电器作用良好。

6. 检查柴油机油底壳机油油位须符合规定，并加足储油箱机油。

7. 检查柴油机冷却装置各部件配件齐全、作用良好，热交换器清洁无漏水。

8. 检查报警装置，要求配件齐全，作用可靠。

9. 检查各控制柜电气元件、仪表，开关须安装牢固、完整无损、作用良好，各配线及接头无破损、烧痕、安装牢固；箱内外整洁、无异物。

10. 检查校验各直流充电机，须作用良好。

11. 按柴油机组技术要求，对柴油机组进行定期检查、维护。

12. 分别进行柴油机发电机组的启动及以一、二路电力线向全列供电带负荷试验，须正常。

13. 全列空调列车发电车库内作业完后，须达到出库质量标准。

14. 列车出库前，客整所与乘务组办理交接。

五、柴油机定期养护内容及要求

1. 水冷式柴油机定期养护维修内容及要求

(1)每运行 100～150 h

①更换油底壳机油；

②清洗曲轴箱、机油滤清器、柴油及机油粗滤器等；

③检查进、排气门间隙；

④清洗空气滤清器；

⑤检查气缸盖螺母松紧状态；

⑥向水泵、轴承注钙基润滑脂；

⑦检查柴油机部件的紧固状态；

⑧检查连杆螺钉紧固状态；

⑨检查传动机构与柴油机曲轴中心线是否对正(不同心度应不超过0.1 mm，不平行度在每米长度上应不超过 0.25 mm)。

(2)每运行 500 h

①更换油底壳机油；

②清洗曲轴箱、柴油及机油粗滤器，清洗机油滤清器并更换其纸质滤芯(必要时可提前更换)；

③检查进、排气门间隙，并检查其密封性；

④清洗空气滤清器；

⑤检查气缸盖螺母松紧状态；

⑥向水泵轴承注钙基润滑脂；

⑦检查柴油机部件的紧固状态；

⑧检查连杆螺钉松紧状态；

⑨检查传动机构部分与柴油机曲轴中心线是否对正(不同心度应不超过0.1 mm，不平行度在每米长度上应不超过 0.25 mm)；

⑩检查喷油器喷油质量和喷油压力；

⑪检查喷油泵工作情况，必要时重新调整；

⑫检查配气定时及供油提前角，必要时予以调整校对；

⑬清洗燃油箱和油管；

⑭清除消音器内积炭；

⑮检查水泵溢水孔的滴水情况(漏水严重时更换水封)；

⑯打开侧盖板，从缸盖下端检查气缸套橡胶封水圈有无漏水现象，必要时更换橡胶封水圈；

⑰清洗冷却系统。

清洗溶液由每升水加 150 g 氢氧化钠构成。清洗时，先将冷却系统中的水全部放出，再灌清洗溶液。灌入后停留 8～12 h 再启动柴油机低速运转(此时用清洗溶液进行系统冷却循环)，使水温达到工作温度后停车，立即放出清洗溶液，以免悬浮在溶液中的水垢沉淀，最后用净水清洗冷却系统即可。

2. 风冷式柴油机定期养护维修内容及要求

(1)每运转 10 h

①检查柴油机的机油油位；

②检查或清洗空气滤清器；

③检查两级燃油滤清器的水分离器。

(2)每运转 125 h

①更换柴油机机油；
②检查或清洗空气滤清器；
③检查两级燃油滤清器的水分离器；
④检查和清洗冷却系统；
⑤检查蓄电池电解液。
(3)每运转 250 h
①～⑤同上①～⑤；
⑥检查皮带张紧度和性能。
(4)每运转 500 h
①～⑤同上①～⑤；
⑥清洗或更换滤芯和滤筒。
(5)每运转 1 000 h
①～⑥同上①～⑥；
⑦清洗或更换滤芯，更换全部滤筒；
⑧检查、调整气门间隙和曲轴定位；
⑨清洗各滤网；
⑩检查火焰预热塞的功能；
⑪检查进、排气管的紧固状态；
⑫检查缸盖温度报警器。
3. COMS 柴油机
(1)每运转 20 h
①检查柴油机工作日报；
②检查机油平面、冷却液平面、油浴式空气滤清器机油平面；
③目检柴油机有无损坏、渗漏，皮带是否松弛或磨损，并倾听有无异响。
(2)每运转 125 h
①检查柴油机工作日报；
②检查机油平面、冷却液平面；
③目检柴油机有无损坏、渗漏，皮带是否松弛或磨损，并倾听有无异响；
④检查空气滤清器、初滤器集尘盘、进气阻力指示器，清洁或更换空气滤清器芯子；
⑤放出储气筒中的积水；
⑥放出燃油箱和燃油滤清器中的水和沉积物。
(3)每运转 250 h
①检查柴油机工作日报；
②更换柴油机机油；
③目检柴油机有无损坏、渗漏，皮带是否松弛或磨损，并倾听有无异响；
④检查空气滤清器、初滤器集尘盘、进气阻力指示器，清洗或更换空气滤清器芯子；
⑤更换机油滤清器和燃油滤清器；
⑥检查柴油机冷却液平面和 DCA 浓度，需要时更换芯子及加 DCA；
⑦检查真空控制器、液力调速器的机油平面；
⑧清洗或更换曲轴箱通风器、空气压缩机通风器。

第四节　运用客车出库质量标准

1. 运用客车(普通客车)出库质量标准(表 2-1)

表 2-1　运用客车(普通客车)出库质量标准

部　位	质　量　标　准
转向架	1. 轮轴各部不得有裂纹,轮毂无松动现象,并符合规定限度。 2. 转向架构架、上下心盘、轴箱无裂纹。 3. 摇枕挡,旁承配件齐全,安装牢固,旁承间隙符合规定。 4. 摇枕及吊、吊轴、弹簧及托板、托梁、安全吊无裂纹。 5. 油压减振器配件齐全,不漏油,作用良好。 6. 心盘、旁承、轴箱、缓解簧及安全吊的螺栓无松动,心盘垫板无破损窜出。 7. 纵向牵引拉杆安装牢固,拉杆座无裂纹
制动装置	1. 各拉杆、杠杆及托、缓解簧无裂纹,杠杆与托不抗劲。活塞行程符合规定。 2. 制动梁及吊、闸瓦及托、调整簧无裂损或磨耗不到限,缓解时闸瓦不紧靠车轮,闸瓦不偏磨。各圆销、开口销无丢失、折损或磨耗到限,各圆销与套配合间隙不过限;销套不窜出、裂损;各垂下品距轨面符合规定。闸瓦托加防翻装置。闸瓦托吊销加防脱挡。 3. 制动管系泄漏不超过规定。制动软管及连接器状态良好,管卡齐全,无松动。制动机、手制动机、自动间隙调整器、ST1-600 型闸调器作用良好;压力表不过期;紧急制动阀铅封符合规定。 4. 空气制动装置各阀、塞门、风缸配件齐全,安装牢固,无裂纹,无泄漏,作用良好。 5. 踏面清扫器闸瓦、闸瓦钎、闸瓦托、托吊及座无裂损,螺栓紧固,缓解时闸瓦不紧靠车轮。 6. 踏面清扫器制动缸无泄漏,波纹管无破损、无脱出,定位销不窜出。 7. 制动盘盘座无松动,螺栓紧固,配件齐全良好;制动盘裂纹不过限;闸片与钢背剩余厚度符合规定。 8. 盘形制动缸及管系无泄漏,夹钳杠杆定位销轴定位良好。 9. 各磨耗部(含转向架、车钩缓冲装置等各部)磨耗板齐全,给油良好
车钩缓冲装置	1. 车钩三态作用良好,车钩高度符合规定,钩托板螺栓无松动,钩提杆正位,不冲击下锁销连杆。 2. 车钩、尾框、托板、摆块吊、从板及座无裂纹。缓冲器、风挡弹簧、钩舌销及钩尾销无裂损。各部磨耗及间隙符合规定限度
车体及车内设备	1. 车底架各梁无裂纹,内外墙板及车内地板无破损。 2. 车体倾斜不到限。车顶不漏雨,渡板无翘起,风挡无破损、弯曲、裂损或开焊。 3. 脚蹬安装牢固,无腐蚀破损,手把杆无破损、丢失、松动;列车首尾安全链齐全,不开焊。 4. 各门、翻板及簧、锁、门止及碰头齐全良好。 5. 车窗升降(百叶窗)作用良好,窗锁、通风器开关齐全,作用良好。门窗玻璃无破损。 6. 按规定配备灭火器,灭火器检修不过期。 7. 车内设备齐全良好,座席、卧铺及吊带、扶手、行李架、梳妆台、茶桌、衣帽钩安装无松动。座席及卧铺面布无破损。 8. 给水装置配件齐全,作用良好,不漏水。脸盆、洗手盆、便器不因破损影响使用。 9. 采暖装置配件齐全,作用良好;温度表、水位表作用准确,检定不过期。管系各阀、塞门、接箍、弯头无漏水或结冻。 10. 温水锅炉、茶炉及餐车炉灶作用良好,烟筒及防火隔热装置完整

续上表

部 位	质 量 标 准
车电装置	1. 灯具齐全完整，清洁无松动，灯罩无裂损、变形，车内顶灯光色一致，灯带、卡子齐全，形式统一。 2. 配电盘、接线柱各端子无松动、脱焊、烧损，各电气开关及直流漏电绝缘检测装置齐全有效，作用良好，无烧损，熔断器容量符合规定。逆变器、电子镇流器、电铃、排气扇、电动水泵齐全，作用良好。 3. 电力及播音连接器、挂盒配件齐全，作用良好，各线头端子无烧损、松动，防雨布包扎良好。 4. 配线绝缘符合规定，车内配线不得外露。 5. 轴端发电机大小皮带轮安装无松动、裂纹，螺栓无折损，悬吊装置配件齐全、无裂纹，吊销与销孔间隙符合规定，并需给油，确认润滑状态良好。 6. 轴端发电机各部配件齐全，作用良好。配线、电阻及电气元件无烧损、断线、混线。定检标记清晰。 7. 蓄电池箱无破损，悬吊装置良好，螺栓无松动，配件齐全，排水、排气通畅，作用良好。 8. 蓄电池无松动、漏液，电解液面符合规定。接续线牢固，无硫化，导电良好，电解液密度及电压符合规定，熔断器容量符合规定，定检标记清晰。 9. 集中式轴温报警器须全列车联网使用。控制显示器、轴温数据记录仪整洁，配件齐全，安装牢固，参数设置正确，显示、调阅、记录、IC 卡数据下载功能良好。传感器安装无松动，引线不露铜、不老化，接线盒接插件配件齐全，无破损，端子接线正确，轴报系统接地连接可靠；同车同侧轴温显示温差不超过5 ℃。 10. 列车编组的集中式轴温报警器系统的联网报警功能必须良好。 11. 冰箱配件齐全、无泄漏，箱体及门无破损、密封良好，换热器清洁，换向器电刷符合规定，调节器件作用良好，电气元件无烧损，机组运转正常，悬吊装置无裂纹，螺栓无松动，下部箱体无破损

2. 运用客车(空调客车)出库质量标准(表 2-2)

表 2-2 运用客车(空调客车)出库质量标准

部 位	质 量 标 准
转向架	1. 轮轴各部不得有裂纹，轮毂无松动现象，并符合规定限度。 2. 转向架构架、上下心盘、轴箱、定位转臂、扭杆座(车体)、抗蛇行减振器座(车体)、轴箱弹簧、牵引拉杆、牵引销(牵引支座)无裂纹。中心销无异状。 3. 摇枕挡、旁承配件齐全，安装牢固，旁承间隙符合规定。 4. 橡胶堆定位器不开胶，无裂纹，缺口方向符合规定，螺栓紧固，作用良好。 5. 摇枕及吊，吊轴，弹簧及托板，托梁，安全吊无裂纹。 6. 油压减振器配件齐全，不漏油，作用良好。减振器座无裂纹，螺栓紧固。 7. 轴箱定位节点、牵引拉杆橡胶节点、横向挡橡胶无裂纹、破损和脱胶现象。 8. 心盘、旁承、轴箱及安全吊的螺栓无松动。 9. 纵向牵引拉杆安装牢固，拉杆座无裂纹。 10. 抗侧滚扭杆各部无裂损、变形，螺栓无松动，圆销、开口销符合规定
空气弹簧及附属装置	1. 空气弹簧无老化、无泄漏，在空车状态下高度符合标准。 2. 高度调整阀及调整杆无裂损变形，风管无腐蚀损坏；调整杆锁定，螺栓紧固，护套完好，关节部位转动灵活，调整杆上翘不超过 45°。差压阀无裂损、泄漏，作用良好。 3. 空气弹簧管路系统无泄漏。 4. AM96 型转向架空气弹簧排风装置作用良好，钢索、操纵杠杆、弹簧、开口销等齐全无折损。 5. 空气弹簧橡胶堆、上盖不得有深度超过 1 mm 或长度超过 30 mm 的裂纹，胶囊帘线不得外漏

续上表

部　位	质　量　标　准
制动装置	1. 各拉杆、杠杆及托无裂纹，杠杆与托不抗劲。 2. 各圆销，开口销无丢失、折损或磨耗到限，各圆销与套配合间隙不过限；销套不窜出、裂损；各垂下品距轨面符合规定。 3. 制动管、总风管泄漏不超过规定。软管及连接器状态良好，管卡齐全、无松动。制动机、手制动机作用良好，压力表不过期；紧急制动阀铅封符合规定。制动缓解指示器清洁，显示正确。 4. 各软管连接状态良好，无松动、泄漏，管卡齐全，软管间不得互相磨碰。 5. 空气制动装置各阀、塞门、风缸配件齐全，安装牢固、无裂纹、无泄漏、作用良好。 6. 各磨耗部(含转向架、钩缓等各部)磨耗板齐全，给油良好。 7. 踏面清扫器闸瓦、闸瓦钎、闸瓦托、托吊及座无裂损，螺栓紧固，缓解时闸瓦不紧靠车轮。 8. 闸片厚度不小于 5 mm，超限时成对更换。 9. 单元制动缸作用良好，状态正常，定位销轴定位良好。 10. 踏面清扫器制动缸无泄漏，波纹管无破损、无脱出，定位销不窜出。 11. 制动盘盘座无松动，螺栓紧固，配件齐全良好；制动盘裂纹不过限；闸片与钢背剩余厚度符合规定。 12. 盘形制动缸及管系无泄漏，夹钳杠杆定位销轴定位良好。 13. 空重车阀及排风嘴作用良好。 14. 电空制动装置各部配件齐全，配线连接良好；电磁阀安装紧固，密封良好，作用位置准确。 15. 气路控制箱箱体无锈蚀，箱门关闭良好；悬挂装置安装牢固，各部无裂纹；各阀位置正确，无泄漏
车钩缓冲装置	1. 车钩三态作用良好，车钩高度符合规定，钩托板螺栓无松动，钩提杆正位，不冲击下锁销连杆。 2. 车钩、尾框、托板、摆块吊、从板及从板座无裂纹。缓冲器、钩舌销及钩尾销无裂损。各部磨耗及间隙符合规定限度。相邻两钩差不得超过 75 mm。 3. 钩尾销螺栓紧固，无松动；钩尾框托板固定螺栓无松动。 4. 密接式车钩缓冲装置： (1)密接式钩缓装置连接状态良好，钩体、安装支架、缓冲装置无异状；各部螺栓无松动，各部间隙符合规定。 (2)密接式车钩缓冲装置的安装座、车钩拉杆、拉杆配合体、缓冲器壳体、钩体无裂纹或变形，安装螺栓无松动。 (3)解钩手柄位置正常，解钩气缸的固定螺栓无松动。 (4)缓冲器的内半筒相对外壳后端面的伸出量不得超过 5 mm。 (5)车钩拉杆与拉杆配合体的防松螺钉无松动
车体及车内设备	1. 车底架各梁无裂纹，内外墙板及车内地板无破损。 2. 车体倾斜不到限。车顶不漏雨，渡板无翘起。 3. 风挡及阻尼装置配件齐全，作用良好，无老化、松动、裂损、破损；风挡杆螺栓紧固，弹簧无裂损。磨耗板齐全、无破损，铆钉无松动、缺损。 4. 脚蹬安装牢固，无腐蚀破损，手把杆无破损、丢失、松动。安全链齐全良好，不开焊。 5. 各门、翻板及簧、锁、门止及碰头配件齐全，作用良好。 6. 活动车窗窗锁齐全、升降作用良好，门窗玻璃无破损。 7. 按规定配备灭火器，灭火器检修不过期，压力符合规定，铅封完好。 8. 车内设备齐全良好。座席、卧铺及吊带、扶手、行李架、梳妆台、茶桌、衣帽钩安装无松动。座席及卧铺面布无破损。 9. 给水装置配件齐全，作用良好，不漏水。脸盆、洗手盆、便器无裂损，安装牢固。 10. 集便装置 (1)污物箱 ①污物箱悬吊装置防松螺母无松动。 ②污物箱无泄漏、变形，外包装无破损。

续上表

部 位	质 量 标 准
车体及车内设备	③污物箱内污物需排尽。 ④真空度为－35～－19 kPa。 ⑤真空发生器和系统控制器检查门关闭良好。 ⑥冲水、排气、排污阀应置关闭位。 (2)真空便器 ①便斗表面平整,涂层无脱落。 ②水增压器及排泄阀无泄漏或损坏。 ③气、水、真空管路和接头无泄漏或损坏。 ④过滤调压阀风压为 450～550 kPa。 ⑤冲水装置作用良好。便斗冲水均匀,冲水时间约 2～3 s;排泄阀开启正常,排泄时间约 3～4 s。 11. 采暖装置配件齐全,作用良好;温度表、水位表作用准确,检定不过期。管系各阀、塞门、接箍、弯头无漏水或结冻。温水锅炉、茶炉、燃油炉、餐车炉灶作用良好,烟筒及防火隔热装置完整。 12. 电茶炉安装牢固,炉体无变形、破损,各阀作用良好,管系无泄漏,过滤器清洁,控制装置配件齐全,配线整齐、无热损,接触可靠,液位显示清晰,加热保护功能和接地保护装置作用良好
车电装置	1. 灯具齐全完整,清洁无松动,灯罩无裂损、变形,车内顶灯光色一致,灯带、卡子齐全,型式统一。 2. 配电盘、接线柱各端子无松动、脱焊、烧损,各电气开关及绝缘检测装置齐全,作用良好,无烧损,熔断器容量符合规定。逆变器、充电机、隔离变压器、影视电话系统、列车信息显示系统、行车安全监控系统、电器监控系统、温水箱、厨房电器、电子镇流器、电铃、排气扇、电动水泵作用良好。 3. 车端各连接器配件齐全,作用良好,绝缘、配线长度符合规定;线头端子压接牢固,表面清洁,无烧损、松动、变形;护套无破损,相序正确;分线盒完整,盒盖关闭严密;挂盒配件齐全,作用良好;插头、插座安装牢固,开闭灵活;插针、插孔无烧损、拉毛,接触良好;密封圈、密封套防水性能良好;防雨布包扎良好。 4. 车体配线绝缘符合规定,车内配线不得外露。 5. 轴端发电机大小皮带轮安装无松动、裂纹,螺栓无折损,悬吊装置配件齐全,无裂纹,吊销与销孔间隙符合规定,并需给油且润滑状态良好。 6. 轴端发电机各部配件齐全,作用良好。各接触部件无烧损变形,整流端子无开焊、甩锡。配线、电阻及电气元件无烧损、断线、混线。 7. 24 型客车车轴齿轮箱、发电机、万向轴、联轴器、弹性减振器安装无松动、裂纹,螺栓无折损。悬吊装置配件齐全,作用良好,无裂纹。齿轮箱油位符合规定。 8. 24 型客车发电机配电装置各部配件齐全,功能良好,配线、元件无烧损、无混线。齿轮箱油位符合规定。 9. 应急电源配件齐全、充放电及保护功能作用良好,参数符合规定。 10. 蓄电池箱无破损,悬吊装置良好,螺栓无松动,配件齐全,排水、排气通畅,作用良好。 11. 蓄电池无松动、漏液,电解液面符合规定。接续线牢固,无硫化,导电良好;电解液密度及电压符合规定,熔断器容量符合规定,定检标记清晰。单节电压符合规定。 12. 充电器/单相逆变器箱、逆变器箱悬挂无裂纹、开焊,螺栓齐全,无锈蚀、松动;门、锁、搭扣、合页齐全,作用良好;各引线套管连接良好,外观无破损;箱体表面清洁,接地保护线作用良好;定检标记清晰。开关、熔断器及附件安装牢固,作用良好,接线紧固,无烧损松动,并在工作位。 13. 集中式轴温报警器须全列车联网使用。控制显示器、轴温数据记录仪整洁,配件齐全,安装牢固,参数设置正确,显示、调阅、记录、IC 卡数据下载功能良好。轴温报警仪作用良好。传感器安装无松动,引线无破损、老化,长度符合规定,接线盒接插件配件齐全,无破损,端子接线正确。轴温报警仪整洁,配件齐全,安装牢固,轴位、温度、报警参数显示正确。轴报系统接地连接可靠;同车同侧轴温显示温差不超过 5 ℃。列车编组的集中式轴温报警器系统的联网报警功能必须良好。 14. 冰箱配件齐全、无泄漏,箱体及门无破损、密封良好,换热器清洁,逆变电源良好,换向器电刷符合规定,调节器件作用良好,电气元件无烧损,机组运转正常,悬吊装置无裂纹,螺栓无松动,下部箱体无破损。

续上表

部　位	质　量　标　准
车电装置	15. 电子防滑器各部配件齐全，安装牢固；各线头无松脱，试验检查作用良好，状态显示正常，并在出库前清除历史故障。 16. 电子防滑器与电气综合控制柜的PLC、行车安全监测装置的车厢级主机通信正确、可靠；电气综合控制柜触摸屏上防滑器的信息显示应为正常信息代码“88”；与塞拉门连锁信号(<5 km/h)作用良好
空调装置	1. 各部配件齐全、作用良好、安装牢固；压缩机、通风机、冷凝风机运转正常无异声；系统及管件、阀件、储液筒、轴封等无泄漏；机体无漏水、漏风；换热器翅片无变形、脏堵；过滤网、散热器无积尘；高低压控制器、温度保护器等参数设置统一，符合规定。 2. 机组空气电加热器安装牢固，无烧损；客室电加热器配件齐全，无缺损、松动；外罩无变形，引线无外露，接地良好
电气控制装置	1. 控制柜及电源柜屏面整洁，各仪表显示正确，定检标志符合规定，各开关、按钮操作灵活、定位正确、接触良好，指示灯及标志牌齐全、显示正确。 2. 柜内元器件齐全，安装牢固、排列整齐、清洁、作用良好，各熔断器、热继电器、接触器、空气断路器等容量符合规定；延时器、温度控制器、欠压继电器、过流继电器、超速继电器等设定符合规定，作用可靠。接线排、走线槽及盖、防护罩无缺损，门锁作用良好、关闭严密。 3. 配线无破损、老化、断路、短路、混线，压接紧固可靠，安装可靠、无松动、无热损，排列整齐，包扎良好，标志清晰。接地线齐全可靠，配线绝缘符合规定。 4. 电气综合控制柜各熔断器、热继电器、过流继电器、接触器、断路器、二极管、压敏电阻、隔离开关、电源模块等器件的规格、型号符合规定，且接触良好、触头无烧损；热继电器设定值符合规定、作用可靠。各传感器、PLC、触摸屏、在线绝缘检测装置的设定值符合规定、作用可靠。通电检查电气综合控制柜动作及指示准确、有效，各项功能符合要求。各功能单元工作电流正常，作用良好，漏电电流不超过设定值。充电器输出电压为DC (120±1) V。逆变器输出电压、频率为3AC 380×(1±5%) V、(50±1) Hz。充电器、逆变器与电气综合控制柜通信正常，触摸屏上显示应为正常信息代码“00”；电气综合控制柜的车下电源箱指示灯显示为绿色
单车柴油发电机组及附属装置	1. 机组各部配件齐全，状态良好，安装牢固，机体清洁。燃油、润滑油、冷却水符合规定。管系、阀门畅通，无漏油、漏水、漏气。柴油滤清器、机油滤清器、空气滤清器、水滤清器应清洁，作用良好。 2. 高压油泵、调速器、增压器、停车电磁阀作用良好，机组运转正常，无异声，油温、油压、水温、缸温符合规定。 3. 共用底架无裂损、变位；减振器无老化；联轴器传动平稳无异声。 4. 发电机绝缘符合规定，机温正常，励磁器元器件齐全，性能良好，输出导线压接牢固无烧损，绝缘护套无破损，包扎良好，接插件接触可靠。 5. 启动电机、调速电机、充电电机、燃油泵及电机、机油泵及电机安装牢固、转动平稳、接线无松动、作用可靠。 6. 冷却机座无裂纹、变形；冷却风机运转正常，无异常；换热器及管阀件安装牢固，无渗漏；换热器、过滤网无脏堵；冷却液符合规定。 7. 各油压、油温、缸温、水温、转速、机温、水位、油位等传感器安装可靠，传递正确。 8. 油箱、水箱无腐蚀、泄漏；注入口，通气孔，检查孔，油、水管路及阀配件齐全，无渗漏；液位显示正确、清晰；液位控制器作用良好；油箱、水箱及悬吊装置无裂纹，螺栓无松动。 9. 启动蓄电池配件齐全，作用良好。壳体及封口无裂纹，电解液密度、液面高度符合规定，电池容量及电压符合规定。 10. 充电装置配件齐全，作用良好
交流绝缘漏电检测装置、直流漏电检测装置、烟火报警装置，必须状态良好	
轴箱回流装置作用良好，车体与转向架构架、轴箱的接地线齐全，电气连接可靠	

续上表

部　位	质　量　标　准
空调电力线及连接器	1. 电力线和集控线无热损，绝缘符合规定；端子压接牢固、护套无破损，相序标记正确，分线盒完整，盒盖关闭严密。 2. 连接器插头座配件齐全、安装牢固、开闭灵活；插针、插孔无烧损，接触良好；密封圈、密封胶套防水性能良好
车厢级电气设备监控网络	1. 网关、代理节点及连接件配件齐全、外观良好无破损，端子及接线正确、牢固。 2. 通电检查，网关、代理节点电源指示灯有效，"LSV"指示灯不亮，安全记录仪指示灯闪亮。电气综合控制柜触摸屏显示本车电气设备信息正常，车厢顺位号与实际编组一致
列车级电气设备监控网络	1. 网关、无线数据传输装置、触摸屏、CF 卡、电源模块、开关连接件配件齐全、外观良好、无破损，端子及接线正确、牢固。车内、外天线作用良好，无屏蔽。电源开关处于工作位。 2. 网关、代理节点电源指示灯有效，"LSV"指示灯不亮。主控站或电气综合控制柜触摸屏显示各车电气设备信息正常，数据下载功能正常
行车安全监测装置	1. 车厢级主机、列车级主机外观整洁，配件齐全。接线正确牢固，导线无破损老化。 2. 接通电源，列车级主机显示屏应自动进入主页面，显示的列车编组数，车厢顺位号应与实际编组一致，防滑器、制动、转向架的"报警/故障"报告内容不得出现黄色标志。 3. 行车安全监测装置列车级主机与电气设备监控系统主机通信正确、可靠

3. 运用客车(发电车)出库质量标准(表 2-3)

表 2-3　运用客车(发电车)出库质量标准

部　位	质　量　标　准
电力连接器	电力连接器座完好，无裂纹，各螺丝应紧固无松动。开口销完好(每半年检查一次插座内部接线状态)
蓄电池	1. 蓄电池箱应完好、清洁，悬吊装置固定螺栓无松动，吊耳无裂纹。 2. 24 V 和 48 V 蓄电池无硫化、漏液。接线无松动、断线，电解液密度、液面高度符合要求，蓄电池清洁
电　机	1. 启动电机、调速电机外观良好，固定牢固；各接线无松动，启动，调速作用良好。 2. 燃油泵及联轴器、机油泵电机固定良好；用手转动联轴器电机转动应自如，不得扫膛，电机接线良好。 3. 通风机电机接线及包扎良好，无磨损。 4. 冷却风机各部连接螺栓紧固，导线包扎良好，不得磨损。电机每 5 000 h 加注 3 号锂基润滑脂润滑，加注量为轴承空间的 1/3～1/2。 5. 各电机通电运转平稳无杂音
启动电源箱	启动电源箱外观须良好，箱内电气安装牢固，状态良好。应急启动装置接线正确、作用良好
电　器	1. 各种传感器、控制(继电)器、探测器外观无损伤，安装牢固。接线作用良好。 2. 停车电磁开关接线应良好，固定牢固，连杆开口销不应断裂，缺欠。 3. 水位继电器外观无破损，接线牢固，作用良好。 4. 各插座、开关无破损，接线良好，安装牢固，配件齐全

续上表

部　位	质　量　标　准
照　明	1. 冷却间、机房内照明灯具齐全，接线良好，安装牢固，灯光明亮。 2. 乘务间、卫生间及走廊灯具齐全，接线良好，灯光明亮
配电柜	1. 配件齐全、完整，固定良好。熔断器符合要求。各接线不得松动、烧损脱焊、变质，各接触器、继电器完好，热过流继电器指示值应符合规定。 2. 逆功率继电器，应保持导磁体及永久磁体空气间隙清洁，触点表面状态良好。定期检查每年不少于 2 次。此外，在每次应急动作以后必须检查。 3. 主开关空气断路器配件齐全，整定值符合规定，作用良好。 4. 配电柜内清洁无杂物。 5. 用试漏灯检查直流系统不得漏电，并做好测试记录。 6. 用 500 V 绝缘表检查发电车干线绝缘，阻值不得低于 2 MΩ。 7. 充电机配件齐全、完整，接线无松动，作用良好。 8. 各开关按钮作用良好，置于规定位置时仪表指针应停正常位。 9. 通电检查各机组调速系统作用良好，机组报警笛工作正常。 10. 48 V 电池电压空载不得低于 48 V；24 V 启动电池电压空载时不得低于 24 V，启动过程中不得低于 18 V
火灾报警器	火灾报警器安装牢固，每月进行全功能检查
燃油炉	1. 配电盘各配件齐全，固定牢固，接线无松动，包扎良好。 2. 检查点火器作用须良好。 3. 检查各电机配件齐全，固定牢靠，接线及包扎良好。 4. 在静止检查后，按操作规程点火试验
柴油发电机组及附属装置	1. 机组各部配件齐全，状态良好，安装牢固，机体清洁。燃油、润滑油、冷却水符合规定。管系、阀门畅通，无漏油、漏水、漏气。柴油滤清器、机油滤清器、空气滤清器、水滤清器应清洁，作用良好。 2. 高压油泵、PT 泵、调速器、增压器、停车电磁阀作用良好，机组运转正常，无异声，油温、油压、水温、缸温符合规定。 3. 共用底架无裂损、变位；减振器无老化；联轴器传动平稳无异声。 4. 发电机绝缘符合规定，机温正常；励磁器元器件齐全，性能良好，接插件接触可靠；输出导线压接牢固、无烧损，绝缘护套无破损，包扎良好；固定螺栓紧固；表面油漆不变色；接地线应符合要求。 5. 冷却风机座无裂纹、变形；换热器及管阀件安装牢固，无渗漏；换热器、过滤网无脏堵；冷却液符合规定。 6. 各油压、油温、缸温、水温、转速、机温、水位、油位等传感器安装可靠，传递正确。 7. 油箱、水箱无腐蚀、泄漏；注入口，通气孔，检查孔，油、水管路及阀配件齐全，无渗漏；液位显示正确、清晰，冷却水位在 2/3 以上；液位控制器作用良好；吸气、呼气阀作用良好，各管路无漏损；油箱、水箱及悬吊装置无裂纹，螺栓无松动。燃油油位符合规定。 8. 充电装置配件齐全，作用良好
发电车走行部、制动装置、车钩缓冲装置及上部车辆有关设备按《空调客车出库质量标准》执行	

4. 客车运用限度表(表 2-4)

表 2-4　客车运用限度表

<table>
<tr><th rowspan="2">部位</th><th rowspan="2">序号</th><th rowspan="2" colspan="2">名　称</th><th colspan="3">限度(mm)</th><th rowspan="2">备　注</th></tr>
<tr><th>原形</th><th>A1 修、辅修</th><th>运用</th></tr>
<tr><td rowspan="10">车钩缓冲装置</td><td rowspan="2">1</td><td rowspan="2">钩舌与钩腕内侧面距离</td><td>闭锁位置时不大于</td><td></td><td></td><td>135</td><td></td></tr>
<tr><td>全开位置时不大于</td><td></td><td></td><td>250</td><td></td></tr>
<tr><td>2</td><td colspan="2">钩舌销与钩耳孔或钩舌销孔间隙</td><td>1</td><td></td><td>7</td><td>超过时换套、镶套或更换钩舌销</td></tr>
<tr><td>3</td><td colspan="2">钩提杆与提杆座凹槽间隙</td><td>2</td><td>3</td><td>3</td><td>超过时焊修磨平</td></tr>
<tr><td>4</td><td colspan="2">钩体磨耗</td><td></td><td>6</td><td>6</td><td></td></tr>
<tr><td rowspan="2">5</td><td rowspan="2">钩尾框磨耗</td><td>框身厚度</td><td></td><td>6</td><td>6</td><td></td></tr>
<tr><td>其他</td><td></td><td>6</td><td>6</td><td></td></tr>
<tr><td rowspan="2">6</td><td rowspan="2">车钩中心高度(空气弹簧充气状态)</td><td>最高</td><td></td><td></td><td>890</td><td rowspan="2">下心盘使用铁垫板者：
厂修为 870～890 mm，
段修为 860～890 mm</td></tr>
<tr><td>最低</td><td></td><td></td><td>830</td></tr>
<tr><td>7</td><td colspan="2">两连接车钩中心高度之差</td><td></td><td></td><td>75</td><td></td></tr>
<tr><td>车体</td><td>8</td><td colspan="2">车体倾斜</td><td></td><td>50</td><td>50</td><td></td></tr>
<tr><td rowspan="3">转向架</td><td>9</td><td colspan="2">摇枕与构架横梁前后间隙之和</td><td></td><td></td><td>0～10</td><td></td></tr>
<tr><td>10</td><td colspan="2">轴箱顶部与构架间隙不小于</td><td></td><td>30</td><td>30</td><td>25K 型为 38 mm</td></tr>
<tr><td>11</td><td colspan="2">同一转向架左右旁承游间之和(非全旁承支重客车)</td><td></td><td></td><td>2～6</td><td></td></tr>
<tr><td rowspan="12">轮对</td><td>12</td><td colspan="2">轴身打痕、碰伤、磨伤及弹伤深度</td><td></td><td></td><td>≤2</td><td>限度内将锐角消除继续使用，到限时更换车轴</td></tr>
<tr><td>13</td><td colspan="2">轮辋厚度</td><td>65</td><td></td><td>≥25</td><td></td></tr>
<tr><td>14</td><td colspan="2">轮缘厚度</td><td>32</td><td></td><td>≥23</td><td>轮缘产生辗堆时须消除</td></tr>
<tr><td rowspan="2">15</td><td rowspan="2">轮缘缺损</td><td>长</td><td></td><td></td><td>30</td><td rowspan="2">轻微掉皮可用砂轮打磨，但不得影响顶部线型。打磨平坦，凹痕深度不超过 1 mm</td></tr>
<tr><td>宽</td><td></td><td></td><td>10</td></tr>
<tr><td>16</td><td colspan="2">轮缘垂直磨耗高度</td><td></td><td></td><td>≤15</td><td>轮缘不得形成锋芒</td></tr>
<tr><td>17</td><td colspan="2">踏面圆周磨耗深度</td><td></td><td>≤7</td><td>≤8</td><td></td></tr>
<tr><td rowspan="3">18</td><td rowspan="3">踏面擦伤及局部凹入深度</td><td>本属出库</td><td></td><td></td><td>≤0.5</td><td rowspan="3"></td></tr>
<tr><td>外属出库</td><td></td><td></td><td>≤1</td></tr>
<tr><td>运行途中</td><td></td><td></td><td>≤1.5</td></tr>
<tr><td rowspan="2">19</td><td rowspan="2">踏面剥离长度</td><td>1 处</td><td></td><td>≤30</td><td>≤30</td><td rowspan="2">(1)沿圆周方向测量。列检测量时，两端宽度不足 10 mm 的剥离尖端部分不计算在内。
(2)长条状剥离，其最宽处不足 20 mm者，不计。
(3)两剥离外边缘相距小于 75 mm 时，每处长不得超过 20 mm，连续剥离长度不超过 350 mm。
(4)剥离前期未脱落部分，客列检可不计算在内</td></tr>
<tr><td>2 处</td><td></td><td>≤20</td><td>≤20</td></tr>
</table>

续上表

部位	序号	名称		限度(mm) 原形	A1修、辅修	运用	备注
轮对	20	踏面缺损	相对车轮轮缘外侧至缺损部距离		≥1 505	≥1 505	指缺损后的轮辋宽加轮对内侧距离，再加相对车轮轮缘厚度之总和；沿圆周方向测量
			缺损部之长度		≤150	≤150	
	21	轮对外侧辗宽			≤5	≤5	超过时旋修或换轮
	22	车轮直径之差	同一转向架			≤10	标记速度 160 km/h 客车
						≤20	
			同一车辆			≤40	
	23	轴箱定位橡胶堆转角				45°	
	24	轴箱轮对提吊间隙				≥30	
制动装置	25	闸片厚度			15	5	测量最薄部分厚度
	26	闸片裂纹	摩擦面距边缘≥30 mm		30	30	
			其余部位		不得有	不得有	
	27	闸片掉块				<10×15	
	28	闸片与制动盘两侧间隙之和				3～5	
	29	制动盘磨耗	整体厚度	110	96	96	
	30	制动盘摩擦盘面热裂纹	距内和外边缘≥10 mm			<95	
			距内或外边缘<10 mm			<65	
	31	闸瓦厚度		45	10	10	测量最薄部分厚度(不含钢背厚度)
	32	同一制动梁两端闸瓦厚度之差			20	20	
	33	压力表指针压力差(kPa)			±10	20	与标准压力表校对
	34	制动缸活塞行程	自动间隙调整器	190		190±15	
			ST1-600 型闸调器	190		190±10	
	35	闸瓦托各部磨耗			4	4	非铸钢品过限时更换
	36	制动夹钳装置各圆销磨耗			2	2	
	37	制动夹钳装置各衬套磨耗			1.3	1.3	
	38	制动夹钳装置各圆销与衬套配合间隙		0.5～1	3	3	
	39	各圆销与孔组装间隙不超过			3	3	标记速度 160 km/h 客车
	40	各圆销及制动梁端轴与孔的组装间隙		1	4	4	
	41	各圆销、衬套磨耗			2	2	标记速度 160 km/h 客车
					3	3	
	42	制动梁磨耗	端轴		3	3	
			其他		3	3	

续上表

部位	序号	名称	限度(mm)			备注
			原形	A1修、辅修	运用	
制动装置	43	圆开尾销磨耗		1/4	1/4	磨耗超过原直径1/4时更换
	44	扁开尾销磨耗		1.5	1.5	剩余厚度少于1.5 mm时更换
	45	各垂下品与轨面距离不小于		50	50	电器装置100 mm,闸瓦插销25 mm

注:1. 限度表内所规定的数字均为允许限度。
2. 限度表内的限度,系按名义尺寸计算,不包括公差。
3. 未注尺寸单位为mm。
4. 限度栏内无数据者可不掌握,但低级修程有数据而高级修程无数据者,高级修程不得发生。
5. 备注栏内未加说明者,可修理至限度要求以内,但配件磨耗超过限度加修时,应焊修至原形尺寸。
6. 限度表内所列运用栏,即为辅、临、库、列检统一执行的限度。

第五节 单车技术检查作业过程

普通客车单车技术检查作业过程(图2-7)。

1. 下部技术检查作业过程

(1)作业方法

插红旗→按操作过程进行客车技术检查作业→发现故障口述→确认定检及旁承游隙→作业完了撤红旗。

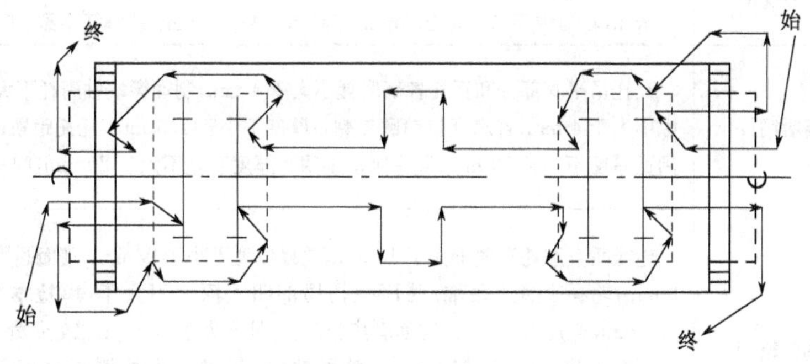

图2-7 普通客车单车技术检查作业线路示意图

(2)作业步骤及质量标准

①本步骤适用于22型、23型、24型、25型普通客车踏面制动转向架。

②一辆车检查标准时间为15 min,半边为7 min。

③2人平行作业,以中心线为分界线各负责一半。钩提杆所在端,负责该端中间配件。

④半边检查从2位端开始。

⑤质量标准及某铁路局作业步骤见表2-5。

(3)安全注意事项

①红旗须插牢且展开。

②作业中衣帽穿戴整齐,戴好手套。

③作业中身体不能滑倒，身体任何部位不能划伤出血。

表 2-5　普通客车技术检查作业过程

序号	口　诀	质　量　标　准
1	离车 2 m 看风挡	风挡折棚弹簧不折，螺母、圆销、开口销不失，龙门框不弯、不裂
2	转头定检倾斜望	厂、段修不过期(厂修 18 个月，段修 6 个月)(可延长期)，车体倾斜不大于 50 mm
3	车钩提杆试三态	摇动钩提杆不碰下连杆，钩提杆座不松动，杆与座凹槽间隙不大于 3 mm。钩舌与钩腕内侧面距离闭锁位不大于 135 mm、全开位不大于 250 mm。钩舌销与钩舌销孔间隙不大于7 mm。车钩中心高：最高 890 mm，最低 830 mm。三态作用良好，下锁销不反装
4	软管标记及质量	软管不变质、起泡，水压试验不过期，配件无裂损，连接无泄漏，卡子螺栓有松余量，折角塞门作用灵活、正位无松动
5	钩颈摆块风杆簧	螺栓不松动，磨耗板不破不失，风挡杆不弯曲，簧不折断，摆块及吊、钩颈无裂纹，卡子无松动
6	进车主管及各梁	管系无泄漏，管卡齐全无松动，风挡杆插销开口销不折不失，钩托不松不裂，各梁无裂纹，地板无腐蚀
7	钩身从板钩尾框	钩身、缓冲器、从板及座无裂纹，钩体下部、尾框各部磨耗不大于 6 mm，内外托板无松动、无裂纹
8	心盘三横制动梁	心盘销不失，螺栓不松，心盘、摇枕、枕簧托梁、构架、制动梁无裂纹，制动梁不弯曲
9	杠杆拉杆开口销	各圆销磨耗不大于 3 mm，组装间隙不大于 4 mm，圆开口销磨耗不超过 1/4，各垂下品距轨面不少于 50 mm，各杠杆、拉杆不抗衡，不磨轴身、轮毂
10	轴身轮背缓解簧	轮轴无裂纹，轴身磨耗深度不大于 1 mm，轮缘内侧缺损长不大于 30 mm，宽不大于 10 mm，轮对内距(1 353±3)mm，三处差不超过3 mm，缓解簧不裂、不松
11	跨轨蹲姿看闸件	瓦托吊平直部分和瓦托各部磨耗不大于 4 mm，制动梁端轴磨耗不大于 3 mm，组装间隙不大于 4 mm，各扁开口销磨耗剩余厚度不小于 1.5 mm，瓦托距轨面不小于 25 mm，闸瓦厚度不小于 10 mm，同一制动梁闸瓦厚度互差不大于 20 mm，闸瓦不紧靠车轮
12	踏面轮辋轴箱簧	轮缘垂直磨耗高度不大于 15 mm，轮缘厚度不小于 23 mm，踏面圆周磨耗深度不大于 8 mm，轮缘顶部无碾堆；踏面擦伤局部凹入深度不大于：库检本属 0.5 mm，外属 1.0 mm，通过 1.5 mm。踏面剥离长度：一处不大于 30 mm，二处每处不大于 20 mm，连续剥离长度不大于 350 mm。踏面缺损：相对轮缘外侧至缺损部之距离不少于 1 508 mm，长度不大于 150 mm。轮辋厚度不少于25 mm。轴箱后部不甩油，各螺栓不松动，圆簧不折不裂，定位套、支持环、缓冲器不串，不失不破，支柱插销开口销不失
13	车端出来看脚蹬	脚蹬不腐蚀、不变形，车门扶手不松动，排便筒各配件作用良好
14	移步蹲下看轮辋	轴箱无裂纹，螺栓无松动，轮辋无裂纹
15	起身轴箱轮面望	轴箱顶部与侧架下部距离不小于 30 mm，圆簧、定位套良好，轮辋、踏面、轮缘良好
16	圆簧轮面及闸件	同 12、13 两项
17	转身挡吊安全托	螺栓不松动，安全托、摇枕吊、吊座无裂纹，枕簧、摇枕挡良好不裂不破
18	吊轴托板摇动簧	吊轴无裂纹，吊轴螺栓无松动，枕簧无裂纹折断，组装螺栓良好，簧上下要入槽，承台托板良好、无裂纹

续上表

序号	口 诀	质 量 标 准
19	减振器到摇枕挡	减振器配件齐全,不漏油,不松动,摇枕挡间隙前后之和 0～10 mm,牵引拉杆螺母不松,止铁、胶垫良好
20	构架轴检不漏检	构架无裂纹,轴检标记正确(2、3 位构架外侧涂打轴检标记)
21	旁承心盘看两边	同一台车左右旁承间隙之和 2～6 mm,心盘、旁承螺栓不松动,心盘无裂纹、无移位,心盘、旁承垫木不开裂
22	蹲看另侧摇枕挡	同 19、18、17 三项
23	同左顺序到轮面	同 12、13、14、15 四项
24	探身主管及各梁	主管无腐蚀、无泄漏,管卡齐全,各梁、地板无裂纹、腐蚀
25	再进台车里到外	同 8、9、10 三项
26	拉杆托架看仔细	托架无裂纹,螺栓不松动,杠杆不抗衡
27	管系横梁向前看	同 24 项
28	支管塞门集尘器	管系无泄漏,螺栓无松动,塞门、集尘器正位,把手不折不失
29	调整器阀及风缸	调整器不卡死,安装螺栓无松动,三通阀、104 主阀、紧急阀螺栓无松动,阀不泄漏,紧急阀防尘胶垫不失,压力风缸无泄漏,吊带不松动,排风塞门良好
30	辅修标记制动缸	制动缸不泄漏,螺栓不松动,辅修期 6 个月,提前或延长期不超过 10 天(制动缸外侧涂打辅修标记)
31	行程托架各种销	活塞行程;复式(190±15) mm,手闸拉杆、托架无裂纹,销套间隙不大于4 mm,开口销良好
32	拉杆向前地板梁	中拉杆、手闸拉杆配件齐全,花篮螺母不松,地板梁良好
33	看到台车同前样	同 8、9、10、12～25 项
34	手闸配件不能忘	螺栓不松动,圆开口销良好,网链应在松弛状态
35	连缓车端看半边	同 7、6 项
36	钻出车端风杆簧	同 5 项
37	钩头舌销吊链堵	钩耳无裂纹,钩耳孔或钩舌销孔间隔隙不大于 7 mm,钩舌销上下开口销齐全,软管吊链及堵齐全无裂纹
38	看清标记和风挡	同 1 项,标记清楚
39	扶手脚蹬半边完	同 11 项
40	反位步骤都一样	反位无制动缸及阀,要看副风缸、补助风缸、排风塞门

2. 上部技术检查作业过程(图 2-8,表 2-6)

(1)插红旗→查看“车统—181”,了解乘务员交接故障→按操作过程进行客车技术检查作业→发现故障记录并处理→作业完了撤红旗。

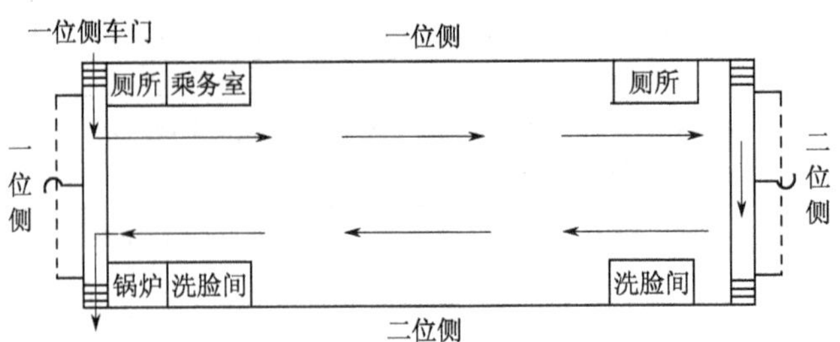

(a) 22型客车上部技术检查作业线路(1人作业)示意图

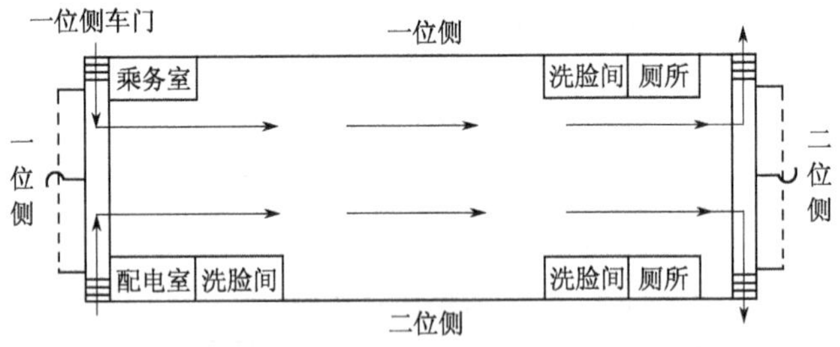

(b) 25型客车上部技术检查作业线路(2人平行作业)示意图

图 2-8 客车上部技术检查作业线路

表 2-6 上部技术检查作业过程

序号	检查项目	质量标准	附注
1	查阅“车统—181”及运行情况	1. 查阅“车统—181”,了解乘务员交接故障 2. 向值班人员了解列车编组变更情况,听取有关事项的传达	上部组工长负责
2	布置任务及提出要求	组长向全组传达有关事项,提出列车检修的重点工作和故障	有关人员做好准备工作
3	作业前准备工作	按照任务要求,准备好工具、配件、材料	带上工具箱及配件材料
4	一位端 一位侧车门	月台门、翻板及簧、锁、门止及碰头配件齐全,作用良好。各型压条无破损、无脱落	发现、处理故障,并记录于“车统—14”
5	通过台、煤箱	1. 通过台地板无破损,渡板无翘起 2. 煤箱盖及折页、手把无变形,开关良好	
6	腰门、厕所及乘务室	1. 各门、门锁、门止及碰头齐全良好,标志正确清楚,各型压条无破损、无脱落 2. 厕所内便盆无破损,各阀作用良好,水位表指示正确,水阀色标正确,有无人锁标记清晰。乘务室备品齐全	
7	一位侧车内设备	1. 车内设备齐全,座席、行李架、茶桌、衣帽钩安装牢固。座席面布无破损 2. 座席标号正确清晰,车内标牌齐全 3. 车窗、活动窗、窗锁作用良好。玻璃无破损,车窗不漏气、不积水 4. 车内地板布无起泡破损或塌陷 5. 车内墙板无破损 6. 通风口、排气天窗及盖、天井盖等配件齐全、作用良好,无破损	

续上表

序号	检查项目	质量标准	附注
8	二位端洗脸间、厕所及腰门	1. 给水用水装置配件齐全，水箱、各管路不漏水，管卡固定良好，各水阀作用良好 2. 脸盆、洗手盆、镜框、面镜、梳妆台无破损，备品齐全 3. 按规定配备灭火器具，检修周期不过期 4. 各门、门锁、门止及碰头齐全良好，标志正确清楚，各型压条无破损、无脱落 5. 厕所内便盆无破损，各阀作用良好，水位表指示正确，水阀色标正确，有无人锁标记清晰	
9	二位端三位侧门	月台门、翻板及簧、锁、门止及碰头配件齐全，作用良好。各型压条无破损、无脱落	
10	二位端通过台	通过台地板无破损，渡板无翘起	
11	二位端四位侧门	月台门、翻板及簧、锁、门止及碰头配件齐全，作用良好。各型压条无破损、无脱落	
12	二位端厕所、洗脸间	1. 厕所内便盆无破损，各阀作用良好，水位表指示正确，水阀色标正确，有无人锁标记清晰 2. 给水用水装置配件齐全，水箱、各管路不漏水，管卡固定良好，各水阀作用良好 3. 脸盆、洗手盆、镜框、面镜、梳妆台无破损，备品齐全	
13	二位侧车内设备	1. 车内设备齐全，座席、行李架、茶桌、衣帽钩安装牢固。座席面布无破损 2. 座席标号正确清晰，车内标牌齐全 3. 车窗、活动窗、窗锁作用良好。玻璃无破损，车窗不漏气、不积水 4. 车内地板布无起泡破损或塌陷 5. 车内墙板无破损 6. 通风口、排气天窗及盖、天井盖等配件齐全、作用良好，无破损	
14	一位端洗脸间、茶炉间、配电室	1. 给水用水装置配件齐全，水箱、各管路不漏水，管卡固定良好，各水阀作用良好 2. 给水装置配件齐全，各水阀作用良好 3. 配电室门窗良好，无破损	
15	二炉一灶	1. 取暖锅炉、茶炉及餐车炉灶作用良好，烟囱及防火隔热装置完整，不漏气或结冻 2. 采暖装置配件齐全，作用良好，不使用时封闭 3. 各气压阀、水位表、温度表作用有效准确。管系各阀、塞门、活节、弯头无漏水或冻结 4. 各阀色标正确	
16	一位端二位侧车门	月台门、翻板及簧、锁、门止及碰头配件齐全，作用良好。各型压条无破损、无脱落	

(2)作业步骤及质量标准

①本作业步骤适用于常用客车上部检查作业程序和质量要求。其他车型的作业步骤,应以车内设施的变化而作相应的调整。

②检查范围为客车翻板以上(含翻板)车内顶板以下。

③1 人检查时,分为两侧,由一端至另一端,按顺序检查完一端一侧后,再按顺序检查另一侧,作业路线见图 2-8(a)所示。2 人平行作业时,以车辆中心线划分两侧,同时进行,作业路线见图 2-8(b)所示。

④从上到下,从里到外,眼看手摸,脚踩地板(门槛等)。

⑤协调配合,按照顺序,逐项检查。

⑥质量标准及某铁路局作业步骤。

(3)安全注意事项

①红旗须插牢且展开。

②作业中衣帽穿戴整齐,戴好手套。

③作业中身体不能滑倒,身体任何部位不能划伤出血。

3. 双层客车及快速客车单车技术检查作业过程(图 2-9、表 2-7)

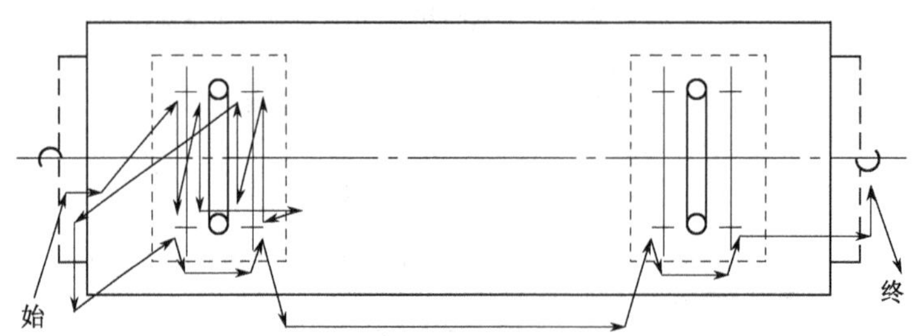

图 2-9　双层客车及快速客车单车作业线路示意图

表 2-7　双层客车及快速客车单车技术检查作业过程

序号	口　诀	质　量　标　准
1	离车 2 m 看风挡	风挡弹簧不折断,螺母、圆销、开口销不丢失,风挡不弯曲,无裂纹
2	转头定检倾斜望	厂、段修不过期,车体倾斜不大于 50 mm,标记正确
3	提杆车钩试三态	摇动钩提杆不碰下连杆,钩提杆座螺栓不松动,杆与座凹槽间隙不大于 3 mm,钩舌与钩腕内侧面距离:闭锁位不大于 135 mm,全开位不大于 250 mm,钩舌钩腕无裂纹,钩舌销与钩耳孔、钩销与钩舌销孔间隙不大于 7 mm,车钩中心高:最高 890 mm,最低 875 mm,空气弹簧无气压时855 mm,三态作用良好,下锁销不反装,钩提杆、吊环、开口销不折不失
4	软管标记及质量	软管不变质起泡,水压试验不过期,配件无裂损,接头无泄漏,卡子有松余量,折角塞门作用灵活,把手正位
5	跳下地沟看钩颈	钩颈无裂纹,锁销孔无裂纹,下锁销连杆及托架不失、不反装,圆销、开口销不折、不失
6	仰看摆块风杆簧	摆块及吊无裂纹,风挡缓冲杆不弯曲,簧不折断,杆卡螺栓不松动,杆卡不破裂,磨耗板不破,不失;杆前后支座不弯曲,无裂纹

续上表

序号	口 诀	质 量 标 准
7	进车管系及各梁	管系不泄漏，管卡齐全无松动，风挡缓冲杆尾部插销、开口销、垫圈不失不折，各梁无裂纹，不弯曲，地板无腐蚀
8	钩身从板钩尾框	内外托不松、不裂、不失，钩身、尾框、缓冲器、从板及座无裂纹，钩体下部、尾框各部磨耗不大于 6 mm
9	左侧轮背制动盘	轮轴无裂纹，轮缘内侧缺损长不大于 30 mm，宽不大于 10 mm，轮对内距(1 353±3)mm，三处差不超过3 mm，摩擦盘磨耗不到限，摩擦盘面磨耗不大于 7 mm。摩擦盘裂纹：距内、外边缘大于 10 mm 时，裂纹长度不超过 95 mm；距内、外边缘小于 10 mm 时，裂纹长度不超过 65 mm(外圆上能看到三角形线槽)；摩擦盘上无超过长度 95 mm 的裂纹。弹性销套螺母、连接螺栓无松动，开口销不折、不失，盘壳无松动
10	闸片托吊锁紧挡	闸片厚度不小于 5 mm，同一制动盘闸片厚度差不超过 20 mm，缓解时闸片不能摇动；托吊、锁 紧挡无裂纹，开口销不折不失
11	管系杠杆制动缸	制动软管无裂纹，无泄漏，制动单元配件齐全，杠杆悬吊无裂纹、不抗劲，制动缸活塞不缺油，作用良好
12	右边步骤同左样	同序号 9、10、11
13	摇枕心盘差压阀	摇枕、心盘无裂纹，心盘无移位，心盘垫木不裂开，螺栓不松动，摇枕上固定管系不破、不漏，差压阀无裂纹、无泄漏，作用良好
14	空重车阀到托梁	空重车阀不松动、无泄漏，托梁无弯曲裂纹，连接螺栓不松动
15	枕簧内侧连扭杆	两空气弹簧无破损，托板无裂损，扭杆无弯曲裂纹，橡胶垫无老化，无破损，螺栓不松动
16	钻过托梁回头望	钻进托梁后，先探头看车下主管无破损、无泄漏，再回头检查
17	从左到右看轮背	同序号 9
18	盘形制动前一样	同序号 9、10、11、12
19	原路返回出地沟	一位转向架内部看完，从一位端出地沟
20	空气弹簧副风缸	管系不泄漏，塞门作用好，吊带螺母不失，不松
21	蹲看踏面到轮辋	轮缘垂直磨耗高度不大于 15 mm，轮缘厚度不小于 23 mm，轮缘无裂纹，轮缘顶部无碾堆；踏面圆周磨耗不大于 8 mm，局部凹入深度不大于：库检本属 0.5 mm，外属 1.0 mm，通过 1.5 mm；踏面剥离长度：一处不大于 30 mm，两处每处不大于 20 mm，连续剥离不大于 350 mm；踏面缺损：相对轮缘外侧至缺损部之距离不少于 1 505 mm，轮辋厚度不小于 25 mm
22	转身移步轴箱簧	轴箱无裂纹，后壁不甩油，螺栓不松动，圆簧不折不裂，定位套、支持环、缓冲垫不失、不破，支持插销、开口销不失、不折
23	轮辋踏面清扫器	同序号 21。波纹管无脱落，无破损，闸瓦厚度不小于 10 mm，闸瓦与踏面间隙(缓解时)5～8 mm，闸瓦插销磨耗不大于 5 mm，下部距轨面不小于 25 mm，瓦托各部磨耗不大于 4 mm，活塞前端黑色箭头在外面
24	闸件吊与制动缸	瓦托平直部分和瓦托各部磨耗不大于 4 mm，瓦托圆销磨耗不大于 3 mm，组装间隙不大于 4 mm，扁开口销磨耗剩余厚度不小于 1.5 mm，制动缸螺栓不松动，调整簧不折不失

续上表

序号	口　诀	质　量　标　准
25	安全吊到高度阀	螺栓不松动，吊、吊座无裂纹，高度调整阀无泄漏，调整杆不弯曲，作用良好
26	吊轴托板空气簧	吊轴无裂纹，吊轴螺栓不松动，托板无裂纹，空气弹簧不破、不漏
27	牵引拉杆枕吊销	拉杆螺母不松，止铁、胶垫良好，吊销、插销、开口销不折、不失
28	构架轴检不能忘	构架无裂纹
29	旁承横向减振器	同一转向架左右旁承游间之和 2～6 mm（双客），横向减振器不漏油，安装螺栓不松，配件不破、不失
30	压力表过后看横挡	压力表玻璃不破，不过期、作用良好，横向挡头不破、不失，挡座磨耗板不开焊
31	制动闸件到轮面	同序号 23、24
32	箱簧踏面前一样	同序号 21、22
33	二位台车看外边	同序号 21～32
34	手制动机仔细看	主轴螺栓不松动，圆销、开口销良好，制动链应有松弛量
35	支管塞门集尘器	集尘器管系不泄漏，塞门正位，把手无折失、良好
36	分配阀及两风缸	安装螺栓不松动，阀不泄漏，紧急阀防尘胶垫不失，塞门作用良好，把手不折不失，吊带螺母不松
37	辅修标记要看清	辅修标记打在副风缸端，辅修期 6 个月，延长期不超过 10 天
38	钩耳舌销吊链堵	钩耳外侧无裂纹。钩舌销上、下开口销不折、不失，吊链、吊堵齐全无裂纹
39	车端标记和风挡	标记正确清楚，风挡同序号 1
40	反位步骤都一样	反位步骤除无手制动机外，其他同样

(1)插红旗→按操作过程进行客车技术检查作业→发现故障口述→确认定检→作业完了撤红旗。

(2)作业步骤及质量标准

①本步骤适用地沟作业的各型带盘形制动的快速客车作业(209P 型，206P 型 206PK 型、209PK 型、209HS 型)。

②本步骤为包转向架式，转向架内外以轮缘顶点为界。

③一辆车检查标准时间为 20 min，半边为 10 min。

④质量标准及某铁路局作业步骤。

(3)安全注意事项

①红旗须插牢且展开。

②作业中衣帽穿戴整齐，戴好手套。

③作业中身体不能滑倒，身体任何部位不能划伤出血。

4. CW 系列转向架单车技术检查作业过程(表 2-8)

(1)作业方法

插红旗→按操作过程进行客车技术检查作业→发现故障口述→确认定检查作业完了撤红旗。

(2)作业步骤及质量标准

①本步骤适用地沟作业的各型带盘形制动的快速客车作业(CW 系列转向架)。

②一辆车检查标准时间为 20min,半边为 10min。

③本步骤为包转向架式,转向架内外以轮缘顶点为界。

④质量标准及某铁路局作业步骤。

表 2-8　CW 系列转向架单车技术检查作业过程

序号	口　诀	质　量　标　准
1	离车 2 m 看风挡	橡胶风挡无破损,安装螺栓无松动,胶木摩擦板无破损
2	转身定检及倾斜	定检标记不过期,A1～A4 修程标记正确,车体倾斜不超过 50 mm
3	手握钩杆试三态	车钩三态作用良好,钩舌与钩腕内距不大于:闭锁位 135 mm,全开位 250 mm,下锁销连杆不反装,钩提杆座螺栓不松动,摇动提钩杆不碰下连杆,提杆与座凹槽间隙不大于 3 mm,钩舌钩腕无裂纹,钩舌销与钩耳孔、钩舌销孔间隙不大于 7 mm,车钩中心高度最高 890 mm,最低 875 mm,空气弹簧未充气时不低于 860 mm
4	软管塞门及质量	软管不变质起泡,水压试验不过期,折角塞门把手正位作用灵活,软管接头无泄漏,卡子有松余量,配件无裂损
5	端梁外部仔细看	端梁外部无裂纹,无弯曲,冲击座铆钉无松动,摆块及吊无裂纹,磨耗板不丢失、不破损
6	跳下地沟看钩缓	钩颈、钩身、尾框、缓冲器无裂纹,尾框磨耗不过限,从板无折损,从板座铆钉无松动,钩尾框托板螺栓无松动,磨耗板不丢失,不破损,钩尾销无折损,横穿螺栓不松动
7	风挡钩缓切莫望	风挡缓冲器不折损,缓冲配件齐全、良好
8	管系地板及各梁	制动管总风管管系不泄漏,管卡齐全无松动,地板无腐蚀,各梁无裂纹、不弯曲
9	转身先看控制杆	横向控制杆正位不变形,螺栓不松动,安全托安装良好不松动
10	左侧轮背制动盘	轮轴无裂纹,轮缘内侧缺损长度不大于 30 mm,宽度不大于 10 mm,轮对内距(1 353±3)mm,三处误差不大于 3 mm,制动盘各部安装螺栓不松动,安装座无裂纹,制动盘磨耗厚度不大于 96 mm,摩擦面不允许有任何深于1 mm的凹槽,摩擦偏磨最高最低点差值不大于 2 mm,摩擦面热裂纹距摩擦面内外边缘间距小于 10 mm,长度不大于 95 mm,盘毂无松动
11	闸片托吊销紧挡	闸片厚度不小于 5 mm,托吊、圆销无裂纹,圆销磨耗不大于 2 mm,开口销不折不失,磨耗不超过 1/4,圆销与衬套间隙不大于 3 mm,锁紧挡无裂纹
12	管系杠杆制动缸	制动软管无破损,无泄漏,制动缸单元配件齐全,定位销无丢失,不折损,杠杆不抗劲,无裂纹,制动缸活塞不缺油
13	右边步骤同左样	同序号 10、11、12
14	弹簧托板纵横挡	弹簧托板无裂纹,橡胶垫无老化,安装螺栓无松动,横向挡间隙为(45±2)mm,纵向挡间隙为(15±3)mm
15	摇枕横向减振器	摇枕无裂纹,摇枕上固定管系无破损、无泄漏、无松动,横向油压减振器配件齐全不漏油
16	弹性牵引差压阀	横向拉杆配件齐全不松动,差压阀安装良好不泄漏
17	钻过台车向上看	钻过弹簧托板,出转向架内端,先抬头看车底架各梁,地板无弯曲,无破损、无腐蚀,总风管、制动管无破损,无裂纹、无泄漏
18	回头再看控制杆	同序号 9

续上表

序号	口 诀	质 量 标 准
19	从左到右看一遍	同序号 10～16
20	移步探身看侧滚	抗侧滚装置配件齐全无松动，扭杆、扭臂无裂纹，无折损，作用良好
21	原路返回出地沟	一位转向架全部检查完毕，再从一位端出地沟
22	蹲看减振轴圆簧	轴箱定位杆安装正位不变形，螺栓无松动，轴箱后壁无甩油，垂直油压减振器配件齐全无漏油，轴圆簧无折损
23	踏面轮辋看一圈	踏面擦伤及局部凹入深度：库检不大于本属 0.5 mm，外属 1.0 mm，踏面剥离一处不大于 30 mm，二处每处不大于 20 mm，踏面圆周磨耗不大于 8 mm，踏面缺损相对车轮轮缘外侧到缺损处距离不大于 1 508 mm，缺损部之长不超过 150 mm，轮辋无裂纹，轮辋厚度不小于 25 mm，轮缘厚度不小于 23 mm，轮缘无锋芒，不碾堆，同一转向架轮径不超过15 mm，同一车辆轮径不超过30 mm
24	弹性节点和轴箱	轴箱顶部与侧架间隙不小于 38 mm，轴箱盖螺栓无松动，轴箱盖无裂纹，轴箱转臂弹性节点配件齐全，橡胶无老化
25	移步构架到摇枕	从左到右将构架看一遍，构架无裂纹开焊，摇枕、旁承无裂损，旁承需压死
26	摇枕吊轴及托板	摇枕吊正位，橡胶堆无老化，弹簧托架托板无变形，无裂纹
27	空气弹簧高度阀	空气弹簧无破损，无泄漏，高度阀作用良好，高度阀调整杆在空气弹簧充气状态下，上翘不大于 45°，空气弹簧充气高度为(150±2)mm，5W 型(186±14)mm
28	牵引拉杆不能忘	牵引拉杆配件齐全，紧固螺母不松动，无丢失，安装座无裂纹
29	弹性节点再轴箱	同序号 24
30	减振器和轴圆簧	同序号 22
31	踏面轮辋再一圈	同序号 23
32	轴箱后接控制杆	同序号 21
33	车下管系各风缸	总风管、制动管及各支管无裂纹，无腐蚀、无泄漏，管卡齐全无松动，总风缸、压力风缸、副风缸、缓解风缸安装牢固无泄漏，管系各塞门开闭正确，铅封不丢失，塞门把手捆绑牢固，各风缸排水(风)塞门配件齐全，作用良好
34	缓解指示不能忘	缓解指示器作用良好、清晰，玻璃透明罩无破损
35	分配阀及中间体	104 分配阀安装正确，作用良好，中间体安装牢固无泄漏
36	二位台车看外边	同序号 21～32
37	手闸装置不要忘	主轴螺栓不松动，各圆销、开口销齐全良好，制动链应有松弛量(手闸装 1 位端 1 位侧)
38	钩耳外侧吊链堵	钩耳外侧无裂纹，钩舌销上、下开口销不折、不失，吊链及软管堵齐全无裂损
39	车端标记及风挡	标记正确、清楚，风挡要求同序号 1
40	反位步骤都一样	反位步骤除无手制动机外，其他均同样

(3)安全注意事项

①红旗须插牢且展开。

②作业中衣帽穿戴整齐，戴好手套。

③作业中身体不能滑倒，身体任何部位不能划伤出血。

第六节 客车辅修及 A1 级检修

一、客车辅修

(一)辅修修程

客车辅修是标记速度低于 140 km/h 的客车在整备线上对本属客车按规定周期定期施行的低级修程,主要是进行制动装置检修和滚动轴承轴箱检查,客车辅修应严格执行《客车辅修质量标准》(表 2-9)。

表 2-9 客车辅修质量标准

<table>
<tr><th>序号</th><th>检修部件</th><th>检 修 要 求</th></tr>
<tr><td>1</td><td>管 系</td><td>以 600 kPa 风压吹扫除尘,取出滤尘网去除尘垢,其状态须良好,管系须无泄漏,卡子、吊架无松动</td></tr>
<tr><td>2</td><td>制动软管和金属软管</td><td>更换为按段修标准检修过的制动软管和金属软管</td></tr>
<tr><td>3</td><td>分配阀和三通阀</td><td>更换为按段修标准检修过的分配阀和三通阀</td></tr>
<tr><td rowspan="2">4</td><td rowspan="2">制动缸</td><td>非密封式制动缸须分解检查,清洗给油;活塞压板、皮碗无裂纹、破损、变形、变质,弹簧无折损</td></tr>
<tr><td>密封式制动缸和单元制动缸作用良好者可不分解,防尘套须作用良好,不良者更换。活塞杆按下图涂打标记 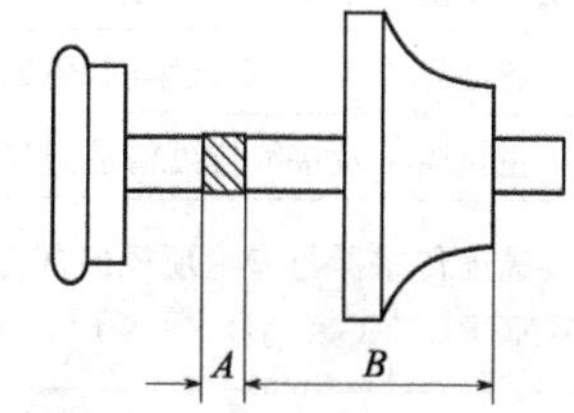
A B</td></tr>
<tr><td rowspan="3">5</td><td rowspan="3">单元制动缸</td><td>无泄漏,能够正常制动,闸片、闸瓦分别压紧制动盘、车轮</td></tr>
<tr><td>缓解作用良好,活塞杆复位无卡滞现象,闸片对制动盘、闸瓦对车轮无压力</td></tr>
<tr><td>间隙调整器作用良好</td></tr>
<tr><td>6</td><td>副风缸和工作风缸</td><td>排除积水,排水塞门须作用良好</td></tr>
<tr><td>7</td><td>高度调整阀、空重车阀、差压阀</td><td>安装牢固,无泄漏,配件无缺损</td></tr>
<tr><td>8</td><td>空气弹簧</td><td>清除外部污垢,胶囊无裂损、漏风,充气后高度符合规定</td></tr>
<tr><td>9</td><td>远心集尘器</td><td>分解检查、清扫除尘,阀体、胶垫、止尘伞须良好</td></tr>
<tr><td rowspan="2">10</td><td rowspan="2">自动间隙调整器和 ST1-600 型闸调器</td><td>自动间隙调整器应作用良好,并清扫给油,调整螺丝须留有 1/2 扣以上的调整量</td></tr>
<tr><td>ST1-600 型闸调器应清除外露部分尘垢,并进行外观检查;螺杆、护管、闸调器体、控制杆等无弯曲、变形,连接部位配件齐全,紧固件无松动,圆销开口销磨耗不过限,螺杆工作长度不得少于 100 mm</td></tr>
<tr><td rowspan="2">11</td><td rowspan="2">折角塞门和截断塞门</td><td>非球芯折角塞门及截断塞门应分解检查,清扫给油,各部状态及作用须良好</td></tr>
<tr><td>球芯折角塞门及截断塞门作用良好者可不分解,不良者更换</td></tr>
</table>

续上表

序号	检修部件	检 修 要 求
12	紧急制动阀	现车检查并试验，作用须良好，用棉线绳加铅封
13	缓解阀	现车检查并试验，状态及作用须良好
14	压力表	更换为按计量标准检修过的压力表
15	手制动机	清除尘垢，给油，配件齐全，作用良好
16	基础制动装置	各部配件齐全、无裂纹，磨耗不过限。销套无窜出、裂损，各部拉杆、杠杆、吊杆、托梁不抗劲。吊架、吊杆、夹钳良好、无裂纹。销套与销子间隙不超过规定，各部螺栓无松动。缓解状态时，闸瓦应离开车轮踏面(无制动梁缓解簧者除外)
17	制动盘	制动盘配件齐全，裂纹不超限，安装牢固，制动盘厚度符合限度要求
		各连接螺栓无松动，开口销无折损、丢失
		散热筋、散热片不得有贯通裂纹
		螺栓连接部位不得有裂纹
		制动盘毂无松动、裂纹；制动盘整体厚度不小于 96 mm；半盘连接部位和盘毂不得有裂纹
		盘面热裂纹：距内外边缘大于等于 10 mm 者，不得超过 95 mm；小于 10 mm 者，不得超过 65 mm
18	闸瓦和闸片	闸瓦厚度不小于 20 mm，同一制动梁两侧闸瓦厚度差不得大于 20 mm
		闸片厚度不小于 5 mm，超过时须成对更换
19	电子防滑器	各部配件齐全，安装牢固，各处接线紧固
		主机内部及接线排处清洁，接插件插接牢固
		速度传感器与齿轮顶径向间隙须符合以下规定。铁科院(TFX1 型)：(1.0±0.2)mm；KNORR(MGS2 型)：(0.9±0.5)mm；SAB WABCO(SWKP AS 20C 型)：(1.5±0.5)mm
		进行压力开关、排风阀泄漏和单车静止试验，各部须无泄漏，单车静止试验须无故障显示
		压力开关动作值须符合以下规定。铁科院(TFX1 型)：>200 kPa(通)、<200 kPa(断)；KNORR(MGS2 型)：>187 kPa(通)、<187 kPa(断)；SAB WABCO(SWKP AS 20C 型)：>180 kPa(通)、<130 kPa(断)
		车下线管、接线盒须完整，断裂或严重腐蚀时更换新品
20	各磨耗部	各磨耗部给油
21	轴 箱	清除外部尘垢，各部无裂纹，无甩油。有甩油或状态异常者开盖检查，轴承各部件不得有裂损，无缺油、混沙、混水、油脂变质和金属粉末。橡胶密封圈无老化、变质破损，密封圈全部更换。组装后密封良好，螺栓无松动
		紧定螺母、防松板、轴端压板及接地装置部件：无破损、松动和异状，接地装置部件状态完好，碳刷厚度不小于 5 mm
		前轴承保持架、内圈及其他零件的可见部分无破损、松动和异状
		油脂：无缺油、混砂、混水、变质和金属粉末
22	单车试验	单车试验方法见《客车制动机单车试验方法》

续上表

序号	检修部件	检 修 要 求
23	涂打标记	施行辅修后的客车按下图用漏模在制动缸外侧中部涂打辅修(制动检查)标记,在转向架第二、三位侧梁上涂打辅修(轴箱检查)标记。标记应清晰端正 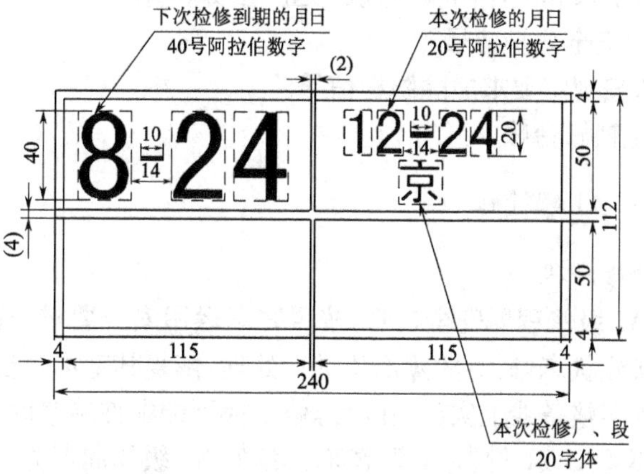 下次检修到期的月日 40号阿拉伯数字；本次检修的月日 20号阿拉伯数字；本次检修厂、段 20字体；8 24；12-24 京；(2)；(4)；10；14；20；40；50；4；112；115；240

标记速度低于 140 km/h 的客车运行(20±2)万 km(或距上次各级修程到 8 个月)实施辅修。

(二)辅修作业人员分工

辅修作业各段根据自身情况确定。下面以 7 人(编号①～⑦)作业为例介绍如下:

1. ①～③号负责空气制动部分

(1)①号负责软管、折角塞门、紧急制动阀、主支管、压力表及铅封、缓解阀、定检标记、单车试验等的检修或试验工作。

(2)②号负责制动缸清洗和调整活塞行程的工作。

(3)③号负责分配阀(三通阀)、集尘器、自动间隙调整器、截断塞门等的检修工作。

2. ④～⑦号负责轴箱装置和基础制动部分

(1)④～⑥号负责轴箱装置开盖检查、基础制动部分、磨耗部分的给油工作。

(2)⑦号为工长,负责全面竣工后的质量验收及全组的作业安全。当检查到托、吊、销磨耗过限时,可布置④、⑤、⑥号处理。

(三)辅修作业程序及质量标准

1. 作业前的准备

检查工具和单车试验器,要求作用良好,材料配件准备齐全。

2. 安插防护信号

由专人负责对号志,安插防护信号及脱轨器后,下达作业指令。

3. 按作业标准作业

按分工的作业范围及质量要求进行检修作业。凡需涉及安装轴端皮带轮的车辆时,应通知车电有关人员,配合作业。辅修质量要求,制动装置部分如表 2-9 所示,轴箱装置部分如表 2-9 第 21 项所示。

4. 进行空气制动机单车试验

5. 涂打检修标记

按有关要求用漏模在制动缸外侧中部喷涂辅修制动检查标记；在转向架二、三位侧梁外面喷涂辅修轴箱检查标记。标记应清晰端正。

6. 落成交验

按有关要求和程序向验收人员交验落成车辆。

7. 撤除安全防护信号

由专人按规定要求撤除防护信号。

8. 登记辅修台账

二、客车 A1 级检修

(一)检修修程

客车 A1 级修程即安全检修，按照客车运用安全要求，通过对安全关键部件实施换件修，其他部位实施状态修，对故障部位进行处理，恢复其基本性能和要求，保障客车运行安全。A1 级修程在列车整备线上实施，在状态修中换下的配件检修时执行换件修标准，适用于 25G 型、25Z 型、19K 型、25T 型、19T 型客车。客车 A1 级修周期为：

1. 25K 型、25Z 型、25G 型、19K 型、25T 型、19T 型客车：(20±2)万 km 或距上次 A1 修程超过 1 年。

2. 其他型客车：(20±2)万 km 或距上次辅修及以上各修程 8 个月。

(二)检修内容(表 2-10)

表 2-10 客车 A1 级修程检修内容

序号	检修范围	检修内容	
1	车辆上部	状态修	钢结构、风挡、脚蹬(塞拉门踏脚板)、翻板装置、通风器；木结构及内装饰：车门及锁、车窗及玻璃、坐椅、卧铺、地板、地板布、行李架、墙板、衣帽钩；给水装置、便器系统、洗面盆等设施
2	基础部分	换件修	分配阀、压力表、制动软管和总风管
		状态修	(1)制动装置及供风系统：风管路、各风缸及吊架、单元制动缸、各软管组成、各塞门、空重车阀、高度调整阀、差压阀、手制动机； (2)轮对轴箱装置； (3)转向架：油压减振器、空气弹簧、构架、摇枕、弹簧托梁、摇枕吊、吊轴、牵引拉杆、抗侧滚扭杆、横向拉杆、横向控制杆、钢弹簧等
		试　验	电子防滑器静态试验、电空单车性能试验
3	空调电器部分	状态修	电子防滑器、旅客信息系统、轴温报警器、照明、插座、开关、应急电源、控制柜、电茶炉、空调系统、排气扇、废排风机、新风机、餐车冰箱、液位显示装置、呼唤器、电伴热装置、电热器、各连接器及座、分线盒(室)、播音天线、温水箱、电池箱、DC 600 V/AC 380 V 车电装置、车体配线
		试　验	各部检修后，按要求进行相关试验，进行电力主干线及直流配线的绝缘测试

(三)检修要求

客车 A1 级检修应严格执行《客车 A1 级检修质量标准》。

1. 制动装置

(1)空气制动装置

1)压力表:压力表等级须为1.5级,量程为0～1 000 kPa,表盘须印有路徽标记。压力表检修须符合国家质量技术监督局规定的检修规程。经校对合格的压力表须贴检定标签并加铅封。

2)分配阀

①104型分配阀主阀和紧急阀分解检修,须符合《车辆空气制动装置检修规则》有关规定。

②F8型分配阀须分解检修(表2-11)。

表2-11 F8型分配阀的各弹簧参数表

名称	中径(mm)	钢丝直径(mm)	总圈数	有效圈数	自由高度(mm)	数量
平衡阀弹簧	ϕ10	ϕ1.3	11.5	9.5	35	1
制动弹簧	ϕ38	ϕ2	5	3.5	44	1
保压弹簧	ϕ7	ϕ1	11	9	27	1
止回阀弹簧	ϕ12	ϕ0.8	8	6	33	2
限压阀弹簧	ϕ13	ϕ2.3	15.5	13.5	59.5	1
充气阀弹簧	ϕ42	ϕ3	6	4	40	1
放风阀弹簧	ϕ6.8	ϕ1.2	10.5	9	29	1

a. 将主阀和辅助阀从中间体上拆下,对其表面污物进行清理,再进行分解。

b. 所有橡胶O形圈、膜板和阀座密封垫须更换。

c. 阀体、各阀盖有裂纹或安装平面有碰伤时加修或更换。

d. 各阀口、各导向杆、导向套的导向面有伤痕时加修或更换。

e. 各弹簧须按规定进行测量,有折损、锈蚀、衰弱、变形时更换。

f. 各缩堵有堵塞时,须用小于各孔尺寸的钢针疏通并清洗。

g. 各橡胶夹芯阀开胶、变质时更换,阀面不平及有压痕者,须磨平或更换。

h. 各导向杆、密封圈、活动摩擦部,须涂适量硅脂。

i. 各活塞组装后,装入阀体内拉动时,动作须灵活,阻力须适当。

j. 各橡胶件不得沾浸汽油、煤油等腐蚀性液体。

k. 组装时,各活塞膜板边缘须完全入槽,平均拧紧各部螺栓。

l. 各密封处需使用密封剂,不允许使用铅油、麻、聚四氟乙烯生料带。

m. 修竣的分配阀,须经F8阀试验台试验,符合《F8型分配阀试验方法》(铁运〔2001〕96号附件五)要求,合格后方准装车使用。

3)制动软管、总风管按段修标准检修。

(2)电空制动装置

1)空气管路系统须无泄漏,各塞门、单向阀、制动缓解指示器等作用不良者分解。

2)在单车试验时,对制动软管、总风管软管及金属橡胶软管进行充气状态下的外观检查,状态不良者更换。

3)分解、清扫集尘器及其滤网,状态须良好。

4)分配阀中间体进行外观检查,裂纹者更换。中间体内的滤尘器须分解检查、清扫;对F8

型分配阀装有制动缸限堵的中间体，须将该堵卸下，用标准钻头或钢钎疏通后，重新装入中间体。

5)电空制动装置进行外观检查，各部配件须齐全，配线连接良好，电磁阀安装紧固，密封良好。

2. 轮对轴箱装置

(1)检查、测量轮对各部，包括：轮径、轮缘高度、轮缘厚度、踏面状态等，各部限度符合《铁路客车盘形制动轮对组装及检修技术条件(试行)》要求。

(2)轴箱须无裂纹、甩油，螺栓无松动，轴箱有甩油时开盖检查，发现油变质或含金属粉末时换轮，无异常情况可不开盖。209HS 型转向架轴箱油压减振器安装座及紧固螺栓，有裂纹时更换。弹性节点状态须良好，锥形销无裂损，螺母紧固。

(3)制动盘盘毂无松动、裂纹，制动盘整体厚度不小于 96 mm，半盘连接部位和盘毂不得有裂纹，散热片不得有贯通裂纹，制动盘与盘毂连接螺栓紧固，螺栓、开口销无折损、丢失，盘面热裂纹长度符合规定。制动盘裂纹限度见表 2-12。

3. 转向架

(1)油压减振器配件齐全，无漏油，安装牢固，作用良好，漏油时更换。

(2)空气弹簧(表 2-13)

①清除空气弹簧外部污垢，胶囊无裂损、漏风，充气后高度符合规定。

表 2-12　制动盘裂纹限度表

裂纹位置	裂纹长度
距内、外边缘≥10 mm	<95 mm
距内、外边缘<10 mm	<65 mm

表 2-13　空气弹簧充气高度表

转向架型号	空气弹簧高度(mm)
209HS	185～200
CW-2	150±3
206KP	200±6
SW-160	200±6

②高度调整阀、空重车阀、差压阀须作用良好，不漏风，高度调整阀调整杆须动作可靠，空气弹簧高度合格后用革布或胶管包扎高度调整阀调整杆。

(3)转向架构架、摇枕、弹簧托梁、摇枕吊及螺母、吊轴、牵引拉杆、抗侧滚扭杆、横向拉杆、横向控制杆、安全吊(绳)、钢弹簧等外观检查，须无缺陷、裂纹，状态良好；转向架各橡胶件须无裂损、脱胶现象。

(4)基础制动装置

①基础制动装置各部须配件齐全，状态良好，各杠杆、吊杆、夹钳良好、无裂纹。

②各制动销套配合间隙不超过 3 mm，衬套无松动。

③闸片进行现车检查，其厚度最薄处不得少于 5 mm，超限时成对更换。

4. 车体及上部服务设施

(1)车底架各梁无裂纹，车底板钢结构无破损、裂焊，状态良好。

(2)车门、三锁、车窗及玻璃、坐席、地板、地板布、行李架、给水装置、便器等上部车辆服务设施进行状态检查，符合《运用客车出库质量标准》表 2-2 要求。

(3)塞拉门的检修须符合以下要求：

①配件齐全，各部无烧损。

②电控箱内部电器件接线正确，作用良好；电源箱输出电压正常、稳定，无故障显示。

③各微动开关或行程开关调试良好，动作准确，安装牢固。

④气路系统过滤减压阀值调整到 459～612 kPa。各管路连接正确，排列整齐，固定良好，无泄漏；气缸无裂损，作用良好。

⑤门系统各部螺栓齐全、紧固，作用良好。门扇清洁无损伤，上下滑道、防护罩内、门框周边胶条清洁无杂物，作用良好。门关闭后须密封。

⑥各运动件进行润滑，须动作灵活，磨耗不过限。

⑦内外开关锁、中央锁、隔离锁、紧急锁、翻转脚蹬作用良好。

⑧防挤压及行程的 98%关门作用良好。

⑨5 km/h 自动闭锁功能和集控功能良好。

5. 空调、电器

(1)电子防滑器

①各部配件齐全，安装牢固，各处接线紧固。

②主机内部及接线排处清洁，接插件插接牢固。

③速度传感器与齿轮顶径向间隙须符合规定(表 2-14)。

④进行压力开关、排风阀泄漏和单车静止试验，各部须无泄漏，单车静止试验须无故障显 T。

⑤压力开关动作值须符合规定(表 2-15)。

表 2-14　速度传感器与齿轮顶径向间隙表

厂　家	型　号	间隙(mm)
铁科院	TFX1	1.0±0.2
KNORR	MGS2	0.9±0.5
SAB WABCO	SWKP AS 20C	1.5±0.5

表 2-15　压力开关动作值表

厂　家	型　号	压力开关动作值	
铁科院	TFX1	>200 kPa	通
		<200 kPa	断
KNORR	MGS2	>187 kPa	通
		<187 kPa	断
SAB WABCO	SWKP AS 20C	>180 kPa	通
		<130 kPa	断

⑥车下线管、接线盒须完整，断裂或严重腐蚀时更换新品。

(2)旅客信息系统

①GPS 天线安装牢固，作用良好。

②液晶显示器显示正常，主机内外各部清洁，配件齐全，接线紧固，接插件插接良好，各部无烧损；自检良好，显示内容正确，开关电源输出电压正常，T4、T5 总线输出正常。

③显示屏安装牢固，自检良好，能准确显示自检信息、车厢号、厕显信息，无混乱、缺笔画。

④顺号调节器指示灯显示正常，车厢号调节功能正常，显示屏通信功能须正常。

⑤厕显开关配件齐全，安装牢固，作用良好。

(3)轴温报警器

①报警仪、记录仪

a. 内外部清洁，机壳无变形，配件齐全，安装牢固；开关、键盘锁、按键作用良好，盘面上各种标志清晰。

b. 各部无脱焊、虚焊、烧损，熔断器容量符合要求，接插件连接良好。

c. 轴温显示正常，同侧误差<5 ℃，功能良好。

d. 报警仪车厢顺位号、记录仪时钟、记录时间间隔设置正确。

②温度传感器安装牢固，无磨碰，外观良好，轴位准确。

③下部线管、接线盒、线排配件齐全，安装牢固，无破损。

④各部配线良好，接线牢固。

(4)照明

①各灯具内外清洁，配件齐全，导电部位导电须良好。灯座安装牢固，裂损者更换。

②各接插件、接线柱作用正常，性能良好。

③灯罩无破损、变形。

④灯带卡安装牢固，作用良好；灯带装车后须有保护接地线，且状态良好。支线出线口处须有橡胶防护套。

⑤灯具须进行点灯试验。

(5)各插座、开关、插头、接线柱配件齐全，安装牢固，接线紧固，作用良好。

(6)应急电源

①应急电源箱配件齐全，安装牢固。把手、折页、插销、门锁等作用良好、无松动，箱内外清洁；箱内变压器、控制板及各元件须安装牢固，无烧损、异常，导线无脱焊，各部连接状态良好，熔断器容量符合规定。

②充电电流、电压正常，各指示灯、开关作用良好。

③整流输出电压正常、稳定。

④应急转换功能良好，电池电压低于(45±1)V时，欠压保护须起作用。

⑤蓄电池安装牢固，电池清洁无破裂，端子无氧化，接续线紧固无松动，工作电压为45～60 V；电池箱各部无破损，吊具配件齐全，紧固件无松动。

(7)控制柜(箱)

①控制柜(箱)内外清洁，配件齐全，安装牢固，作用良好。

②配线线号清晰、排列整齐；绝缘层良好，无老化、烧损，引线口有护套；接地线齐全可靠。线槽完整，各部接线牢固。

③指示标牌、图纸清晰、齐全、正确。

④各继电器、接触器、空气开关、漏电保护器接触良好，无缺相，触点无烧损、无粘连。继电器、接触器吸合动作无卡阻、无异音。

⑤各控制、保护继电器、空调温控器等整定值正确，各熔断器容量符合规定。

⑥各转换开关、按钮、指示灯不良者更换。

⑦控制柜(箱)保护接地线状态良好。

⑧各仪表校验不过期。

⑨控制柜(箱)在额定电压下进行通电试验，作用须正常，电器动作准确、可靠，仪表、指示灯显示准确；各元件及端子温升正常；各项功能符合要求。

⑩各电器件更新时，须符合标准。

(8)电茶炉

①电茶炉的控制箱检修须符合(7)要求。

②炉体安装牢固，各部无泄漏，过滤器清洁，液位显示清晰。

③电热元件须进行绝缘测试，其绝缘值不得小于 20 MΩ。

④装车后壳体须有可靠接地保护线。

⑤通电试验，工作电流正常，缺水、满水保护功能正常。

(9)空调系统

①各部滤网清洁，破损者更新。软风道无破损、霉腐。

②出、回风口风栅配件齐全，无松动，无损坏；调节板调节灵活、位置恰当。

③客室电加热器配件齐全，安装牢固，状态良好。

④空调系统检修后须通电试验，根据外温检查相应功能，作用良好。

(10)排气扇、废排风机、新风机须配件齐全，安装牢固，工作电流正常，运转无异音、异振。

(11)餐车冰箱

①内外部配件齐全，作用良好。

②彻底清扫电动机、冷凝器。

③各开关、仪表等作用良好；仪表校验不过期。

④通电试验，须运转正常，制冷良好。

⑤悬吊装置良好，配件齐全，无裂纹，无脱焊，螺栓无松动。

(12)液位显示装置、呼唤器配件齐全，安装牢固；通电试验作用良好。

(13)车体配线、各连接器及座

①各连接器及座配件齐全，各部无损坏，运动件动作灵活，外观检查端子和绝缘板无烧损；密封胶圈无老化，密封、防水作用良好。

②连接器座后部检查盖须加胶垫，安装须严密。

③在各连接器座处测试各主干线绝缘(使用 500 V 级兆欧表)，须符合规定(表 2-16)。

表 2-16 各种配线绝缘测试值表

绝缘值(MΩ) / 相对湿度 / 线别		60%以下	61%～70%	71%～80%	80%以上
电力配线(24 V、48 V)		0.2	0.12	0.08	0.024～0.048
播音配线		1	0.7	0.3	0.1
交流配线	100 V 以下	1	0.75	0.25	0.1
	100 V 以上	2	1.5	0.75	0.25
DC 600 V		2	≥0.38		

④各地接地线连接状态良好，接地电阻不大于 4 MΩ。

(14)播音天线安装牢固，作用良好。

(15)电伴热装置须绝缘良好，在环境温度许可时，检查须作用良好。

(16)温水箱各部配件齐全，安装牢固，无泄漏，作用良好。通电试验须工作正常。

(17)DC 600 V/AC 380 V客车有关车电装置。

①DC 600 V/AC 380 V～DC 110 V 电源装置内外部清洁，通风顺畅；通风机工作正常，无异音；各接插件接触可靠，各接线端子紧固，无松动，无氧化、烧损痕迹；直流变换器损坏时换件；各熔断器容量符合标准；通电检查，工作时输出电压为 DC 115 V，充电电流为(25±1)A；控制面板上的各指示灯指示准确，内部接触器等开关元件的闭合、分断可靠；当电池电压低于

93.6 V时，欠压电路控制作用良好。

②客车逆变电源主机箱吊架无裂纹，清除锈垢，箱体无腐蚀破损；散热器及逆变主机箱、车上控制箱各部清洁；箱内各功率开关件、电阻、接线端子外观良好，无变色烧损；开关件无开裂；各熔断器容量符合标准；车下主机箱门密封胶条平滑完整，密封性能良好。门安装螺栓齐全紧固。

③TGN3 型和 TGN3A 型客车逆变电源装置按以下要求进行负载工况试验：

a. 试验时接入DC 600 V电源，短接电源控制柜 41 号、198 号线，接通DC 600 V电源，开启逆变电源。

b. 轻载试验：置空调控制柜工况于通风位，逆变电源能正常起机，通风机启动运行，逆变电源输出对称三相电压。

c. 额定负载试验：置空调控制柜工况于全冷(暖)位，逆变电源能正常起机，空调机组启动运行，逆变电源输出对称三相电压，电流值正常。

d. 逆变电源工作时，各状态指示灯指示正确。

④车上逆变电源控制箱控制扳手下逆变电源模块和控制板损坏时换件。

⑤换件时，直流变换器模块(包括监控装置)、逆变电源装置的控制板、车下逆变电源模块须送生产工厂维修，装车后符合①～④的要求。

（四）试验要求

1. 进行 104 型、F8 型电空制动机单车试验，须符合《客车制动机单车试验方法》的要求。

2. 手制动机试验：手制动机制动时，与之相连的闸片须抱紧制动盘；手制动机缓解时，与之相连的闸片须离开制动盘和闸片无压力。

3. 电子防滑器进行静态测试。

4. 空调、电器

(1)各部检修后按要求进行相关试验，未说明的试验方法及要求参照产品说明书进行。

(2)测试电力主干线绝缘、直流电源带负载测试正负线对地绝缘须符合规定。

（五）定检标记涂打

修程完毕后，在车辆二、三位端定检标记处涂打 A1 修标记。25K 型客车实施各种修程后应在车辆两端的标注：A1～A4、年、月、日、单位是 A0 号大宋字，墙板的右上方涂打标记(表 2-17)。

表 2-17　标记示例表

修　　程	时　　间	检修单位
A1		
A2		
A3		
A4		

注：A1～A4、年、月、日、单位是 40 号大宋字，字周边留30 mm。行间距为50 mm；外框线宽3 mm，内框线2 mm。列宽分别为：75 mm、212 mm、75 mm。

（六）检修作业流程

1. 预检。

2. 连接件拆卸。

3. 架车

(1)检修

①检查

车底架、钩缓部、转向架、轮对轴箱装置、制动装置检查。

②各部故障检修。

③落车。

(2)试验

①制动试验。

②高度阀、差压阀试验。

③防滑器试验。

(3)状态修

①车电装置(电子防滑器、电子显示屏等)状态修。

②空调机组、控制柜、电力连接线等状态修。

③车体上部设备状态修。

4. 落成检查。

5. 检查员检查。

6. 验收员验收。

三、25T 型客车 A1 级修程

25T 型客车 A1 级修程,即安全检修,按照客车运用安全要求,通过对安全关键零部件实施换件修,其他部位实施状态修,对故障部位进行处理,恢复其基本性能和要求,保障客车运行安全。A1 级修程在列车整备线上实施,在状态修中换下的零部件检修时执行换件修标准。

(一)A1 级修程检修内容(表 2-18)

表 2-18　A1 级修程检修内容

序号	检修范围	检　修　内　容	
1	基础部分	换件修	空气制动:分配阀、总风软管总成、制动软管总成、金属橡胶软管
		状态修	(1)车钩缓冲装置:密接式车钩缓冲装置、小间隙车钩缓冲装置 (2)轮对轴箱装置:轮对、轴箱、制动盘 (3)转向架:构架组成、牵引拉杆、AM96 型转向架牵引拉杆连杆、轴箱弹簧、各种橡胶件、各种油压减振器、高度调整阀、液压阀、AM96 型转向架空气弹簧排风箱、空气弹簧、抗侧滚扭杆 (4)制动装置:基础制动装置及手制动机、电空制动装置、电子防滑器、紧急制动阀及缓解阀、压力表、空重车阀
		试　验	(1)集成电空单车性能试验 (2)气路控制箱单车试验 (3)手制动机试验 (4)电子防滑器静态试验 (5)AM96 型转向架空气弹簧排风箱试验

续上表

序号	检修范围		检 修 内 容
2	车辆上部	状态修	(1)钢结构、风挡及车端阻尼装置 (2)车门、锁、车窗及玻璃、座椅、卧铺、内墙顶板、行李架、五金件、地板、地板布、给水装置、洗面盆等 (3)电动端门 (4)塞拉门 (5)真空集便器 (6)BSP 客车气动冲水式密封便器 (7)集便装置
		试 验	单车集控、塞拉门 5 km/h 信号功能模拟试验
3	空调电器部分	状态修	(1)旅客信息系统 (2)轴温报警器 (3)照明 (4)插座、开关及接线柱 (5)综合电气控制柜及监控柜 (6)列车电气监控系统 (7)KAX-1 型客车行车安全监测诊断系统 (8)碱性蓄电池 (9)DC 600 V 车下电源变换箱 (10)电开水炉 (11)空调系统 (12)电热器 (13)厨房电器 (14)火灾报警装置 (15)车载影视系统 (16)液位显示装置及呼唤器、内部电话 (17)车体配线、各连接器及座 (18)接地装置 (19)播音天线 (20)电管热装置 (21)温水箱
		试 验	通电试验、电力主干线、直流配线的绝缘测试
4	标 记		按规定涂打定检标记

(二)A1 级修程检修要求

1. 换件修

(1)分配阀

①104 型分配阀主阀和紧急阀分解检修，须符合 104 型主阀、紧急阀、电磁阀、充气阀检修试验技术条件的要求；F8 型分配阀主阀、辅助阀须分解检修，须符合 F8 型主阀、辅助阀、电空紧急阀、电磁阀检修试验技术条件的要求。

②104 型分配阀主阀和紧急阀、F8 型分配阀主阀、辅助阀阀座密封垫更新。

(2)总风软管总成、制动软管总成、金属橡胶软管的检修按照 A3 级修程要求实施换件检修。

2. 状态修

(1)车钩缓冲装置

1)密接式车钩缓冲装置

①外观检查:在车上安装位(列车不解编)对密接式钩缓装置进行外观检查。

a. 缓冲器法兰盘、安装座和钩尾销3处的紧固件无松动,垫圈和开口销状态正常。

b. 钩高调整螺母无松动。

c. 钩体外表面无裂纹等损伤,支架水平面和垂直面内无弯曲,安装座外表面无裂纹。

②如发现钩体存在问题(或达到3个月的开钩时限),则须分解列车,对连挂系统进行分解、清洗和检查。

a. 解钩风缸检查:拉动解钩手柄,解钩风缸动作须正常。如有异常须对解钩风缸进行分解、清洗、检查和修复。

b. 钩体

- 用专用工具拆卸螺母和垫圈,从钩舌内取出解钩手柄。
- 在钩舌回转槽中逆时针转动钩舌,直至取出钩舌。
- 清洗钩舌回转槽和钩舌。清洗后目测检查钩舌外表面,有裂纹或其他异常时须更换。
- 在钩舌回转槽内壁、钩舌上下面涂满润滑脂。
- 将钩舌顺时针转入钩体钩舌回转槽,解钩手柄插入钩舌,安装垫圈和螺母并紧固。
- 摆正解钩风缸位置,用轴销将解钩手柄与风缸活塞杆固定。

2)小间隙车钩缓冲装置

①分解钩体各零部件,清扫钩腔。

②各零部件须齐全,安装牢固,磨耗过限、裂纹及作用不良时更换。

③车钩组装后三态及防跳作用须良好,各磨耗部位须给油。

(2)轮对轴箱装置

①检查、测量轮对各部尺寸,包括:轮径、轮缘高度、轮辋厚度、踏面状态等。各部限度符合《铁路客车盘形制动轮对组装及检修技术条件(试行)》要求。

②轴箱须无裂纹、甩油,螺栓无松动。轴箱有甩油及日常运行有异常温升时开盖检查。

③制动盘盘毂无松动、裂纹,制动盘整体厚度不小于96 mm,半盘连接部位和盘毂不得有裂纹,散热筋、片不得有贯通裂纹,制动盘与盘毂连接螺栓不得有松动,螺栓、开口销无折损、丢失。盘面热裂纹位置距内外边缘大于等于10 mm时,裂纹长度须小于95 mm;裂纹位置距内外边缘小于10 mm时,裂纹长度须小于65 mm。

④接地装置检修符合《轴端接地装置检修技术条件》要求,接地装置弹簧及碳刷损坏时须更换。

(3)转向架

①对构架组成、牵引拉杆、AM96型转向架牵引拉杆连杆、抗侧滚扭杆、轴箱弹簧及与车体连接的牵引支座、扭杆座、抗蛇行减振器座等进行外观检查,须无缺陷、裂纹,状态良好;牵引拉杆节点脱胶深度不得大于20 mm,长度不得大于1/4圆周。BSP客车转向架须冲洗,外观检查,各紧固螺栓防松标记不良者,须用扭力扳手进行检测,合格后须在螺母上涂打防松标记,各止挡作用良好。

②各橡胶件须无明显裂纹、破损、脱胶现象,有下列情况之一者更换:

a. 橡胶与金属件结合面之间产生开裂且长度超过1/4圆周,深度超过5 mm时;

b. 橡胶表面产生周向裂纹且长度超过 1/4 圆周，深度超过 5 mm 时；

c. 橡胶表面产生周向贯通裂纹且深度超过 3 mm 时；

d. 橡胶表面产生溶胶现象且有明显的块状橡胶脱出。

③各油压减振器零部件齐全、安装牢固、方向及朝向正确、作用良好，漏油时更换。

④高度调整阀、差压阀须作用良好，AM96 型转向架空气弹簧排风阀阀杆处给油，作用良好，不泄漏。高度调整阀调整杆动作可靠，空气弹簧高度合格后用胶管包扎调整杆。

⑤空气弹簧

a. 清除空气弹簧外部污垢。

b. 上盖、下座、弹性支承的橡胶表面须光滑，金属表面须无锈蚀，胶囊无破损、帘线外露缺陷。

c. 上盖、下座与胶囊之间不得有异物嵌入。

d. 空气弹簧须无漏风现象。

e. 空气弹簧供风系统各管路、接头、截断塞门作用良好，不漏风。塞门作用良好，不漏风。

f. 空气弹簧外观检查，更换标准须符合 A3 级修程中的要求。

⑥抗侧滚扭杆(CW-200K 型)：各连接部位螺母无松动；橡胶密封圈须无损伤，破损者更换；连杆处关节轴承转动灵活，轴向游隙小于 2 mm；扭杆、连杆表面无裂纹，状态良好；对装用轴套的扭杆须向支撑座内注适量润滑脂。

(4)制动装置

1)基础制动装置及手制动机

①基础制动装置各部须零部件齐全，状态良好，各杠杆、吊杆、夹钳状态良好、无裂纹。

②各制动销套配合间隙不超过 3 mm，衬套无松动。

③闸片进行现车检查，其厚度最薄处不得小于 5 mm，超限时同一制动盘两闸片须成对更换。

④各销套连杆转动配合部位注油润滑。

⑤手制动装置须零部件齐全，作用良好，各磨耗部位须涂润滑脂。

2)电空制动装置

①空气管路系统(包括集成电空制动机及气路控制箱)无泄漏，各塞门、制动缓解指示器、单元制动缸等作用不良者分解检修，紧急制动阀须现车检查并试验，作用须良好，用棉线绳加铅封。

a. 单元制动缸在制动时不得泄漏，缓解时闸片须离开制动盘或闸片无压力。

b. 制动缓解指示器无破损，试验显示正确。

c. 制动管卡无松动、变形。

②在单车试验时对软管连接器总成及金属橡胶软管进行充气状态下的外观检查，状态不良者更换。

③分解、清扫滤尘器、集尘器及滤尘网，各部状态良好；清洗气路控制箱过滤器的过滤元件，状态良好，不良者更换。

④集成电空制动机

a. 104 型集成电空制动机

• 分解滤杯盖，清扫法兰体和滤网，更换粉末冶金滤杯和所有橡胶件。

• 清洗各管路滤尘器的滤尘网。

• 零部件破损、锈蚀、作用不良者须更换。

• 各零部件齐全、清洁，作用良好。各安装螺栓、螺母无松动；吊架锈蚀严重、箱盖裂损者更新。

• 电磁阀接线排上各导线连接须平整、牢固。

b. F8 型集成电空制动机

• 各零部件齐全、清洁，作用良好。

• 各零部件裂纹、破损者须更新。箱盖各搭扣须完好，吊架锈蚀严重、箱盖裂损者更新。排风堵须畅通。

• 各安装螺栓紧固、无松动。

• 接线排上各导线连接须平整、牢固。

• 对局减室风缸及辅助室风缸做外观检查，表面有裂损等缺陷时更新。

⑤各零部件安装紧固完好，破损、锈蚀或作用不良者更换。

3)电子防滑器

①各零部件齐全，安装牢固，各处接线紧固。

②主机内部及接线排处清洁，接插件插接牢固。

③速度传感器与齿轮顶径向间隙须符合规定(表 2-14)。传感器护线管无破损、老化，护线管断裂或严重腐蚀时更新；喉箍紧固，窥视孔堵安装紧固、无松动。

④进行压力开关、排风阀泄漏和单车静止试验，各部须无泄漏。单车静止试验须无故障显示。

⑤压力开关动作值须符合规定(表 2-15)。

⑥车下线管、接线盒须完整，断裂或严重腐蚀时更新。

⑦主机箱体无缺损、变形，各种标记齐全、清晰。

⑧各种功能键作用良好，电源指示灯显示正常，代码显示清晰，保险容量符合规定，公里计数器显示正常。

⑨DC 110 V 或 DC 48 V 电源电压在−30%～+25%电压波动范围内系统须正常工作。

4)紧急制动阀、缓解阀进行 600 kPa 风压试验，作用良好，关闭位须无泄漏。

5)压力表等级为 1.6 或 1.5 级，量程为。−1 000 kPa。压力表的检修须符合国家质量技术监督局规定的检修要求。经校对合格的压力表贴检定标签并加铅封。

6)空重车阀作用良好，不泄漏。

(5)车体及上部服务设施

①车底架各梁无裂纹，车底板钢结构无破损、开焊，状态良好。裙板、支架无破损、脱焊，牢固可靠。风挡及车端阻尼装置须零部件齐全，作用良好，紧固件无松动。

②车门、锁、车窗及玻璃、座椅、卧铺、内墙、顶板、行李架、五金件、地板、地板布、给水装置、洗面盆、集便系统等上部车辆服务设施零部件齐全，无破损、变形等缺陷，安装牢固，作用良好。表面油漆、喷塑件局部轻微划伤可不做处理，严重划伤影响美观时可用相近颜色油漆做美工修补。

③电动端门

a. 门系统各部紧固件须无松动。

b. 上、下导轨导向性能须良好。

c. 用硅油润滑前缘密封胶条，润滑后擦净前缘密封条。

d. 缓冲头组件的橡胶缓冲头、防跳轮组件和尼龙承载轮等零件损伤、变形、影响功能时更新;尼龙防跳轮和尼龙承载轮与上导轨上、下圆弧的接触过松、过紧时须调整,使门在手动、电动状态下开关灵活、作用良好。

e. 门锁锁闭、解锁动作须正常、灵活。锁闭时,门系统电源须同时被切断(门锁不灵活时拆开锁面板,在门锁内部各部涂低温润滑脂)。

f. DC 110 V 或 DC 48 V 电源电压在−30%~+25%电压波动范围内系统须正常工作。各电器件接线正确,连接牢固,无破损,线号清晰。

g. 双面按钮操作开关、手动/电动转换开关、开到位/关到位隔离开关,其功能正常,作用良好。

h. 开关门过程中运行速度须均匀、一致;防挤压功能正常。

i. 电动开门时净开度应大于等于 700 mm。

④塞拉门

a. 零部件齐全,各部无烧损、变形。

b. 电控箱内外及电器件清洁,接线牢固,各标记清晰,与图纸一致。电源箱输出电压正常、稳定,无故障显示。各标牌、图纸齐全、清晰、正确。

c. 各微动开关或行程开关调试良好,动作准确,安装牢固。

d. 气路系统过滤减压阀调整值须为 459~612 kPa。各管路连接正确,排列整齐,安装牢固,无泄漏;气缸无裂损,作用良好。

e. 门系统各部作用良好,螺栓齐全、紧固。门扇清洁、无损伤,上、下滑道、防护罩内、门框周边胶条清洁、无杂物。门关闭后须密封良好。

f. 各运动件加润滑油脂,动作须灵活,磨耗不过限,无锈蚀、损坏。

g. 内外开关锁、中央锁、隔离锁、紧急锁、翻转脚蹬须作用良好。

h. 防挤压及 98%行程开关作用良好。

i. 通过单车集控、5 km/h 信号功能模拟试验,保证 5 km/h 自动闭锁功能和集控功能良好。

j. 防冻装置零部件齐全,安装牢固,接线正确。

k. 气动开门时,脚踏板须自动放平;关门时,脚踏板须自动向上翻转至挡块处;无气时,脚踏板须自动翻起。

l. 门净开度检查:气动开启时,门的净开度须为 710~740 mm。

m. 门的运行时间检查:电控方式下开门时,门的单程运行时间须为 2~5 s。

⑤真空集便器

a. 清理气、水过滤器滤网,内部须无水垢、杂质。

b. 压缩空气和真空管路须安装牢固,无泄漏。

c. 污物箱外皮须无缺钉、翘起。吊装螺栓须无松动。

d. 污物箱应急排放球阀开启、关闭须正常,无泄漏。

e. 污物箱电加热或电伴热装置须进行绝缘测试,绝缘值须符合《不同电气元件绝缘电阻值》规定。

f. 真空集便显示器、真空发生器控制柜、系统控制器内部电器件接线紧固,各部无烧损,配线排列整齐,信号显示、仪表指示正确。

g. 清理过滤调压阀滤芯,检查过滤调压阀压力值:MONOGRAM 为 500 kPa,EVAC

为450 kPa。

h. 清理排泄阀上部的微型止回阀(EVAC)。

i. 完成1次冲洗循环,冲洗按钮、水增压器、冲水阀、空气阀须工作正常,排泄阀开启、关闭正常。

⑥BSP客车气动冲水式密封便器

a. 气动冲水式密封便器各零部件须齐全、作用良好,紧固件牢固。

b. 清洗空气过滤器、储水罐,清除脏物,对活动部位加润滑剂。

c. 压力表中空气压力须调整为600 kPa。

d. 电气控制板内部电器件接线须紧固,各部无烧损,配线排列整齐,信号显示正确。

e. 水循环系统无漏水,抽水马桶下给水的喷嘴和阀门须作用良好。进行1次冲水循环操作,每个喷嘴须正常喷水,有堵塞须疏通。

⑦集便装置

a. 吊装螺栓不得松动,修补集便器外部护筒及上部排水保温箱外皮,确保无缺钉、翘起。

b. 打开控制盒罩,检查电路控制盒上各线路接头不得虚接,螺钉不得松动,电控盒工作正常。

c. 打开护筒,检查气缸、电磁阀、水位传感器工作状况;各气路接头连接可靠,确保气路畅通,不得漏气;电路各接头连接可靠,绝缘可靠,确保电路畅通不短路。

(6)空调、电器

①旅客信息系统

a. 天线安装牢固。

b. 液晶显示器显示正常,主机内外各部清洁,零部件齐全,接线紧固,接插件插接良好,各部无烧损;自检良好,显示内容正确,开关电源输出电压正常,T4、5总线输出正常。

c. 显示屏安装牢固,自检良好,自检信息、车厢号、禁烟标志、厕显信息须显示准确,无混乱、缺笔画。

d. 顺号调节器指示正确,车厢号调节功能、显示屏通信功能正常。

e. 厕显开关零部件齐全,安装牢固,作用良好。

f. 外温传感器安装牢固,作用良好。

g. 控制箱内外清洁,门锁作用良好,箱体安装牢固。

h. 保险容量符合规定。电压、电流表安装良好,显示准确,校验标记齐全。

②轴温报警器

a. 控制显示器、记录仪

• 内外部清洁,机壳无变形,零部件齐全,安装牢固;开关、键盘锁、按键作用良好,各种标志齐全、清晰。

• 各部无脱焊、虚焊、烧损,保险容量符合要求,接插件连接良好。

• 轴温显示正常,同侧误差小于5 ℃,通信功能作用良好。控制显示器车种、车号、车厢顺位号、记录仪时钟、记录时间间隔设置正确。

• 控制显示器通信功能良好,联网查询、报警显示功能正常。记录仪须能显示通信的状态,并能调阅、记录各车厢的轴温,IC卡转存功能正常。

b. 温度传感器安装牢固,外观良好,轴位准确。

c. 下部线管、接线盒、线排零部件齐全,安装牢固,无破损。

d. 各部配线良好，接线牢固。

③照明

a. 各灯具内外清洁，零部件齐全，导电部位接触良好。灯座安装牢固，裂损者更换。

b. 灯罩无破损、变形。

c. 灯带卡安装牢固，作用良好。灯带装车后保护接地线状态良好，支线出线口处阻燃橡胶防护套完好。

d. 灯具须进行点灯试验，无闪烁、灭灯。

④各插座、开关、接线柱零部件齐全，安装牢固，接线紧固，作用良好。插座电源类型标记清晰、正确，容量符合图纸规定。

⑤综合电气控制柜、监控柜

a. 柜内外清洁，元器件安装牢固，零部件齐全，作用良好。

b. 配线线号清晰，排列整齐，线号与接线箱及各用电器接线端子的标记相符，绝缘层良好，无老化、烧损。线槽完整，各部接线牢固、正确。引线口护套齐全完好。接地线齐全、可靠。电器元件须有明显标志。

c. 笼式端子接线排压接电线时，须压接紧固，无毛刺外露。

d. 紧急停电按钮安装紧固，各零部件及铅封齐全；试验作用良好。

e. 指示标牌、图纸清晰、齐全、正确，粘贴牢固。

f. 各接插件、接线柱作用正常、性能良好，无变色、烧损，接线正确，紧固无松动。PLC 及触摸屏、各转换开关、按钮、指示灯作用良好，显示准确；PLC 及触摸屏内电池工作正常。

g. 各断路器、隔离开关、继电器、接触器接触良好，无缺相、烧损、粘连。继电器、接触器吸合动作无卡阻、异音。

h. 各控制、保护继电器等整定值正确，各保险容量符合图纸规定。

i. 运行试验，触摸屏显示正确，控制命令发送须及时、准确。

j. 通电检查

(a)网关、代理节点及连接件零部件齐全；通电检查，电源指示功能正常，“LSV”指示灯不亮，安全记录仪指示灯闪亮；触摸屏显示本车电气设备信息正确，车厢顺位号与实际编组一致。

(b)可编程控制器(PLC)

• 供电后，绿色 PWR 灯亮，橙色 RUN 灯亮，红色 ERR 灯灭。
• 供电并连接触摸屏或网关后，橙色 COMM 灯闪烁。
• PLC 输入、输出点输入、输出正常，模拟量检测正确。

(c)触摸屏

• 供电后，绿色 PWR 灯亮。
• 供电并连接 PLC 后，绿色 RUN 灯常亮。
• 背灯有足够亮度，触摸屏信息显示清晰、正确。

(d)薄型控制器(FPC)

• 供电后，系统自检，电气柜上红色空调故障指示灯先亮后灭。
• 自检后，绿色 RUN 灯闪烁；通信接口 RS232 上的绿色 LED 闪烁，红色 LED 灯灭。
• FPC 输入、输出点输入、输出正常，模拟量检测正常。

⑥列车电气监控系统

a. 柜内网关、无线数据传输装置、触摸屏、CF 卡、电源模块、开关连接件零部件齐全，外观良好、无破损;端子及接线正确、牢固;车内、外天线作用良好,安装牢固、表面无破损、无屏蔽。

b. 全列控制柜通电检查,网关、代理节点电源指示灯正常,“ISV”指示灯不亮。主控站或综合控制柜触摸屏显示各车电气设备信息正确、数据下载功能正常、无线接收装置接收正常。

⑦KAX-1 型客车行车安全监测诊断系统

a. 各零部件齐全,各处接线正确、牢固,线号清晰。车下各传感器安装牢固,密封性能良好,固定传感器盒的开口销状态良好。

b. 车厢级主机、列车级主机、显示屏内外清洁。各连接电缆无破损、老化,各电缆插件安装、连接正确、牢固。

c. 车厢级主机、列车级主机各板卡指示灯须显示正常,列车级主机显示屏显示清晰、正确,无黄色或红色报警提示。触摸屏点选功能正常。

d. 列车级主机组网信息(车辆数、车号、车厢顺位号)与实际编组信息须一致。

e. 列车级主机数据下载功能正常。

f. 地面数据库与专家诊断系统的数据导入、报表打印、数据查询与回放、数据对比功能正常。

⑧碱性蓄电池

a. 清除蓄电池表面污物,外观检查,壳、盖无裂纹、变形,有裂损、漏液者更换。气塞须排气顺畅,极柱无锈蚀。

b. 蓄电池之间接续片无松动、污物、蚀点。

c. 电池箱保险座安装牢固,保险容量符合要求。

d. 蓄电池内电解液须补加纯水至最高液面线。

e. 对蓄电池组分两组现车进行 8 h 的充电,每组为蓄电池组的 3/4。

⑨DC 600 V车下电源变换箱(逆变器箱、充电机箱)

a. 箱内外清洁,箱体吊装吊架及外壁无裂纹,箱体无腐蚀、破损、渗漏。吊架及吊装螺栓齐全、紧固。门锁作用良好,无锈死,铰链涂润滑油。密封胶条平滑、完整,无老化,密封性能良好。通风机工作正常,通风顺畅,无异声。

b. 充电机工作时输出电压为 DC118～123 V,充电限流值为(25±1)A,电池欠压保护动作值为(91±1)V,恢复值为(97±1)V,欠压电路控制良好。当蓄电池电压为DC 48 V时,充电机工作时输出电压为 DC 56～58 V,充电限流值为(12±1)A,电池欠压保护动作值为(42±1)V,过压保护值为(62±1)V。

c. 散热器表面清洁,无破损。

d. 逆变器工作时输出电压为 AC 380×(1±5%)V/(50±1)Hz,电气性能符合要求。

⑩电开水炉

a. 炉体安装牢固,各部无泄漏,过滤器清洁,液位显示清晰。

b. 炉体外观平整。开水炉和茶炉间的各门、锁具开闭灵活。

c. 外壳无锈蚀,支脚无塌陷;炉体外穿线管齐全,无破损,绑扎固定牢固。

d. 检查各阀门、热水嘴作用良好、开闭灵活,排气管、冷水管、热水管畅通。

e. 清除电热管、电极及加热腔内水垢。

f. 电热元件须进行绝缘测试,其绝缘值符合《不同电气元件绝缘电阻值》要求。

g. 壳体接地保护线安装牢固可靠。

h. 通电试验,工作电流正常,缺水、满水保护功能正常。各指示灯显示正常。

⑪空调系统

a. 各部滤网清洁,破损者更新。软风道无破损、霉腐。

b. 出、回风口风栅零部件齐全,无松动、破损;手动、电动风量调节装置作用良好;各风口无脏堵。

c. 排气扇、废排风机须零部件齐全,安装牢固,工作电流正常,运转无异音、异振。

d. 蒸发器、冷凝器(高寒地区冬季除外)表面清洁、无杂物,翅片无倒伏。

e. 空气预热器安装牢固,无烧损。温度熔断器、温度继电器型号符合规定,状态良好。

f. 机组顶盖、侧罩、软风道的防护罩安装螺母、螺杆零部件齐全、紧固。

g. 各接线端无烧损,连接须紧固;配线无破损、老化。

h. 航空插头、插座安装紧固,插接良好。

i. 空调系统检修后须通电试验,根据外温检查相应功能,作用须良好。

j. 空调温度传感器安装紧固,表面清洁;传感器安装座四周无异物遮挡,通风良好。

⑫客室电加热器零部件齐全,安装牢固,状态良好;发热元件外表清洁无污物,绝缘符合《不同电气元件绝缘电阻值》要求。

⑬厨房电器

a. 冰箱、消毒柜

(a)冰箱、消毒柜内外部零部件齐全,作用良好。螺栓无松动,连接件无脱焊、裂纹,可调脚无变形。

(b)空气过滤网及冷凝器翅片彻底清洗,通透无尘,通风良好。

(c)各开关、仪表、电器作用良好,控制显示正常。

(d)冰箱处于自动控制状态时,常温下开机降温至−5 ℃,压缩机在规定的差动值内自动开停。

(e)总工作电流符合工作要求(按铭牌规定),直流电压及逆变电源供电正常。

(f)冰箱蒸发器表面结霜均匀,制冷效果良好。温度传感器固定良好。

b. 排油烟机

(a)安装牢固,接地线牢固、可靠。

(b)扇叶转动平衡,无轴向跳动。机体及扇叶清洁、无油垢。

(c)外引电机线管连接良好。

(d)风机和烟管连接牢固。

(e)控制箱

• 箱内外清洁,密封条无破损。图纸清晰、正确,粘贴牢固。

• 接触器、空气开关、热继电器连接导线固定良好,无缺相,触点无烧损、粘结,接触器无动作异音。

• 热继电器整定值正确。

• 接线端子压接可靠,无毛刺,线头无外露,线号清晰。

(f)开关动作灵活,接线盒内插头牢固,接触良好,防油护套、接线管牢固,密封良好,无破损。

(g)灯具内外清洁,灯罩无破损、变形。灯口弹性良好,灯座接触可靠。

c. 电炸炉

(a)电气控制箱内外清洁。空气开关、各电器件动作可靠。触点接触良好,无粘连、烧灼现象，线路压接牢固。端子板接线压接良好，线号清晰，线路粘贴牢固。

(b)电源控制开关动作可靠，显示正常；变压器、控制电源工作正常，无过热和异常噪声；熔断体、保险容量正确、接触良好；欠压、过压继电器整定值在规定范围内，指示灯显示正确。

(c)温控器动作可靠，设定值正确。线路插头接触良好，护套齐全，绑扎固定良好。

(d)限温器动作可靠，固定牢固。线路插头接触良好。

(e)电热管工作正常，表面无油垢、沉积物，散热良好。绝缘值符合《不同电气元件绝缘电阻值》要求。接线处无烧损、碳化、接触不良现象。

(f)放油阀转动灵活，无漏油。

d. 电蒸饭箱

(a)安全阀动作灵活，排气口畅通。

(b)清除排气阀水垢及食品残渣；排气阀转动灵活，气路通畅。

(c)清除阀头管内异物，保证阀内通道畅通。

(d)冲洗加热水箱，排放蒸箱内存水，清除残渣。清洁主、副水箱连通管路，进水阀开关正常，无滴漏。

(e)门手把松紧适度，无空转、断裂现象。门框胶条平整、齐全，无破损，密封严实。

(f)清洗过滤器。电磁阀通风良好，接插头处密封圈无破损，动作可靠。

(g)清除电热管表面结垢，表面有裂纹、局部变色等现象时更新。

(h)电气箱内外清洁。空气开关、各电器件动作可靠。触点接触良好，无粘连、烧灼现象，线路压接牢固。端子板接线压接良好，线号清晰，线路排列整齐，无缺相。图纸清晰、正确，粘贴牢固。电气箱密封胶条作用良好、无破损。

(i)定时器调整范围正确，显示正常，功能键动作正常，输出插座接触良好。

(j)限温器、水位控制动作准确可靠，固定牢固。线路插头接触良好。

(k)接地线安装牢固。

e. 电磁灶

(a)电气控制箱检修同 A1 级修程中电炸炉内容中的相关部分。

(b)控制器旋转灵活。

(c)控制开关动作良好，调功电位器滑动均匀，无断续；调功加温均匀、连续。

(d)信号灯工作正常、发光均匀(含闪烁)。

(e)控制电源开关分断可靠。

(f)台面和电磁灶上盖表面密封良好，密封破损时更新。

(g)散热风扇运转正常、平衡、无异音。

(h)电磁灶体接地线压接可靠，接地良好。

f. 厨房电气控制柜、控制箱检修须符合 A1 级修程中综合电气控制柜、监控柜中的相关要求。

⑭火灾报警装置

a. 探测器外观良好，接线正确、无松动，探测器与底座配合紧密，底座安装牢固。探测器外观损坏影响正常报警时更换。检测探测器动作，灯显示及火灾报警器的声光报警功能正常。

b. 主机面板整洁，按钮及电源开关动作正常，显示屏完好，显示正常，接插件插接良好。

c. 按《火灾报警装置功能测试方法》要求对装置进行全面测试，时间设定、自检、消音、复位、查询、确认功能正常。

d. 不满足系统要求的零部件更换。零部件更换后，接线正确，线号清晰，连接牢固、无松动。

e. 火灾报警器通信正常。

⑮车载影视系统

a. 影视系统控制柜

(a)安装牢固，无变形，作用良好。

(b)排风机工作良好，无异声。

(c)液晶显示器图像、声音正常。

(d)柜内外清洁，零部件齐全，接插件连接可靠、无松动，接线状态良好。

(e)视频服务器、机顶盒、调制器、混合器、放大器、衰减器、分支器、BTRC-1 切换开关、BTRC-2 切换开关等各零部件安装牢固，工作正常，各状态指示灯良好。

b. 放大器及分支器

(a)各车放大器、分支器或分配器须安装牢固，接线状态良好。

(b)放大器工作正常、状态良好。放大器状态指示见《车载影视画面质量主观评价标准及系统故障处理方法》。

c. 终端设备

(a)显示器和电源适配器安装牢固，无破损，工作正常。

(b)影视控制器安装牢固，无破损，按键作用良好，标志清晰。

(c)液晶显示器和等离子显示器故障诊断与排除可参照《车载影视画面质量主观评价标准及系统故障处理方法》。

d. 其他零部件

(a)安装牢固，无破损，作用良好。

(b)接线端子须连接牢固，不得有松动、变形、烧损，线号标志清晰，接线正确、牢固。

(c)液位显示装置、呼唤器、内部电话零部件齐全，安装牢固，通电试验作用良好。

(d)车体配线、各连接器及座

e. 各连接器及座零部件齐全、无损坏，运动件动作灵活，外观检查插针、插孔和绝缘板无灼痕、烧损；密封胶圈、护套无老化、破损，密封、防水作用良好。

f. 在各连接器处测量线间及对地绝缘电阻须符合《不同电气元件绝缘电阻值》要求。

(a)接地装置及车体接地线安装牢固，导电性能良好，螺栓无锈蚀、松动，零部件齐全。

(b)播音天线安装牢固，作用良好。电伴热装置须绝缘良好，在环境温度许可时检查，须作用良好。

(c)温水箱各部零部件齐全，安装牢固，无泄漏，作用良好。通电试验须工作正常。

3. 试验

(1)104 型、F8 型集成电空制动机单车试验须符合《电空制动机单车试验方法》要求。

(2)气路控制箱单车试验须符合《气路控制箱单车试验方法及技术条件》要求。

(3)手制动机试验：手制动机制动时，与之相连的闸片须抱紧制动盘；手制动机缓解时，与之相连的闸片须离开制动盘或闸片无压力。

(4)电子防滑器进行静态测试须符合《防滑器单车静止试验方法》要求。

(5)AM96 型转向架空气弹簧排风阀试验

①人工操纵吊索，检查排风阀作用良好。

②当空气弹簧上盖板距轨面高度(包括调整板厚度)大于1 050 mm时，空气弹簧排风阀开始排风。

(6)单车集控功能试验(有电有气状态下)：集控箱与门控器的 TW2、TW3、TW4、TW5、TW6 各点连接，速度小于5 km/h集控电源主开关接通(与+24 V 短接)。

①集控关门：集控电源主开关接通，侧选择开关转到左侧 0.5 s 后，左侧门关闭；集控电源主开关接通，侧选择开关转到右侧 0.5 s 后，右侧门关闭。

②集控开左侧门：速度小于 5 km/h 集控电源主开关接通，门关闭，侧选择开关选左侧 0.5 s后，在 10 s 前按下集控开门按钮维持 0.5 s 以上。左侧门全部打开，右侧门全部不动。

③集控开右侧门：速度小于 5km/h 集控电源主开关接通，门关闭，侧选择开关选右侧 0.5 s后，在 10 s 前按下集控开门按钮维持 0.5 s 以上。右侧门全部打开，左侧门全部不动。

(7)通电试验及电力主干线、直流配线的绝缘测试须符合《不同电气元件绝缘电阻值》要求。各用电设备工作正常，作用良好。

4. 标记

修程完毕后，在车辆二、三位端定检标记处涂打 A1 修标记。

第七节　客车制动机试验

一、客车制动机单车试验方法

(一)试验准备

1. 客车制动机的单车试验，应使用客车制动单车试验器进行。装有电空制动机的，应使用客车电空制动单车试验器。

2. 单车试验器应按相应的机能检查要求，每半月进行一次机能状态检查，每月进行一次分解检查。在单车试验前，应确认单车试验器机能试验未过期及性能良好。

3. 单车试验器的试验风压调整到 600 kPa(以下简称“定压”)。

4. 试验 F8 型电空制动机时，应将分配阀“转换盖板”置于阶段缓解位，即盖板上的箭头向下。当 F8 型分配阀不作为电空制动使用时，“转换盖板”应放在一次缓解位，即盖板上的箭头向上。

5. 用压缩空气将制动管路、风缸内的积水及污垢吹净。

6. 加装电空制动装置的客车电气接线应无异常连接或短路。试验前，应对配线进行绝缘测试，用500 V级绝缘电阻计测量车辆端头电空连接线各芯对地绝缘，要求不得低于2 MΩ。

7. 在副风缸、制动缸管路上各装一块量程为 0～1 000 kPa 的 1.5 级的压力表，试验完毕，将压力表拆下。

8. 单车试验时，车辆上装设的其他风动装置不能影响分配阀、电空阀的正常作用。

9. 将直流稳压电源电压调至 DC (80+2)V。

10. 关闭车辆另一端折角塞门，取下与相邻车辆相连接的电空连接线。

11. 装有空重车阀时，仅进行空车位试验。

(二)试验步骤和要求

1. 空气制动试验(切断单车试验器的电空制动电源)

(1)制动管泄漏试验

开放被试车辆两端折角塞门，将单车试验器与被试车辆一端的制动软管连接器相连。被试车辆另一端制动软管连接器加装防尘堵。关闭制动支管截断塞门。

将单车试验器回转阀手把(以下简称回转阀手把)置一位，待制动管压力充至定压后回转阀手把移置三位。保压 1 min，制动管泄漏量应不大于 10 kPa。

(2)全车泄漏试验

开放制动支管上的截断塞门，手把置一位充气，待副风缸压力稳定后(大于 580 kPa)手把移至三位保压1 min，制动支管系统泄漏不得超过 10 kPa。

(3)制动和缓解感度试验

手把置一位充气，待副风缸达到定压后，将手把移至四位，当制动管减压 40 kPa 时，立即将手把移至三位，制动机必须在制动管减压 40 kPa 以前发生制动作用，其局部减压量应不大于 40 kPa。在局部减压作用终止后，制动管压力稳定后，保压 1 min 不得产生自然缓解作用。随后将手把移至二位充气，制动机应在 45 s 内缓解完毕。制动盘与闸片间隙符合规定。

(4)制动安定试验

手把置一位充气，待副风缸达到定压后，将手把移至五位，当制动管减压 170 kPa 时，将手把移至三位保压，这时应达到下列要求：

①制动管减压 170 kPa 前，制动机不得发生紧急制动作用；

②制动缸压力稳定后，保压 1 min，制动缸及制动支管管系泄漏不得超过10 kPa。

③按规定测量活塞行程。

(5)紧急制动试验

手把置一位充气，待副风缸达到定压后，将手把移至六位减压，制动管减压100 kPa前(F8型制动机减压 80～120 kPa内)制动机应发生紧急制动作用。

制动缸最高压力：104 阀应为(420±10)kPa，F8 阀应为(480±0)kPa。制动机发生紧急制动后 10～15 s，方可将手把移至一位充气缓解。

(6)紧急制动阀试验

手把置一位充气，待副风缸达到定压并稳定后，将紧急制动阀手把移至全开位，分配阀须发生紧急制动作用。合格后将紧急制动阀手把推至关闭位，并用带有厂、段代号的封印穿以棉线将紧急制动阀手把加以铅封。

(7)制动缓解指示器在制动机进行制动缓解试验时，显示正常、清晰。

(8)安装 ST1-600 型闸调器的车辆需做以下试验(准备厚 15 mm、宽 60 mm、长 340 mm，弧度为R460 mm的钢垫板 1 块)：

①减少间隙试验：将垫板放在任一闸瓦与车轮踏面之间，将单车试验器手把移至一位，待制动管与副风缸达到定压后，将手把移至五位，制动管减压 170 kPa，制动缸活塞行程应变短。然后将手把移至一位缓解。这样反复制动缓解 4 次以上，制动缸活塞行程与原行程之差不得大于 10 mm。

②增大间隙试验：缓解后，撤出垫板，仍按上述方法操纵单车试验器。第一次制动时，制动缸活塞行程应相应伸长，经 2 次制动、缓解，制动缸活塞行程与原行程之差不得大于5 mm。

2. 电磁阀性能试验

F8 型和 104 型电空制动机单车试验前应先对电磁阀进行性能试验，电磁阀须在 DC 80～120 V范围内正常工作。

接通单车试验器的电空制动电源，切断回转阀电接点联锁开关。将回转阀手把置一位，待副风缸压力充至定压后回转阀手把移置三位。

(1)常用制动电磁阀试验

按下“常用制动”按钮开关,常用制动电磁阀排风口应排风,制动管应减压,制动机应实施制动作用。制动管减压 170 kPa 时松开“常用制动”按钮开关,常用制动电磁阀应停止排风,制动管压力应停止下降。

(2)缓解电磁阀试验

按下“缓解”按钮开关,制动管压力应回升,制动缸应排风,制动机应实施缓解作用。松开“缓解”按钮开关,制动管压力应停止上升。

(3)保压电磁阀试验

按下“缓解”按钮开关,制动缸排风时松开“缓解”按钮开关的同时按下“保压”按钮开关,制动缸应立即停止排风,3～5 s 后,松开“保压”按钮开关,制动缸应能继续排风。

(4)紧急制动电磁阀试验

将回转阀手把置一位,待副风缸压力充至定压后回转阀手把移置三位。按下“紧急制动”按钮开关,制动管压力应快速下降。

3. 电空制动机单车试验方法及技术要求

(1)连接客车单车试验器和被试车辆上的电缆连接器。取下与相邻车辆连接的电空连接线。接通客车单车试验器上控制电磁阀的各电位开关。F8 型电空制动机试验时,将 F8 型分配阀转换盖板置于阶段缓解位(盖上箭头向下)。

(2)制动和缓解感度试验

将回转阀手把置一位,待副风缸和缓解风缸(104 阀)压力充至定压后回转阀手把移置四位,然后,回转阀手把再移置二位。

①回转阀手把置四位时,常用制动电磁阀应发生排风作用。

②回转阀手把置二位时,缓解电磁阀应动作。

③制动缸缓解完毕的时间应小于 30 s。

(3)制动安定试验

将回转阀手把置一位,待副风缸和缓解风缸(104 阀)压力充至定压后回转阀手把移置五位(F8 阀)或 104 电空位(104 阀),制动管减压170 kPa,回转阀手把再移置三位。

①制动管减压 170 kPa 前,制动机不应发生紧急制动作用。

②常用制动电磁阀应发生排风作用。回转阀手把移置三位时常用制动电磁阀应停止排风。

(4)紧急制动试验

将回转阀手把置一位,待副风缸和缓解风缸(104 阀)压力充至定压后回转阀手把移置六位。

①制动管减压 100 kPa(104 阀)前或 80～120 kPa(F8 阀)内,制动机应发生紧急制动作用。

②常用和紧急制动电磁阀应同时动作,常用制动电磁阀应发生排风作用。

③无空重车阀情况下,制动缸最高压力应为 410～430 kPa(F8 阀亦可调至 470～490 kPa);有空重车阀情况下,空车制动缸压力按工厂设计值执行。

(5)阶段缓解试验

将回转阀手把置一位,待副风缸和缓解风缸(104 阀)压力充至定压后回转阀手把移置五位(F8 阀)或 104 电空位(104 阀),制动管减压170 kPa时,回转阀手把立即移置三位。然后将回转阀手把在一位与三位间往复移动,缓解电磁阀应发生间断作用,手把每次往复移动均应发生阶段缓解作用,且阶段缓解次数应在 5 次以上。

F8 型电空制动机试完后,将 F8 型分配阀转换盖板置于一次缓解位(盖上箭头向上)。

4. 总风管泄漏试验

(1)将被试车辆一端的总风软管与单车试验器相连,另一端安装总风软管堵,打开车辆两端的总风软管折角塞门。

(2)各阀置双管供风位。

(3)总风管规定压力 600^{+20}_{-50} kPa。

(4)总风管压力 600 kPa 时,1 min 泄漏不大于 20 kPa(静态)。

5. 手制动机试验

拧紧手制动机摇把制动时,全车闸瓦须抱紧车轮或装有手制动装置的闸片须抱紧摩擦盘,拧松手制动机摇把缓解时,全车闸瓦须离开车轮(无缓解簧的除外)或装有手制动装置的闸片须离开摩擦盘(或闸片无压力)。钢丝绳有 90~120 mm 的松弛量。

二、列车制动机试验方法

(一)全部试验

1. 试验准备:在列车尾部制动软管上安装试验用压力表,列车制动管(以下简称“制动管”)压力达到 600 kPa(以下简称“定压”),在列车主管达到规定压力后,检查列车尾部车辆压力表与试验压力表压力差不得超过 20 kPa。

2. 泄漏试验:制动管压力达到定压时,将试验器置于保压位或关闭第一辆车的折角塞门,保压 1 min 制动管压力下降不得超过 20 kPa。

3. 制动缓解感度试验:制动管压力达到定压时,将试验器置于常用制动位减压 50 kPa,全列车必须发生制动作用,保压 1 min 不得发生自然缓解。然后将试验器置缓解位充风缓解,全列车在 1 min 内缓解完毕。

4. 制动安定试验:制动管达到规定压力,试验器置常用制动位,制动管压力为 500 kPa 时,减压 140 kPa;制动管压力为 600 kPa 时,减压 170 kPa:

(1)确认全列车制动机不得发生紧急制动作用。

(2)制动缸活塞行程符合规定。

(3)制动缓解指示器在制动机进行制动缓解试验时,显示正确。

(4)在制动保压状态下,列车制动主管压力每 min 泄漏不得超过 20 kPa。

5. 列车总风管泄漏试验

(1)各阀置双管供风位。

(2)列车总风管规定压力 600 kPa。

(3)列车总风管压力 600 kPa 时,全列(静态)1 min 泄漏不大于 20 kPa。

(二)持续一定时间的全部试验

列车出库前,通过长大下坡道的旅客列车,除进行制动机全部试验外,还应进行持续一定时间的制动保压试验。在制动保压状态下,5 min 内不得发生自然缓解。

(三)简略试验

当制动管达到规定压力后,自动制动阀手把置于常用制动位减压100 kPa,由客列检车员

（无客列检作业时由运转车长）确认列车最后一辆发生制动作用后，向司机显示缓解信号，并确认缓解作用良好。

三、列车电空制动机试验方法

（一）全部试验

1. 试验准备

（1）绝缘测试：用 500 V 级绝缘电阻计表测量列车端头电空连接线各芯对地绝缘，不低于0.1 MΩ。

（2）在列车尾部制动软管上安装试验用压力表，列车制动管（以下简称“制动管”）压力达到 600 kPa（以下简称“定压”），列车尾部车辆压力表与试验用压力表的压力差不得超过 20 kPa。

（3）将列车电空试验器（以下简称“试验器”）风管与列车制动软管连接好，并接好电空连接线，检查各控制开关须良好并处于正确位置。

2. 空气制动试验（切断试验器电空制动电源）

（1）泄漏试验

制动管压力达到定压时，将试验器置于保压位或关闭第一辆车的折角塞门，保压 1 min 制动管压力下降不得超过20 kPa。

（2）制动和缓解感度试验

制动管压力达到定压时，将试验器置于常用制动位减压 50 kPa，全列车必须发生制动作用，保压1 min不得发生自然缓解。然后将试验器置缓解位充风缓解，全列车在 1 min 内缓解完毕。

（3）制动安定试验

制动管压力达到定压时，试验器置常用制动位，减压 170 kPa，全列车不得发生紧急制动作用。

①制动缓解指示器在制动机进行制动缓解试验时，显示正确。

②在制动保压状态下，列车制动主管压力每分钟泄漏不得超过20 kPa。

3. 电空制动试验

接通试验器电空制动电源，在进行下述制动、保压、缓解试验时，车辆人员除确认压力表及车列制动、缓解良好外，还应确认电空连接线贯通。

（1）制动和缓解感度试验

制动管压力达到定压时，试验器置常用制动位减压 50 kPa（常用制动 1 号线得电），然后置缓解位缓解（缓解 2 号线得电，同时 1 号线断电）。要求制动时，常用制动电磁阀必须产生排风作用；缓解时，缓解电磁阀必须动作，全列车在45 s内缓解完毕。

（2）制动安定试验

制动管压力达到定压时，试验器置常用制动位减压 170 kPa（常用制动 1 号线得电），要求全列车不得发生紧急制动作用。保压 1 min，制动管压力下降不得超过20 kPa。

（3）阶段缓解试验

常用制动减压 170 kPa 后，试验器手把在保压位、缓解位往复移动（保压 3 号线、缓解 2 号线间断得电），制动机应发生阶段缓解作用，且缓解次数不得少于 3 次。

（4）紧急制动试验

制动管压力达到定压时，试验器置紧急位减压（常用制动 1 号线、紧急制动 4 号线得电），全列车在减压 100 kPa 以前应发生紧急制动作用。

(5)列车总风管泄漏试验

①将被试车列一端的总风软管与列车试验器相连,另一端安装总风软管堵。

②各截门置双管供风位。

③列车总风管规定压力 600 kPa。

④列车总风管压力 600 kPa 时,全列(静态)1 min 泄漏不大于 20 kPa。

(二)简略试验

除开通电空制动外,试验方法和要求按《列车制动机试验方法》相关规定执行。

第八节　旅客列车检修所

一、旅客列车检修所职责

旅客列车检修所(简称客列检),其职责为:

1. 客列检是确保旅客列车安全运行的重要部门,承担对终到、始发、通过旅客列车走行部进行重点技术检查,及时排除危及行车安全故障等工作。

2. 客列检对发现或预报的车辆故障,必须积极修复或妥善处理,保证行车安全。对故障车辆应否摘车由客列检确认并负责处置。

3. 客列检人员工作时必须佩带臂章。

4. 对始发旅客列车,负责机车与机后第一辆客车的软管、车端电气连接线的连接,并进行制动机简略试验。

5. 对终到旅客列车,负责列车机车与机后第一辆客车的车钩摘解及软管、车端电气连接线的摘解。对不入库检修的站折返列车,按库列检技术检查作业范围检修,并进行制动机全部试验。

二、旅客列车检修所作业范围

(一)通过旅客列车的技术检查作业范围

1. 列车车辆技术状态交接。

2. 轴温:轴温达到 90 ℃或超过外温加 60 ℃时摘车处理;超过外温加45 ℃时,通知车辆乘务员重点监控并预报前方客列检重点检查,站折返列车须开盖检查,发现轴承零件破损、油脂变质、混砂、混水、混有金属粉末等异状,不能保证行车安全时应做摘车修理。

3. 车轮缺损,踏面剥离、擦伤(擦伤深度在 1.5 mm 以内,允许一次运行到终点站换轮)。

4. 摇枕悬吊装置、基础制动装置。

5. 轴箱弹簧、摇枕弹簧、空气弹簧装置。

6. 配件丢失、脱落或损坏。

7. 车钩、制动软管、总风管的连接状态。

8. 按规定施行列车制动机试验。

(二)通过旅客列车的不摘车修范围

1. 更换轴箱弹簧、摇枕弹簧(圆弹簧外圈支承圈折损或内圈折损,可一次运行到终点站更换),标记速度 160 km/h 及以上的客车除外。

2. 处理基础制动故障。

3. 处理空气制动机故障。

4. 更换钩舌、钩舌销，调整钩差。

5. 更换处理牵引拉杆故障。

6. 处理配件丢失、脱落或损坏故障。

客列检对发现或预报的车辆故障必须积极修复或妥善处理，保证行车安全。故障车辆是否摘车由客列检确认并负责，车辆乘务员应服从客列检的决定。

三、旅客列车检修所责任划分

1. 属客列检不摘车修范围的故障，未做处理或摘车处理为客列检责任；

2. 经客列检处理的故障，属于不摘车修范围的，应保证安全运行到终点站；

3. 属于检查范围的保证安全运行到下一个客列检；

4. 通过列车凡因不摘车修造成的晚点，一律为关系晚点，列车辆其他。

四、旅客列车检修所设置

1. 跨局客列检的设置由铁道部指定，其撤销或改变必须经铁道部批准。

2. 铁路局管内客列检的设置，由铁路局指定并报部备案。

3. 客列检应有值班室、待检室、设备和材料备品库，配备检修用的无线通信设备、轴温检测装置、广播等设备设施，以及必要的工具、配件、材料。

五、旅客列车技术检查作业程序

(一)通过旅客列车技术检查作业程序

准备→接车→安插防护号志→技检与修理→撤除防护号志→制动机试验→送车→归所。

1. 准备：客列检人员当班作业时，应佩戴规定的臂章，接到值班员的作业命令后，立即按分配检查列车的辆数、确定的作业位置和规定的时间，在列车进站前到达岗位，分立于列车到达线两侧安全地点，等待列车进站。

2. 接车：列车进站时，客列检检车人员在作业位置面向列车进入方向立岗接车。待机车越过本位置时，以 45°角面向列车进入方向，看车辆走行部、基础制动部、车钩缓冲部等有无配件脱落；听轮对运行声音，判断车轮踏面有无擦伤、剥离；闻有无异味(发现问题及时向工长或值班员报告，并积极妥善处理)。

3. 安插防护号志：客列检检车人员在列车抵达停妥后，对有机车技术作业的列车和抵达终点站的列车，由列车首部检车员负责摘解机车与第一辆车的电气控制连线、制动软管和车钩，放走机车，并向列车尾部检车员显示技术检查开始信号(中间检车员负责信号传递)，尾部检车员收到信号，即向列车首部检车员发出“好了”信号后，安插防护号志；对通过列车，可以直接对号志，严格执行安全防护制度后，开始作业。

4. 技术检查与修理：充分利用技检时间，对列车进行技术检查，对发现的故障及时修复、处理。对车队内无法修复的故障车辆是否摘车，应认真确认、果断决定。

5. 撤除防护号志：作业完毕对号志，确认车下无人作业后，列车首尾检车员撤除安全防护号志。对始发列车及换挂本务机车的列车，待机车与列车连挂好后，重新安插防护号志，由首部检车员负责连挂好机车与第一辆车辆间的电气控制连线和制动软管连接，打开机车与车辆的折角塞门，捆绑好车辆的折角塞门和安装好车辆的防跳装置。

6. 制动机试验:对始发列车及换挂本务机车后的列车,由列车尾部检车员安装好校对风表,打开列车尾部车辆的折角塞门,开始进行列车制动机试验。当机车与尾部风表达到定压时(与尾部车辆风表误差不超过规定),列车尾部检车员向首部检车员显示列车制动信号,当列车尾部车辆制动良好后,再向首部检车员显示列车缓解信号,待列车尾部车辆缓解作用良好,列车主管风压达到定压后,关闭折角塞门,卸下校对风表,装好风管防尘堵并挂好风管,向首部检车员发出列车制动机试验完毕信号,撤除防护号志,各就各位准备送车。对装有空气弹簧等装置的旅客列车应同时检查辅助用风系统的状态。

7. 送车、归所:列车发车铃声响时,应分立列车两侧安全地点,列车启动时,面向列车,当列车通过自己作业位置后,再向运行方向一侧转 90°继续目视列车,待列车尾部越过警冲标(或出站信号机乏后,从头部向尾部对号志后归所。

(二)始发旅客列车的技术检查作业程序

1. 准备:检车员接到值班员的作业命令后,立即按分配检查列车的辆数、确定的作业位置和规定的时间进入岗位。

2. 连挂检查:前部检车员检查机后车辆车钩"三态"作用及风管连接状况良好。机车连挂后,确认连接状况并连接制动软管及电气控制连线,打开折角塞门向列车充风,各检车员复查各车辆管路无泄漏,车钩缓冲装置状态正常,互钩差不过线。

3. 制动机试验:当列车制动主管达到定压后,按规定进行列车制动机试验,完好后装好风管防尘堵并挂好风管。

4. 送车、归所:按规定送车后归所。

(三)终到旅客列车的技术检查作业程序

1. 准备、接车:检车员按规定准备、接车。掌握列车走行部、基础制动部、车钩缓冲部等部位的技术状态,发现故障,妥善处理并及时通知值班员转告值班车辆调度要求入库后进行全面检查,彻底处理。

2. 摘解:摘解机车与列车第一辆车的制动软管、车钩及电气控制连线。

3. 技术检查:对入库检修的列车,只摸轴温,不做到达技术检查。对不入库检修的站折。

第九节　客车的快速修作业

为了保证运用车数量,加速车辆周转,要充分利用库停时间对客车进行检修,减少摘车临修,并尽量扩大在列车队修理。以下为某铁路局客车快速修作业的部分项目及标准。

(一)分解组装 15 号车钩钩头

1. 作业方法

(1)工具及材料

16 英寸管钳两把、1.5 磅手锤一把、小撬棍一根、6 mm 开口销一只。

(2)操作方法

插红旗→放工具→提起钩提杆,使钩舌呈开锁位→打掉钩舌销上部开口销→旋下钩舌销螺母→抽出钩舌销→取下钩舌→左手托起下锁销右手取出钩舌推铁→右手将钩锁铁锁脚外拉→左手将下锁销取出→右手将锁铁侧转 90°取出→检查钩舌、钩舌销、钩舌推铁、钩锁铁、下锁销→右手将钩锁铁侧向放入钩腔内侧转 90°→将钩锁铁向斜上方推送→左手将下锁销托起,顶端凸起部插入锁铁背部槽内,继续上推使钩锁铁锁脚顶在钩腔后壁凸台上→装上钩舌推铁→

装上钩舌销→旋上螺母→装上开口销→试三态作用→收工具→撤除红旗。

2. 要求

(1)下锁销不得反装。

(2)下锁销连杆可不分解,但必须落地检查。

(3)标准时间为 3 min。

3. 安全注意事项

(1)红旗须插牢且展开。

(2)作业中衣帽穿戴整齐,戴好手套。

(3)作业中身体不能滑倒、任何部位不能划伤出血。

(4)钩舌拆装时,要注意安全。

(二)更换补助管

1. 作业方法

(1)工具及材料

18 英寸和 14 英寸管钳各一把、8 英寸活动扳手两把、补助管一根、生料带若干、肥皂水及刷子一套。

(2)操作方法

插红旗→放工具材料→关闭截断塞门→关另一端折角落塞门→手扶软管,开折角塞门排风(更换端)→拆下软管→拆下折角塞门→松管卡→拆下补助管→新补助管两端缠生料带→装补助管→装折角塞门→软管丝扣缠生料带→装上软管→卡上软管堵→开两端折角塞门通风→补助管两头、软管丝扣端涂肥皂水→检查有无泄漏(如有泄漏应及时处理)→补助管卡处包上布→紧管卡→关折角塞门→拆下软管堵→开截断塞门→收工具材料→撤红旗。

2. 要求

(1)缠生料带为逆时针方向。

(2)各丝扣处旋紧后不得反转。

(3)折角塞门、软管角度要正。

(4)卡子螺丝不得松动。

(5)标准时间为 7 min。

3. 安全注意事项

(1)红旗须插牢且展开。

(2)作业中衣帽穿戴整齐,戴好手套。

(3)作业中身体不能滑倒、任何部位不能划伤出血。

(4)卸补助管前应先把主管风排尽。

(三)更换 104 分配阀

1. 作业方法

(1)工具及材料

红旗一面、10 英寸活动扳手一把、肥皂水及刷子一套、抹布若干、手锤一把、104 主阀 1 个、紧急阀 1 个、胶垫 1 个、螺母 2 只等。

(2)操作方法

插红旗→关门、排风→卸下主阀安装螺母→卸下主阀→卸下紧急阀螺母→卸下紧急阀→开截断塞门吹尘三次→分别取下主阀、紧急阀安装胶垫,检查清扫→清扫各安装座面→装上胶垫→安装新主阀→安装新紧急阀→关副风缸(压力风缸)塞门→开截断塞门通风→检查主阀紧急阀螺母是否紧固→涂肥皂水检查有无泄漏→收工具→撤红旗。

2. 要求

(1)主阀、紧急阀安装面上不沾尘土,轻拿轻放。

(2)安装主阀、紧急阀螺母要对角拧紧。

(3)安装座胶垫不得丢失、破损,安装位置正确。

(4)主阀、紧急阀出轨调换应口述。

(5)标准时间为 10 min。

3. 安全注意事项

(1)红旗须插牢且展开。

(2)作业中衣帽穿戴整齐,戴好手套。

(3)作业中身体不能滑倒、任何部位不能划伤出血。

(4)吹尘时脸部要躲开。

(5)单车作业时,要打止轮器。

(四)更换盘形制动闸片

1. 作业方法

(1)工具及材料

12 英寸活动扳手 1 把、1.5 磅手锤 1 把、小撬棍 1 根、闸片 2 片。

(2)作业方法

插红旗→放工具→关门、排风→拆下闸片挡铁开口销转动挡铁→将闸片从燕尾槽中取下→拉开制动缸活塞的定位销→用扳手按顺时针方向旋转螺杆→使闸片与制动盘间隙增大→装上新闸片(闸片背部燕尾插入闸片托燕尾槽内)→锁紧挡铁→装上挡铁开口销→将定位销插入定位孔内→收工具→关压力风缸塞门→开截断塞门→撤红旗。

2. 要求

(1)定位销必须背向制动盘(面朝外)。

(2)开口销须全包。

(3)标准时间为 3 min。

3. 安全注意事项

(1)红旗须插牢且展开。

(2)作业中衣帽穿戴整齐,戴好手套。

(3)作业中身体不能滑倒、任何部位不能划伤出血。

(4)取下闸片时,要防止闸片突然滑落伤人。

(5)闸片手动拆装不方便时,可用手锤轻敲。

(五)更换盘形制动盘

1. 作业方法(单独轮对上作业)

(1)工具及材料

取弹性销套专用工具 1 把、套筒扳手 1 副、两用呆扳手 1 把、10 英寸活动扳手 1 把、小撬棍 1 根、开口销 10 个、垫木若干块。

(2)操作方法

放工具材料→轮对放在制动盘两半处于上、下位→车轮两侧打止轮器→拆掉上面 4 个弹性销套螺栓的开口销→松开螺母→取出弹性销套中的螺栓、螺母及V形垫圈→用专用工具钩出弹性销套(同样方法拆除全部弹性销套螺栓)、抽出止轮器,将车轮转动180°打上止轮器、拆除另外4个弹性销套螺栓→在制动盘下垫木垫→拆掉制动盘两个紧固螺栓的开口销、螺帽→手扶上半个圆盘,抽出紧固螺栓→取下上半个圆盘→慢慢抽出垫木,取出下半个圆盘→换上新制动盘→按上述相反的顺序进行驶组装→落成检查→收工具材料。

2. 要求

(1)装上半个圆盘时,要先用垫木垫好下半个圆盘。

(2)开口销须全包。

(3)标准时间为3 min。

(4)拆装制动盘时,不得用手锤、扳手等敲打摩擦面。

3. 安全注意事项

(1)红旗须插牢且展开。

(2)作业中衣帽穿戴整齐,戴好手套。

(3)作业中身体不能滑倒、任何部位不能划伤出血。

(4)上半个圆盘搬动时,要抓紧、站稳,防止砸伤。

(5)紧固螺栓拧紧前,先将弹性销套螺栓孔对好。

(六)更换209T型制动梁(2人作业)

1. 作业方法

(1)工具及材料

红旗1面、18英寸管钳1把、1.5磅手锤2把、小撬棍2把、制动梁1根、扁开口销若干。

(2)操作方法

①安插防护号志→关门、排风→放行程、拆下B端制动梁头部开口销及垫片→手托制动梁下部,取出上部圆销、开口销、垫片,取下制动梁吊(瓦托及闸瓦可折下也可不折)→将制动梁拉出→更换新制动梁后,由原处送进台车内→乙将制动梁拉进,放在复原簧上→将制动梁吊下孔套入制动梁B端→托起制动梁吊插入吊受内对好孔,装上圆销、开口销(尾部包好)→安装B端制动梁头部垫圈开口销→全面检查→收工具、材料。

②放工具材料→拆下A端制动梁头部开口销及垫片→进台车内,拆下1号制动梁支点开口销,取出圆销→拆下2号支点开口销,取出圆销→将制动梁立起(支点朝上)将制动梁向甲方推进(要呼唤应答)→将制动梁拉进,放在复原簧上→将制动梁A端穿入制动梁吊下部孔内→分别安装制动梁1、2号支点圆销开口销→出台车到制动梁A端→安装A端制动梁头部垫圈开口销→收行程→关副风缸(压力风缸)塞门→开截断塞门→撤防护号志。

2. 要求

(1)工作中应呼唤应答。

(2)拆装制动梁吊时,手托下部,要注意不要砸在钢轨上。

(3)制动梁出轨调换应口述。

(4)开口销须开口60°~70°。

(5)标准时间为20 min。

3. 安全注意事项

(1)红旗须插牢且展开。

(2)作业中衣帽穿戴整齐,戴好手套。

(3)作业中身体不能滑倒、任何部位不能划伤出血。

(4)不得用手指摸对圆销孔。

(5)作业中工具不能代用。工具、材料用完后应清理并放回原处。

第十节　旅客列车乘务

运用客车是运送旅客的工具,其技术状态直接关系到旅客的运行舒适度和生命财产的安全。为加强对运行中的客车技术状态的监视,对发生的故障苗头及时处置,保证旅客列车的服务质量和行车安全。旅客列车设有车辆包乘组,对旅客列车实行固定人员、固定车底的包检、包修、包乘负责制。

普通客车包乘组一般由检车、车电乘务员组成,统称车辆乘务员,设乘务长负责包乘组的工作。列车中有单节空调客车时,包乘组一般由检车、车电、空调乘务员组成,统称车辆乘务员,设乘务长负责包乘组的工作。

集中供电空调列车包乘组一般由车辆包乘组、发电车包乘组组成。车辆包乘组包括检车、车电、空调电气等工作,设车辆乘务长负责本包乘组的工作。发电车包乘组包括柴油发电机组、发电车电气、空调冷冻机组等工作,设发电车乘务长负责本包乘组的工作。

车辆乘务员在值乘中,应佩戴规定式样的臂章,遇有紧急情况需向有关领导或部门汇报时,乘务长凭臂章可以发铁路电报。

一、车辆乘务组职责

车辆乘务组是监控旅客列车运行安全的重要岗位,承担着妥善处理列车运行途中发生的故障和为旅客提供良好服务设施的工作。

(一)车辆乘务长职责

1. 负责本包乘组的管理和生产的全面工作。

2. 经常检查包乘组的各种记录台账的填写和工具、材料、配件的配备情况,及时补齐。

3. 车辆发生故障时,及时负责组织处理,防止扩大,以保证旅客列车运行安全。

4. 积极配合列车长搞好"三乘一体"工作。

5. 组织包乘组人员学习有关法规、规章等。

6. 遇有领导添乘或检查工作时,主动汇报。

(二)车辆乘务员的职责

1. 认真执行有关法规、规章、命令及技术作业标准,保证旅客列车安全运行至终点站,途中不因车辆技术状态不良而发生晚点、甩车等行车事故。

2. 出乘前做好出乘的准备工作。按规定对列车进行全面技术检查,并按规定的包修范围整修好车辆,做好交接班工作。核对并签认旅客技术状态交接簿(车统—181)故障的处理情况。由乘务长带队向值班员报到,听取传达有关事项,并记录在乘务日记里。

3. 负责列车尾部标志灯的整修和摘挂。

4. 参加始发列车的制动机试验。

5. 值乘中,应统一着装整齐、佩戴臂章,按规定的技术作业过程巡视车厢、检查车辆及车电设备。发生故障时,及时处理,防止扩大,保证旅客列车的绝对安全。对不能完成的不摘车修故障在保证行车安全的情况下,填写"客车重点故障预报单"预报前方客列检所,列车到达客列检所所在的车站时，车辆乘务长应位于预报故障客车的处所，向客列检人员介绍发生故障的概况，并提出对故障的处理意见，是否摘车修由当地客列检决定（无客列检所的车站由车辆乘务长决定）。

6. 遇有领导添乘或检查工作时，主动汇报。

7. 列车到达终点站后，乘务员必须及时摸轴温和进行技术检查，随车入库并向值班员汇报列车运行情况。

8. 属于库列检包修范围的故障要认真填写"车统—181"，重点故障要与库列检有关人员交接。属于包乘组包修的范围要在库停技检时间内完成。

9. 在无客列检作业的车站更换机车时，负责机车与第一辆客车的风管连接工作。

10. 车内备品损坏或丢失时，要填写"客统—36"，配合列车长做好爱护和正确使用客车设备的宣传教育。

（三）空调乘务员的职责

1. 在乘务长领导下，熟练操作并负责空调装置操纵工作，精心维护，保证设备安全运用。

2. 负责对车下空调系统悬吊装置的检查，保证行车安全。

3. 及时处理、正确预报空调装置故障。

4. 遵守规章制度，服从命令，听从指挥。值乘中不得擅自离开工作岗位，禁止闲杂人员进入空调控制室。

（四）发电车乘务员的职责

1. 发电车柴油机组乘务员应正确操作，认真维护保养柴油机及附属设备；及时处理、正确预报设备故障，保证柴油机及附属设备状态良好，工作正常；负责配合上油工作，核对上油量，填写上油记录单。

2. 发电车电气乘务员应正确操纵发电车的供电及电器设备；认真维护保养，保证设备状态良好；安全、合理、均衡供电；及时处理、正确预报供电及电器设备故障。

3. 遵守规章制度，服从命令、听从指挥，出乘时、值乘中不得擅自离开工作岗位，禁止无关人员进入发电车。

二、车辆乘务员检修作业

（一）车辆乘务员一次出乘作业标准

1. 准备工作

（1）包乘组应于规定时间集体向值班员报到，听取传达有关事项，重点记录，并在乘务员签到簿上签到。

（2）根据需要添补包乘组工具、材料、配件。

2. 出、回乘交、接班会

（1）到指定地点参加出、回乘交、接班会。

（2）回乘人员介绍列车往返运行的技术状态、"车统—181"重点故障情况等，并在乘务员签到簿上签到。

（3）听取有关领导工作安排，接受本包乘组乘务长布置库内作业等。

3. 库内作业

（1）设置好防护信号。

（2）检查修复包乘组包修范围内的故障。

(3)出乘人员按要求对车底进行全部技术检查、验收“车统—181”,客车质量需达到有关质量标准。发现未处理的故障,应于检查后碰头时汇总,并记于“车统—15”内,同时,填写“车统—181”及时通知有关库检当班工长,给予修复,修复后确认并在“车统—181”上签字。需要摘车修时,由库检当班工长确定后通知值班员办理手续。

(4)确认作业完毕后撤除防护信号。

(5)出乘乘务员跟车出库。

4. 列车在车站始发前的作业

(1)对车底技术状态进行全面复查

①确认车钩、制动软管连接状态良好,空气制动装置各塞门手把位置正确;安装好车钩防跳装置、捆绑好折角塞门和车钩钩提杆手把;基础制动装置各制动拉杆、杠杆、闸瓦托开口销及闸瓦钎状态良好。

②确认电气连接线、广播线连接状态良好,发电机悬吊及传动装置良好,各部电器悬吊良好。挂边灯,检查配电盘(柜),发电车启机送电,空调客车开启空调预冷,普通客车打开恒压箱开关。

③发现故障及时处理,并做好记录。

(2)参加客列检制动机试验。

5. 途中作业

(1)衣帽整齐、佩戴臂章、带好工具,按技术作业图表规定对列车进行巡视,检查车辆、车电及空调三机设备技术状态,按规定的时间,原则上每小时巡视一次,及时了解列车运行状态。

(2)巡视时重点监听列车运行声音有无异常;看风表、电流表、电压表、冬季锅炉水位表、水温表及温水循环情况,空调三机的使用情况,以及车内各设备情况等有无异常;闻车辆有无烧焦电线及其他异味;查各车辆轴温情况有无异常。以便提前发现轮对踏面擦伤和剥离及发电机异常等情况,到下车检查时做到心中有数,减少漏检。如发现车下有严重异声时,应正确判断,并及时果断予以处理。或对车下部异音做好记载,待停站时进行确认及处理。

(3)列车临时停车时,应加强瞭望,并与运转车长或司机取得联系,了解停车原因。若遇紧急停车,如果停车后列车很快充风缓解,可加强车内巡视;如果停车后列车不缓解,须注意机车鸣笛信号,根据具体情况决定是否下车检查。凡列车施行紧急制动后,须对列车进行全面巡视(不能下车时在车上做),发现问题及时做好调查、应急处理和记录,并请运转车长签认,根据具体情况决定是否停车检查、处理或预报前方站客列检所。

(4)遇有长大坡道或大弯道时,要加强瞭望,注意监视列车的运行情况。

(5)做好宣传和检查爱车工作。

(6)对运行中车辆发生的故障,应及时修复或处置妥当。在保证安全的前提下,要尽快发车。对本身不能完成的,应立即预报给前方客列检所,讲清有关情况。

6. 途中交接班

(1)交接班地点必须在作业图表中固定。一般与车上其他客运乘务员、乘警等人员同步。

(2)交接班地点应尽量安排在大站或停车时间较长的车站。

(3)值班乘务员必须提前 20 min 叫班,进行当面交接,按规定格式填写乘务工作日志,双方签字,并填写“车统—181”,对自身维修的故障填写“车统—83”。

7. 折返站到达和入库作业

(1)列车到达折返站,摸轴温、摘列车尾灯、关恒压箱开关。空调列车按规定程序关空调、停机。

(2)列车入库后，设置防护信号，按规定的库内作业过程检查和维修车辆及空调三机。工作完毕后，由车辆乘务长带队到折返段值班室向值班员汇报列车运行情况，并在车辆乘务员签到簿上签到，请求折返段处理的车辆及空调三机故障，应填写在"车统—181"上，交折返段值班员安排作业人员进行处理，并做好记录。车底出库前，对列车进行全面技术检查，到值班室取回"车统—181"。

(3)对不入库的列车，先按规定设置防护信号，再进行作业，发现较大故障，处理时间较长时，要及时与车站联系。

(4)在无库列检、客列检作业的折返站，由车辆乘务员按客列检对通过旅客列车的技术作业范围进行作业。

8. 列车在折返站始发前的作业

(1)车辆乘务员最迟在开车前 1 h 上车。

(2)对车底技术状态进行全面复查(同 4)。

(3)参加客列检制动机试验。

9. 折返途中的作业(同 5)

10. 到达终点站前的作业

(1)列车到达终点站前 40 min，按要求对列车上部进行一次全面检查，参加碰头会，汇总列车往返运行情况，提出补充工具、材料、配件清单，做好交接班的准备工作。

(2)填写"车统—181"。

11. 终点站作业

(1)列车到达终点站，摸轴温、摘列车尾灯、关恒压箱开关。空调列车按规定程序关空调、停机。

(2)发现主要故障填写"车统—181"。

12. 出、回乘交、接班会(同 2)

(二)责任划分

1. 值乘中对车辆故障，凡因判断不准、处理不当或不及时、漏检造成的事故为乘务员责任。

2. 对车内设备没有做到随坏随修，影响使用造成不良反映为乘务员责任。

3. 对途中因车辆故障，发生的一切问题，除库检责任外均为乘务员责任。

三、空调乘务员检修作业

本车柴油机组供电空调客车

1. 始发检查

(1)柴油发电机组，须符合出库质量标准。

(2)供电、空调及电器。

①确认"车统—181"处理情况，掌握了解空调机组状况。

②各部须良好，符合出库质量标准。

2. 运转、运行中

(1)柴油发电机组

①严格按操作程序启动柴油机组。

②柴油机运转后,水(缸)温、油温、油压及转数须在规定数值内才允许进入负荷运转;正常情况下负载不得突加、突卸。

③柴油机应在标定工况下运转,无异声、异振、过热、冒黑烟等。

④运行途中须经常观察各仪表指示,每隔 1h 记录一次,记于“本车柴油发电机组供电空调客车运用记录本”内。

⑤列车在中途站停车时,须检查柴油机组、油箱及启动电池箱等,安装吊架必须牢固无裂损,螺栓无松动,油箱及水箱无泄漏。

⑥出现故障时须准确判断、及时处理。不能处理时须停机确认故障后再处理,并按有关规定处置。

(2)供电及空调、电器

①柴油机运转正常后,严格按操作过程作业,发电机运转正常,电压达到规定值。

②正常供电后,方可开启通风、制冷,并检查是否正常。始发站开车前 1h 须开启空调制冷对车厢进行预冷。

③运行途中须经常观察各仪表及指示灯显示是否正常。

④控制箱内继电器、接触器、熔断器、热继电器是否正常。

⑤通风机、冷凝风机、压缩机及各电机不得有异声,制冷作用良好。

⑥外温低于 18 ℃时,不得启动压缩机制冷。

⑦途中发生故障时须准确判断、及时处理,处理不了时,须停机确认故障后再处理,并按有关规定处置。

⑧终到后应及时按程序卸载停机。

3. 终到检查

(1)终到后须作检查,检查内容与始发检查相同。

(2)认真填写“空调列车乘务日志”,办理交接手续。

四、发电车乘务员检修作业

(一)始发检查

1. 提前 2 h 上车做好准备工作。发电车需符合出库质量标准。

2. 检查柴油发电机组及油箱、蓄电池箱等车上、车下各部安装紧固件,检查悬吊装置无裂纹、变形、锈蚀等现象。

3. 检查燃油、机油的油位和油质,配合油车上油,核对加油量,并做好记录。

4. 燃油、机油系统畅通无泄漏,各燃油泵作用良好。

5. 检查冷却水位、水质,冷却系统畅通无漏液。

6. 检查 24 V、48 V 蓄电池电解液密度、液面,接线柱紧固无硫化,蓄电池外壳清洁无漏液,电压符合要求。

7. 控制屏各元件无缺损、接线无松动、容量整定值符合要求,动作可靠、作用良好。

8. 测量发电车主干线绝缘符合要求。

9. 确认机组状态正常后,方可按各型柴油机操作要求作业,启动机组;按操作要求和程序操纵柴油发电机组工作。

10. 严密监视控制屏各仪表动态,显示正常后,与空调乘务员办理供电手续,方能向空调车送电。

(二)运行

1. 柴油机组运转时,须随时监视机组运转状态、各仪表读数的变化,保证各项指标正常。

2. 每隔1 h柴油机组及电气乘务员均须进机房巡视各运转状况,并填写运行记录,记录于“空调列车发电车运用记录”上。

3. 途中站停时,应按作业图表下车检查车下机组、油箱、悬吊装置及管路状态、排烟情况(各乘务员须协作,即有人检查车下时,车上必须有人监视机组工作情况)。

4. 途中发生故障时,应准确判断、及时处理,不能处理时,须停机确认故障后再处理,并按有关规定处置。

5. 为使发电车每台发电机组工作负载基本平衡,须合理分配负载。

(三)终到检查

1. 终到检查与始发检查内容相同。

2. 终到后按作业过程顺序关闭空调,停止供电,关闭柴油机,并办理有关手续。

3. 认真填写“车统—181”及有关记录、日志等,按规定办理交接。

五、空调客车一次出乘作业标准

以某铁路局为例,介绍空调客车一次出乘作业标准(表2-19)

表2-19　空调客车一次出乘作业标准

作业程序	作　业　内　容	质量标准
1. 出乘准备	(1)接班乘务员全体到值班室签到,了解列车甩挂车情况,掌握新挂车的定检日期,乘务长阅读调度命令并签名。 (2)按规定统一着装	1. 按《库内作业时刻表》所规定的入库绝缘交接时间提前10 min签到。 2. 衣帽、臂章、个人工具配戴整齐
2. 库、乘交接	列车进库后,回乘乘务员负责电力连接线、广播(通信)线、车钩防跳、“三捆绑”、密封式折棚、折扳、总风软管的解除。甩挂完毕后,回乘乘务员连接好电力连接线后,按《库内作业时刻表》所规定的绝缘交接时间在发电车参加进库绝缘测量(由库检测量)。并在库检的《列车出入库绝缘交接记录本》上签字	1. 使用500 V兆欧表测量。 2. 合格标准:相对湿度＜60%时,全列绝缘值≥0.2 MΩ;相对湿度≥60%时,若全列绝缘值＜0.2 MΩ,单车绝缘值≥0.38 MΩ
3. 出退乘交班会	(1)全体回乘乘务员到值班室签到,交“车统—181”、“三乘联检记录单”、“客统—36”。 (2)在乘务队长的主持下召开交班会。回乘人员介绍列车运行的技术状态,运行中发现的问题及“车统—181”故障的情况;乘务队长传达上级有关文件、电报,介绍车间库内生产、学习安排。 (3)由回、出乘乘务长布置包乘组库内作业。 (4)将轴温数据IC卡交车队长读取。 (5)出、退乘双方交接工具和材料,整理工具柜、材料柜及有关规章、资料	1. 进库后15 min内将“车统—181”交值班室。 2. 集中轴报器的轴温数据保存不得少于3个月

续上表

作业程序	作 业 内 容	质量标准
4. 库内作业	(1)在列车占用股道的脱轨器上设置防护信号。 (2)对车列进行技术检查,按库乘分工范围进行维修、保养工作。做到损必换、坏必修、松必紧、缺必配,凡需地面整备人员配合处理的故障要主动联系,做好"车统—181"故障介绍、与库检的确定。 (3)按照《餐车厨房排气扇、烟囱、排油烟罩清洁工作管理办法》做好验收并签字。 (4)进行单车月度绝缘测量,并在《客车单车月度电气绝缘测量记录本》做好记录。 (5)出乘乘务员根据回乘包乘组提供的补料清单检查、核对车上备用材料及工具,对缺少、损坏的进行补充、配齐;对列车尾灯进行检修、清洁、试验。 (6)撤除防护信号。回乘乘务员退乘	1. 白天用红旗,晚上或白天能见度低时用红灯、红旗,红灯须有班别标记,并汇报值班室,由值班室做好记录。 2. 包修范围各部零配件作用良好,符合运用客车出库质量标准,各磨耗部位按规定给清洁润滑油。 3. 餐车排气扇、烟囱、排油烟罩顶棚每半月清洁一次。 4. 月度绝缘测量的办法及标准见《客车单车月度电气绝缘测量记录本》。 5. 工具、材料的数量、规格、种类必须与规定相符
5. 出库前作业	(1)出乘乘务员按《库内作业时刻表》所规定的时间进行出库作业,先到值班室领取出库质检员填发的《客车出库质量检查表》并在记录本上签字,借取脱轨器钥匙。后进行出库前作业。 ①按规定在列车所在股道安插脱轨器,并在脱轨器上设置防护信号。 ②按《库内作业时刻表》所规定的绝缘交接时间负责电气绝缘出库测量,在《空调客车乘务日志》填写绝缘值并签字,并在《列车出入库绝缘交接记录本》上签字。 ③复查"车统—181"故障的处理情况;重点检查新挂车的技术状态。 ④全面检查车辆各部技术状态,重点确认车钩、制动软管连接状态良好,空气制动各塞门手把位置正确;车钩防跳装置良好,检查"三捆绑";基础制动各配件良好;灭火器齐全良好;确认电力、广播连接线、电池箱状态良好。 ⑤合上应急电源开关,确认轴报器工作正常、参数设置正确,联网良好。 ⑥检查电源柜(配电柜)、空调柜,按规定调整温控值。 ⑦检查边灯座、边灯。 ⑧发现重要故障尽快修复,属库检处理的故障应及时向值班室报告并填写"车统—181",并在《空调客车乘务日志》上做好记录。 ⑨将各负载开关选择断位。 ⑩撤除脱轨器及防护信号。 (2)在始发前1 h 15 min通知发电车送电预热(冷)。 (3)填写《空调客车乘务日志》。 (4)出库前15 min签认并取走"车统—181"。 (5)向车队长领取轴温集中报警器的IC卡。 (6)出乘乘务员随车出库,列车出库运行时巡视车厢,注意盯控车辆设备运行情况,对于本身无法修复而又影响行车安全或服务质量的故障必须汇报值班室。 (7)乘务长会同列车长、乘警长进行三乘联检,保证车内设备配、备品交接清楚并在《旅客列车三乘联检记录单》上签字	1. 严格执行列车出库前作业,将故障消灭在库内,确保不带故障出库。 2. 脱轨器及防护信号的插、撤必须按照《脱轨器管理办法》进行。 3. 车钩连接状态良好,钩差不大于75 mm,钩提杆、防跳"三捆绑"可靠、牢固,电力、广播连接器,挂岔配件齐全,各线头端子无松动,防雨布包扎良好。 4. 合格标准:使用500 V兆欧表测量。相对湿度<60%时,全列绝缘值≥0.2 MΩ;相对湿度≤60%时,若全列绝缘值<0.2 MΩ,则单车绝缘须≥0.38 MΩ。 5. 温控器设定为:冬季16~18 ℃。回差1.5 ℃;夏季:24~26 ℃,回差1.5 ℃。 6. 三乘联检时间为:开车前1 h 15 min,地点在站台或库内。联检时间不得超过30 min

续上表

作业程序	作 业 内 容	质量标准
6. 始发前作业(双班作业)	(1)连挂机车后,设置防护信号,自列车两侧逐辆对车下部进行检查;连接机车与车辆的制动软管,打开机车和机后一位车辆的折角塞门;检查车钩、制动软管的连接状态,并安装折角塞门、钩提杆、车钩防开装置,检查手制动机处于放松状态,空气制动系统塞门手把位置正确;检查电力、集控、播音连接线状态,应急和启动电源箱门关闭状态;机车充风时检查列车制动机各管系有无漏风,确认列车尾部风表压力正常,进行制动机简略试验。试验完毕,确认列车尾部折角塞门、制动软管、总风软管状态。安装防尘端。作业完毕撤除防护信号。 (2)站台上巡视车厢,注意客流情况对车辆的影响,重点检查车钩、弹簧如因超员(超载)造成钩差过限、弹簧压死,应及时通知列车长处理。 (3)巡视检查轴报器静态温度。 (4)测量结果按《空调客车车厢送检记录本》的要求进行填写。 (5)在列车尾部挂好边灯。 (6)列车始发前,1 号乘务员在机后 1 位、2 号乘务员在列车尾部上车	1. 在站台反面、列车首尾车辆设置信号。 2. 管系泄漏量 1 min 不得大于 20 kPa。 3. 最后一辆车起制动、缓解作用必须良好。 4. 钩差不得大于 75 mm(重点检查餐车、行李车等不同车型之间的车钩)。 5. 各接线湿度及轴报器湿度标准见"第 7 项"质量标准之"2"、"3"、"4"
7. 始发后 1 h 内的作业	(1)列车始发后,乘务员从列车两端向中部对全列车厢进行巡视,并在餐车碰头交流情况。 (2)巡视时注意听列车运行的声音,检查门锁、窗锁、水阀、手制动装置、紧急制动阀、灭火器、风表、锅炉、各控制柜、照明、轴报器、冬季电采暖、电茶炉等。 (3)巡视车厢,测量各点温度,测量结果按《空调客车车厢巡检记录本》的要求进行填写。 检查电流表、电压表并在《空调客车车厢巡检记录本》做好记录; 检查车内各种用电设备,闻有无电缆烧焦及其他异味。 (4)全面检查轴报器,观察轴温上升情况,并在《空调客车车厢巡检记录本》记录各轴箱湿度。 (5)出现异常轴温必须加强巡视盯控,必要时要求停车开盖检查或预报前方客列检。 (6)出现异常显示时,在各作业点要用红外线测温仪对传感器开路或断路的轴箱进行测量并记录在《空调客车车厢巡检记录本》上。列车在折返站(库)作业时,对传感器进行修复。 (7)如检查发现轴报器主机因故障不能使用,应立即用备用主机予以更换,并在《空调客车乘务日志》及"车统—181"上做好记录	1. 门、窗锁、水阀作用良好,灭火器、风表定检不过期,铅封不丢失、无破损,显示正常。 2. 温度判断标准,测量电气接线处温度,有下列现象,必须立即对该负载线路进行检查并处理。 (1)接线处温度高于外温+35 ℃;或接线处温度高于80 ℃; (2)同一接线排各通电接头温度高于 20 ℃; (3)同一电器三相接线处温度高于 15 ℃; (4)电茶炉、电加热器表面温度高于 70 ℃; (5)电力连接器表面温度超过 60 ℃。 3. 测量部位: (1)电源柜主接线排接线处,主接触器进、出接线处、主空气开关进、出接线处; (2)空调控制柜主接线排接线处,主空气开关、主接触器进、出接线处; (3)照明控制柜主接线排接线处,主空气开关进、出接线处; 4. 异常轴温为:外温+36 ℃,达到 80 ℃,静态同侧温差≥50 ℃;红外线预报;当报警的轴箱温度超过 90 ℃时或轴箱温度超过外温超 60 ℃时必须甩车;轴温超过外温超 45 ℃时,继续监控运行并预报前方客列检重点检查。 5. 异常显示为:LED 屏显示,"++"表示传感器短路,"--"表示传感器开路

续上表

<table>
<tr><th colspan="2">作业程序</th><th>作 业 内 容</th><th>质量标准</th></tr>
<tr><td rowspan="2">8.途中作业</td><td>(1)车内巡检</td><td>①当班乘务员严格按技术作业图表的规定巡视作业。按第7项"列车始发后作业"要求检查车辆设备技术状态,做好有关台账记录。
②每运行约60 min或每运行一个大区间巡视一次列车并按《空调客车车厢巡检记录本》的要求进行填写。遇长大上坡道,长大隧道,必须加强巡视瞭望,及时掌握列车运行情况。按随坏随修范围修复车内设备故障,对危及行车安全或影响旅客服务的故障要及时、妥善处理,确保运行安全、旅客满意。途中随坏随修的主要故障记录在《空调客车乘务日志》上。
③列车临时停车时,应与运转车长或司机取得联系。了解停车原因,注意机车鸣笛信号。凡因车辆设备故障造成停车时,应与运转车长或司机联系后,对列车进行检查。根据具体情况、妥善处理,确保列车尽快恢复正常运行,并记录在《空调客车乘务日志》上。
④凡列车施行紧急制动停车,乘务员在条件允许的情况下,必须下车进行检查,重点检查轮对、制动配件、钩缓,发现问题做好记录。调查取证,根据现场情况决定是否向前方客列检所预报。紧急制动后未停车时,应认真在车厢内进行巡视,注意风表风压是否正常,轮对有无擦伤打击钢轨现象。并将具体情况记录在《空调客车乘务日志》上。
⑤掌握客流乘坐动态,对客流较大的车站,要加强车厢巡视,重点检查车钩、弹簧如因超员(超载)造成钩差过限、弹簧压死,应及时通知列车长处理。
⑥运行途中发生的车辆设备问题或与车辆相关的行车问题,须及时与运转车长、司机联系并向段调度或车间值班室报告。
⑦途中发现故障正确判断,果断处理,在保证旅客列车安全的前提下,将本身无力处理的不摘车修故障预报前方客列检所。预报时应说明×月×日×车次,机后起编组车辆顺位、车型、车号、故障部位(注明列车前进方向的左侧或右侧)、名称、预报地点、乘务员姓名,并填写"乘务日志"</td><td>1. 台账要求填写整洁、正确,如实反映列车运行情况,台账不得随意撕毁、涂改。
2. 区间下车检查时,必须先通知运转车长、要求运转车长做好安全防护。
注意邻线来车</td></tr>
<tr><td>(2)车下作业</td><td>①在站停时间超过6 min或"技术作业图表"规定的,乘务员须下车作业。停站时间3～5 min的,下车了解列车运行情况,必要时对重点车辆进行检查。
②掌握"两头严、中间紧"的原则,每一单程检查所有编组车辆下部一遍及以上。每次下车作业后将本次检查车号记录在《空调客车乘务日志》上,下一个检查站作业时继续检查未作业车辆,避免漏检和重复作业。
③无客列检站下车作业在站台侧作业。到站前做好准备,下车作业时抓紧时间检查车辆,避免漏检和漏乘。
④下部作业范围:电力连接线、广播线、轮对、车钩连接、三捆绑、基础制动装置、各悬吊部位及各厢体状态,空气制动系统各塞门手把位置正确,手制动机处于放松状态。
⑤掌握客流乘坐动态,对客流较大的车站,要加强车厢巡视,重点检查车钩,弹簧如因超员(超载)造成钩差过限、弹簧压死,应及时通知列车长处理。
⑥有客列检的双班作业站,乘务员从列车中部非站台侧下车,从中部往列车两端作业,检查下部的设备状态。
⑦无客列检的换挂机车站,机车连挂后,由车辆乘务员负责连接制动软管,并安装折角塞门、钩提杆、车钩防开装置,确认制动管和总风管风表压力,参加列车制动机简略试验。确认列车尾部折角塞门、制动软管、总风软管关闭状态,安装防尘堵。
⑧有预报故障时,乘务员应预先填写好《旅客列车运行故障交接单》,交给站检人员处理,是否摘车修由站检人员决定</td><td>漏乘时不得扒车门,列车未上信号不得钻车底</td></tr>
</table>

续上表

<table>
<tr><th colspan="3">作业程序</th><th>作　业　内　容</th><th>质量标准</th></tr>
<tr><td colspan="3">9. 列车终到前1 h的巡视</td><td>重点发现动态故障，如走行部异响等，做好“车统—181”故障的填报准备</td><td></td></tr>
<tr><td rowspan="6">10. 折返作业</td><td rowspan="2">(1)站折返时</td><td>①站折返作业</td><td>a. 摘取列车尾灯，关闭照明等电气负载，测量电力连接器温度。
b. 设置防护信号，车辆乘务员摸轴温，采用双人交叉作业方式，对下部各部位进行全面检查。作业完毕撤除防护信号。
c. 由乘务长带队到客列检所值班室签到并汇报列车运行情况，对途中发现的故障、折返站作业发现的故障、受条件限制无法判明的故障、处理困难的故障、影响行车安全的故障，必须认真填报“故障预报单”。并做好联系处理工作。
d. 测量列车电气绝缘。
e. 按照《供、用电管理制度》所规定的时间通知发电车送电预热(冷)</td><td></td></tr>
<tr><td>②始发前作业</td><td>按第6项要求执行</td><td></td></tr>
<tr><td rowspan="3">(2)库折返时</td><td>①到达作业</td><td>必须双班作业，列车到达后，摘取列车尾灯，测量电力连接器温度，关闭照明等电气负载，车厢乘务员摸轴温</td><td></td></tr>
<tr><td>②库内作业</td><td>a. 设置防护信号，对车辆下部、车电下部各部位进行全面检查作业，采用双人交叉作业方式。作业完毕撤除防护信号。
b. 由乘务长带队到客技所值班室签到并汇报列车运行情况，对途中发现的故障、折返站作业发现的故障、受条件限制无法判明的故障、处理困难的故障、影响行车安全的故障，必须认真填报“车统—181”。并做好联系处理工作。
c. 出库前1 h，复查“车统—181”故障处理情况。
d. 测量列车电气绝缘。
e. 按照《供、用电管理制度》所规定的时间通知发电车送电预热(冷)。
f. 填写《空调客车乘务日志》。
g. 出库前15 min签认并取走“车统—181”。
h. 出乘乘务员随车出库，列车出库运行时巡视车厢，注意盯控车辆设备运行情况，对于本身无法修复而又影响行车安全或服务质量的故障必须汇报站检值班室</td><td></td></tr>
<tr><td>③始发前作业</td><td>按第6项要求执行</td><td></td></tr>
<tr><td colspan="3">11. 始发后1 h内的作业</td><td>按第7项要求执行</td><td></td></tr>
<tr><td colspan="3">12. 途中作业</td><td>按第8项要求执行</td><td></td></tr>
<tr><td colspan="3">13. 列车终到前2 h的巡视</td><td>按第9项要求执行</td><td></td></tr>
</table>

续上表

作业程序	作 业 内 容	质量标准
14. 终到作业《双班作业》	(1)终到前1 h,乘务长汇同列车长、乘警长进行三乘联检。对车内移动备品和固定备品损坏、丢失的,应要求列车长填写“客统—36”后带回。 (2)终到前,乘务长组织召开包乘组碰头会,汇总列车运行情况,提出补充工具、材料、配件清单,做好交接班的准备工作,填写“车统—181”。 (3)列车进站后,车辆乘务员摘解制动软管、设置信号后做到达检查;空调车电乘务员摘边灯,即负载,测量电力连接器温度,检查轴温并记录在《空调列车巡检记录本》上。 (4)用IC卡读取本次出乘的轴报器温度数据。 (5)随车底入库,到值班室签到	

第十一节　运转车长的职能

运转车长是在铁路客车上配备的,管理全列日常工作,并且与沿线各站进行工作联系调度的人员。

列车长办公席通常在全列的中部。比如座卧混编的列车长席就是在靠近餐车的那节座车一端;而运转车长则在列车尾部作业,当列车尾部为空调发电车时,在列尾二位车厢靠近列尾一侧作业。

旅客列车在中途站换机车时,运转车长要通过无线电台向出发机车司机报告列车编组情况,以便司机将列车数据信息输入黑匣子。旅客列车发车前,先由车站给出发车信号(多数为站台左前方的地面信号),这个信号通常是提前就已经开放;列车发车时间一到,车站外勤助理值班员给运转车长发车信号,白天使用绿色信号旗．夜间使用绿色手提信号灯,示意运转车长准许发车;然后运转车长给司机发出发车信号,白天使用绿色信号旗,夜间使用绿色手提信号灯。车站外勤助理值班员、运转车长、司机必要时使用无线电台互相联系。发车后,运转车长通过无线电台同司机核对列车尾部风压。

两列旅客列车会车时,运转车长要出场互检,并且通过信号旗或信号灯交换信息;旅客列车在车站通过时,运转车长要与车站外勤助理值班员进行互检,并且通过信号旗或信号灯交换信息。特快列车运行速度比较快．互检信号不易辨认,容易造成信息错误传递,因此,特快列车通过车站时,互检信息改由无线用台通信传递,具体用语如下所述:

外勤助理值班员:客车(机车为电力机车时,应喊“客电”)×××次运转车长(可简称“车长”),××××站运行正常!

运转车长:客车××××次运行正常,车长明白!

例如:T261次通过沈阳站时,互检用语为:

——客电 T261 次车长,沈阳站运行正常!

——客电 T261 次运行正常,车长明白!

一、运转车长职责

1. 运转车长是客运列车的行车指挥人，须听从列车调度员的指挥，在车站服从车站值班员的指挥，按列车运行计划完成列车乘务工作；

2. 执行《铁路技术管理规程》、《行车组织规则》、《车站行车工作细则》等有关规章及标准；

3. 按规定时间出乘，检查接收列车，保证列车按时出发；

4. 列车运行中坚持瞭望．注意列车运行情况，信号显示发现问题及时处理；

5. 当列车在运行途中晚点时，运转车长应积极与列车调度员和车站值班员、司机配合，尽快恢复正点运行；

6. 列车在区间被迫停车时，按规定防护处理。

二、运转车长在值乘中应携带的主要行车务品

在岗位规章摘录 1 册、列车无线调度电话 1 台、手信号旗 1 副、手信号灯 1 盏、怀表或手表 1 块、响墩 6 个、火炬 2 支、短路铜线 1 根、列车时刻表 1 份、乘务日志 1 册、电报用纸 10 张、米尺 1 把、乘务报告、普通记录 10 份、制动效能证明书 10 张。

三、运转车长出来前的准备工作

出乘前必须做好充分准备，做到精神饱满，备品齐全，服装整齐，准时出乘(包括报到、整理检查备品、阅抄文电、安全预想、出乘点名)。

四、运转车长接收旅客列车时应检查的主要事项

1. 列车尾部车辆的压力表，紧急制动阀上的封印及列车标志；

2. 按规定检查接收列车，核对、通报列车编组；

3. 换乘时及时用列车无线调度电话与机车乘务员核对有关列车运行命令，对表，通报姓名和列车编组。列车到站后，按上述规定与有关人员进行交接。

五、列车出发时的采点方法

列车出发，以列车机车向前进方向启动，列车在站界内(场界内)不再停车为准。列车全部发出站界后，因故退回发站再次出发时，则以第一次出发时分为准。

六、列车到达时的采点方法

列车到达，以列车进入车站，停于指定到达线警冲标内方时分为准，列车超过实际到达线有效长度时，以第一次停车时为准。列车在区间分部运行时，则以全部车辆到达前方站内为准；如分部运行将车辆拉向两端车站时，以拉向前方站的最后一部分车辆，到达时分为准。

七、列车进站时出场时机的规定

列车进站时为列车尾部接近预告信号机或预告标(自动闭塞的第二接近)时出场。

八、列车出站退场时机的规定

列车出站时为列车尾部越过最外方道岔后退场。

九、旅客列车发车时允许在车梯上显示发车信号的情况

旅客列车发车时，运转车长的值乘位置设有停靠在站台上或在旅客乘降所发车，允许运转车长在车梯上显示发车信号。

十、运转车长发车前应确认的事项

1. 尾部压力表是否达到规定压力。
2. 旅客乘降、行包或零担装卸以及对检作业是否完毕。
3. 出站信号机已开放或发车凭证已交付。
4. 是否有车站(助理)值班员的发车指示信号。
5. 车站值班员进路准备妥当的车机联控已应答。

当列车具备发车条件后方可向司机显示发车信号。

十一、旅客列车运转车长值乘位置的规定

旅客列车最后一辆后端应有压力表、紧急制动阀和乘务室以供运转车长值乘，编织旅客列车或摘挂车辆时必须符合上述规定。准许按下列规定位置值乘。

1. 列车尾部为行李车时，与行李员在同一办公室值乘(有邮运员时，列车行李员在办公桌椅上作业；邮政押运员跟 1 人，在长坐席小桌部位作业，长坐席的其余部位由运转车长占用。如邮政押运员 2 人同时作业时，另一人可占用墙壁折动坐席作业)。加压力表、紧急制动阀在货仓内要进行调整确实有困难时，堆放行李不得影响运转车长作业。

2. 列车尾部为宿营车时，在乘务室值乘。如无乘务室时，可占用硬卧车一个下铺。

3. 列车尾部为邮政车末端无乘务室时可在前一辆有紧急制动阀一端值乘。

4. 列车尾部为硬座车无乘务室时，由列车长负责后端运行方向左侧留出供运转车长值乘的 1 条座位。

5. 列车尾部挂有除发电车、行包棚车、试验车、轨道检查车等不具备值乘条件车辆外运转车长均应在在列车最后一辆值乘。但担当专运任务尾部加挂 2 辆(含 2 辆)以下包车的旅客列车运转车长在原编组位置值乘，加挂 3 辆及以上包车的旅客列车，原则上运转车长在尾部一位包车上值乘，列车尾灯由专运检车人员准备，并负责摘挂。

十二、旅客列车运转车长作业车门的管理

运转车长在值乘区段值乘的车门由运转车长负责管理，不作业时必须关闭车门。运转车长作业车门不准旅客乘降和逗留。遇有特殊情况(如反位)旅客必须在运转车长值乘车门乘降时，由运转车长和乘务人员共同管理。原则上谁开启车门，由谁按规定锁闭车门。

十三、运转车长在列车运行途中的职责

1. 加强瞭望，注意列车运行状态及信号的显示。

2. 列车进出站及在区间交会时，要互相检查，并与有关人员互对信号。特快旅客列车运转车长在运行中不显示互检信号，发现异状应立即用列车无线调度电话通知有关人员。

3. 正确记载列车在车站到发时刻。

4. 发现危及行车和人身安全情形时，应使用紧急制动阀停车。

第三章　动车组管理

第一节　动车组管理

动车组由铁道部统一管理、统一配属、统一调配。动车组配属单位对配属动车组的安全、质量负责。动车车辆段负责动车组的定期检修(三级、四级、五级检修)工作,动车运用所负责动车组的运用检修(一级、二级检修)工作。

第二节　动车组维修制度及周期

1. 检修制度

动车组施行计划性的预防检修。检修分为五个等级,一级和二级检修为运用检修,三级、四级、五级检修为定期检修。

运用检修可在任一运用所内进行,执行统一的检修标准,运用所承担检修后动车组的运用安全和质量责任。

2. 检修周期

动车组检修周期为分别如下。

(1)CRH_1 型动车组

一级检修周期:运行里程 4 000 km 或 48 h。

二级检修周期:运行里程 15 d。

三级检修周期:运行里程 120 万 km。

四级检修周期:运行里程 240 万 km。

五级检修周期:运行里程 480 万 km。

(2)CRH_2 型动车组

一级检修周期:运行里程 4 000 km 或 48 h。

二级检修周期:运行里程 3 万 km 或 30 d。

三级检修周期:运行里程 45 万 km 或 1 年。

四级检修周期:运行里程 90 万 km 或 3 年。

五级检修周期:运行里程 180 万 km 或 6 年。

(3)CRH_3 型动车组

一级检修周期:运行里程 4 000 km 或 48 h。

二级检修周期:运行里程暂定 2 万 km。

三级检修周期:运行里程 120 万 km。

四级检修周期:运行里程 240 万 km。

五级检修周期:运行里程 480 万 km。

(4)CRH_5 型动车组

一级检修周期:运行里程 4 000 km 或 48 h。

二级检修周期:运行里程 6 万 km。

三级检修周期:运行里程 120 万 km。

四级检修周期:运行里程 240 万 km。

五级检修周期:运行里程 480 万 km。

第三节　动车组运行要求

1. 运行要求

(1)单列动车组为固定编组,运用状态下不得解编;两列同型动车组可重联运行。

(2)CRH 系列动车组可在既有线路的指定区段及新建的客运专线上以 200 km/h 及以上速度级正常运行。

(3)超过检修周期的动车组严禁上线运行。

(4)动车组禁止与其他列车混编,禁止加挂各型机车车辆(无动力回送时除外)。

(5)动车组禁止通过驼峰,调车时禁止溜放。

(6)严格控制动车组超员。

(7)动车组 1 号和 0 号车均设有驾驶室,可在两端操纵驾驶。

(8)动车组在始发、终到、通过站不安排客列检进行技术作业。

(9)动车组司机需转换司机室操纵时,应通知车站,在 15min 内完成转换作业。

2. 限速运行条件

(1)当动车组牵引系统故障,切除 20%~25%牵引动力时,可保持200 km/h速度运行;切除 40%~50%牵引动力时,限速 160 km/h 运行。

(2)当动车组制动系统故障,切除 25%制动力时,限速 160 km/h 运行;切除 50%制动力时,限速 120 km/h 运行。

(3)轴承温度超过规定值时,立即停车请求处理。

(4)当空气弹簧故障时,限速 160 km/h 运行。

(5)车窗玻璃破损导致车厢密封失效时,限速 160 km/h 运行。

(6)动车组发生其他故障不能保证运行安全时,立即停车请求处理。

(7)CRH_2 型动车组停靠或通过高度大于 1.1 m 的站台时,其轨道中心线距站台边缘距离≥1 750 mm,限速 70 km/h 运行。

3. 动车组运用所职责

(1)动车组运用所是动车组运用检修的主体,承担着动车组一级、二级检修,专项检修,外皮清洗,吸污作业,检修设备与信息化系统维护等工作。

(2)经检修的动车组必须达到《动车组一级检修质量标准》和《动车组二级检修质量标准》,并保证动车组在一个检修周期内不发生责任事故。

第四节　动车组一级检修流程及作业步骤

以 CRH_2 型动车组一级检修办法为例。

1. 一级检修作业流程图(图 3-1)

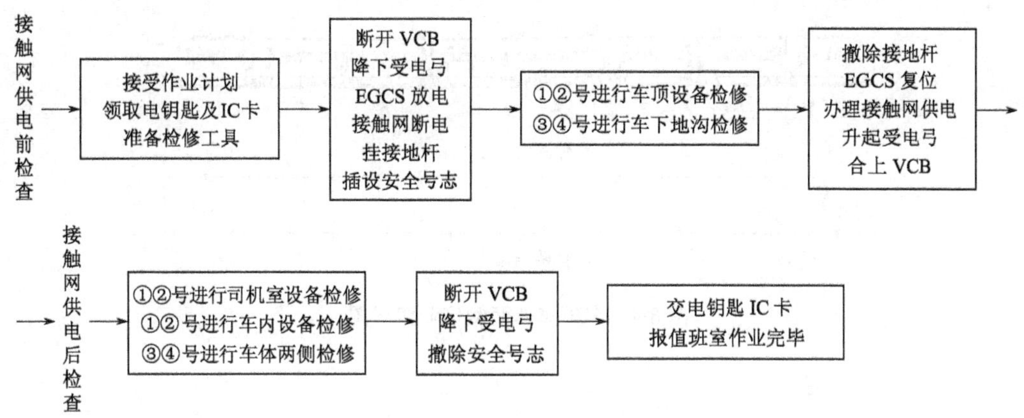

图 3-1　一级检修作业流程图

2. 一级检修作业流程与作业步骤

(1)检修作业分工

检修作业小组人员4名，自检自修。其中①、②号负责车内设施、司机室设备、车载信息系统、车顶设备检查及相关性能试验及维修。③、④号导负责车体、裙板、底板、转向架、钩缓连接、制动等下部检查、维修及侧门试验的动作确认。

(2)检修作业路线图

1)车顶作业路线(①、②号作业流程)(图3-2)

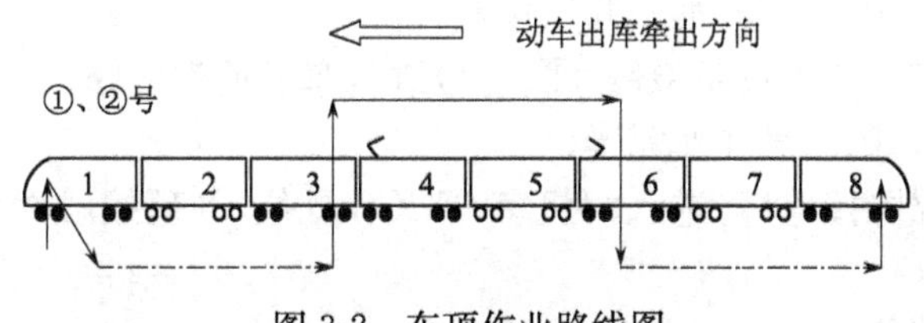

图 3-2　车顶作业路线图

2)车内作业路线(图3-3)

3)车下作业路线(③、④号作业流程)(图3-4、图3-5)

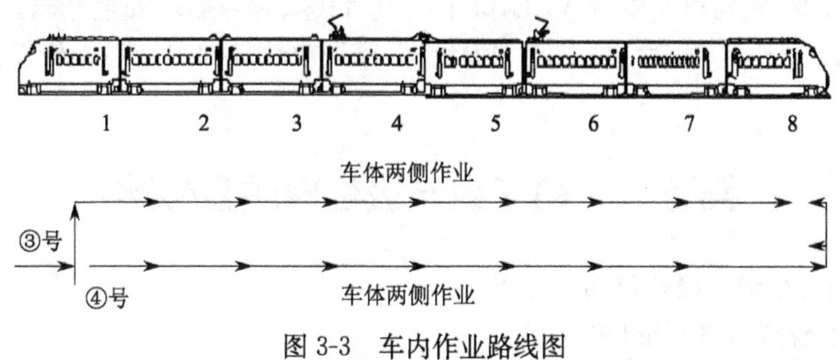

图 3-3　车内作业路线图

(3)作业步骤

1)接触网供电前检修

步骤一：①、②、③、④号共同到值班室接受作业计划、掌握运行故障及维修重点，领取司机室电钥匙及IC卡，检查检修工具后列队出发，在检查库等待动车组到达。

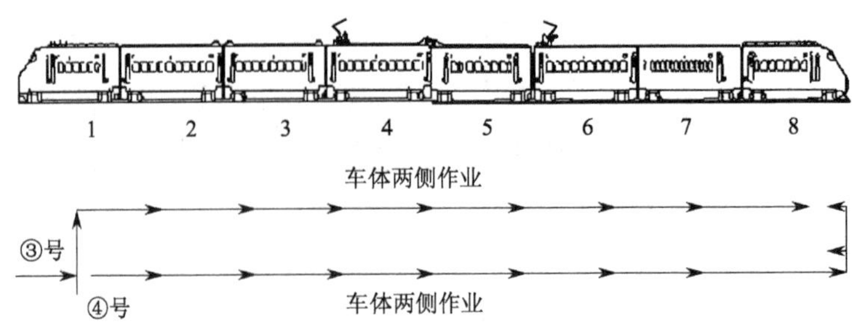

图 3-4　车下车体两侧作业路线图

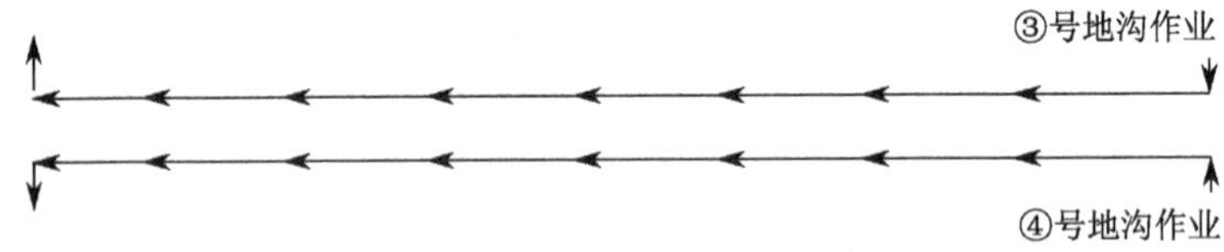

图 3-5　车下地沟作业路线图

步骤二:①号进入司机室断开 VCB,降下受电弓,按下 EGCS 放电;②号在车下确认受电弓降下;③、④号共同插设安全号志。

步骤三:①、②号共同办理接触网断电,挂接地杆。

步骤四:①、②、③、④号会合,准备开始作业。

步骤五:①、②号进行车顶设备检修,③、④号进行车下地沟检修。

步骤六:①确认②、③、④号作业完毕。

步骤七:①、②号撤除接地杆,进入司机室;EGCS 复位,办理接触网供电,升起受电弓,合上 VCB。

2)接触网供电后检修

步骤八:①、②号司机室设备检修和车内设备检修;③、④号车体两侧检修。①、②号在两司机室分别进行侧门开关试验时,通知③、④号确认倒门动作显示。

步骤九:①、②早在司机室断开 VCB,降下受电弓;③、④号撤除安全号志。

步骤十:①、②、③、④号会会后共同到值班室,交还电钥匙及 IC 卡,报告作业情况,等待下次作业。

第五节　动车组一级检修质量标准

1. CRH_1 型动车组一级检修质量标准

(1)车顶设备检查质量标准(表 3-1)

(2)驾驶室检查质量标准

1)驾驶室静态检查质量标准(表 3-2)

表 3-1 车顶设备检查质量标准

注意事项 1. 作业前确认接触网断电，防护号志、接地杆可靠插设，网侧设备接地时间 10 min。 2. 工作时必须穿戴绝缘鞋、绝缘手套和安全帽，并按规定系好安全带			
序号	作业程序	质 量 标 准	备 注
1	降下受电弓	确认受电弓降下，所有主断路器断开，司机室电钥匙“0”位	
2	网侧设备接地	(1)打开 Tp1(2 号)车 K1 柜，将 K1 柜侧面受电弓互锁装置隔离手柄(Pantograph interlocking device)旋转至 OFF 位，取出蓝钥匙。 (2)打开顶部主断路器接地装置面板，插入蓝钥匙后扭转 90°，旋转隔离手柄至隔离位，取出黄钥匙。 (3)Tp2、Tb(5、7 号)车参照以上程序依次操作	
3	检查受电弓及车顶高压设备	(1)主、辅滑板：碳滑条磨耗后厚度≥5 mm，滑板条总高度不得小于22 mm。表面不得有缺陷、断裂，安装牢固无变形，宽度方向破损不超过1/3；如果更换滑板，两个滑板高度差不超过3 mm。 (2)舟体无变形，作用良好。 (3)销子、开口销齐全，作用良好。 (4)框架表面平整，无变形、裂纹，安装牢固。 (5)网铜线外观无松动、无变形。 (6)受电弓上升、下降作用良好。 (7)支撑绝缘子和空气管无裂纹、打痕，瓷瓶清洁	2、5、7 号车检查
工具	接地杆、绝缘手套、绝缘鞋、安全帽、安全带、手电筒、检点锤、对讲机、防护信号、钢板尺、棉布、清洁剂		

表 3-2 驾驶室静态检查质量标准

序号	作业程序	质 量 标 准	备 注
1	进入 Mc1 车司机室，插入电钥匙，置于“0”位，并挂上“禁动”牌		检查驾驶室时，Mc1 号车为前位，Mc2 车为后位
2	驾驶室内外观检查	(1)司机室门状态作用良好。手柄动作灵活，烟火报警装置、温度传感器外观完整，开关作用良好。挂衣钩安装牢固。 (2)K1 柜锁闭良好，接地线无松脱，网关及各电器安装牢固，接线及插销无松动。按钮开关作用良好，各转换开关位置正确，自动开关无脱扣。 (3)侧窗无破损、锁闭良好，AC 220 V 插座安装牢固，开关动作灵活。 (4)瞭望玻璃清洁、无破损，刮雨器外观良好。 (5)操纵台下电器间隔柜门锁闭良好，内部各插件牢固，自动开关无脱扣，接线无松动、烧损。 (6)后视监视器无划伤、显示清晰，LKJ、ATP、IDU、CIR、PIS 显示屏无划伤。 (7)左侧、中央、右侧及操纵台面板牢固，按钮开关、指示灯状态良好，速度选择开关位置正确。 (8)阅读灯安装牢固，开关灵活，主控制手柄安装牢固、锁闭良好。	两端驾驶室

续上表

序号	作业程序	质 量 标 准	备 注
2	驾驶室内外观检查	(9)K2柜门锁闭良好，开关灵活，救援装置塞门位置正确，各电磁阀安装牢固，铅封齐全，座椅安装牢固，TAX2机车安全信息综合监测装置插件牢固、插销无松动，门锁闭良好，LKJ2000主机插件牢固，电源开关在开位，隔离开关正常位，车辆控制装置安装牢固，插销无松动，各电器接线良好，救援绳索无丢失。 (10)灭火器放置牢固、铅封及状态良好。 (11)PIS鹅颈形麦克风、CIR手持机，调度电话、PIS手持机状态良好。CIR打印终端安装牢固。 (12)司机座椅状态良好。脚蹬、遮光板动作良好。遮光板无损伤，导向杆安装牢固。 (13)紧急停车按钮状态良好	两端驾驶室

2)驾驶室通电检查质量标准(表3-3)

表3-3 驾驶室通电检查质量标准

序号	作业程序	质 量 标 准	备 注
1	启动驾驶室	(1)将电钥匙置于“1”位，输入用户ID，登录IDU。 (2)按压停车制动按钮，确认按钮灯点亮	
2	运行故障检索	通过IDU故障检索菜单检查列车故障信息。触摸显示屏[故障报告]菜单，查询统计故障，做好台账记录	
3	列车状态确认	(1)进入IDU[列车状态]菜单，确认列车关键系统和部件状态和功能限制的概况。 (2)根据故障检索，通过[系统]页面各菜单检查列车主要部件状态。 (3)旋转刮雨器开关并下压，刮雨器动作良好，喷水正常。 (4)PIS鹅颈形麦克风、PIS手持机功能良好。 (5)进入IDU[舒适系统]菜单，设置司机室温度，检查空调作用良好	
4	列车检测试验	(1)进入IDU[空压机]菜单，确认总风缸压力大于600 kPa。 (2)制动试验。进入IDU[制动试验]菜单，根据提示移动手柄完成制动试验。 (3)驾驶控制。进入IDU[驾驶试验]菜单，根据提示移动手柄完成手柄控制试验。 (4)灯试验。进入IDU[灯试验]菜单，触摸相关按钮启动测试，检查司机台面板按键和指示灯点亮，蜂鸣器报警。 (5)进入IDU[舒适系统]菜单，根据提示完成客室灯照明试验。 (6)DSD测试。主手柄置于“0”位，按压DSD模式选择按钮，当紧急制动启动后，IDU显示“DSD紧急制动”，使用脚踏板确认，并使用“Q”按钮对IDU报警进行确认。再次按压DSD模式选择按钮，待警告灯闪亮，蜂鸣器报警，按压司机台C2面板DSD按钮，解除DSD报警	

续上表

序号	作业程序	质 量 标 准	备 注
5	高压试验	(1)按压[受电弓上升]按钮(主风缸压力低于500 kPa时辅助压缩机启动,辅助压缩机若不能自启,按压K1柜辅助压缩机启动按钮强迫启动),确认7号车受电弓上升。 (2)通过IDU系统菜单[高压]页面,在网压正常值范围内,确认MVB依次接通。 (3)牵引测试。进入IDU[牵引测试]菜单,触摸[自动]或[手动]按钮启动测试,完成试验。 (4)按下[降弓]按钮,确认MVB依次断开且7号车受电弓降下	升弓后检测,接触网网压为正常值
6	前照灯及标志检查	将灯控制开关打至全开位,车下检查灯显示正常	升弓后检测
7	辅助空气压缩机测试	按压辅助空气压缩机启动按钮,启动后,压缩机将运行10 min。有警告信息显示	K1柜内
工具	白手套、电钥匙、手电筒、对讲机		

(3)上部设施检查质量标准(表3-4)

表3-4 上部设施质量检查标准

序号	作业程序	质 量 标 准	备 注
1	检查车内各门、通过台	车内各门等外观状态良好,各指示灯、紧急手柄状态良好,门玻璃无破损	
2	检查客室	(1)地板、顶板、装饰板、座椅、座椅后背茶几板及网兜、窗帘、窗帘卡、茶几、行李架、大件行李架外观及安装状态良好,窗玻璃不漏气、无破损。 (2)镜框、座号牌、衣帽钩、桌子、烟灰缸外观及安装状态良好。 (3)信息显示器外观无异常,显示正常。 (4)各扶手安装牢固,状态良好。 (5)垃圾箱装置外观状态良好。 (6)液晶显示器状态良好。 (7)空调装置工况良好。 (8)客室温度传感器外观及安装状态良好	
3	检查灯具	各灯灯罩安装牢固,无破损;灯具状态良好,灯色一致,无熄灯	
4	检查配电柜	配电柜箱体无变形、破损,锁闭状态良好	
5	检查风挡	车内风挡无损坏;扶手、渡板外观状态良好	
6	检查灭火器、紧急破窗锤	(1)配置齐全,状态良好。 (2)灭火器定检不过期,压力正常	
7	检查卫生间	(1)镜子、架子外观良好。 (2)各设施外观良好,无漏水。 (3)紧急呼叫开关通知灯、照明灯状态良好。 (4)扶手状态良好,安装牢固	

续上表

序号	作业程序	质量标准	备注
8	检查电茶炉	(1)安装牢固,作用良好,指示灯显示正常。 (2)无漏水	
9	检查吧台设备	(1)柜子各拉门外观状态及动作良好。 (2)冰箱、微波炉、电烤箱、电茶炉等外观无异常,状态良好。 (3)售货柜无破损,合页无松动。 (4)各桌椅无破损。 (5)联络电话状态良好	
10	检查乘务室	(1)座席安装牢固,无破损。 (2)各显示器、播音装置、联络电话齐全,状态良好	
工具	手套、工作帽、手电筒		

(4)地沟检查质量标准(表3-5)

表3-5　地沟检查质量标准

序号	作业程序	质量标准	备注
1	检查车底	(1)车体排障器底部、转向架排障器外观及安装状态良好。 (2)底板无变形、缺损,螺栓紧固、无缺失。 (3)半永久车钩装置安装螺栓无松动、车钩连接良好。油压减振器状态良好,安装无松动,无漏油。 (4)空气管路无损伤、泄漏。 (5)风挡下部无损伤,锁闭良好。 (6)车载信号接收器外观及安装状态良好。 (7)车体跨接线状态良好	
2	检查轮轴	(1)轮轴外观状态良好,各部无裂纹。轴身打痕、碰伤、擦伤深度不过限。 (2)制动盘外观状态良好,无贯穿裂纹,盘面裂纹沿半径方向长度不过限;轴盘、轮盘安装螺栓无松动	
3	检查制动装置	盘形制动装置闸片外观状态良好,厚度符合规定;夹钳装置配件齐全,状态良好;悬吊螺栓紧固,各部件无裂纹	
4	检查驱动装置	(1)齿轮箱油量处于刻度区间,无漏油;悬吊部件配件齐全,安装牢固;橡胶垫无老化;齿轮箱温度传感器、呼吸器、注油孔盖、排油孔盖等安装紧固无松动。 (2)联轴节外观及安装状态良好。 (3)主电动机外观良好,电机电源线、传感器及配线无破损,安装牢固,电机注油孔堵安装良好。 (4)冷却风道无破损,安装牢固,排风口良好。 (5)电机安装座螺栓无松动、裂纹。 (6)速度传感器外观及安装状态良好,配线无损伤	

续上表

序号	作业程序	质量标准	备注
5	检查牵引装置	(1)外观及安装状态良好。 (2)牵引座无裂纹。 (3)牵引杆橡胶节点无开裂、老化、破损。 (4)橡胶挡无老化、变形、开裂、缺失	
6	检查转向架构架	(1)转向架构架无裂纹。 (2)转向架排障器座安装牢固。 (3)转向架各安装管线状态良好。 (4)油压减振器外观状态良好,无漏油,安装无松动。减振器座无裂纹。 (5)抗侧滚扭杆装置安装牢固	
工具	绝缘手套、绝缘鞋、安全帽、手电筒、检点锤、对讲机、钢板尺		

(5)车体两侧检查质量标准(表 3-6)

表 3-6 车体两侧检查质量标准

序号	作业程序	质量标准	备注
1	检查头部	(1)头车外观及前罩安装状态良好,刮雨器外观良好,司机室窗玻璃齐全完整,安装牢固。 (2)排障器外观及安装状态良好	1、8 号车检查
2	检查车体	(1)外墙板、玻璃、侧门及裙板无变形、损坏,装饰彩带无脱落、划痕。 (2)后视监视器外观良好。 (3)各种标牌、显示器、指示灯外观状态良好,无缺失。 (4)2、7 号车自动过分相接收装置外观及安装状态良好	
3	检查转向架构架	(1)侧架无裂纹。 (2)各安装管线状态良好,无抗磨。 (3)转向架处车体底板和端板螺栓无松动	
4	检查轴箱及定位装置	(1)轴箱油压减振器无漏油,外观状态良好,安装无松动。减振器座无裂纹。 (2)轴箱弹簧无异常。 (3)轴箱外观状态良好,无漏油。 (4)传感器安装牢固,接线无松动、破损。 (5)转向架排障器安装牢固,无异状。 (6)轴箱定位装置外观状态良好,橡胶节点无开裂,定位螺栓无松动	
5	检查车轮及轮盘	(1)踏面擦伤深度、连续碾擦长度、踏面剥离长度不过限。 (2)轮缘无缺损,磨耗不过限。 (3)轮盘螺栓安装牢固,无松动。轮盘裂纹不过限,盘面裂纹沿半径方向长度不过限	

续上表

序号	作业程序	质　量　标　准	备　注
6	检查制动夹钳及闸片	(1)闸片外观状态良好,厚度符合规定。 (2)夹钳装置配件齐全,状态良好;悬吊部件无裂纹	
7	检查空气弹簧及减振装置	(1)空气弹簧外观状态良好、无漏风。 (2)高度调整阀无漏风,调整杆无变形,配件无缺失;锁紧装置紧固,塞门正位,管路无泄漏。 (3)抗蛇行油压减振器无漏油,外观状态良好,安装无松动;减振器座无裂纹	
8	检查连接部	(1)车钩连接状态良好。油压减振器状态良好。 (2)各跨接连接线连接良好,外观无异状。 (3)空气管路无损伤。 (4)内、外风挡状态良好,安装牢固,无破损。 (5)两车端各线卡、管卡及各部状态良好无异常	
工具	安全帽、手电筒、检点锤、塞尺、钢板尺		

2. CRH2 型动车组一级检修质量标准

(1)车顶设备检查质量标准(表 3-7)

表 3-7　车顶设备检查质量标准

注意事项 1. 作业前确认接触网断电,防护号志、止轮器、接地杆可靠插设,EGCS 放电。 2. 工作时必须穿戴绝缘鞋、绝缘手套和防护头盔,并按规定系好安全带			
序号	作业程序	质　量　标　准	备　注
1	检查受电弓	(1)主、辅滑板:碳滑条磨耗后厚度≥5 mm,滑板条总高度不得小于22 mm。表面不得有缺陷、断裂,安装牢固无变形,宽度方向破损不超过 1/3;如更换滑板,两个滑板高度差不超过3 mm。 (2)舟体无变形,作用良好。 (3)销子、开口销齐全,作用良好。 (4)框架表面平整,无变形、裂纹,安装牢固。 (5)网铜线外观无松动、无变形。 (6)受电弓上升、下降作用良好。 (7)支撑绝缘子和空气管无裂纹、打痕,瓷瓶清洁。 (8)接地开关(EGS)外观及安装状态良好	4、6 号车检查
工具	接地杆、绝缘手套、绝缘鞋、安全帽、安全带、手电筒、检点锤、对讲机、防护信号、钢板尺、棉布、清洁剂		

(2)驾驶室检查质量标准(表 3-8)

表 3-8　驾驶室检查质量标准

<table>
<tr><th>序号</th><th>作业程序</th><th>质　量　标　准</th><th>备　注</th></tr>
<tr><td>1</td><td>插入电钥匙，制动手柄置于[拔取]位；主手柄置于[切]位，方向手柄置于[关]位并挂上“禁动”牌</td><td></td><td></td></tr>
<tr><td>2</td><td>检查蓄电池电压</td><td>蓄电池电压在 87 V 以上</td><td></td></tr>
<tr><td>3</td><td>升起受电弓，合上[VCB]</td><td></td><td></td></tr>
<tr><td>4</td><td>运行故障检索</td><td>打开中央控制装置柜门，按下[检修]键。触摸信息屏[车上检查实行]。触摸[车上检查结果]，统计故障，做好台账记录</td><td></td></tr>
<tr><td>5</td><td>故障存储</td><td>触摸[IC 卡读取]，按提示将 IC 卡插入卡槽，触摸[写入]，写入完毕后取出 IC 卡</td><td></td></tr>
<tr><td>6</td><td>检查驾驶室机器</td><td>(1)主手柄、换向手柄无损伤，安装无松动。
(2)制动手柄锁机构作用良好，无损伤，安装无松动。
(3)遮光板无损伤，作用良好。
(4)驾驶台计量盘电压表、压力表的外观及安装状态良好，显示正常；通电时，蓄电池电压为(100±5)V。
(5)制动手柄从[拔取]位转到[运行]位时，车下检修人员从外确认头车灯光颜色转换状态良好。
(6)拉出刮雨器开关并向右转动，刮雨器动作良好，喷水正常。
(7)司机座椅状态良好。
(8)踏下汽笛脚踏，汽笛工作正常。
(9)各开关、按钮齐全，状态良好。
(10)室内空调、照明良好。
(11)各配电柜门及锁状态良好。
(12)室内玻璃无破损，各门状态良好。
(13)查看显示器(MON)，在各挡位上制动控制装置的 BC 压力符合规定(仅在插电钥匙驾驶室实施)。
单位：kPa
<table>
<tr><th>位　置</th><th>拖　车</th><th>动　车</th></tr>
<tr><td>拔取</td><td>480±20</td><td>560±20</td></tr>
<tr><td>运行</td><td>0</td><td>0</td></tr>
<tr><td>1</td><td>110±20</td><td>120±20</td></tr>
<tr><td>7</td><td>330±20</td><td>370±20</td></tr>
<tr><td>快速</td><td>480±20</td><td>560±20</td></tr>
</table>
试验完毕后，将制动手柄置于[拔取]位</td><td>两端驾驶室</td></tr>
</table>

续上表

序号	作业程序	质　量　标　准	备　注
7	检查附属机器	(1)各显示器外观状态、显示状态良好。 (2)联络电话装置外观良好	两端驾驶室
8	侧门试验	(1)打开中央控制装置配电盘,进入[检修]模式,从显示器上触摸[车上检查实行],触摸[试验项目],再触摸[车门开关试验]、触摸[确认],查看操作台上门指示灯状态。 (2)门开时,车下检修人员确认车体外侧墙上门开指示灯亮;门关时,确认车体外侧墙上门开指示灯熄灭	两端驾驶室
9	将制动手柄置于[拔取]位。转入上部设施检查,作业完毕后,切断[VCB],降下受电弓,拔出电钥匙。整列作业完毕,转存IC卡数据		
工具	白手套、工作帽、手电筒、对讲机、防护号志、IC卡		

(3)上部设施检查质量标准(表3-9)

表3-9　上部设施检查质量标准

序号	作业程序	质　量　标　准	备　注
1	检查车内各门	车内各门等外观状态良好,开关动作灵活,门玻璃无破损	
2	检查客室	(1)地板、顶板、装饰板、座椅、窗帘、茶几、行李架外观及安装状态良好,窗玻璃不漏气无破损。 (2)镜框、杂志架、温度计、座号牌、衣帽钩、桌子、烟灰缸外观及安装状态良好。 (3)信息显示屏外观无异常,显示正常。 (4)各扶手安装牢固,状态良好。 (5)紧急、火灾报警开关外观良好	
3	检查灯具	各灯灯罩安装牢固,无破损;灯具状态良好,灯色一致,无熄灯	
4	检查空调装置	(1)空调装置工况良好。 (2)温度传感器外观无异常。 (3)回风口罩齐全	
5	检查配电柜	(1)配电柜箱体无变形、破损,锁闭状态良好。 (2)故障指示灯无破损,无红灯显示	
6	检查车体	(1)车内风挡无损坏;扶手、渡板外观状态良好。 (2)垃圾箱装置外观状态良好	
7	检查灭火器、紧急破窗锤	(1)配置齐全,状态良好。 (2)灭火器定检不过期,压力正常	

续上表

序号	作业程序	质量标准	备注
8	检查盥洗室	(1)镜子、架子、拉帘等外观良好。 (2)自动盥洗装置(水嘴、洗手液、干燥风)动作正常,无漏水	1、3、5、7号车检查
9	检查卫生间	(1)各设施外观良好,无漏水。 (2)感应器、紧急呼叫开关通知灯、照明灯状态良好。 (3)小便池自动清洗装置良好。 (4)扶手状态良好,安装牢固	1、3、5、7号车检查
10	检查电茶炉、饮水机	(1)安装牢固,作用良好,指示灯显示正常。 (2)无漏水	2、4、5、6、8号车检查
11	检查吧台设备	(1)柜子各拉门外观状态及动作良好。 (2)冰箱、微波炉、饮水机、电茶炉等外观无异常,状态良好。 (3)售货柜无破损,合页无松动。 (4)餐桌无破损。 (5)联络电话状态良好	5号车检查
12	检查乘务室	(1)门开、关作用良好。 (2)紧急作用按钮外观状态良好,气密开关无损坏,作用良好。 (3)座席安装牢固,无破损。 (4)显示器、播音装置、联络电话齐全,状态良好。 (5)活动窗状态良好	7号车检查
工具	手套、工作帽、手电筒		

(4)地沟检查质量标准(表3-10)

表3-10 地沟检查质量标准

序号	作业程序	质量标准	备注
1	检查车底	(1)车体排障器底部、转向架排障器外观及安装状态良好。 (2)底板无变形、缺损,螺栓紧固、无缺失。 (3)密接式车钩、缓冲器托板安装螺栓无松动,车钩连接良好。 (4)空气管路无损伤、泄漏。 (5)内风挡下部无损伤,锁闭良好。防雪风挡下部状态良好,无破损。 (6)车载信号器外观及安装状态良好	
2	检查轮轴	(1)轮轴外观状态良好,各部无裂纹。轴身打痕、碰伤、擦伤深度≤2 mm。 (2)制动盘外观状态良好,无贯穿裂纹,盘面裂纹沿半径方向长度≤127 mm;轴盘、轮盘安装螺栓无松动。 (3)踏面清扫装置状态良好	
3	检查制动装置	(1)盘形制动装置闸片外观状态良好,厚度符合规定(动车>4.5 mm,拖车>6 mm);夹钳装置配件齐全,状态良好;油缸及油管无漏油;悬吊螺栓紧固,各部件无裂纹。 (2)增压缸安装螺栓无松动;悬吊部件无裂纹;管路无泄漏。行程显示杆动作良好,快速制动时伸出量50 mm以下	

续上表

序号	作业程序	质 量 标 准	备 注
4	检查驱动装置	(1)齿轮箱油量处于刻度区间，无漏油；悬吊部件配件齐全，安装牢固；橡胶垫无老化；齿轮箱温度传感器、呼吸器、注油孔盖、排油孔盖等安装紧固无松动。 (2)挠性轴接头外观及安装状态良好。 (3)主电动机外观良好，电机电源线、传感器及配线无破损、安装牢固，电机注油孔堵安装良好。 (4)冷却风道无破损，安装牢固，排风口良好。 (5)电机安装座螺栓无松动、裂纹。 (6)接地装置和碳刷外观及安装状态良好，接地线无松动。碳刷长度在25 mm以上；编导线的芯线缺损量在15%以下。 (7)速度传感器外观及安装状态良好，配线无损伤	2、3、6、7 号车检查
5	检查牵引装置	(1)外观及安装状态良好。 (2)牵引座无裂纹。 (3)牵引杆橡胶节点无开裂、老化、破损。 (4)橡胶挡无老化、变形、开裂、缺失	2、3、6、7 号车检查
6	检查转向架构架	(1)转向架构架无裂纹。 (2)转向架排障器座安装牢固。 (3)转向架各安装管线状态良好。 (4)差压阀无漏风，安装牢固。 (5)横向油压减振器外观状态良好，无漏油，安装无松动。减振器座无裂纹	
工具	绝缘手套、绝缘鞋、安全帽、手电筒、检点锤、对讲机、钢板尺		

(5)车体两侧检查质量标准(表 3-11)

表 3-11 车体两侧检查质量标准

序号	作业程序	质 量 标 准	备 注
1	检查头部	(1)头车外观及前罩安装状态良好，刮雨器外观良好，司机室窗玻璃齐全完整，安装牢固。 (2)排障器外观及安装状态良好	1、8 号车检查
2	检查车体	(1)外墙板、玻璃、侧门及裙板无变形、损坏；油漆无脱落、划痕；螺栓紧固，无缺失；裙板各检查孔盖作用良好，内部各塞门正位。 (2)各种标牌、显示器、门状态灯外观状态良好，无缺失。 (3)4、6 号车自动过分相接收装置外观及安装状态良好	
3	检查转向架构架	(1)侧架无裂纹。 (2)各安装管线状态良好，无抗磨。 (3)转向架处车体底板和端板螺栓无松动	

续上表

序号	作业程序	质 量 标 准	备 注
4	检查轴箱及定位装置	(1)轴箱油压减振器无漏油，外观状态良好，橡胶套无破损，安装无松动。减振器座无裂纹。 (2)轴箱弹簧无异常，橡胶护套无破损。 (3)轴箱外观状态良好，无漏油。橡胶防尘盖无破损，轴箱盖、呼吸器、链配置齐全。 (4)传感器安装牢固，接线无松动、破损。 (5)转向架排障器及扫石器安装牢固，无异状。 (6)轴箱定位装置外观状态良好，橡胶节点无开裂	
5	检查车轮及轮盘	(1)踏面擦伤深度≤0.5 mm，连续碾擦长度≤70 mm。踏面剥离1处，长度≤20 mm；踏面剥离2处，长度≤10 mm。 (2)轮缘无缺损，磨耗不过限。 (3)轮盘螺栓安装牢固，无松动。轮盘裂纹不过限，盘面裂纹沿半径方向长度≤127 mm	
6	检查制动夹钳及闸片	(1)闸片外观状态良好，厚度符合规定(动车>5 mm，拖车>6 mm)。 (2)夹钳装置配件齐全，状态良好；悬吊部件无裂纹。 (3)车轮踏面清扫装置状态良好，配件齐全，悬吊部件无裂纹，研磨块厚度≥10 mm。 (4)增压缸油位正常，安装螺栓无松动，悬吊部件无裂纹，管路无泄漏，各部状态良好	
7	检查空气弹簧及减振装置	(1)空气弹簧外观状态良好、无漏风，充风状态下上盖与基准面间距为160～270 mm之间。 (2)高度调整阀无漏风，调整杆无变形，配件无缺失；锁紧装置紧固，塞门正位，管路无泄漏。 (3)抗蛇行油压减振器无漏油及外观状态良好，安装无松动；减振器座无裂纹；橡胶套状态良好，无破损，卡子无松动	
8	检查连接部	(1)车钩及连接器连接良好，各车钩封连线状态良好。 (2)各跨接连接线连接良好，外观无异状。 (3)空气管路无损伤，橡胶空气软管无老化、鼓泡、漏气。 (4)内、外风挡及防雪风挡状态良好，安装牢固，无破损，连接锁紧装置锁闭良好。 (5)两车端各线卡、管卡及各部状态良好无异常	
工具	安全帽、手电筒、检点锤、塞尺、钢板尺		

第六节 动车二级检修流程及作业步骤

以 CRH_2 型动车组二级检修办法为例。

1. 二级检修作业流程图(图 3-6)

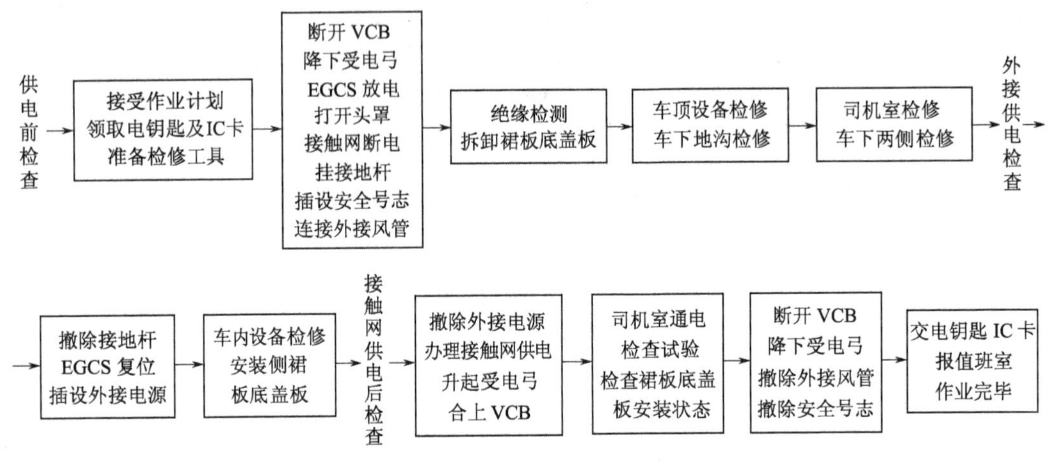

图 3-6　二级检修作业流程图

2. 二级检修作业流程与作业步骤

(1)检修作业分工

检修作业小组人员 4 名，自检自修。其中①、②号导负责车内设施、司机室设备、车载信息系统、车顶设备检查及相关性能试验及维修。③、④号负责车体、裙板、底板、转向架、钩缓连接、制动、车下设备等下部检查、维修及试验配合工作。

(2)检修作业路线图

1)车顶作业路线(①、②号作业流程)

2)车内作业路线

3)车下作业路线(③、④号作业流程)

(3)作业步骤

1)供电前检查

步骤一：①、②、③、④号共同到值班室接受作业计划、掌握运行故障及维修重点，领取司机室电钥匙及 IC 卡，检查检修工具后列队出发，在检查库等待动车组到达。

步骤二：①号进入司机室断开 VCB，降下受电弓，打开头罩，按下 EGCS 放电；②号在车下确认受电弓降下；③、④号共同插设安全号志，连接外接风管。

步骤三：①、②号共同办理接触网断电，挂接地杆。

步骤四：①、②、③、④号会合，准备开始作业。

步骤五：①、②号进行绝缘检测；③、④号拆卸裙板及底盖板(为提高作业效率，保持作业同步，需要增加人员协助③、④号拆卸裙板及底盖板)。

步骤六：①、②号进行车顶设备检修，③、④号进行车下地沟检修。

步骤七：①、②号进行司机室检修后，③、④号进行车下两侧检修。

2)外接供电检查

步骤八：①号确认②、③、④号作业完毕，①、②号撤除接地杆，进入司机室 EGCS 复位，插设外接电源。

步骤九：①、②号进行车内设备检修，③、④号进行裙板、底盖板安装(为提高作业效率，保持作业同步，需要增加人员协助③、④号安装裙板及底盖板)。

3)接触网供电检查

步骤十：①号确认外接供电作业完毕，①、②号撤除外接电源，①、②号办理接触网供电。

步骤十一：①、②号进行司机室通电检查试验，③、④号进行裙板、底盖板安装状态检查，配合制动试验动作确认。

步骤十二：①、②号在司机室断开 VCB，降下受电弓；③、④号撤除外接风管及安全号志。

步骤十三：①、②、③、④号会合后共同到值班室，交还电钥匙及 IC 卡，报告作业情况，等待下次作业。

第七节　动车组二级检修质量标准

1. CRH_1 型动车组二级检修质量标准

(1)车顶设备检查质量标准(表 3-12)

表 3-12　车顶设备检查质量标准

注意事项

1. 作业前确认接触网断电，防护号志、接地杆可靠插设，网侧设备接地时间 10 min。
2. 工作时必须穿戴绝缘鞋、绝缘手套和防护头盔，并按规定系好安全带

序号	作业程序	质　量　标　准	备　注
1	降下受电弓	确认受电弓降下，所有主断路器断开。司机室电钥匙“0”位	
2	网侧设备接地	(1)打开 Tp1(2 号)车 K1 柜，将 K1 柜侧面受电弓互锁装置隔离手柄(Pantograph interlocking device)旋转至 OFF 位，取出蓝钥匙。 (2)打开顶部主断路器接地装置面板，插入蓝钥匙后扭转 90°，旋转隔离手柄至隔离位，取出黄钥匙。 (3)Tp2、Tb(5、7 号)车参照以上程序依次操作	
3	检查测试受电弓	见受电弓维修保养办法	
4	检查网侧电压电缆	(1)电缆和弹簧导环之间无污垢。 (2)电缆摩擦弹簧无磨损	
5	检查车顶附属装置	(1)车顶盖板无损伤、裂纹，油漆无变色、剥离。 (2)各天线及座无损伤，安装状态良好。 (3)内、外风挡上部无损伤，安装状态良好。 (4)特高压跨接装置外观及安装状态良好。 (5)空调机组盖板状态良好，安装牢固	
工具	绝缘手套、绝缘鞋、安全帽、安全带、手电筒、检点锤、对讲机、钢板尺、1 000 V兆欧表、弹簧秤、卷尺		

(2)地沟检查质量标准(表 3-13)

表 3-13　地沟检查质量标准

序号	作业程序	质　量　标　准	备　注
1	检查车底	(1)车体排障器底部、转向架排障器外观及安装状态良好。 (2)底板无变形、缺损，螺栓紧固、无缺失。 (3)密接式车钩、缓冲器安装螺栓无松动、车钩连接良好。	

续上表

序号	作业程序	质量标准	备注
1	检查车底	(4)空气管路无损伤、泄漏。 (5)内风挡下部无损伤,锁闭良好。 (6)车载信号器外观及安装状态良好。 (7)车下设备通风装置进出风口栅板状态良好	
2	检查轮轴	(1)轮轴外观状态良好,各部无裂纹。轴身打痕、碰伤、擦伤深度不过限。 (2)制动盘外观状态良好,无贯穿裂纹,盘面裂纹沿半径方向长度不过限;轴盘、轮盘安装螺栓无松动	
3	检查制动装置	(1)盘形制动装置闸片外观状态良好,厚度符合规定;夹钳装置配件齐全,状态良好;螺栓紧固,各部件无裂纹。 (2)制动夹钳及悬吊、制动缸、外观及安装状态良好	
4	检查驱动装置	(1)齿轮箱油量处于刻度区间,无漏油;悬吊部件配件齐全,安装牢固;橡胶垫无老化;齿轮箱温度传感器、注油孔盖、排油孔盖等安装紧固无松动。 (2)联轴节外观及安装状态良好。 (3)主电动机外观良好,电机电源线、传感器及配线无破损,安装牢固,电机注油孔堵安装良好。 (4)冷却风道无破损,安装牢固。 (5)电机安装座螺栓无松动、裂纹。 (6)速度传感器外观及安装状态良好,配线无损伤	2、3、6、7号车检查
5	检查牵引装置	(1)外观及安装状态良好。 (2)牵引座无裂纹。 (3)牵引杆橡胶节点无开裂、老化、破损。 (4)橡胶挡无老化、变形、开裂、缺失	
6	检查转向架	(1)转向架构架无裂纹。 (2)转向架排障器安装牢固。 (3)转向架各安装管线状态良好。 (4)油压减振器外观状态良好,无漏油,安装无松动。减振器座无裂纹。 (5)抗侧滚扭杆安装牢固,拉杆支座安装牢固,橡胶轴承无老化松动、熔胶现象,各部位无裂纹	
工具	绝缘手套、绝缘鞋、安全帽、手电筒、检点锤、对讲机、钢板尺		

(3)驾驶室静态检查质量标准(表3-14)

表3-14　驾驶室静态检查质量标准

序号	作业程序	质量标准	备注
1	进入Mc1车司机室,插入电钥匙,置于“0”位,并挂上“禁动”牌		检查驾驶室时,Mc1号车为前位,Mc2车为后位

续上表

序号	作业程序	质量标准	备注
2	驾驶室内外观检查	(1)司机室门状态作用良好。手柄动作灵活，烟火报警装置、温度传感器外观完整，开关作用良好。挂衣钩安装牢固。 (2)K1柜锁闭良好，接地线无松脱，网关及各电器安装牢固，接线及插销无松动。按钮开关作用良好，各转换开关位置正确，自动开关无脱扣。 (3)侧窗无破损、锁闭良好，AC 220 V插座安装牢固，开关动作灵活。 (4)瞭望玻璃清洁、无破损，刮雨器外观良好。 (5)操纵台下电器间隔柜门锁闭良好，内部各插件牢固，自动开关无脱扣，接线无松动、烧损。 (6)后视监视器无划伤、显示清晰，LKJ、ATP、IDU、CIR、PIS显示屏无划伤。 (7)左侧、中央、右侧及操纵台面板牢固，按钮开关、指示灯状态良好，速度选择开关位置正确。 (8)阅读灯安装牢固，开关灵活，主控制手柄安装牢固、锁闭良好。 (9)K2柜门锁闭良好，开关灵活，救援装置塞门位置正确，各电磁阀安装牢固，铅封齐全，座椅安装牢固，TAX2机车安全信息综合监测装置插件牢固、插销无松动，门锁闭良好，LKJ2000主机插件牢固，电源开关在开位，隔离开关正常位，车辆控制装置安装牢固，插销无松动，各电器接线良好，救援绳索无丢失。 (10)灭火器放置牢固、铅封及状态良好。 (11)PIS鹅颈形麦克风、CIR手持机、调度电话、PIS手持机状态良好。CIR打印终端安装牢固。 (12)司机座椅状态良好。脚蹬、遮光板动作良好。遮光板无损伤，导向杆安装牢固。 (13)紧急停车按钮状态良好	两端驾驶室

(4)驾驶室通电检查质量标准(表3-15)

表3-15 驾驶室通电检查质量标准

序号	作业程序	质量标准	备注
1	启动驾驶室	(1)将电钥匙置于"1"位，输入用户ID，登录IDU。 (2)按压停车制动按钮，确认按钮灯点亮	
2	打开车前罩开闭机构，伸出自动车钩	按前部车钩伸出按钮，打开前罩盖板伸出自动车钩。伸出期间按钮开始闪亮，车钩全部伸出时，按钮灯亮	
3	运行故障检索	通过IDU故障检索菜单检查列车故障信息。触摸显示屏[故障报告]菜单，查询统计故障，做好台账记录	

续上表

序号	作业程序	质量标准	备注
4	列车状态确认	(1)进入 IDU [列车状态] 菜单,确认列车关键系统和部件状态和功能限制的概况。 (2)根据故障检索,通过 [系统] 页面各菜单检查列车主要部件状态。 (3)旋转刮雨器开关并下压,刮雨器动作良好,喷水正常。 (4)PIS 鹅颈形麦克风、PIS 手持机功能良好。 (5)进入 IDU [舒适系统] 菜单,设置司机室温度,检查空调作用良好	
5	列车检测试验	(1)进入 IDU [空压机] 菜单,确认总风缸压力大于600 kPa。 (2)制动试验。进入 IDU [制动试验] 菜单,根据提示移动手柄完成制动试验。 (3)驾驶控制。进入 IDU [驾驶试验] 菜单,根据提示移动手柄完成手柄控制试验。 (4)灯试验。进入 IDU [灯试验] 菜单,触摸相关按钮启动测试,检查司机台面板按键和指示灯点亮,蜂鸣器报警。 (5)进入 IDU [舒适系统] 菜单,根据提示完成客室灯照明试验。 (6)DSD 测试。主手柄置于"0"位,按压 DSD 模式选择按钮,当紧急制动启动后,IDU 显示"DSD 紧急制动",使用脚踏板确认,并使用"Q"按钮对 IDU 报警进行确认。再次按压 DSD 模式选择按钮,待警告灯闪亮,蜂鸣器报警,按压司机台 C2 面板 DSD 按钮,解除 DSD 报警	
6	高压试验	(1)按压 [受电弓上升] 按钮(主风缸压力低于500 kPa时辅助压缩机启动,辅助压缩机若不能自启,按压 K1 柜辅助压缩机启动按钮强迫启动),确认 7 号车受电弓上升。 (2)通过 IDU 系统菜单 [高压] 页面,在网压正常值范围内,确认 MVB 依次接通。 (3)牵引测试。进入 IDU [牵引测试] 菜单,触摸 [自动] 或 [手动] 按钮启动测试,完成试验。 (4)按下 [降弓] 按钮,确认 MVB 依次断开且 7 号车受电弓降下	升弓后检测,接触网网压为正常值
7	前照灯及标志检查	将灯控制开关打至全开位,车下检查灯显示正常	升弓后检测
8	辅助空气压缩机测试	按压辅助空气压缩机启动按钮,启动后,压缩机将运行10 min。有警告信息显示	K1 柜内
9	关闭车前罩开闭机构,收回自动车钩		确认车头部分检查作业完毕后操作
工具	白手套、电钥匙、手电筒、对讲机		

(5)车辆两侧检查质量标准(表 3-16)

表 3-16　车体两侧检查质量标准

序号	作业程序	质量标准	备注
1	检查头部	(1)车前罩、检查门盖板外观及安装状态良好。 (2)刮雨器外观良好。 (3)司机室窗玻璃齐全完整,安装牢固。 (4)排障器外观及安装状态良好。 (5)后视摄像装置状态良好。 (6)AC 380 V 连接器盖板、插座状态良好	1、8 号车检查
2	检查前罩开闭机构和自动车钩	(1)自动车钩部件各部件无损坏,各部润滑良好。 (2)钩舌及钩舌板动作良好,钩锁铁动作正确。 (3)自动开闭机构上下盖板及车钩各限位开关、锁销、止挡安装紧固,状态良好。 (4)空气管路接口清洁、密封圈状态良好,管路无泄漏	在车前罩打开和自动车钩伸出后进行检查
3	检查车体	(1)外墙板、玻璃、外门及裙板无变形、损坏;装饰色带无脱落、划痕;螺栓紧固,无缺失。 (2)检查盖板安装状态良好,无破损。 (3)各种标牌、显示器、水位显示灯外观状态良好,无缺失。 (4)2、7 号车自动过分相车载信号接收装置外观及安装状态良好	
4	检查转向架构架	(1)侧架无裂纹。 (2)配管无漏气,配管、配线的外观及安装状态良好,无抗磨。 (3)转向架处车体底板和端板螺栓无松动	
5	检查轴箱及定位装置	(1)轴箱油压减振器无漏油,外观状态良好。减振器座无裂纹。 (2)轴箱弹簧无异常。 (3)轴箱外观状态良好,无漏油。 (4)传感器安装牢固,接线无松动、破损。 (5)转向架排障器无损伤、安装状态良好,距轨面高度为 60～65 mm。 (6)轴箱定位装置外观状态良好,橡胶节点无开裂	
6	检查车轮及轮盘	(1)踏面擦伤深度、连续碾擦长度、踏面剥离长度不过限。 (2)轮缘无缺损,磨耗不过限。 (3)轮盘螺栓安装牢固,无松动。轮盘裂纹不过限,盘面裂纹沿半径方向长度不过限	
7	检查制动夹钳及闸片	(1)闸片外观状态良好,厚度符合规定。 (2)夹钳装置配件齐全,状态良好;悬吊部件无裂纹	
8	检查空气弹簧及减振装置	(1)空气弹簧外观状态良好、无漏风,充风状态下上盖(车体枕梁)与基准面间距为 265～275 mm。 (2)高度调整阀无漏风,调整杆无变形,配件无缺失;锁紧装置紧固,塞门正位,管路无泄漏。 (3)抗蛇行油压减振器无漏油及外观状态良好,安装无松动;减振器座无裂纹;橡胶套状态良好,无破损,卡子无松动	

续上表

序号	作业程序	质量标准	备注
9	检查连接部	(1)车钩及连接器连接良好。 (2)各跨接连接线连接良好,外观无异状。 (3)空气管路无损伤,橡胶空气软管无老化、鼓泡、漏气。 (4)内风挡外观和安装状态良好。 (5)两车端各线卡、管卡及各部状态良好无异常	
工具	安全帽、手电筒、检点锤、塞尺、钢板尺		

(6)上部设施检查质量标准(表3-17)

表3-17 上部设施检查质量标准

序号	作业程序	质量标准	备注
1	检查各门及关门装置	(1)外门检查盖外观及安装状态良好。 (2)门及密封橡胶、玻璃无损伤,安装状态良好。 (3)各开关的安装状态良好。 (4)拉门玻璃、锁装置无损伤,安装状态良好。 (5)门机构装置无漏气。 (6)风挡门玻璃无损伤,安装状态良好。 (7)关门机械安装状态及作用良好	
2	检查车厢设施	(1)地板外观状态良好。 (2)天花板、装饰板的外观及安装状态良好。 (3)窗帘、窗帘卡、窗户玻璃外观及安装状态良好。 (4)座椅的坐垫、靠垫无损伤、污损,作用良好。后背茶几、网兜状态良好。 (5)出风口外观状态良好。 (6)桌子、合叶、杯垫外观及安装状态良好。 (7)行李架的外观状态良好。 (8)垃圾箱的外观状态良好。 (9)室内各灯无损坏、灯色一致;灯罩的外观状态良好。 (10)衣帽钩外观及安装状态良好。 (11)温度传感器安装状态良好。 (12)客室信息显示器外观及安装状态良好。 (13)空调装置工况良好。 (14)液晶显示器状态良好,安装牢固	
3	检查供水及卫生间	(1)各水阀动作状态良好。 (2)镜面无损伤、污损。 (3)卫生间的全自动盥洗装置安装状态良好,性能良好,温水加热状态良好。 (4)热水器的外观及安装状态良好,无漏水。 (5)卫生间的便器外观及安装状态良好,出水状态良好。 (6)卫生间门外观、安装状态良好,弹簧锁、厕显无损伤、性能良好。 (7)各开关无损伤、开关性能良好,蜂鸣器的性能良好。 (8)残疾人厕所多功能板、扶手外观及安装状态良好。 (9)卫生间排气装置动作状态良好	

续上表

序号	作业程序	质 量 标 准	备 注
4	检查吧台设备	(1)门外观状态及动作良好。 (2)冰箱、微波炉、饮水机、热水器、咖啡机、烤箱等电器设备外观无异常,状态良好。 (3)售货柜无破损,合页无松动。 (4)餐桌、站桌无破损	
5	检查灭火器、紧急破窗锤	灭火器、紧急破窗锤外观及安装状态良好,在规定的位置配置规定的数量。灭火器压力表符合规定,定检不过期	
6	检查乘务室设备	(1)乘务室各开关及插座的外观及安装状态良好。 (2)广播装置的外观及安装状态良好。 (3)各显示器外观状态良好。 (4)影音播放系统状态良好。 (5)火灾报警器控制装置状态良好。 (6)室内桌椅状态良好	
工具	连接线、万用表、手电筒		

2. CRH2 型动车组二级检修质量标准

(1)绝缘测试质量标准(表 3-18)

表 3-18 绝缘测试质量标准

注意事项 1. 接触网断电时应穿戴绝缘鞋、绝缘手套和防护头盔。 2. 作业前确认接触网断电,防护号志、止轮器、接地杆可靠插设			
序号	作业程序	质 量 标 准	备 注
1	开关操作	(1)插入主控钥匙,接通 BV,制动手柄置于[快速]位,按下[受电弓升起]开关,确认 6 号车受电弓升起,按下[保护接地合]开关,确认保护接地开关闭合。1 min后恢复[EGCS]。 (2)将制动手柄置于[拔取]位,取出主控钥匙。 (3)将驾驶台配电盘的[蓄电池接触器]、[监视器 1]、[监视器 2]和[列车无线蓄电池]断开。 (4)断开各车服务配电盘的[室内灯 1]、[室内灯 2]、[室内灯 3]、[应急灯]开关。 (5)断开各车运行配电盘[直流电源 1]、[直流电源 2]、[牵引变流器 1]、[牵引变流器 2]、[蓄电池接触器]开关。 (6)断开各车 GS 接地开关(闸刀式、端子排插接式)	

续上表

序号	作业程序	质 量 标 准	备 注
2	绝缘测量	(1)主回路 501C～大地间≥0.2 MΩ(使用 500 V 兆欧表)。 (2)辅助回路 SC200 A～大地间≥0.1 MΩ(使用 100 V 兆欧表)。 (3)辅助回路 AT200P1～大地间≥0.1 MΩ(使用 100 V 兆欧表)。 (4)加热器回路 200P1～大地间≥0.1 MΩ(使用 100 V 兆欧表)。 (5)用 100 V 兆欧表测量驾驶室加热器回路 200P1～GS 间为0.1 MΩ以上。 (6)绝缘测定后各配电盘的开关及 GS 复位	
工具	接地杆、绝缘手套、绝缘鞋、防护头盔、手电筒、对讲机、防护信号、100 V 兆欧表、500 V 兆欧表		

(2)车顶设备检查质量标准(表 3-19)

表 3-19 车顶设备检查质量标准

注意事项 作业时系好安全带;注意脚下,在车顶防滑部分行走,防止跌倒滑落			
序号	作业程序	质 量 标 准	备 注
1	车顶板、内外风挡	(1)内外风挡安装牢固,无变形破损。 (2)内风挡连接部锁闭装置良好。 (3)车顶板无塌陷、无裂纹,防滑地胶无剥离磨损	
2	无线电天线	0 号车和 1 号车无线天线、7 号车 FM 信号天线无裂损、变形,安装无松动	
3	受电弓	见《CRH2 型动车组专项检修作业办法(暂行)》	
4	高压连接电缆及电缆接头	(1)外观及接地状态良好。 (2)电缆接头无破损、变形,安装牢固。 (3)电缆头同一绝缘子缺损在 7 处以下,同一褶边缺损在 2 处以下,缺损长度沿周长方向 1 处时小于60 mm,2 处时小于30 mm。直径的减少小于20 mm。 (4)电缆头绝缘子胴体部分无裂纹。 (5)搭接杆、编导线外观、安装状态良好,编导线芯线缺损在 15%以下。 (6)高压连接电缆无破损,保护套无破损变形	
5	保护接地装置	(1)锭杆、夹子无损伤,安装牢固。 (2)锭杆动作及锭杆夹座的弹性良好,接地导线安装状态良好。 (3)操作气缸作用良好,无漏气。 (4)杆机构动作良好,配管无漏气。 (5)受电弓框架和大地之间(EGS 盘)绝缘大于 25 MΩ	
6	检查保护接地装置	(1)锭杆、夹子无损伤,安装牢固。 (2)锭杆动作及锭杆夹座的弹性良好,接地导线安装状态良好。 (3)操作气缸作用良好,无漏气。 (4)杆机构动作良好,配管无漏气。 (5)受电弓框架和大地(EGS 盘)之间在 25 MΩ 以上	
工具	绝缘手套、绝缘鞋、安全帽、安全带、手电筒、检点锤、对讲机、钢板尺、1 000 V 兆欧表、弹簧称、卷尺、棉布、清洁剂		

(3)驾驶室检查质量标准(表 3-20)

表 3-20　驾驶室检查质量标准

序号	作业程序	质　量　标　准	备　注
1	开关操作	(1)确认驾驶室配电盘、各车运行配电盘的空气断路器等开关正位。 (2)进入 1 号车司机室,蜂鸣器切断开关置于断开位	1、0 号车检查
2	确认总风缸压力	(1)确认 MR 压力低于 590 kPa。 (2)如高于 590 kPa 时放掉 MR 空气,使双针压力表的总风缸指针显示为 590 kPa 以下	
3	列车无线电用蓄电池	(1)将 0 号车[列车无线] NFB(TWCN)和[列车无线电蓄电池]用断路器断开。 (2)按下[电压表切换]开关,显示电压表电压应为 90 V 以上	0 号车检查
4	接通 BV	在 1 号车司机室,插入主控钥匙,制动手柄置于[快速]位,降下受电弓,牵引手柄置于[切]位,换向手柄置于[关]位,并挂上"禁动"牌	1、0 号车检查
5	辅助空压机动作及蓄电池	(1)打开 2 号车的辅助风缸排气阀排气。[准备未完成]显示灯亮。监控器显示屏显示 2 号车[辅助空压机]由白变红。 (2)将制动手柄移至[拔取]位置,1 min后移置[快速]位置,启动 ACM 开关,确认[准备未完成]表示灯灭。 (3)将[保护接地切除]开关闭合。将[受电弓升起]开关闭合保持3 s。 (4)操作[受电弓切换]开关,数次按下[受电弓折叠]按钮,分别放掉 4、6 号车的辅助空压机空气,确认[准备未完]显示灯亮,通过监控显示器分别查看 4、6 号车显示[辅助空压机]由白变红。 (5)合上[辅助空气压缩机]开关,启动 ACM,约 1 min 后确认[准备未完]显示灯熄灭。 (6)蓄电池电压在辅助空压机运行时电压表电压在87 V以上。 (7)电池电压低时,单块测量电池电压。 (8)ACM 运转状态及动作良好	1、2、4、6 号车检查
6	驾驶室设备	(1)牵引手柄、换向手柄无损伤、安装无松动,配线无损伤,弹性机能正常。 (2)制动手柄外观及安装状态良好,锁装置、凸轮、电气接点无损伤,作用良好。 (3)驾驶台计量盘电压表、压力表的外观及状态良好,显示正确。配线及开关、显示灯无异常。 (4)中央控制装置外观安装状态良好。 (5)列车员开关、紧急制动开关状态良好,开关操作杆和活动杆无污损。 (6)标志灯聚光罩、室内灯、仪表灯、射灯外观及安装状态良好。	1、0 号车检查

续上表

序号	作业程序	质量标准	备注
6	驾驶室设备	(7)刮雨器电源及开关安装状态良好，冲洗水箱、操作阀无损伤、安装良好。 (8)司机座椅状态良好。 (9)各配电柜门及锁、开关、按钮齐全，状态良好。 (10)车窗玻璃无破损，各门状态良好。 (11)遮光板无损伤，安装状态良好。 (12)联络电话外观及安装良好，车内广播装置性能试验良好	1、0号车检查
7	头罩内设施	(1)辅助制动器外观及安装状态良好。 (2)车内压力释放阀外观及功能良好。 (3)风笛装置安装状态良好，无损伤。 (4)分割联挂装置外观及安装状态良好，空气配管无漏气，各阀门位置正确。 (5)空调装置安装及状态良好	1、0号车检查
8	轮径设定	检修模式画面中按下[监控器信息设定]键。在监控器信息设定画面中，按下[车轮径设定]键。检查1、0号车2、3位轴的车轮直径，超差1 mm时重新设定。通过0～9数字键输入车轮径的值。按下[设定]键	1、0号车检查
9	测试主回路接触器动作(1、0号车)	(1)将制动手柄置于[运行]位，接通[关门联锁]。 (2)在司机模式下，进入牵引变流器信息画面。将换向手柄置于[前]位，列车信息中央装置[一般]模式，确认监控显示器[K合]。 (3)将牵引手柄置于[1N]J位：确认监控显示器[K合]；确认监控显示器[主回路动作]数据出现。 (4)将制动手柄由[运行]置于[B1]位：确认监控显示器[K合]；确认监控显示器[主回路动作]数据消失。 (5)将制动手柄由[B1]→[运行]：确认监控显示器[K合]；确认监控显示器[主回路动作非牵引状态]→[主回路动作牵引状态]。 (6)将牵引手柄由[1N]→[切]：确认监控显示器[K合]；确认监控显示器[主回路动作非牵引状态]。 (7)将制动手柄由[运行]→[B1]：确认监控显示器[K合]；确认监控显示器[主回路动作非牵引状态]。 (8)将制动手柄由[B1]→[运行]：确认监控显示器[K合]；确认监控显示器[主回路动作非牵引状态]。 (9)将换向手柄置于[关]：确认监控显示器[K断]。 (10)将[关门连锁]开关复位	1、0号车检查

续上表

序号	作业程序	质 量 标 准	备 注
10	受电弓不上升测试	(1)在1号车测试6号车受电弓。 (2)按下 EGCS 后再拉出，确认车顶EGS接通。 (3)将 受电弓升起 开关闭合，确认6号车受电弓不上升。 (4)将 保护接地切除 开关闭合，将 VCB合 开关闭合，确认EGS断开。 (5)将 受电弓升起 开关闭合，确认6号车受电弓不上升。 (6)按下 VCB断 按钮。 (7)在0号车测试4号车受电弓，执行第(2)～(6)步骤	
11	受电弓上升测试	(1)在1号车测试6号车受电弓。 (2)将 受电弓升起 开关闭合，确认6号车受电弓上升。 (3)按下 VCB合 按钮，通过监控显示器(MON)确认VCB接通。 (4)按下 受电弓折叠 按钮，确认VCB断开且6号车受电弓降下。 (5)在0号车测试4号车受电弓，执行第(2)～(4)步骤	
12		1号车驾驶室检查完毕，进入0号车驾驶室，重复上述1、3、4、6～11项检查	
工具	手套、主控钥匙、手电筒、对讲机、IC卡、100 V兆欧表、万用表		

(4)车内配电柜检查质量标准(表3-21)

表3-21 车内配电柜检查质量标准

序号	作业程序	质 量 标 准	备 注
1	各配电盘设备	(1)打开各配电柜门锁，检查各开关、接触器、继电器、电磁阀的外观及安装状态良好，配线状态良好，无损坏、变色，阀门及短路开关位置正确。 (2)故障指示灯无破损，显示红灯时查明原因。 (3)配电柜箱体无变形、破损，锁闭状态良好	
工具	手套、手电筒、对讲机、万用表		

(5)地沟检查质量标准(表3-22)

表3-22 地沟检查质量标准

序号	作业程序	质 量 标 准	备 注
1	车底部	(1)车体排障器底部、辅助排障器外观及安装状态良好。 (2)底板无变形、缺损，螺栓紧固、无缺失。 (3)半永久式密接式车钩、缓冲器、支座、弹簧箱、滑板、释放手柄不变形、无裂纹，安装及连接状态良好。 (4)空气管路无损伤、泄漏。	

续上表

序号	作业程序	质 量 标 准	备 注
1	车底部	(5)内风挡下部无损伤,锁闭良好。防雪风挡下部状态良好,无破损。 (6)车下 STM 天线、BTM 天线、自动过分相车载信号接收器外观及安装状态良好。 (7)侧梁、横梁无裂纹、损伤	
2	轮轴	(1)车轮无偏磨,擦伤剥离在限度之内。 (2)轮轴外观状态良好,各部无裂纹	
3	制动装置	(1)增压缸外观良好,无漏油、漏气,安装牢固。 (2)闸片外观状态良好,厚度≥7 mm。夹钳装置配件齐全,状态良好;油缸及油管无漏油;悬吊螺栓紧固,各部件无裂纹。 (3)夹钳装置、框架体、油缸、自动间隙调整装置、支撑销子外观及安装状态良好;自动间隙调整动作良好,无伤痕、磨耗及漏油。 (4)制动盘外观状态良好,无贯穿裂纹,轮盘、轴盘裂纹沿半径方向长度≤70 mm,轴盘、轮盘安装螺栓无松动。 (5)踏面清扫器状态良好	
4	驱动装置	(1)齿轮箱油量处于刻度−2～0之间,无漏油;悬吊部件配件齐全,安装牢固;橡胶垫无老化;齿轮箱温度传感器及引线、呼吸器、注油孔盖、排油堵等无损伤、安装状态良好。 (2)挠性轴接头外观及安装状态良好。 (3)牵引电机外观及安装状态良好,电机引线无破损,电机注油孔堵安装良好;电机安装座无裂纹、螺栓无松动。 (4)冷却风道无破损,安装牢固。 (5)接地装置外观及安装状态良好,接地线无松动。碳刷长度在25 mm以上;编导线的芯线缺损量在15%以下。 (6)速度传感器外观及安装状态良好,配线无损伤	2、3、6、7号车检查
5	牵引装置	(1)外观及安装状态良好。 (2)牵引座无裂纹。 (3)牵引杆橡胶节点无开裂、老化、破损。 (4)橡胶挡无老化、变形、开裂、缺失	
6	转向架	(1)转向架构架无裂纹。 (2)转向架排障器外观良好,安装牢固。 (3)转向架各安装管线状态良好。 (4)差压阀无漏风,安装牢固。 (5)横向油压减振器外观状态良好,无漏油,安装无松动。减振器座无裂纹	
7	制动控制装置	(1)制动控制装置外观及安装状态良好,配管无漏气,各部配线外观及连接状态良好。 (2)各阀安装状态良好,无漏气。 (3)控制箱内各电器配件外观清洁,状态良好,配线紧固,无异常	

续上表

序号	作业程序	质量标准	备注
8	电动空气压缩机	(1)电动空气压缩机安装状态良好,无漏油、漏气。 (2)空气配管无损伤、漏气。 (3)空气压缩机油位在规定范围内。 (4)冷却器、除湿装置外观及安装状态良好,无漏气。 (5)各阀门外观及安装状态良好。 (6)过滤器外观及安装状态良好,将滤清器卸下清扫	3、5、7号车检查
9	空气配管	(1)空气软管、接头无损伤、漏气(空气软管每4年更换一次)。 (2)空气配管、接头无损伤、漏气。 (3)各阀、塞门、调压器、气压开关外观及安装状态良好,无泄漏。 (4)风缸配管无损伤、漏气;排水阀无损伤。 (5)各风缸进行排水	
10	水箱、污物箱	(1)污物箱、排污口、排水塞门、供水口、水位表等外观状态良好、安装无松动。 (2)水箱外观及安装状态良好、无漏水;各阀类、配管、注水口及盖外观及安装状态良好,无漏水	
11	空调装置	(1)空调装置、换气装置外观及安装状态良好。 (2)逆变电源箱外观良好,安装牢固。 (3)排水装置无异常	
12	车下电气装置	(1)高压机器箱外观及安装状态良好,显示灯无损伤、安装良好。 (2)真空断路器无污损,配管不漏气。 (3)主变压器外观及安装状态良好,无漏油;引线、套管无污损;压力释放阀状态良好;油冷却器无漏油,油位符合规定;散热器清洁;电动油泵无漏油。 (4)牵引变流器外观及安装状态良好,配线配管无损伤。 (5)辅助电源装置外观及安装状态良好。 (6)辅助整流器外观及安装状态良好。 (7)接触器箱外观及安装状态良好,外部配线无损伤。 (8)蓄电池箱、蓄电池、接续线外观及安装状态良好。 (9)辅助空气压缩机单元检查: 1)辅助电动空气压缩装置的电动机外观及安装状态良好,整流子面无污损。压缩机无漏气、漏油,油量在规定范围内。 2)打开油水分离机的排水塞门,排出废水;检查电动机碳刷,符合下列要求:长度15 mm以上;缺损量15%以下;编导线芯线欠缺量15%以下。 3)空气控制单元外观及安装状态良好。电磁阀无漏气,配线无损伤。调压器无漏气,接触部接触良好。钥匙箱外观状态及锁机能良好。截断塞门无漏气。辅助气缸、配管无损伤、漏气。排水阀无损伤。	

续上表

序号	作业程序	质 量 标 准	备 注
12	车下电气装置	4)卸下辅助空气压缩机右侧罩盖,开启排气阀,将辅助风压排至600 kPa以下,确认运转状态无异常,在压力表上确认运转开始、结束时的压力值,标准为: ①调压器闭合(640±20)kPa; ②调压器断开(780±20)kPa; ③用秒表测量从电动机开始转动至风压达到780 kPa的时间为60 s以下。 (10)接地电阻器外观及安装状态良好	
工具	绝缘手套、绝缘鞋、安全帽、手电筒、检点锤、对讲机、钢板尺		

(6)车体两侧检查质量标准(表3-23)

表3-23 车体两侧检查质量标准

序号	作业程序	质 量 标 准	备 注
1	头部	(1)头车前罩外观及安装状态良好,刮雨器外观良好,司机室窗玻璃齐全完整,安装牢固。 (2)排障器无裂纹、损伤,外观及安装状态良好;油漆无脱落。 (3)密接车钩、缓冲器、支座、弹簧箱、滑板、释放手柄不变形、无裂纹,安装及连接状态良好。 (4)测距传感器外观良好,安装牢固。 (5)DC 110 V连接器座状态良好	1、0号车检查
2	车体	(1)外墙板、玻璃、侧门及裙板无变形、损坏;油漆无脱落、划痕;安装状态良好。 (2)侧裙板无裂纹、损伤,安装牢固,油漆无变色、剥离。 (3)检查孔盖外观及安装状态良好,内部各塞门正位;合叶、固定金属件无损伤。 (4)车下设备通风装置进出风口栅板状态良好。 (5)水封装置无裂纹、损伤,安装状态良好。 (6)各种标牌、显示器、门状态灯外观状态良好,无缺失。 (7)4、6号车自动过分相车载信号接收装置外观及安装状态良好	裙板检查在安装完成后统一实施
3	转向架构架	(1)侧架无裂纹。 (2)配管无漏气,配管、配线的外观及安装状态良好,无抗磨。 (3)转向架处车体底板和端板螺栓无松动	
4	轴箱及定位装置	(1)轴箱减振器无漏油,外观及安装状态良好,橡胶套无破损,安装牢固。减振器座无裂纹。 (2)轴箱弹簧无异常,橡胶护套无破损。 (3)轴箱外观状态良好,无漏油。橡胶防尘盖无破损、松动,轴箱盖、呼吸器、链配置齐全。 (4)传感器安装牢固,接线无松动、破损。 (5)转向架排障器无损伤,安装状态良好,距轨面高度为(10±3)mm。 (6)轴箱定位装置外观状态良好,橡胶节点无开裂,安装状态良好	

续上表

序号	作业程序	质量标准	备注
5	车轮及轮盘	(1)车轮无偏磨，测量各部尺寸：轮径≥795 mm；轮缘高度25～35 mm；内侧距离(1 353±21)mm；踏面擦伤深度≤0.5 mm，擦伤长度≤50 mm；踏面剥离1处，长度≤20 mm；踏面剥离2处，长度≤10 mm。 (2)轮缘无缺损，磨耗不过限。 (3)轮盘螺栓安装牢固，无松动。轮盘裂纹不过限，盘面裂纹沿半径方向长度≤127 mm	
6	制动夹钳及闸片	(1)闸片外观状态良好，厚度≥7 mm。 (2)夹钳装置配件齐全，状态良好；悬吊部件无裂纹。 (3)踏面清扫装置无泄漏，安装状态良好，研磨块厚度在13 mm以上。 (4)增压气缸外观及安装状态良好，无漏油、漏气，油量在规定范围内	
7	空气弹簧及减振装置	(1)空气弹簧外观状态良好、无漏风，空气弹簧高度为(330±3)mm(从车体到转向架印记之间)。 (2)高度调整阀安装良好，无漏风。 (3)抗蛇行减振器无漏油，外观及安装状态良好	
8	检查连接部	(1)车钩及电器连接器连接状态良好。 (2)各跨接连接线连接状态良好，外观无异状。 (3)空气管路无损伤，橡胶空气软管无老化、鼓泡、漏气。 (4)内风挡紧固手柄无损伤，安装紧固；外风挡外观良好，安装牢固。防雪风挡外观及安装状态良好。 (5)两车端各线卡、管卡及各部状态良好无异常。 (6)橡胶风管及塞门安装正位，无泄漏	
工具	安全帽、手电筒、检点锤、塞尺、钢板尺		

(7)外接电源供电后上部设施检查质量标准(表3-24)

表3-24　外接电源供电后上部设施检查质量标准

序号	作业程序	质量标准	备注
1	开关操作	(1)确认供电前检查作业完毕，打开外接电源检查盖，检查电源插头状态良好。 (2)接400 V外接电源	
2	总风缸空气压力开关	进入1号车司机室，接通BV，确认双针压力表指针由590 kPa以下开始回升，同时确认监控器显示屏显示MR压力由红变绿	

续上表

序号	作业程序	质量标准	备注
3	各门及关门装置	(1)侧门检修见《CRH_2型动车组专项检修作业办法(暂行)》。 (2)自动门及门前端橡胶、玻璃无损伤及安装状态良好;开关动作及缓冲作用良好;电动机及皮带的安装状态及性能良好;光电、光线式开关的安装及状态良好;操作式开关的安装状态及性能良好;门夹安全机能良好;异物卡入保护性能良好。 (3)各开关的安装状态良好。 (4)拉门、活动窗的玻璃、铰链、气密橡胶、锁装置无损伤,安装状态良好。 (5)隔断门、连接件、门滑轮、滑槽铁、靠车门前端部分橡胶、门碰橡胶、玻璃无损伤及安装状态良好。 (6)关门机械安装状态及作用良好。 (7)电磁阀安装状态及性能良好。 (8)防火隔断门安装良好,动作灵活	
4	车内设施	(1)地板装饰材料、地毯外观良好。 (2)天花板、装饰板的外观及安装状态良好。 (3)窗帘及罩、窗户玻璃的外观及安装状态良好,玻璃无损伤。 (4)座椅的坐垫、靠垫、小桌板、杂物网兜无损伤、污损,外观良好。 (5)出风口外观状态良好。 (6)小桌、烟灰缸的外观及安装状态良好。 (7)行李架的外观状态良好。 (8)垃圾箱的外观状态良好。 (9)室内各灯、灯罩状态良好。 (10)衣帽钩、广告板、书报架外观及安装状态良好。 (11)火灾报警开关、非常报警开关的外观状态良好。 (12)温度传感器安装状态良好。 (13)客室信息显示器外观及安装状态良好。 (14)确认空调出风口有空气吹出,厕所吸风口有空气吸入	
5	供水及卫生间、盥洗室	(1)供水设备检查见《CRH_2型动车组专项检修作业办法(暂行)》。 (2)盥洗室镜子、窗帘无损伤、污损,安装状态良好。 (3)卫生间的便器底部橡胶外观及安装状态良好,出水状态良好。 (4)卫生间门外观、安装状态良好,弹簧锁、厕显无损伤、性能良好。 (5)各开关无损伤、开关性能良好,紧急开关蜂鸣器的性能良好。 (6)臭氧发生器外观无损伤、安装状态良好,清扫粗孔过滤网、内部过滤器。 (7)婴儿床的外观及安装状态良好。 (8)卫生间排气装置动作状态良好	

续上表

序号	作业程序	质量标准	备注
6	吧台设备	(1)活页拉门外观状态及动作良好。 (2)冰箱、微波炉、饮水机、热水器等电器设备外观无异常,状态良好。 (3)售货柜无破损,合页无松动。 (4)餐桌无松动破损。座椅齐全、无破损。 (5)杀菌装置零件按期更换。更换周期:杀菌灯每3个月清扫,每6个月更换;过滤器滤筒每年更换	5号车检查
7	灭火器、紧急破窗锤	灭火器、紧急破窗锤外观及安装状态良好,按规定规格、数量、位置配置。灭火器附件齐全、压力符合规定,定检不过期	
8	乘务室设备	(1)乘务室各开关的外观及安装状态良好。 (2)侧窗状态良好。气密开关无损坏,作用良好。 (3)紧急制动按钮外观状态良好。 (4)监控显示器、播音装置、联络电话外观、安装及性能良好	7号车检查
9		作业完毕,确认各配电室门锁闭	
工具	对讲机、手电筒		

(8)外接电源供电后地沟检查质量标准(表3-25)

表3-25 外接电源供电后地沟检查质量标准

注意事项 1. 外接电源供电作业时,下部电器设备处于通电运转状态,严禁打开各电器配电柜。 2. 严禁触摸转动、高温、危险部位;防止造成人身意外伤害。 3. 进行地沟检查作业时,应配戴安全帽			
序号	作业程序	质量标准	备注
1	电动送风机	各电动送风机(MTr用、CI用、APU、MM用、换气装置用)运转正常无异音	
2	制动泄漏	(1)确认主风缸压力达到880 kPa。 (2)接通停放开关,制动手柄置于B1,双针压力表在1 min内泄漏显示不超过40 kPa。 (3)车下检查作业人员对各辆车进行泄漏检查,确认各部良好。 (4)试验完毕后,断开停放开关,制动手柄置于拔取位	
3	制动缓解动作确认试验	(1)制动手柄置B1位,从MON显示器确认BC压力为100 kPa。 (2)车下作业人员确认各车闸片处于压紧制动状态。 (3)制动手柄置运行位,从MON显示器确认BC压力为0 kPa。 (4)车下作业人员确认各车闸片处于缓解状态。 (5)制动手柄置快速位,增压缸行程显示杆动作良好,快速制动时伸出在50 mm以下;行程显示杆动作在3 mm/min以内	1、0号车检查
工具	绝缘鞋、安全帽、手电筒、检点锤、对讲机		

(9)接触网供电后驾驶室通电检查、试验质量标准(表3-26)

表3-26 接触网供电后驾驶室通电检查、试验质量标准

序号	作业程序	质量标准	备注
1	开关操作	确认外接供电作业完毕,办理接触网供电	
2	升弓供电	(1)进入1号车司机室,接通BV,将[受电弓上升]开关接通。 (2)确认6号车受电弓上升。 (3)按下VCB合按钮	
3	驾驶室内检查	(1)各仪表显示状态良好。通电时,蓄电池电压为(100±5)V。 (2)各显示器显示状态良好。 (3)室内空调工况良好、照明良好	
4	车次、终到站设定	(1)在监控器显示屏上[司机]模式下输入列车车次、始发站名。 (2)在[列车员]模式下输入终到站、列车类别、停车站、通过站。 (3)确认客室内显示是否正确	
5	服务设备控制	(1)在[列车员]模式[服务设备控制]下设定空调键:制冷/强冷/制热/强热/通风;选择[全车]、[设定],到客室内确认空调动作。 (2)在[列车员]模式[服务设备控制]下设定[乘客信息显示],选择[全车]、[设定],确认客室内信息显示。 (3)在[列车员]模式[服务设备控制]下设定[广播],选择“开/关”、[设定],确认客室广播。 (4)在[列车员]模式[服务设备控制]下设定[室内照明],选择“开/关”、[设定],确认客室照明	
6	辅助电源电压	(1)测量各车接地继电器(3次)(GR3)输入电压及辅助电源电压。 (2)由MON电源电压画面确认1、0号车辅助电源电压为(100±10)V	
7	主空压机控制器	(1)主空压机自动停止工作时,确认主风缸压力表压力为(880±20)kPa,在监控显示器显示CMP由绿变黑。 (2)进行紧急制动复位,按下紧急制动复位按钮,确认[紧急制动]显示灯熄灭。 (3)反复操作制动手柄,将主风缸压力降至(780±20)kPa时,主空压机开始工作,监控显示器(MON)显示CMP由黑变绿。 (4)主风缸压力升至(880±20)kPa时,主空压机停止工作	

续上表

<table>
<tr><th>序号</th><th>作业程序</th><th>质 量 标 准</th><th>备 注</th></tr>
<tr><td>8</td><td>双针压力表的相互确认</td><td>(1)在1号车驾驶台反复操作制动手柄,将主风缸压力降至740 kPa。
(2)将制动手柄置于运行位,确认压力表BC压力0 kPa。
(3)驾驶室压力表的BC压力见下表。在两驾驶台同时确认制动手柄在B1、B4、B7、快速、运行位置时双针压力表的BC压力误差≤10 kPa。
驾驶室压力表的BC压力
<table><tr><th>制动手柄位置</th><th>BC压力(kPa)</th></tr><tr><td>运行</td><td>0</td></tr><tr><td>1</td><td>100±20</td></tr><tr><td>4</td><td>200±20</td></tr><tr><td>7</td><td>300±20</td></tr><tr><td>快速</td><td>430±20</td></tr></table>(4)确认空气压缩机闭合,断开时的压力无差值</td><td></td></tr>
<tr><td>9</td><td>火灾、紧急蜂鸣器测试</td><td>(1)将蜂鸣器切断开关断开,确认单元显示灯及事故显示灯灭、蜂鸣器不响。
各辆车分别按下火灾报警开关和紧急开关,蜂鸣器鸣叫、单元显示灯亮(每次按完确认后要及时复位)。
(2)将蜂鸣器切断开关闭合</td><td></td></tr>
<tr><td>10</td><td>远程控制测试</td><td>通过监控显示器(MON)进行下列操作,确认动作状态良好:
(1)分别切除M1、M2车;切除1单元2号车、2单元6号车的VCB。
(2)将1、2单元电源切换,动作正常。
(3)将上述切除复位。
(4)降下受电弓;升起受电弓。
(5)将VCB闭合。
(6)切除压缩机;压缩机复位</td><td></td></tr>
<tr><td>11</td><td>分并测试</td><td>(1)按下联挂准备开关,打开头车前罩,查看监控显示器(MON)显示联挂准备结束,从外确认前罩的动作状态良好。
(2)接通强行罩闭开关,关闭前罩,查看监控显示器(MON)显示解编完了,从外确认头车前罩的动作状态良好。
(3)再次按下联挂准备开关,打开头车前罩,断开联解控制开关,将头罩内分并总阀门置于关闭</td><td>两端驾驶室</td></tr>
</table>

续上表

<table>
<tr><th>序号</th><th>作业程序</th><th>质　量　标　准</th><th>备　注</th></tr>
<tr><td>12</td><td>标志灯测试</td><td>(1)制动手柄从拔取位到快速,车下确认标志灯颜色转换状态良好。
(2)重复标志灯减光→全光→减光操作,车下检修人员从车外确认动作状态良好。
(3)制动手柄从快速位到拔取位时,车下确认灯光颜色转换状态良好</td><td></td></tr>
<tr><td>13</td><td>汽笛试验</td><td>踏下汽笛脚踏阀,确认鸣笛声音良好</td><td></td></tr>
<tr><td>14</td><td>快速、常用制动测试</td><td>(1)将紧急制动复位,打开中央控制装置,按检修开关,进入检修模式。
(2)触摸监控显示器车上检查实行,再触摸试验项目,选择常用·快速制动触摸确认。
(3)制动手柄置于运行位,将车上试验、空挡开关接通,确认制动缓解。
(4)触摸监控显示器(MON)确认键,依据监控显示器的提示进行制动手柄 BV 操作。
单位:kPa
<table><tr><th>位置</th><th>T 车</th><th>M 车</th></tr><tr><td>运行</td><td>0</td><td>0</td></tr><tr><td>1</td><td>110±20</td><td>120±20</td></tr><tr><td>4</td><td>220±20</td><td>250±20</td></tr><tr><td>7</td><td>330±20</td><td>370±20</td></tr><tr><td>快速</td><td>480±20</td><td>560±20</td></tr></table>(5)在监控显示器上确认:试验 B1 级时,各辆车处于制动状态;试验运行位时,各辆车处于缓解状态。
(6)试验结束,在监控显示器(MON)触摸试验结束、触摸确认键,完成试验</td><td></td></tr>
<tr><td>15</td><td>紧急制动测试</td><td>(1)将 UBS 紧急制动开关拉出,再复位,从双针压力表上确认 BC 压力上升至(360±20)kPa。确认紧急制动显示灯亮。
(2)按下紧急复位按钮,从双针压力表上确认 BC 压力下降至 0 kPa。确认紧急制动显示灯灭</td><td>1、7、0 号车分别实施</td></tr>
</table>

续上表

<table>
<tr><th>序号</th><th>作业程序</th><th>质 量 标 准</th><th>备 注</th></tr>
<tr><td>16</td><td>辅助制动测试</td><td>(1)打开中央控制装置,按检修开关,进入检修模式。
(2)触摸监控显示器(MON)车上检查实行,再触摸试验项目,选择辅助制动试验触摸确认。
(3)闭合辅助制动开关。
(4)按照监控显示器指示操作。
单位:kPa<table><tr><th>位置</th><th>T、M车</th></tr><tr><td>运行</td><td>0</td></tr><tr><td>1</td><td>130～210</td></tr><tr><td>4</td><td>250～340</td></tr><tr><td>7</td><td>330～490</td></tr><tr><td>快速</td><td>540～760</td></tr></table>(5)触摸试验结束、确认键,断开辅助制动开关,试验结束</td><td></td></tr>
<tr><td>17</td><td>辅助电源通(断)电测试</td><td>(1)在检修模式下触摸监控显示器(MON)车上检查实行,再触摸试验项目,分别触摸辅助电源无电试验和辅助电源通电试验,触摸确认。试验数据应为:251 线:AC 72～120 V;103 线:DC (100±10)V;202 线:AC (100±10)V。
(2)试验结束后触摸试验结束</td><td></td></tr>
<tr><td>18</td><td>驾驶台交换试验</td><td>交换至 8 号车驾驶室,重复上述第 2～5、7～17 项试验</td><td></td></tr>
<tr><td>19</td><td>运行故障检索</td><td>打开中央控制装置柜门,按下检修键。触摸信息屏车上检查实行。触摸车上检查结果,统计故障,做好台账记录</td><td></td></tr>
<tr><td>20</td><td>IC 卡数据写入</td><td>将车上试验、空挡开关断开,在检修模式下,触摸监控显示屏IC 卡写入,在 IC 卡写入画面选择车上检查结果,根据提示插入 IC 卡后,按写入键,读取数据</td><td></td></tr>
<tr><td>21</td><td>作业完毕</td><td>(1)打开分并总阀门,关闭头车前罩,关闭侧门,中央控制装置返回一般模式,切断 VCB,降下受电弓,制动手柄置于拔取位,拔出主控钥匙,办理接触网断电手续,撤除防护号志。
(2)将 IC 卡数据转录</td><td></td></tr>
<tr><td>工具</td><td colspan="3">对讲机、手电筒、连接线、万用表</td></tr>
</table>

第八节　动车组乘务

1. 随车机械师职责

每组动车组配随车机械师 1 名出乘。

(1)随车机械师是监控动车组运行安全的重要岗位,承担着妥善处理动车组运行途中发生的故障和为旅客提供良好服务设施的工作。

(2)随车机械师负责监控动车组运行技术状态、管理和操作动车组车内设备、应急处理突发故障,并承担部分行车组织职能。

2. 随车机械师作业标准(岗位职责)

(1)监控运行技术状态

①运行中在乘务室通过车载信息系统显示器,监控动车组运行及设备工作状态。

②在运行中巡视检查车辆,发现问题正确判断、果断处理。

③在始发和折返站按规定进行技术作业检查。

④负责与司机进行交接。

(2)管理和操作动车组设备

①按规定操作动车组设备设施。

②控制车内空调换气装置,设置调节空调及换气装置运行模式。

③控制车内客室照明,设置调节照明工况。

④控制车内旅客信息系统显示。

⑤指导客运服务人员正确使用车内设备。

⑥在司机指挥下,对侧门开关不设在司机操作台上的动车组实施侧门集控开、关操作。

(3)应急处理途中突发故障

①运行中发生突发故障时,积极进行应急处理。

②车载信息系统提示报警的动车组突发故障分为三类。属司机独立处置的,需加强与司机联系,了解故障处理情况;属于司机协作处置的,在司机指挥下,共同处理;属随车机械师独立处理的,处理完成后及时将情况通报司机。

③记录突发故障处置情况,及时向运用所调度室汇报。

(4)承担部分行车组织职能

①运行途中因动车组故障或其他原因在区间被迫停车时,加强与司机联系,掌握情况,及时报告运用所调度室,并在司机指挥下做好有关行车及安全防护。

②动车组故障需要救援时,配合司机做好救援准备工作,在司机的指挥下,做好防护和引导救援机车联挂等事宜,负责安装过渡车钩、连接风管。

3. 一次往返作业标准

(1)接车作业

①出乘时随车机械师按规定着装,佩戴标志,提前到调度室报到,领取 IC 卡、动车组钥匙,听取命令、要求及注意事项。

②按规定设置安全标志,进行动车组下部、车体两侧检查。检查重点是转向架、车体、头罩及排障器库端连接装置等。

③作业完毕,撤除安全标志。

④在驾驶端司机室与司机交接主控钥匙，申请供电。

⑤进行动车组上部设施检查。作业重点是乘务定信息系统显示，设定空调、照明、车次、车站、编组、旅客显示信息；与司机配合进行乘务室与前后端司机室联络电话试验；检查车内主要服务设施和安全设施技术状态，检查随车工具、材料及行车备品。

⑥向调度室报告作业情况，等待随车出库。

接车作业线路见图 3-7。

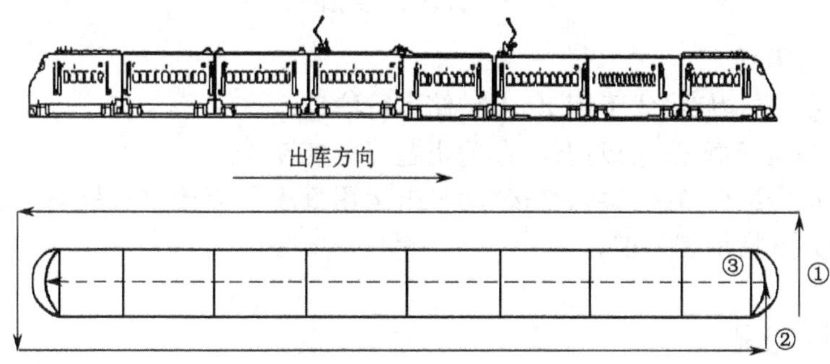

图 3-7　接车作业线路图

(2)始发作业

①动车组出库时，随车机师应从动车组尾部巡视至头部，检查动车组运转情况，发现异常及时处置，并向调度室报告。

②到达车站后，从前端司机室下车，在站台侧巡视确认外侧车号及目的地显示器状态。

③到达乘务室，监视车载信息系统等待发车。

④发车后，在车内进行一次巡视检查。检查重点是列车运行动态和车内主要服务设施技术状态。

⑤运行中，在乘务室，通过车载信息系统监视列车运行及设备工作情况。发现故障及报警时，按规定程序处理。

⑥在区间内临时停车时，随车机械师配合司机，做好有关行车、安全防护工作，并及时向运用所调度室汇报。需要救援时，负责与司机共同安装过渡车钩和连接风管。

⑦客运服务人员报告设备故障时，及时赶赴现场处理，并做好故障写实记录。

(3)折返站作业

①到达车站后；按规定实施开、关门集控操作。

②与退乘司机、接车司机会合，了解运行情况、做好记录并办理主控钥匙交接、签认(司机换乘时进行)。

③旅客下车后，从动车组尾部巡视至头部，检查车内设备技术状态，发现故障进行处理并做好记录。

④从前端司机室下车，在站台侧巡视确认外侧车号及目的地显示器状态。

⑤到达乘务室，监视车载信息系统等待发车。

折返作业线路见图 3-8。

(4)终到作业

①按规定实施开、关门集控操作。

②填写乘务报告，重点故障提前预报运用所。

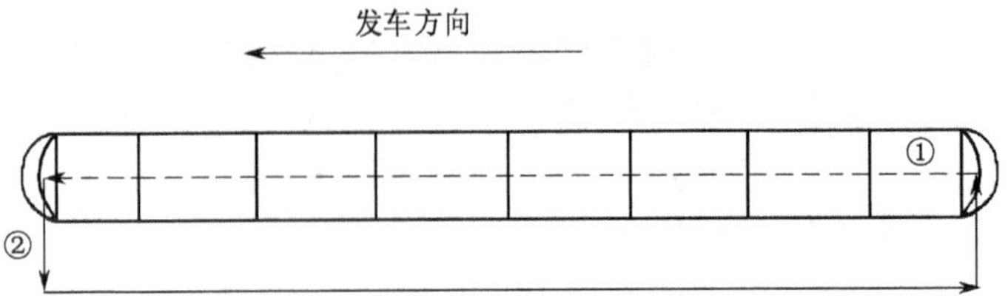

图 3-8　折返作业线路图

③随车返回运用所。

④进入司机室，在检修模式下用 IC 卡转储运行信息。

⑤向司机了解运行情况，做成记录，办理钥匙等交接签认。

⑥到调度室报告运行情况，签认交接"动车组运用日志"，交接重点故障，交还动车组钥匙及 IC 卡。听取命令、指示和要求。

⑦退乘。

4. 随车工具与备品

(1)工具

①GSM-R 移动电话 2 部(与司机频率相同的手持机 1 部)；

②钳型电流表 1 只；

③红外线测温仪 1 只；

④第四种检查器 1 个；

⑤38 件套工具 1 套；

⑥9 件套梅花扳手 1 套，活口扳手 1 把；

⑦便携工具箱 1 套；

⑧充电电钻 1 台；

⑨应急照明灯 1 台；

⑩管子钳 12、18 英寸各 1 把；

⑪圆锉、半圆锉各 1 把；

⑫组套螺丝刀 1 套；

⑬手锤、撬棍、扁铲各 1 把。

(2)材料

①过渡车钩 1 个；

②救援风管 1 个；

③铁丝 20 m。

(3)行车备品

①响墩 6 个；

②火炬 2 支；

③短路铜线 2 副；

④红黄绿色手信号灯 2 盏；

⑤红黄绿信号旗 2 副；

⑥防护信号灯 2 盏。

第四章　铁路货车维修

第一节　铁路货车专业知识

一、铁路货车概述

随着我国铁路的快速发展，铁路货车在我国国民经济的发展过程中起着重要的作用。据统计：2012 年我国铁路货物发送量完成 38.92 亿吨，货物周转量完成 28 891.9 亿吨公里。完成的货物发送量、货物周转量均居世界首位。货车的载重已由原来的50 t、60 t发展到 70 t、80 t、100 t。运行速度从时速 70 km、80 km 提高到现在的时速100 km、120 km。

二、铁路货车的基本知识

1. 铁路货车的定义

铁路货车是指供运输货物和为此服务的或原则上编组在货物列车中使用的车辆。

2. 铁路货车分类

铁路货车按用途分为通用铁路货车、专用铁路货车和特种铁路货车。

(1)通用铁路货车

通用铁路货车是指可装载多种货物的铁路货车，是棚车、敞车和平车的合称。

棚车：设有车顶和门、窗(或通风口)，可防止雨水进入，供运输各种需防止湿损、日晒的货物的铁路货车，在需要时也能运送兵员或旅客。按结构不同可分为普通棚车、活顶棚车、活墙棚车等。

敞车：不设车顶，车底为平底或浴盆(单浴盆或双浴盆)型，供运输各种无需严格防止湿损、日晒的货物的铁路货车。这种铁路货车通用性最强，在底架的四周有较高的端墙及侧墙，通常高度在 0.8 m 以上。它既可运输煤炭等散粒货物，也可以装运木材、钢材等，若在其上覆盖防水篷布，也可以运送怕湿的货物。

平车：底架承载面为一平面，通常两侧设有柱插，有些还设有可活动向下翻的端门和侧门的铁路货车。它主要用来运输钢材、机器设备等货物，也能利用矮墙板运输矿石、砂土等。

(2)专用铁路货车

专用铁路货车是指专供运送某些货物的铁路货车，主要包括罐车、集装箱车、小汽车双层平车、漏斗车、毒品车、长大货物车、保温车等。

罐车：设有罐体，供运输液体、液化气体和粉状货物等介质的铁路货车。外形多为一个卧放的圆筒。罐体采用钢、玻璃钢、铝、铝合金等不同的材质制造。按结构不同分为有中梁罐车、无中梁罐车、上卸式罐车、下卸式罐车。按用途不同可分为轻油罐车、黏油罐车、机油罐车、沥青罐车、食油罐车、水罐车、化工品罐车、粉状货物罐车、液化气罐车、特种罐车等。由于上述货物在化学性能、物理性能上差异很大，每一种罐车往往只能适宜装运一种货物。装轻油、重油、酸、碱、水泥等的罐车在结构上都不完全相同，所以罐车通用性较差。

集装箱车：设有固定集装箱的设备，供运输集装箱的铁路货车。底架承载面与平车基本相同但无地板。采用集装箱运输可大大提高装卸车效率，加速铁路货车周转。

小汽车双层平车：设有上下两层或三层底架，专供运输小汽车的平车。常将其纳入平车统计。

水泥车：用于运输散装水泥。按卸货方式可分为上卸式和下卸式水泥车，按罐体的结构形式分为立罐式和卧罐式水泥车。利用散装水泥车可节约大量的包装材料和劳动力，降低生产成本。

煤车：供运输煤炭的铁路货车。通常具有固定的侧墙、端墙和供卸货用的特殊车门。

矿石车：用来运送矿石的铁路货车。车体有固定的侧墙、端墙和卸货用的特殊门，如底开门。

漏斗车：车体为设有一个或数个带盖或不带盖的具有一定斜坡的装货斗的铁路货车。漏斗车分为有盖漏斗车和无盖漏斗车，卸货口呈漏斗状，通常货物通过自重从漏斗口卸下。漏斗车按装载货物的品种可分为煤炭、石砟、粮食、矿石、石灰石、盐、水泥漏斗车等。

保温车：车体设有隔热层，能减少车内外之间的热交换，供运输易腐或对温度有特殊要求的货物的铁路货车。车体设有隔热材料，车内有降温及加温的设备，以调节货物保鲜所需的温度。按车内有无制冷和（或）加温设备可分为隔热车和冷藏车。冷藏车按制冷方式主要分为加冰冷藏车、冷冻板冷藏车、机械冷藏车；机械冷藏车按运用方式可分为单节机械冷藏车和机械冷藏车组。

毒品车：用于运输有毒物品（如农药等）的铁路货车。毒品车在车体两侧车门上涂有"毒品专用车"和毒品标记，车体一般刷成黄色或黄色色带。

长大货物车：供运输重量特重、长度特长或体积庞大的货物的专用铁路货车。其车辆长度一般在 19 m 以上，但少数车辆长度小于 19 m，而车体结构特殊，如带凹底架、落下孔、钳形梁的铁路货车，也属于长大货物车。

凹底平车是底架沿铁路货车纵向呈凹形面的长大货物车；落下孔车是供装运距轨面较低且由侧主梁支承货物的长大货物车；钳夹车是车体分两个可分离的部分，货物被夹持和悬挂在其间的长大货物车；长大平车是车辆长度大于 19 m，载重量较大的长大货物车。双叠平车是由结构完全相同的两部分所组成，使用时货物跨装于这两部分之间的长大货物车。

自翻车：车体在绕纵向轴向任一侧回转过程中，侧门能自动打开卸货的铁路货车。按动力源可分为气动自翻车和液压自翻车。自翻车主要用于运送煤炭和矿石等，可提高卸车效率，减轻作业人员的劳动强度。

无缝钢轨输送车：用于运送和回收 25 000 mm 的超长钢轨，一般由多种铁路货车组合而成。

（3）特种铁路货车

特种铁路货车是指供特种用途而设计的铁路货车，主要包括救援车、检衡车、发电车、除雪车等。

检衡车：设有砝码或同时设有操作机器，用于检定轨道衡（大型专用地秤）的性能的铁路货车。检衡车设有砝码或同时设有操作机器，分为 30 t、40 t、50 t 等类型。

3. 车型车号标记的组成及含义

（1）车型车号标记由基本型号、辅助记号和车辆号码三部分组成。

（2）基本型号（表 4-1）：是将铁路货车的车种称号简化，用 1 个或 2 个大写汉语拼音字母来表示，大多数铁路货车用1个大写字母来表示，将这些拼音字母称为铁路货车的基本型号。例如：棚车(Peng che)、敞车(Chang che)等汉语拼音中的大写字母“P”、“C”均为该车的基本型号。

表4-1　铁路货车主要车种基本型号

车　种	基本型号	车　种	基本型号	车　种	基本型号
棚　车	P	小汽车双层平车	SQ	保温车	B
敞　车	C	罐　车	G	毒品车	W
平　车	N	自翻车	KF	水泥车	U
集装箱平车	X	矿石车	K	家畜车	J
平车-集装箱共用车	NX	长大货物车	D	粮食车	L
守　车	S	特种车	T		

(3)辅助记号：是同一车种名称的铁路货车，因不同结构系列及内部有特殊设施或车体材料改变时，为了更详细地区分，用1位或2位小号阿拉伯数字及小号汉语拼音字母表示，附在基本型号的右下角，将这些小号阿伯数字和汉语拼音字母称为车辆的辅助型号。例如：C_{64}、P_{62N}、X_{1K}。等中的“64”、“62N”、“1K”均为辅助型号。

(4)车辆号码：表示按预先规定的规则而编排的某一车种的顺序号码，用以区分同一类型的不同铁路货车，用大号阿拉伯数字表示，记在基本型号和辅助型号的右侧。如P_{62}3130248、C_{64}4510248、C_{70}1506598等，每一辆车均有自己的号码。

4. 车型编码方法：为了适应铁路运输的发展，实现铁路货车全路计算机动态管理，编制颁布了新的铁路货车编码，即铁道行业标准TB/T 2435—1993《铁路货车车种车型车号编码》，并于1994年7月1日实施。凡新造、厂修、段修竣工的铁路货车，均应按本标准规定的编码重新进行涂打。

新的铁路货车车型编码由三部分组成，用大写汉语拼音字母和数字混合表示。

第一部分为铁路货车所属的车种编码(即车种的基本型号)，用1位大写字母表示，作为车型编码的首部。

第二部分为铁路货车的重量系列或顺序系列，用1位或2位数字或大写字母表示。

第三部分为铁路货车的材质或结构，用1位或2位大写字母表示。

第一部分就是前面介绍的基本型号，第二部分和第三部分相当于前面介绍的辅助型号，其字号应比第一部分要小，并记在第一部分字母的右下角。具体表示如图4-1所示。

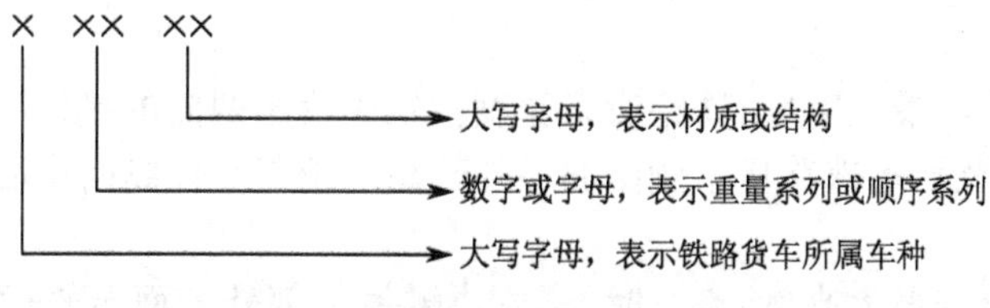

图4-1　铁路货车编码涂打式样

5. 铁路货车车型编码要求

(1)车号采用7位数字代码，可编铁路货车的容量为9 999 999辆。

(2)同车种车型铁路货车的车号必须集中在本标准划定的码域内，以便从车号编码上反映铁路货车的车种、车型。

(3)每辆铁路货车的车号编码在全国范围内必须唯一。为了对铁路货车识别与管理，特别为了满足全国铁路货车信息化管理的需要，必须对运用中的每一辆车都进行编码且每一辆车的代码是唯一的。

(4)因装用转向架形式的变化而引起车型变化时，换装转 8B(转 8G)型转向架，商业运营速度为 120 km/h，在车型编码尾部加注字母“T”表示该车新装；换装转 K2 等型交叉支撑转向架，商业运营速度为 120 km/h，在车型编码尾部加注字母“K”表示该车新装(70t 级铁路货车车型编码尾部不注字母“K”)；装用转 K4、转 K5 等型摆式转向架，商业运营速度为 120 km/h，在车型编码尾部加注字母“H”。

三、铁路货车技术指标

铁路货车的技术指标是介绍铁路货车性能和结构特点的一种指标，一般包括性能参数和主要尺寸。

1. 铁路货车性能参数

铁路货车的性能参数包括自重、载重、容积，除此之外还有以下几项。

(1)自重系数：指铁路货车自重与设计标记载重的比值。在保证强度、刚度和使用寿命的条件下，自重系数越小越经济。

(2)比容系数：指设计容积与标记载重之比值。它是衡量铁路货车是否合理地利用其载重量的一个指标。对于不同类铁路货车，因所装运货物种类不同，对其要求也有所不同。

(3)轴重：指车轴允许承受的最大载荷称为轴重，轴重大小与车轴类型有关，铁路货车总重(自重+载重)不得大于铁路货车各轮的轴重之和。目前，我国 60 t 级铁路货车的轴重为 21 t，70 t 级铁路货车的轴重为 23 t，大秦线 80 t 级铁路货车的轴重为 25 t。

(4)每延米轨道载重：指铁路货车总重与铁路货车长度之比，它与桥梁设计密切相关。

(5)换长：指车辆长度(m)除以标准长度(m)所得之值称为铁路货车的换长。它是铁路货车长度换算标记，保留 1 位小数。车辆长度(全长)是指铁路货车不受纵向外力影响时；两端车钩连接线间的距离(自动车钩处于闭锁状态)。以 m 为单位，保留 1 位小数。

以新中国成立初期 C_1 型敞车的车辆长度 11 m 为标准长度，将现车的铁路货车长度换成 C_1 型敞车的倍数，即以铁路货车长度除以 11 m 所得之数字，就是该现车的换长。采用换长主要是为了简化计算列车的编组长度，其表达式为：换长＝车辆全长/11。

2. 铁路货车主要尺寸

(1)车辆全长：在不受纵向外力影响的铁路货车两端两车钩均处在闭锁位时，两端钩舌内侧连接面之间的距离。

(2)铁路货车宽度与最大宽度；铁路货车宽度指铁路货车两侧的最外凸出部位之间的水平距离。铁路货车最大宽度指铁路货车侧面的最外凸出部位与车体纵向中心线间的水平距离的 2 倍。

(3)铁路货车高度与最大高度：空车时，车体或罐体上部外表面至轨面的垂直距离为铁路货车高度。铁路货车最大高度指空车时铁路货车上部最高部位至轨面的垂直距离。

(4)主体、底架长度：车体长度为车体两外端墙板外表面的水平距离。底梁长度为底架两端梁外表面间的水平距离。

(5)车钩中心线距轨面高度：简称车钩高，它是指空车时车钩中心线至轨面的垂直距离。

四、铁路货车轴距与全轴距

铁路货车运行在曲线时，车体或转向架的中心线与线路不一致，这种不一致的程度越大，轮对与钢轨之间的磨损就越大。为了克服这种缺点，除在线路铺设上，应限制曲线半径不得过小，外轨应适当加高和轨距加宽外。在铁路货车的制造上，对轮轴距离也加以规定限制。铁路货车的轴距分为全轴距和固定轴距两种(图 4-2)。

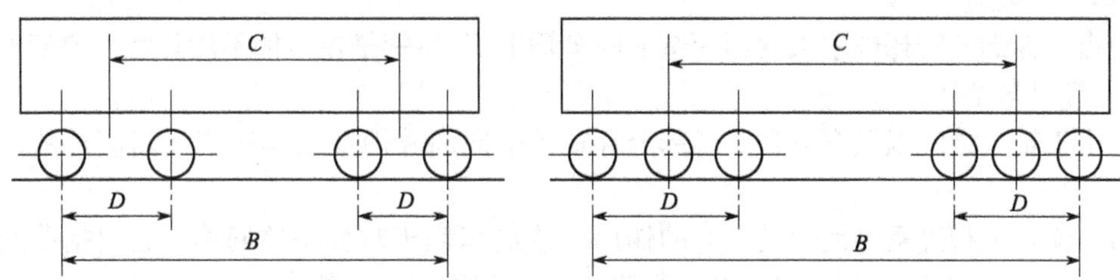

D—固定轴距；C—铁路货车定距；B—全轴距

图 4-2　铁路货车轴距及全轴距

1. 全轴距

铁路货车一、二位端最外面的车轴中心线间的水平距离称为铁路货车全轴距，如图 4-2 所示的 B，可简称为“全轴距”，二轮车时，“轴距”可称为“固定轴距”。全轴距不得小于2 700 mm。

2. 固定轴距

(1)定义：同一转向架(除组合转向架外)中前后两车轴中心线间的水平距离称为固定轴距，如图 4-2 所示的 D。

(2)铁路货车的固定轴距数值范围：一般铁路货车二轴转向架为 1 750～1 830 mm，三轴转向架为 2 400～2 600 mm。固定轴距不宜过大或过小，一般 D 轴可取 1 750 mm 左右，转 K5 型转向架固定轴距为 1 800 mm；转 K6 型转向架固定轴距为 1 830 mm。

3. 铁路货车定距

铁路货车定距指车体两端支承处之间的距离。有转向架的铁路货车为两心盘中心线之间的水平距离；一般铁路货车全长与定距之比为 1.4∶1，此数值称为铁路货车定距比。如图 4-2 所示的 C。

五、铁路限界

铁路限界由机车车辆限界(简称“车限”)和建筑限界(简称“建限”)两者共同组成，两者相互制约与依存。

1. 制定限界的意义

铁路限界是铁路安全行车的基本保证之一，为了使机车车辆能在一定范围的路网内通行无阻，不会因机车、车辆外形尺寸设计不当、货物装载位置不当或建筑物、地面设备的位置不当而引起不安全的行车事故，必须用限界分别对机车、车辆和建筑物等地面设备加以制约。因此，限界是铁路各业务部门都必须遵循的基础技术规程。限界制定得是否合理、先进，也关系到铁路运输总的经济效果。

建筑限界和机车车辆限界均指在平直线路上两者中心线重合时的一组尺寸约束所构成的极限轮廓，如图 4-3 所示。

实际的机车车辆与靠近线路中心线的建筑物之间必须留有一定的为保证行车安全所需的空间。这部分空间应该包括：

(1)车辆制造公差引起的上下、左右方向的偏移或倾斜。

(2)车辆在名义载荷作用下弹簧受压缩引起的下沉，以及弹簧由于性能上的误差可能引起的超量偏移或倾斜。

(3)由于各部分磨耗或永久变形而造成的车辆下沉，特别是左右侧不均匀磨耗或变形而引起的车辆倾斜与偏转。

(4)由于轮轨之间以及车辆自身各部分存在的横向间隙而造成车辆与线路间可能形成的偏移。

(5)车辆在走行过程中因运动中力的作用而造成车辆相对线路的偏移。它包括曲线区段运行时实际速度与线路超高所要求的运行速度并不一致而引起的车体倾斜，以及车辆在振动中也会产生上下左右各个方向的位移。

(6)线路在列车反复作用下可能产生的变形。

(7)运输某些特殊货物时可能会超限。

(8)为应付可能出现的特殊情况，还应该有足够的空间。

2. 机车车辆限界

定义：机车车辆限界是一个和线路中心线垂直的极限横断面轮廓。机车、车辆无论是空车或重车，无论是具有最大标准公差的新车或是具有最大标准公差和磨耗限度的旧车，当其停放在水平直线上且在无侧向倾斜及偏移时，除电力机车升起的受电弓外，其他任何部分均应容纳在限界轮廓之内，不得超越。

在使用中犹如把一个直角坐标系固定在极限图中，所有竖直高度均从轨面算起，所有横向宽度均从中垂线向两侧计算。若一辆车在某横截面处的总宽虽不超限，但只要某侧半宽超限即为超限。

我国的机车车辆限界经过多次修改，目前实施的准轨机车车辆限界标准($v>200$ km/h)为 GB 146.1—1983。其上部限界、下部限界以及铁路货车过驼峰时的下部限界分别如图 4-3～图 4-5 所示。

3. 尺寸

机车车辆限界距轨面最高处为 4 800 mm，横向宽度为 2×1 700 mm。直线建筑接近限界距轨面的最大高度为 5 500 mm，最大宽度为 2×2 440 mm。

4. 安全空间

在建筑限界与机车车辆限界之间留有一定的空间，此空间称为安全空间。考虑到车辆在运行中振动所产生的偏移、各零部件的磨耗、货物超限时的运输、线路不正常以及车辆倾斜、货物倾斜等情况，使机车车辆与线路建筑物有可能发生撞击而遭受损失，为了避免相互碰撞，在两限界之间留有一定的安全空间。

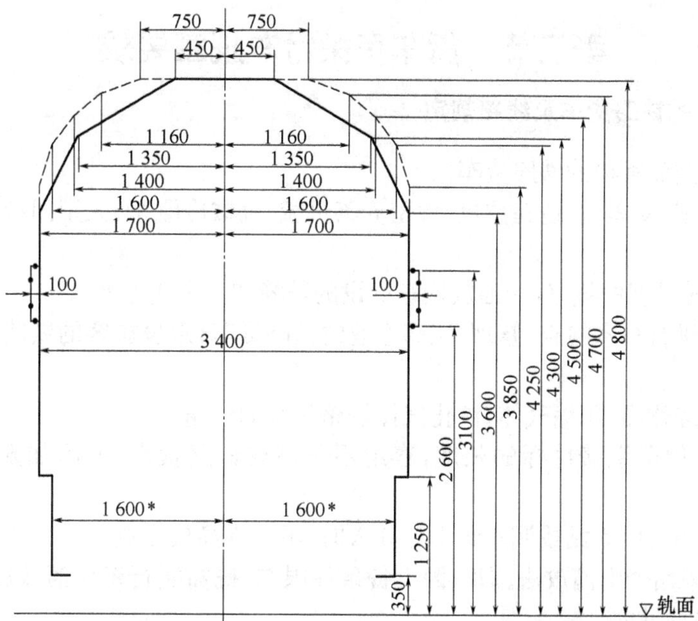

图 4-3 机车车辆上部限界图

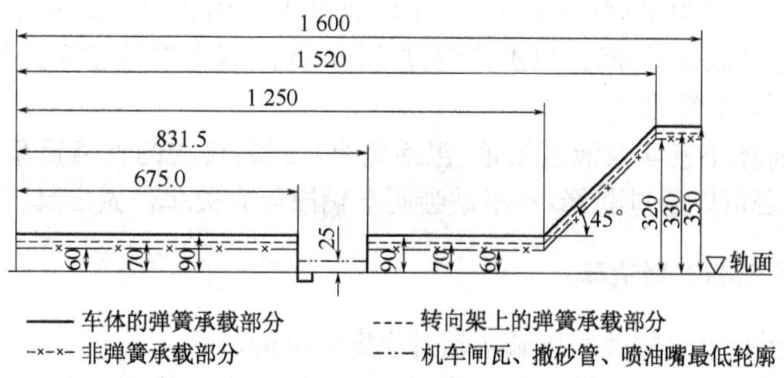

图 4-4 机车车辆下部限界图

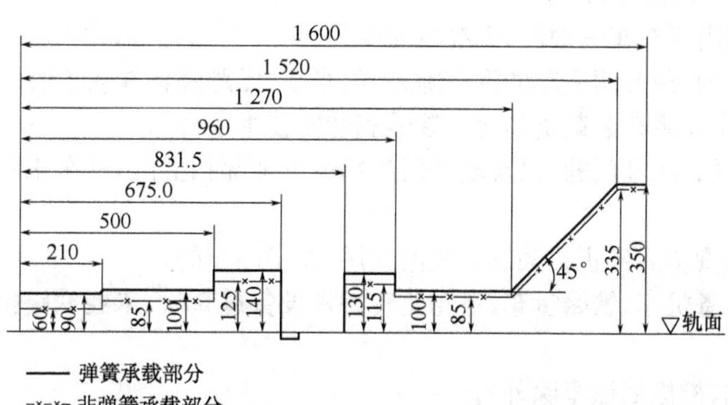

图 4-5 通过驼峰车辆减速器(顶)(制动或工作位置)的铁路货车下部限界图

第二节 货车有关行车规章要求

一、禁止溜放的铁路货车及线路规定

1. 装有禁止溜放货物的铁路货车。

2. 非工作机车、动车、轨道起重机、大型养路机械、机械冷藏车、大型凹型车、落下孔车、客车和特种用途车。

3. 超过2.5‰坡度的线路(为溜放调车而设的驼峰和牵出线除外)。

4. 停有正在进行技术检查、修理、装卸作业的铁路货车,乘坐旅客的铁路货车及无人看守道口的线路。

5. 停有装载爆炸品、压缩气体、液化气体铁路货车的铁路。

6. 停留铁路货车距警冲标的长度,容纳不下溜放铁路货车(要附加安全制动距离)的线路。

7. 未配调车组的中间站或调车组不足3人时,不允许溜放作业。

原则上不准采用牵引溜放法调车,因设备条件限制,确需实行牵引溜放法调车时,要有安全措施,并由铁路局批准。

二、禁止通过驼峰的铁路货车

1. D_{17}、D_{19G}型落下孔车不允许通过驼峰。

2. 涂有禁止上驼峰标记的铁路货车,不允许通过机械化驼峰。机械冷藏车,如因迂回线故障等原因,要通过机械化驼峰时,以不得超过7 km/h的速度推送过峰。不得附挂机械冷藏车溜放其他铁路货车(推峰除外)。

3. 凹型车、其他落下孔车及装载活鱼(包括鱼苗)、跨装货物的铁路货车(装载跨及两平车的汽车除外)等,是否可以通过驼峰,由车站会同车辆段等有关单位做出具体规定。

三、禁止编入列车的铁路货车

1. 插有扣修、倒装色票的及车体倾斜超过规定限度的。

2. 曾经发生冲突、脱轨或曾编入发生特别重大、重大、大事故列车内以及在自然灾害中损坏,未经检查确认可以运行的。

3. 装载货物超出机车车辆限界,无挂运命令的。

4. 装载跨装货物(跨及两平车的汽车除外)的平车,无跨装特殊装置的。

5. 平车、砂石车及敞车装载货物违反装载和加固技术条件的。

6. 未关闭侧开门、底开门的,以及底开门的扣铁未全部扣上的;平车未关闭端、侧板的(有特殊规定者除外)。

7. 由于装载的货物需停止自动制动机的作用,而未停止的。

8. 厂矿企业自备机车、铁路货车、自轮运转特种设备过轨时,未经铁路机车车辆人员检查确认的。

9. 缺少车门的(检修回送车除外)。

四、单机挂车规定

单机挂车的辆数，线路坡度不超过12‰的区段，以10辆为限；超过12‰的区段，由铁路局规定。单机挂车时，可不挂列尾装置，并要遵守下列规定。

1. 所挂铁路货车的自动制动机作用必须良好，发车前列检（无列检时由车站发车人员）按规定进行制动试验。

2. 连挂前由车站彻底检查货物装载状态，并将编组顺序表和货运单据交与司机。

3. 在区间被迫停车后的防护工作由机车乘务组负责，开车前要确认附挂辆数和通风状态是否良好。

4. 列车调度员要严格掌握，不得影响机车固定交路和乘务员劳动时间。

5. 不准挂装载爆炸品、超限货物的铁路货车。

五、铁路货车运用维修基本要求

1. 经列检所检查、维修的货物列车，须保证车辆各部位状态能安全运行到下一个负责检查该部位的列检所。

2. 列检所须具备列车检修、作业组织、安全防护、材料储备、车间管理等必要条件。要用先进、可靠、实用的装备强化列检所的作业和安全防范能力。用于车辆故障检测的设备，须具有故障报警提示等功能；用于管理的设备，须具备数据采集、资料统计、分析和方案优化等功能；用于安全防护的设备，须具备状态确认、报警和防误等功能。

3. 列检所的管理须有利于激励职工发现车辆故障，保证行车安全和运输畅通，建立竞争机制，强化基础工作，提高运用工作的整体水平，保证列车维修质量，加快车辆周转，优化列检作业布局，充分满足铁路运输需要。

4. 推进科技创新，研制、推广列车自动检查、检测和故障判别、预报、跟踪设备，逐步提高车辆检测手段自动化、智能化程度，实行设备检测、人工确认相结合的作业方式。规范故障检测、预报、反馈、确认、处理程序，提高行车安全防范水平

5. 全面开展标准化活动，做到以现场作业控制保证运用车质量，以运用车质量控制保证行车安全。定期进行列检标准化检查与评比，树立先进列检所和优秀列检员标杆，推动货车运用工作不断发展。

6. 加快信息化建设，以信息化全面带动货车运用工作，实现以计算机技术为基本手段的信息化管理。凡与货车运用维修管理有关的工作必须满足铁路货车技术管理信息系统（以下简称HMIS）技术规范的要求。研制开发的列检设备须具备与HMIS进行数据交换的功能。

7. 列检所使用的设备、工具、量具等须按规定进行定期检测、检修、校验。列车自动检查、检测和故障判别、预报、跟踪设备须具备运行状态自动巡检和故障提示功能，每班使用前须进行性能检测，不符合标准的不得使用。

8. 货车运营维修管理工作的有关技术资料、列检所检查列车的原始资料、报表、账簿须按信息化管理的有关规定填写，内容须准确、完整，并妥善保存、便于查询。

9. 列检所使用的车辆配件，须符合铁道部颁布或批准的有关图样、技术条件及检修技术标准要求，并须经检验合格方可装车使用（含新品）。

10. 有制造、检修标记要求的配件，列检所装车时须有相应标记，其质量保证期不得低于现车相应修程的剩余质量保证期。列检所在更换配件时，不得使用铁道部规定淘汰的零部件。

更换轮对的限度按段修规定掌握，轴承的质量保证期须不低于现车剩余段修质量保证期。列检更换制动梁时，须符合下列要求：同一转向架制动梁形式须一致；不得装用旧型圆钢弓形杆制动梁。

11. 限度须在列检发现异状时确认，数据均按名义尺寸计算，不包括公差。

12. 有关轮对、滚动轴承、空气制动部分的运用维修、红外线轴温探测工作，除按本规程执行外，还须执行铁道部颁发的其他有关规程、规则的要求。

第三节　铁路货车运用主要工作及性质

一、铁路货车运用主要工作

1. 检车员对货物列车进行技术检查，并对列车制动机的制动性能进行试验，在对货物列车的技术检查作业过程中，检车员要及时发现和处理故障，消除安全隐患，保证列车质量符合《铁路货车运用维修规程》规定的技术标准。

2. 货车运用作业场负责铁路货车定检到期、过期和技术状态不良的故障车及事故车需要修理的扣送工作。

3. 货车安全防范系统的日常运用和日常管理。

4. 负责爱护铁路货车工作，组织爱车宣传和“爱车周”活动，指导、监督和检查铁路货车的使用，制止损坏铁路货车的行为，负责损坏铁路货车的赔偿和管理。

5. 翻车机翻前卸后、散装货物解冻库解冻后的铁路货车及铁路货车装前卸后的技术检查和故障处理，进出厂、矿、港口和地方、合资铁路等企业的铁路货车技术交接和故障处理。

6. 负责国际联运货物列车的技术交接，自备铁路货车、自轮运转特种设备过轨技术检查及运用管理，备用基地的铁路货车备用及解除备用的技术检查和故障处理。

7. 固定配属管理铁路货车的整备作业

8. 负责运用铁路货车技术质量的分析、评价和管理，组织交接口和场际间货物列车的质量监控；负责新造车、定检车和铁路货车主要零部件的质量监督和反馈。

9. 监督指导地方、合资铁路和企业专用铁路的货车运用工作，负责铁路货车安全监督管理。

10. 参加相关铁路交通事故的调查和事故救援，负责铁路货车行车设备故障的调查、处理和管理。

11. 负责铁路货车新车型、新技术、新型配件的运用考验相关工作。

12. 按规定负责特种运输列车的技术检查及列车添乘等工作。

13. 相关其他工作。

二、铁路货车运用工作性质

铁路货车运用工作要有科学的管理体制，先进的检修设备，严格的规章制度，对运用铁路货车及时施行维修，保证运用车性能安全可靠，加速铁路货车周转，确保铁路运输任务的完成。

铁路货车运用工作实行在全国铁路按照区段维修制。

1. 由于铁路货车数量多，车型复杂，运用条件差，流动性大，技术检查时间要求紧等特点，所以，铁路货车运用工作任务艰巨，责任重大。

2. 铁路货车运用中的检查维修工作是日夜不间断地在露天作业，职工劳动条件艰苦。

3. 由于铁路货车运用工作技术性强，从事此项工作人员，要具备丰富的技术理论知识和实作经验，善于分析运用铁路货车的安全、质量状态，掌握故障规律，采取应变措施。

第四节　列车技术作业方式、性质及时间

一、列车技术作业性质

列检作业场对列车技术作业按性质不同分为：到达作业、始发作业、中转作业、通过作业。

1. 到达作业：指列检作业场在车站对到达列车进行的列车技术作业。

2. 始发作业：指列检作业场在车站对始发列车进行的列车技术作业。

3. 中转作业：指列检作业场在车站对停车中转列车进行的列车技术作业，中转列车分为有调中转列车和无调中转列车。

(1)有调中转列车：指列车在该车站进行部分改编作业的列车。

(2)无调中转列车：指列车在该车站不进行改编作业的列车。

4. 通过作业：指列检作业场对不停车中转列车或在本站只进行更换机车乘务员、换挂机车的无调中转列车，利用 TFDS 等货物安全防范系统进行的列车技术作业。

二、列车技术作业方式

列检作业场的到达作业、始发作业、中转作业及通过作业，按照以下作业方式进行。

1. 到达作业：列检作业场到达作业实行人机分工检查或人工检查作业方式，实行"全面检全面修"的检查范围和质量标准。

2. 始发作业：列检作业场始发作业实行人工检查作业方式，执行"全面检全面修"的检查范围和质量标准。要根据列检作业场所在站区的装卸作业、调车作业、治安环境和枢纽小运转列车的开行等情况，在确保始发列车达到"全面检全面修"质量标准的前提下，科学合理地调整制定始发作业的检查范围和质量标准。

3. 中转作业：

(1)特级列检作业场实行人机分工检查或人工检查，执行"全面检全面修"的检查范围和质量标准。

(2)处在 500 km 左右列检安全保证距离位置上的一级列检作业场，实行人机分工检查或人工检查作业方式，执行"全面检全面修"的检查范围和质量标准。

(3)处在 500 km 左右列检安全保证区段内的一级列检作业场及二级列检作业场，有调中转作业中未摘解的铁路货车及无调中转作业，实行动态检查或人工检查作业方式、动态检查执行"TFDS 动态检查"的检查范围和预报质量标准，人工检查执行"重点检重点修"的检查范围和质量标准；处在 500 km 左右列检安全保证区段内的一级列检作业场有调中转作业中摘解的铁路货车，实行人机分工检查或人工检查作业方式，执行"全面检全面修"的检查范围和质量标准。

根据列检作业场所在站区的装卸作业、调车作业、治安环境和枢纽小运转列车的开行等情况，在确保有调中转作业加挂铁路货车达到"全面检全面修"质量标准的前提下，科学合理地调整制定加挂铁路货车的检查范围和质量标准。

4. 通过作业：实行动态检查，执行"TFDS 动态检查"的检查范围和预报质量标准。

二级列检作业场所在车站的到达、始发及有调中转列车，可由铁路局在确保运输安全的前提下，根据运输需要、列检作业布局、列检安全保证距离及作业量等确定列车的人工检查作业地点。

三、列车技术作业时间

2010年实施的《铁路货车运用维修规程》将“列车技术检修时间”修订为“列车技术作业时间”。列车技术作业时间指列检对到达作业、始发作业及中转作业列车进行技术检查、修理的时间。为了规范铁路货车到达、始发及中转列车技术作业时间，根据列检作业场等级、作业性质和作业方式等对技检时间进行了查定，列车技术作业时间要充分、合理，满足列车技术作业的需要，在保证列车检修质量的基础上力争提高运输效率。

2010年，根据铁路货车运用发展实际，对列车技术作业时间的规定中增加了TFDS动态检查作业及无列检作业场的车站编组始发的列车途经第一个列检作业场的无调中转列车的内容，具体规定如下。

1. 特级列检作业场的到达作业与始发作业列车技术作业时间合计为1 h，到达作业为35 min，始发作业为25 min；无调中转作业为35 min；有调中转作业为40 min。

2. 一级、二级列检作业场的到达作业与始发作业列车技术作业时间合计为1 h，到达作业为35 min、始发作业为25 min；无调中转作业为25 min；有调中转作业为30 min；

3. 无列检作业场的车站编组始发的列车途经第一个列检作业场时的无调中转作业列车技术作业时间为35 min；有调中转作业为45 min。

4. 行包快运专列的无调中转作业列车技术作业时间为15 min；有调中转作业为25 min；专列整备作业的整备时间不少于4 h。

5. TFDS动态检查的技检时间按照50辆/列10 min的标准掌握。

6. 高原、寒冷、长大下坡道、重载列车和列车编组超过60辆的区段，由铁路局根据运输组织的实际情况相应增加列车技术作业时间。

7. 装卸检修作业场、技术交接作业场、国境站技术交接作业场的列车技术作业时间由铁路局根据实际制定。

8. 在列车密集到发时间段内，当到达作业、始发作业及中转作业列车数量超过列检作业场的实际作业组数时，要按照车站安排的顺序进行列车技术作业，对于按照车站的安排等待进行技术作业的列车，列检作业场在《列车技术检查记录簿》内注明待检时间，车站在相应的记录簿内注明待检时间，并相互签认。

9. 列车技术作业的技检时间按照以下规定计算：以脱轨器装置的上脱时间为起始时间，下脱时间为结束时间。列车技术作业时间不包括摘、挂机车时间。

四、列车技术检修作业方式

列车技术检修作业方式可依据检修范围的不同，分别采取不同的作业方式。其作业方式有以下4种。

1. 2人交替包转向架检查作业方式，其作业路线示意如图4-6所示。

2. 2人半蛇形检查作业方式，其作业路线示意如图4-7所示。

3. 骑轨检查作业方式，其作业路线示意如图4-8所示。

4. 制动检车员单人绕车检查作业方式，其作业路线示意如图4-9所示。

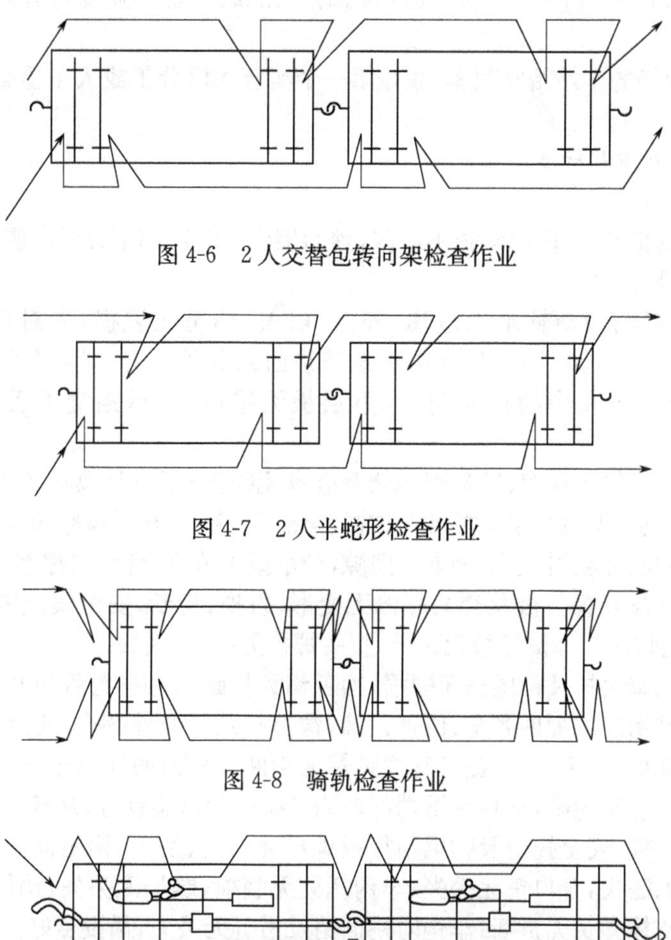

图 4-6　2 人交替包转向架检查作业

图 4-7　2 人半蛇形检查作业

图 4-8　骑轨检查作业

图 4-9　制动检车员单人绕车检查作业

第五节　铁路货车检查范围及质量标准

由于铁路货车新技术的发展和大量投入使用、生产力布局的调整等因素，列检作业性质与作业方式经历了很大的变革，因而检查范围和质量标准也发生了很大改变。目前，按照货车运用作业场等级设置、作业性质、作业方式的不同，列检作业场列车技术检查范围和质量标准分为：全面检全面修、重点检重点修、TFDS 动态检查、专项检专项修、动态检拦停修。

一、“全面检全面修”检查范围和质量标准

(一)使用范围

1. 列检作业场对到达列车；

2. 特级列检作业场合处在 500 km 左右列检安全保证距离位置上的一级列检作业场中转列车；

3. 处在500 km左右列检安全保证区段内的一、二级列检作业场对有调中转作业列车中摘解的铁路货车；

4. 无列检作业场的车站始发列车，途径第一个实行人机分工或人工检查作业方式的列检作业场。

(二)检查范围和质量标准

1. 提速铁路货车

(1)车轮轮缘垂直磨耗、内侧缺损不超限，踏面擦伤、剥离、凹下、缺损、圆周磨耗不超限，轮缘厚度、轮辋厚度符合规定。

(2)消除热轴故障；滚动轴承无甩油，外圈、前盖、轴箱无裂损，密封罩、轴端螺栓无脱出；承载鞍无裂损、错位，转K2型转向架承载鞍顶面无金属碾出；侧架导框纵向与滚动轴承外圈无接触；轴箱橡胶垫中间橡胶与上、下层板无错位；轴承挡键无丢失，螺母无松动、丢失。

(3)摇枕、侧架、一体式构架、U形副构架及心盘无裂损；下心盘螺栓无折断；螺母无松动、丢失；侧架立柱磨耗板、斜楔及主摩擦板无破损、窜出、丢失，摇枕斜楔摩擦面磨耗板无窜出；常接触式旁承配件齐全、无破损，上下旁承无间隙，旁承滚子或JC旁承支撑磨耗板与上旁承磨耗板不得接触；交叉支撑装置盖板及交叉杆体无变形、裂损、折断，安全索或链无折断、脱落、丢失；转K4、转K5型转向架弹簧托板无裂损，折头螺栓无折断、丢失。

(4)钩体、钩舌、牵引杆及钩尾框无裂损；钩舌销无折断、丢失；钩舌销开口销无丢失；钩锁铁锁腿无折断，下锁销组成配件齐全、位置正确；钩提杆及链配件齐全，松余量符合规定，钩提杆座无裂损，螺母无松动、丢失，钩提杆复位弹簧无折断、丢失；两连接车钩中心水平线高度之差(以下简称:互钩差)不超限，车列首尾端部车钩三态作用试验良好；从板、从板座、缓冲器、冲击座铆钉无折断、丢失；安全托板及钩尾销托板螺母无松动、丢失，钩尾框托板、钩尾扁销及安全吊架螺母无松动、丢失，开口销无丢失；车钩托梁无裂损，螺母无丢失；钩体支撑弹簧鞍止挡块及螺母无丢失，支撑弹簧无折断；车钩防跳插销及吊链无丢失，插设良好。

(5)空气制动机作用良好，制动缸活塞行程符合规定:副风缸、减速缓解风缸、容积风缸、降压风缸等缸体及吊架无裂损、脱落，吊架螺母无丢失；制动缸无脱落，吊架无裂损，螺母无松动、丢失；制动阀吊架螺母无松动、丢失；制动主管、支管、连接管无泄漏，卡子及螺母、法兰螺母无丢失；空重车自动调整装置限压阀、调整阀、传感阀等无破损，横跨梁及座无折断，螺母及开口销无丢失；制动软管、组合式集尘器、缓解阀无破损、丢失，缓解阀拉杆及吊架无破损、脱落；折角塞门、截断塞门等塞门无破损，塞门手把无丢失；闸瓦自动间隙调整器(以下简称:闸调器)无破损；脱轨自动制动装置配件齐全，位置正确。

(6)制动梁梁架、撑杆、支柱无裂损，支柱夹扣、螺母无丢失，支柱圆销无破损，闸瓦托铆钉无折断、丢失；制动梁吊无裂损，圆销及开口销无折断、丢失；制动梁安全吊无折断、脱落；制动梁安装位置正确；闸瓦及闸瓦插销无折断、丢失，闸瓦磨耗不超限，闸瓦插销正位；基础制动装置各拉杆、杠杆、圆销、开口销无折断、丢失，吊架无破损、脱落，止退开口销配件齐全良好、位置正确；下拉杆下垂不超限，圆销无破损，安全吊或索无脱落、丢失。

(7)人力制动机配件齐全，无破损、脱落。

(8)中梁、侧梁、端梁、枕梁、横梁及牵引梁无裂损；中梁及侧梁下垂、车体倾斜或外涨不超限；铁路货车车号自动识别标签无失效(无AEI复示终端的列检作业场除外)、丢失。

(9)侧柱、角柱无裂损，敞车上端梁、上侧梁无折断；车门及车窗无脱落、丢失；车门、平车端板或渡板折页及座无折断，圆销、开口销无丢失；空车墙板、门板、地板破损或腐蚀穿孔不超限；车门锁闭装置配件齐全、无破损；绳栓、柱插无破损、丢失；脚蹬、车梯扶手及车端护栏无破损，弯曲不超出车辆限界；集装箱锁头、车挡及箱挡无破损、丢失；罐车卡带无裂损，紧固螺母及锁紧螺母无松动，圆销及开口销无丢失；罐车及鞍木局部间隙不超限，罐体及阀无泄漏，罐体上部走板、保护栏等配件无脱落、窜出、丢失；罐体鞍座压板无裂损，与枕梁连接螺栓螺母无松动、丢失。

(10)空车定检不过期。

2. 非提速铁路货车

(1)车轮轮缘垂直磨耗、内侧缺损不超限，踏面擦伤、剥离、凹下、缺损、圆周磨耗不超限，轮缘宽度、轮辋厚度符合规定；辐板孔边缘径向无裂纹，周向裂纹不超限。

(2)消除热轴故障；滚动轴承无甩油，外圈、前盖、轴箱无裂损，密封罩、轴端螺栓无脱出；承载鞍无裂损、错位，侧架导框及承载鞍无异常磨耗；滑动轴承轴箱配件齐全，轴箱盖螺母无松动。

(3)摇枕、侧架、一体式构架及心盘无裂损；下心盘螺栓无折断，螺母无丢失、松动每侧不超过一根；侧架立柱磨耗板及斜楔无破损、窜出、丢失，摇枕斜楔摩擦面磨耗板无窜出；间隙旁承配件齐全、无破损，间隙不超限；轴箱、摇枕及减振弹簧无折断、窜出、丢失。

(4)钩体、钩舌及钩尾框无裂损；钩舌销无折断、丢失。钩舌销开口销无丢失，钩锁铁锁腿无折断，下锁销组成配件齐全、位置正确；钩提杆及链配件齐全，松余量符合规定，钩提杆座无裂损，螺母无松动、丢失；互钩差不超限，车列首尾端部车钩三态作用试验良好；从板、从板座、缓冲器、冲击座无破损，从板座及冲击座铆钉无折断、丢失；钩尾框托板及钩尾扁销螺母无松动、丢失，开口销无丢失；车钩托梁无裂损，螺母无丢失。

(5)空气制动机作用良好，制动缸活塞行程符合规定；副风缸、加速缓解风缸、工作风缸、降压风缸等缸体及吊架无裂损、脱落，吊架螺母无丢失；制动缸无脱落，吊架无裂损，螺母无松动、丢失；制动闸吊架螺母无松动、丢失；制动主管、支管、连接管无泄漏，卡子及螺母、法兰螺母无丢失；制动软管、缓解阀、远心集尘器无破损、丢失；折角塞门、截断塞门等塞门无破损；缓解阀拉杆、空重车调整杆及吊架无破损、脱落；手动空重车位调整正确。

(6)制动梁槽钢、弓形槽钢、支柱无裂损，支柱圆销无破损；制动梁吊无裂损，圆销及开口销无折断、丢失；制动梁安全链无折断、脱落；制动梁安装位置正确；闸瓦及闸瓦插销无折断、丢失，闸瓦磨耗不超限，闸瓦插销正位；基础制动装置各拉杆、杠杆、圆销、开口销无折断、丢失，吊架无破损、脱落，止退开口销配件齐全良好、位置正确；下拉杆下垂不超限，圆销无破损，安全吊或索无脱落、丢失。

(7)人力制动机配件齐全，无破损、脱落。

(8)中梁、侧梁、端梁、枕梁、横梁及牵引梁无裂损；中梁及侧梁下垂、车体倾斜或外涨不超限；铁路货车车号自动识别标签无失效(无 AEI 复示终端的列检作业场除外)、丢失。

(9)侧柱、角柱无裂损，敞车上端梁、上侧梁无折断；车门及车窗无脱落、丢失；车门、平车端板或渡板折页及座无折断，圆销、开口销无丢失；空车墙板、门板、地板破损或腐蚀穿孔不超限；车门锁闭装置配件齐全、无破损；绳栓、柱插无破损、丢失；脚蹬、车梯扶手及车端护栏无破损，弯曲不超出车辆限界；集装箱锁头、车挡及箱挡无破损、丢失；罐车卡带无裂损，紧固螺母及锁紧螺母无松动，圆销及开口销无丢失；罐体及阀无泄漏，罐体上部走板、保护栏等配件无脱落、窜出、丢失；枕梁连接螺栓螺母无松动、丢失。

(10)空车定检不过期。

二、“重点检重点修”检查范围和质量标准

(一)适用范围

处在500 km左右列检安全保证区段内的一级有调中转作业中未摘解的铁路货车及无调中转作业,实行人工检查作业方式时,执行“重点检重点修”检查范围和质量标准。

(二)检查范围和质量标准

1. 提速铁路货车

(1)车轮轮缘垂直磨耗、内侧缺损不超限,踏面擦伤、剥离、凹下、缺损、圆周磨耗不超限,轮缘厚度、轮辋厚度符合规定。

(2)消除热轴故障;滚动轴承无甩油,外圈、前盖、轴箱无裂损,密封罩、轴端螺栓无脱出;承载鞍无裂损、错位。

(3)摇枕、侧架、一体式构架、U形副构架及心盘无裂损;下心盘螺栓无折断;螺母无松动、丢失;侧架立柱磨耗板、斜楔及主摩擦板无破损、窜出、丢失,摇枕斜楔摩擦面磨耗板无窜出;交叉支撑装置盖板及交叉杆体无变形、裂损、折断,安全索或链无折断、脱落、丢失;转K4、转K5型转向架弹簧托板无裂损,折头螺栓无折断、丢失。

(4)钩体、钩舌、牵引杆及钩尾框无裂损;钩舌销无折断、丢失;钩舌销开口销无丢失;钩锁铁锁腿无折断,下锁销组成配件齐全、位置正确;钩提杆及链配件齐全,钩提杆座无裂损,螺母无松动、丢失,钩提杆复位弹簧无折断、丢失;互钩差不超限,车列首尾端部车钩三态作用试验良好;安全托板及钩尾销托板螺母无松动、丢失,钩尾框托板、钩尾扁销及安全吊架螺母无松动、丢失,开口销无丢失;车钩托梁无裂损,螺母无丢失;钩体支撑弹簧鞍止挡块及螺母无丢失,支撑弹簧无折断;车钩防跳插销及吊链无丢失,插设良好。

(5)空气制动机作用良好,制动缸活塞行程符合规定:副风缸、减速缓解风缸、容积风缸、降压风缸等缸体及吊架无裂损、脱落;制动软管、折角塞门、截断塞门等塞门无破损,塞门手把无丢失;闸瓦自动间隙调整器(以下简称:闸调器)无破损;脱轨自动制动装置配件齐全,位置正确。

(6)制动梁梁架、撑杆、支柱无裂损,支柱夹扣、螺母无丢失,支柱圆销无破损,闸瓦托铆钉无折断、丢失;闸瓦及闸瓦插销无折断、丢失,闸瓦磨耗不超限,闸瓦插销正位;基础制动装置各拉杆、杠杆、圆销、开口销无折断、丢失,吊架无破损、脱落,止退开口销配件齐全良好、位置正确。

(7)人力制动机配件齐全,无破损、脱落。

(8)车体倾斜或外涨超限;车门、车窗、平车端板或渡板无脱落;罐车卡带无折断,紧固螺母及锁紧螺母无松动,圆销及开口销无丢失;罐体及阀无泄漏,罐体上部走板、保护栏等配件无脱落、窜出;罐体鞍座无裂损,与枕梁连接螺栓螺母无松动丢失。

2. 非提速铁路货车

(1)车轮轮缘垂直磨耗、内侧缺损不超限,踏面擦伤、剥离、凹下、缺损、圆周磨耗不超限,轮缘宽度、轮辋厚度符合规定。

(2)消除热轴故障;滚动轴承无甩油,外圈、前盖、轴箱无裂损,密封罩、轴端螺栓无脱出;承载鞍无裂损、错位,侧架导框及承载鞍无异常磨耗;滑动轴承轴箱配件齐全,轴箱盖螺母无松动。

(3)摇枕、侧架、一体式构架及心盘无裂损;下心盘螺栓无折断,螺母无丢失、松动;侧架立柱磨耗板及斜楔无破损、窜出、丢失;轴箱、摇枕及减振弹簧无折断、窜出、丢失。

(4)钩体、钩舌及钩尾框无裂损;钩舌销无折断、丢失。钩舌销开口销无丢失,钩锁铁锁腿无折断,下锁销组成配件齐全、位置正确;钩提杆及链配件齐全,松余量符合规定,钩提杆座无裂损,螺母无松动、丢失;互钩差不超限,车列首尾端部车钩三态作用试验良好;钩尾框托板及钩尾扁销螺母无松动、丢失,开口销无丢失;车钩托梁无裂损,螺母无丢失。

(5)空气制动机作用良好,制动缸活塞行程符合规定;副风缸、加速缓解风缸、工作风缸、降压风缸等缸体及吊架无裂损、脱落,吊架螺母无丢失;制动缸无脱落,吊架无裂损;制动软管、折角塞门、截断塞门等塞门无破损;缓解阀拉杆、空重车调整杆及吊架无破损、脱落;手动空重车位调整正确。

(6)制动梁及吊无折断、脱落;制动梁吊圆销及开口销无折断、丢失;闸瓦及闸瓦插销无折断、丢失,闸瓦磨耗不超限,闸瓦插销正位;基础制动装置各拉杆、杠杆、圆销、开口销无折断、丢失,吊架无破损、脱落,止退开口销配件齐全良好、位置正确。

(7)人力制动机配件齐全,无破损、脱落。

(8)车体倾斜或外涨超限;车门、车窗、平车端板或渡板无脱落;罐车卡带无折断,紧固螺母及锁紧螺母无松动,圆销及开口销无丢失;罐体及阀无泄漏,罐体上部走板、保护栏等配件无脱落、窜出。

三、“TFDS 动态检查”检查范围和质量标准

(一)使用范围

对通过 TFDS 实行 TFDS 动态检查的列车。

(二)检查范围和质量标准

1. 提速铁路货车

(1)车轮无缺损。

(2)滚动轴承无甩油,外圈无裂损,密封罩无拖出,前盖无裂损、丢失,轴端螺栓无丢失,轴承挡键无丢失,承载鞍无错位、挡边无折断,轴箱橡胶垫无裂损。

(3)摇枕、侧架无裂损,斜楔主摩擦版、侧架立柱磨耗板无破损、窜出、丢失,摇枕斜楔摩擦面磨耗板无窜出,摇枕弹簧无折断、窜出、丢失,交叉支撑装置盖板及交叉杆体无弯曲、变形、裂损、折断,安全索无丢失,扣板螺栓、端部螺栓无丢失,锁紧板无移位、丢失,支撑座无破损。转 K4、转 K5 型转向架弹簧托板无裂损,折头螺栓无折断、丢失,下心盘螺栓无折断、丢失。

(4)钩体及钩尾框无裂损,钩舌销无折断、丢失,钩锁铁锁腿无折断,车钩连接状态良好,钩提杆无变形、脱落、丢失,钩提杆座无脱落、丢失,钩提杆链无折断、丢失,从板及从板座无裂损、折断、丢失,缓冲器无破损,钩尾框托板无裂损,螺栓及螺母无丢失,钩尾销及托板螺栓、螺母、开口销无折断、丢失,车钩托梁无裂损,螺栓、螺母无丢失。

(5)空气制动机配件无丢失,防盗罩无脱落,空重车自动调整装置限压阀、调整阀配件无丢失,制动缸及各风缸及堵无脱落、丢失,制动缸活塞推杆无丢失,连接管无折断,制动软管连接状态良好,折角塞门、截断塞门手把无关闭,闸调器无破损、丢失,拉杆圆销、开口销无折断、丢失,缓解阀无丢失,缓解阀拉杆无折断、脱落、丢失,脱轨自动制动装置拉环无脱落、丢失,组合式集尘器无破损、丢失。

(6)制动梁无裂损、折断、脱落,支柱夹扣及螺栓无丢失,端轴无折断,安全链无折断、脱落,

安全吊无脱落、丢失，基础制动装置各杠杆、拉杆、推杆及圆销、开口销无折断、丢失，吊架、托架无脱落，固定杠杆支点座、固定杠杆支点及制动梁支柱圆销、开口销无折断、丢失，闸瓦及闸瓦插销无折断、丢失。

(7)人力制动机拉杆及吊架无折断、脱落、丢失，滑轮无丢失，轴链、拉杆链及拉杆链及圆销、开口销无折断、丢失。铁路货车车号自动识别标签无破损、丢失。

(8)铁路货车车号自动识别标签无破损、丢失。

(9)车体地板、端墙板无破损，牵引梁、端梁无弯曲、破损。

2. 非提速铁路货车

(1)车轮无缺损。

(2)滚动轴承无甩油，外圈无裂损，密封罩无拖出，前盖无裂损、丢失，轴端螺栓无丢失，承载鞍无错位、挡边无折断。

(3)摇枕、侧架无裂损，侧架立柱磨耗板无破损、窜出、丢失，摇枕斜楔摩擦面磨耗板无窜出，摇枕弹簧无折断、窜出、丢失，下心盘螺栓无折断、丢失。

(4)钩体及钩尾框无裂损，钩舌销无折断、丢失，钩锁铁锁腿无折断，车钩连接状态良好，钩提杆无变形、脱落、丢失，钩提杆座无脱落、丢失，钩提杆链无折断、丢失，从板及从板座无裂损、折断、丢失，缓冲器无破损，钩尾框托板无裂损，螺栓及螺母无丢失，车钩托梁无裂损，螺栓、螺母无丢失。

(5)空气制动机配件无丢失，防盗罩无脱落，空重车自动调整装置限压阀、调整阀配件无丢失，制动缸及各风缸及堵无脱落、丢失，制动缸活塞推杆无丢失，连接管无折断，制动软管连接状态良好，折角塞门、截断塞门手把无关闭，闸调器无破损、丢失，拉杆圆销、开口销无折断、丢失，缓解阀无丢失，缓解阀拉杆无折断、脱落、丢失，脱轨自动制动装置拉环无脱落、丢失，组合式集尘器无破损、丢失。

(6)制动梁无裂损、折断、脱落，端轴无折断，安全链无折断、脱落，安全吊无脱落、丢失，基础制动装置各杠杆、拉杆、推杆及圆销、开口销无折断、丢失，吊架、托架无脱落，固定杠杆支点座、固定杠杆支点及制动梁支柱圆销、开口销无折断、丢失，闸瓦及闸瓦插销无折断、丢失。

(7)人力制动机拉杆及吊架无折断、脱落、丢失，滑轮无丢失，轴链、拉杆链及拉杆链及圆销、开口销无折断、丢失。

(8)铁路货车车号自动识别标签无破损、丢失。

(9)车体地板、端墙板无破损，牵引梁、端梁无弯曲、破损。

四、“动态检拦停修”检查范围和质量标准

TFDS 动态检查发现以下危机行车安全的故障时，应按规定拦停处理。

1. 制动梁脱落、折断。
2. 下拉杆脱落、圆销、开口销丢失。
3. 制动梁支柱折断，圆销、开口销丢失。
4. 交叉杆折断。
5. 折角塞门关闭。
6. 制动缸及各风缸脱落。
7. 轴承冒烟等其他危机行车安全的铁路货车故障。

一级、二级列检作业场实行动态检查作业方式对列车进行通过作业时，发现配件丢失以及

影响行车安全的重点故障，与行车部门联系后利用换乘、换挂时间，组织故障专修组快速处理，对无站停时间及在站停时间无法处理的，按照规定拦停处理，其他故障向前方列检作业场进行预报。

五、其他检查范围和质量标准

1. 行包快运专列检查范围和质量标准

行包快运专列的列检技术检查作业要在规定的列检作业场进行，按下列检查范围和质量标准检查、修理。

(1)消除热轴故障，车轮轮缘垂直磨耗、内侧缺损不超限，踏面擦伤、剥离、凹下、缺损、圆周磨耗不超限，轮缘宽度、轮辋厚度符合规定。

(2)摇枕、侧架、一体式构架及心盘无裂损；下心盘螺栓折断、丢失每侧不超过1根；侧架立柱磨耗板、斜楔及主摩擦板无破损、窜出、丢失；常接触式旁承配件齐全、无破损，上下旁承无间隙，旁承滚子与上旁承磨耗板不得接触；交叉支撑装置盖板及交叉杆体无变形、裂损、折断，安全索或链无脱落、丢失，支撑座无破损，交叉杆端部螺栓无松动、丢失，防松垫止耳无折断；轴箱、摇枕及减振弹簧无折断、窜出、丢失、轴箱橡胶垫中间橡胶与上、下层板无错位；转K4、转K5型转向架弹簧托板无裂损，折头螺栓无折断、丢失。

(3)钩舌销无折断、丢失，钩锁铁锁脚无折断；钩提杆座无裂损、螺母无丢失；互钩差不超限；车列首尾端部钩舌无裂损，车钩三态作用试验良好；安全托板、钩尾销托板、钩尾框托板及车钩托梁螺母无丢失；钩体支撑弹簧鞍止挡块及螺母无丢失；钩尾扁销及安全吊架螺母、开口销无丢失。

(4)制动软管无破损，制动缸、副风缸、降压风缸、加速缓解风缸、制动阀等缸体、阀体无脱落；制动梁及吊、安全链无折断、脱落，制动梁安装位置正确；制动梁吊圆销及开口销、闸瓦及闸瓦插销无折断、丢失，闸瓦磨耗不超限，闸瓦插销正位；基础制动装置各拉杆、杠杆、圆销、开口销无折断、丢失。

(5)车体倾斜或外胀不超限，车门及车窗无脱落。

(6)空气制动机作用良好，制动缸活塞行程符合规定(负责行包快运铁路货车专列列车制动机试验的列检作业执行)。

2. 编挂在货物列车中的客车作业范围和质量标准

列检作业场对编入货车列车中的客车，按照下列检查范围和质量标准检查、修理。

(1)车轮轮缘垂直磨耗、内侧缺损不超限，踏面擦伤、剥离、凹下、缺损、圆周磨耗不超限，轮缘厚度、轮辋厚度符合规定。

(2)闸瓦及闸瓦插销无折断、丢失，闸瓦磨耗不超限，闸瓦插销正位。

(3)与铁路货车连接的车钩、制动软管的连接状态良好。

对编入货物列车中的客车进行技术检查作业时，制动机试验由客车乘务员负责，检查中发现客车故障是否需要扣修，由列检作业场决定，对随车乘务员预报的客车故障，列检作业场要积极配合处理。

3. 编挂在货物列车中的机冷车组作业范围和质量标准

列检作业场对编入货物列车中的机械冷藏列车，按照下列检查范围和质量标准检查、修理。

(1)车轮轮缘垂直磨耗、内侧缺损不超限，踏面擦伤、剥离、凹下、缺损、圆周磨耗不超限，轮缘厚度、轮辋厚度符合规定。

(2)闸瓦及闸瓦插销无折断、丢失，闸瓦磨耗不超限，闸瓦插销正位。

(3)空气制动机作用良好，制动缸活塞行程符合规定。

(4)车钩连接状态良好。

对机冷车组乘务人员预报的铁路货车故障，列检配合处理，发现热轴时，由列检作业场确认能否继续安全运行。

4. 编挂在货物列车中的自轮运转特种设备作业范围和质量标准

列检作业场对编挂在货物列车中的自轮运转特种设备、发电列车等，进入国铁与货物列车连挂运行时，企业(含路内单位)要派押运人员负责对上述设备进行检查，确保运行的技术状态良好，列检作业场只检查车轮技术状态，并符合运用货车规定；押运人员预报的铁路货车故障，要积极配合处理，发现热轴时，由列检作业场确认能否继续安全运行；列检作业场与企业(含路内作业)的押运人员联系，确认上述设备的技术状态是否良好，并做好记录，双方签字。

5. 编挂在货物列车中的 C_{100} 型敞车作业范围和质量标准

列检作业场对编入货物列车中的 C_{100} 型敞车，除按照规定的检查范围和质量标准进行列车技术检查外，还需执行以下作业范围和质量标准。

(1)二位转向架摇枕组成的下旁承平面磨耗板、立面磨耗板和三位转向架下旁承磨耗板无裂损、丢失；三位转向架下旁承磨耗板螺母无松动、去失。

(2)三位转向架中心销筒的磨耗套或中心销无裂损、焊缝无开焊。

(3)二、三位转向架闸瓦磨耗剩余厚度不小于 25 mm；同一制动梁两端闸瓦厚度差不大于 10 mm。

(4)均载装置连接杆和均衡拉杆及圆销、开口销无折断、丢失。

(5)均载装置安装座下平面与上旁承滚体不得接触。

(6)均载装置安装座与枕梁的连接螺栓螺母无松动、丢失。

(7)均载装置旁承滚轮座与下旁承磨耗板不得接触。

6. 预制梁运输列车检查范围和质量标准

对编入货物列车中的 DL1 型预制梁运输专用车组，除按照规定的检查范围和质量标准进行列车技术作业外，还要执行以下标准。

(1)空车运行时，支撑装置配件齐全。

(2)空车运行时，所有专用车钩缓冲停止器应处于非工作位并锁闭。重车运行时，与相邻铁路货车的专用车钩缓冲停止器应处于工作状态，预制梁运输车组两外端专用车钩缓冲停止器处于非工作状态；专用车钩缓冲停止器配件齐全良好。

(3)转向盘底座旁承磨耗板连接螺栓及螺母无松动、丢失。

(4)转向盘底座与车体间的连接螺栓及螺母无松动、丢失。

7. 行包专列整备作业范围和质量标准

行包快运专列装车前的铁路货车要进行整备，除按照“全面检全面修”的检查范围和质量标准进行列车技术作业外，还要执行以下标准。

(1)钩体、钩舌及钩尾框无裂纹；车钩中心线高度空车最高不大于 890 mm、最低不小于 845 mm，互钩差不大于 45 mm。

(2)交叉杆扣板无裂纹，交叉杆体损伤深度不超过 3 mm，交叉杆体变形、弯曲不超过 38 mm。

(3)制动梁滑块无裂损、磨耗套无丢失，闸瓦托铆钉无松动，安全链松余量符合规定；基础制动装置各拉杆、杠杆无裂损，各部圆销须给油。

(4)人力制动机作用良好；车体倾斜不大于 50 mm；定检在本次运行往返周期内不得过期。

8. 集装箱专列整备作业范围和质量标准

固定编组、固定区段运行的双层集装箱专列装车前要进行整备；整备后的铁路货车要保证一次运输往返的运行安全，除按照全面检全面修的检查范围和质量标准进行列车技术作业外，还要执行以下标准。

(1)侧墙弯形下盖板弯角无裂纹。

(2)制动梁安全链松余量符合规定。

(3)定检在本次运行往返周期内不得过期。

(4)铁路货车不得为制动故障关车门。

(5)整备后须进行列车制动机始发全部试验。

9. 进入高原的铁路货车的整备试验。

对进入高原铁路的铁路货车，要根据高原铁路的特殊性，提高轮轴、闸瓦、空气制动、车钩缓冲装置的检查、修理标准，须进行记名式整备。除按提速铁路货车“全面检全面修”的检查范围和质量标准进行列车技术作业外，还须执行以下标准：

(1)对 THDS 预报的热轴和温升最大值铁路货车，应组织专人鉴定，使用滚动轴承故障诊断仪进行判断，对预报强热、激热及温升超过规定的须更换轮轴；对发出列车的钩提杆、钩锁销、折角塞门手把须捆绑。

(2)轮缘厚度不小于 24 mm；踏面圆周磨耗深度不大于 7 mm；踏面剥离长度：1 处不大于 40 mm；2 处每一处不大于 30 mm；车轮踏面上无融化金属黏着物。

(3)心盘垫板无破损，上心盘铆钉无折断；侧架立柱磨耗板拉铆螺栓无折断、丢失；斜楔主摩擦面与侧架立柱磨耗板垂直方向不得有贯通间隙。转 K2、转 K4 型及控制型转向架轴承挡键与轴承外圈间隙不小于 2 mm。

(4)闸瓦磨耗剩余厚度不小于 25 mm，且同一制动梁两端闸瓦厚度差不大于10 mm。

(5)折叠式(平车)手制动机须放下检查，不得超过车辆限界。闸瓦间隙自动调整器外观检查，各附属配件无松动、弯曲、变形、损坏或控制杠杆、控制杆、调整螺栓、连接杆等无丢失。

(6)车钩托梁、钩尾框、钩尾销托板无裂纹；车钩托梁及钩尾框磨耗板无丢失。车钩须分解检查：13 号钩舌内侧面与正面磨耗剩余量厚度不小于 68 mm，13A 型不小于 69 mm，钩舌锁面磨耗深度不大于 3 mm，钩锁坐入量不小于 45 mm。钩舌销无弯曲、裂纹，径向磨耗不大于 2 mm。钩腔内各配件无裂纹、弯曲、变形。销轴磨耗不大于 2 mm。上锁销杆挂钩上部圆弧、钩锁挂钩轴磨耗不大于 1 mm。上锁销杆防跳台尺寸为：24×(18±1)mm、弧面为 R30 mm，导入端须高出平面尾部 2 mm，导入端圆弧不大于 R5 mm。钩锁上部左、右导向面及锁腿磨耗不大于 2 mm。清除钩腔内部污垢，检查钩体各部技术状态，钩腔内部无裂纹；13A 型车钩防跳台磨耗大于 2 mm；13A 型车钩上锁销孔前后磨耗之和大于 3 mm。钩舌与上钩耳间隙：13A 型车钩不小于 10 mm；钩舌销与钩耳孔或钩舌销孔间隙不大于 7 mm。

(7)车钩防跳性能须良好；13A 型车钩防跳性能：上作用车钩在闭锁位置时，使用钩锁托具并使锁腿贴靠后壁，向上托起钩锁，不得开锁；钩锁移动量：上作用车钩不大于 11 mm，下作用车钩不大于 22 mm，且均不小于 3 mm；下作用车钩须有二次防跳性能，摆动下锁销组成时防跳性能须良好。

(8)车钩三态作用须良好,开闭灵活,下作用车钩防尘盖无丢失;13 号车钩:闭锁位置不大于 133 mm,全开位置不大于 248 mm。13A 型车钩:闭锁位置不大于 130 mm,全开位置不大于 245 mm。

(9)钩提杆无弯曲变形,下作用车钩钩提杆与座凹槽间隙不大于 3 mm。钩提杆座无裂纹,背母无丢失。钩提杆、链无裂纹,松余量为 45～55 mm。上作用车钩钩提杆左、右移动量为 30～50 mm。车钩中心线至钢轨顶面的高度为 870～890 mm。

(10)制动梁滑槽卡入式磨耗板无丢失;制动梁安全链马蹄环螺栓开口销无丢失。

(11)车体须符合下列要求:

①有棚顶铁路货车车体倾斜不大于 50 mm。

②中梁左右旁弯曲不大于 40 mm。

③侧梁、上边梁、上端梁左右旁弯不大于 60 mm。

④外扶梯、车顶栏杆、车顶走板、走板无弯曲、焊缝开裂及螺栓松动。

⑤车门及附属配件、脚蹬、扶梯、绳挂、卷扬机挂钩、柱插、票插、角柱撑板等配件齐全,无松动,弯曲或变形不影响作用,无焊缝开裂、裂纹、裂损、丢失,侧柱铆钉无拔孔或折断。

10. 装卸检修作业场检查范围和质量标准

装卸检修作业场的检查范围和质量标准主要包括:无撞车、脱线迹象,闸瓦、闸瓦插销无丢失,车门、车窗无丢失、脱落,罐车上部车顶走板、防护栏无脱落、窜出,无装卸原因造成的配件损坏等铁路货车故障,具体标准由铁路局根据货车的装卸车方式、装卸机具使用情况制定。

11. 车辆技术交接作业场检查范围和质量标准

车辆技术交接作业场的检查范围和质量标准由铁路局组织车辆段与有关厂、矿、港口、地方、合资铁路、工程临管部门等企业,根据有关规章、标准和技术交接作业实际需要制定,车辆段与上述企业按照年度签订车辆技术交接协议,并在技术交接协议中明确。未办理技术交接的铁路货车,不准进入国铁营业线运行。

12. 翻前翻后标准检查范围和质量标准

对上翻车机和进入解冻库的铁路货车,由铁路局制定翻前整备、翻后整修和解冻后铁路货车的检查范围及质量标准。车辆段与翻车机和解冻库使用单位按照年度签订技术交接协议。

13. 国境站技术交接作业场检查范围和质量标准

国境站技术交接作业场对国际联运出、入境的国铁货车或外国铁路货车,按照《国际铁路联运车辆使用规则》的规定由铁路局制定联运铁路货车的技术交接办法,纳入每年的《国境铁路会议议定书》。具体国际联运铁路货车技术交接标准,按照交接双方铁路间议定书规定的交接范围和质量标准执行。

14. 固定循环车组及有特殊要求时的作业要求

(1)对于运行区段中长期不经列检作业场停车技术检查的固定循环车组,铁路局要根据运行区段内的线路、牵引和装卸等情况确定检查期限、地点,按照《铁路货车运用维修规程》"全面检全面修"作业范围和质量标准进行技术检查修理作业,确保列车的运行安全。

(2)对制动检修等有特殊要求的列检作业场,要根据具体的情况制定作业检查方式及检查范围和质量标准,但不得低于《铁路货车运用维修规程》规定的作业范围;区段列车、摘挂列车、区段及枢纽地区的小运转列车的作业检查范围和质量标准,要根据列检作业场的布局、TFDS 系统的设置以及运输组织的需要,制定具体的作业范围和质量标准。

第六节　列检一列作业标准

一、到达、中转一列作业标准

1. 预报通知

列检值班员接到车站通知后核对计划，将车次、辆数、进入股道、通知时间及有关事项认真记载，提前将到达列车车次、编组辆数、接入股道内容以及货车安全防范系统预报内容重复3次通知作业组，将有关内容准确输入HMIS运用子系统“列车技术检查记录簿”(车统—14)内。

2. 作业准备

检车员接到值班员通知后，及时将有关内容填记在“检车员工作手册”(车统—15)内，整理着装、携带工具，在待检室门前列队，工长(组长)检查作业人员着装、工具和安全防护用品，提出作业注意事项，整队出发，提前3～5 min到达指定线路、规定位置面向来车方向，避开钢轨接缝处站立，准备接车。

3. 进入检查

机车越过本位置后，与列车成45°半蹲式接车。进入检查要做到听、看、闻、联，发现问题及时预报。

(1)听——听车轮是否有打击钢轨的声音，轴承是否有异常音响。

(2)看——目视铁路货车技术状态是否有异状，转向架各配件有无脱落及其他异常情况。

(3)闻——鼻闻有无燃烧异味。

(4)联——列车停妥后，前部检车员与司机联系，了解列车途中运行情况，并将有关情况向值班员汇报。尾部检车员使用对讲机向前部检车员汇报接车有无异状。

尾部检车员待最后一辆车越过脱轨器后，确认防护距离是否符合规定，防护距离不足时，尾部检车员向值班员报告。列车停稳后，首、尾部检车员向值班室汇报首、尾车号，值班员将相关预报内容通过列检作业手持机系统或对讲机等通信设备发布给检车员，并做好记录。

4. 插设信号

(1)机后位检车员摘解机车，待机车越过脱轨器后按照规定插设带有脱轨器的安全防护信号。联系信号由对信号侧人员参加，信号不准越传、漏传、错传，必要时可以用对讲机辅助，严禁臆测判断。

(2)指定专人插设安全防护信号，由专人负责监督，执行互控制度。在插设好防护信号后，检车员用对讲机向值班员报告，值班员复诵。

(3)使用移动式脱轨器进行防护时，指定专人同时进行插设，如遇线路有弯道、天气不良等情况时，要加强信号的联系和确认，辨清接车股道，防止误、错插设。

5. 试风准备

检车员连接长软管前，要排除风源的油、水、尘，接好风管路，列车制动机试验要安装无线风压监测仪(设备因故停用时使用试验用压力风表)。

6. 轴温检查

列车停稳后，要及时到达点温位置使用便携式红外线测温仪进行轴温检测，将相关数据记录在“检车员工作手册”(车统—15)中或输入列检作业手持机，向值班员汇报。

点测部位：铁路货车滑动轴承为轴箱前顶部；无轴箱滚动轴承为运行方向后侧轴承外圈下

部;有轴箱滚动轴承为轴箱上中部。对外观检查有异状的滚动轴承,要认真检查、确认。

7. 列车制动机试验

待列车主管压力达到规定压力后,按照规定程序和标准进行列车制动机全部试验(中转列车在接近长大坡道区间的列检作业场执行持续安定保压全部试验),发现制动故障关门车要认真检查、确认和试验并填写"车统—15",试验结束后,摘下长软管和无线风压监测仪。

8. 列车检查

按照规定的技术检查范围和质量标准进行技术检查,检车员要平行作业,呼唤应答,作业中相差不得超过一个台车。

9. 故障修理

检车员在技检时间内,按照检查范围和质量标准进行维修。小件修故障实行检车员自检自修,自检自验,同段作业人员实行互控检查。在列车队发现大件修故障时,及时通知工长和故障修理人员,由故障修理人员进行处理,当班工长要到场指导,并负责修理故障质量的检查。故障铁路货车需摘车施修时,检车员及时通知值班员,值班员在作业时间内将摘车信息通知车站。

10. 撤除防护信号

由专人撤除防护信号,指定专人监督,执行互控制度。在撤除防护信号后,检车员用对讲机向值班员报告,值班员复诵。

使用移动式脱轨器进行防护时,指定专人同时进行撤除。移动脱轨器要固定存放,加锁管理。

11. 简略试验(到达列车不做)

中转列车连挂机车进行简略试验前,要排除机车软管污垢,接好制动软管,先开机车折角塞门,后开铁路货车折角塞门无列尾装置的列车,尾部检车员安装无线风压监测仪,按照规定进行列车制动机简略试验,试验结束后,尾部检车员关闭折角塞门、摘下无线风压监测仪,吊起铁路货车制动软管,等待送车。

12. 送车(到达列车不做)

简略试验后,全组人员在列车两侧平行蹲式送车,重点观察配件无脱落、折角塞门无关闭、无缓解不良及其他异状。发现问题后,立即与车站联系拦停处理。

13. 列队归所

作业结束后,由组长组织列队统一归所,工具整齐放置在规定位置,保持清洁。将"检车员工作手册"(车统—15)有关信息录入 HMIS。

二、始发一列作业标准

1. 预报通知

列检值班员接到车站通知后核对计划,将车次、辆数、股道、通知时间及有关事项认真记载,提前 5 min 将始发列车车次、编组辆数、发车股道以及始发时间等内容重复 3 次通知作业组,并将上述情况准确输入 HMIS 运用子系统"列车技术检查记录簿"(车统—14)内。

2. 作业准备

检车员听到值班员通知后,及时将有关内容填记在"检车员工作手册"(车统—15)内,携带工具,整队出发。

3. 插设防护信号

按照规定插设带有脱轨器的安全防护信号。联系信号要面对信号侧人员插设,信号不准越传、漏传、错传,必要时可以用对讲机辅助,严禁臆测判断。指定专人插设带有脱轨器的安全防护信号,由专人负责监督,执行互控制度。插设好后,用对讲机向值班员报告,值班员复诵。前、尾部检车员向值班室汇报首、尾车号。使用移动式脱轨器进行防护时,要指定专人同时进行插设,如遇线路有弯道、天气不良等情况,要加强信号的联系和确认,防止误、错插设。

4. 连接软管

各段人员平行作业连接制动软管,严禁边接软管边看车。

5. 作业

制动软管连接完毕后,按照始发作业质量标准平行检查,并报告关门车辆数、位置、车号、阀型、关门原因。

6. 试风准备

前部检车员连接机车或长软管前,要排除风源的油、水、尘,接好风管路通风,尾部检车员负责安装无线风压监测仪(设备因故停用时使用试验用压力表)。

7. 列车自动制动机试验

待列车主管压力达到规定压力后,按照规定程序和标准进行列车制动机全部试验(接近长大坡道区间的列检作业场执行持续安定保压全部试验),发现制动故障关门车要认真检查确认并填写"车统—15",向值班员反馈。试验结束后,机后、尾部检车员分别摘下延长软管和无线风压监测仪。

8. 撤除防护信号

试风完毕后,各段人员归到列车两侧,由专人撤除防护信号,指定专人监督,执行互控制度。在撤除防护信号后,检车员用对讲机向值班员报告,值班员复诵。使用移动式脱轨器进行防护时,指定专人同时进行撤除。移动脱轨器要固定存放,加锁管理。

9. 简略试验

列车连挂机车进行简略试验前,要排除机车软管污垢,接好制动软管,先开机车折角塞门,后开铁路货车折角塞门;无列尾装置的列车,尾部检车员安装无线风压监测仪,按照规定进行列车制动机简略试验,试验结束后,尾部检车员关闭折角塞门摘下无线风压监测仪,吊起铁路货车制动软管,等待送车。

10. 送车

简略试验后,全组人员在列车两侧平行蹲式送车,重点观察配件无脱落、折角塞门无关闭、无缓解不良及其他异状。发现问题后,立即与车站联系拦停处理。

11. 列队归所

作业结束后,由组长组织列队统一归所,工具整齐放置在规定位置,保持清洁。将"检车员工作手册"(车统—15)有关信息录入 HMIS。

三、TFDS 一列作业标准

1. 接车

动态检车组长接到系统提示来车时,点击倒计时窗口确认,用标准用语"动态检车组准备接车,××次(车次)、编组××辆",指示动态检车员准备对铁路货车图片进行检测分析时,动态检车员利用标准用语"××工位动态检车员明白"进行回复,同时点击倒计时窗口进行确认。

2. 技术检查

(1)动态检车员分别在自己负责的工位双击当前需要检查的"车次"打开铁路货车图片．按照职责分工和检查的范围进行作业。查看图片时，单击系统界面中的下一页按钮，按照铁路货车顺位对图片进行依次逐辆检查分析，不清楚的图片进行放大分析，防止漏检。负责检查侧架部分的动态检车员从机后一位开始点击">"按钮对前台侧架从首位至尾位进行逐辆检查。完毕后点击"<"按钮对后台侧架从尾位至首位进行逐辆检查。负责检查转向架部分的动态检车员从机后一位开始点击">"按钮对前台侧架从首位至尾位进行逐辆检查。负责检查车钩缓冲、互钩差负责检查转向架部分的动态检车员从机后一位开始点击">"按钮对车钩缓冲部分从首位至尾位进行逐辆检查，完毕后点击">"按钮对互钩差部分从尾位至首位进行逐辆检查。负责检查中间部部分的动态检车员从机后一位开始点击">"按钮对中间部分从首位至尾位进行逐辆检查。

(2)动态检车员在检车时发现故障立即在系统中加入故障：双击故障图片放大后，按住鼠标左键圈出故障部位后，点击鼠标右键"加入故障"，依据故障类型选择正确的故障名称加入，点击"确定"，"故障已加入数据库"完成。同一辆车多个同类故障只加入一个故障。作业完毕用标准用语"××工位作业完毕"，报告组长。

(3)全组作业完毕，动态检车员将故障信息利用标准用语报告动态检车组长，动态检车组长得到动态检车员检车完毕(故障信息)报告后，要调取图片进行确认，确认后将故障信息预报给列检值班员。列检值班员利用列检作业手持机系统将 TFDS 发现故障情况迅速传达到现场检车员，或使用标准用语"车次、编组、机后位数、故障部位及名称"向现场进行广播，并确认责任位置检车员得到信息后利用列检作业手持机或对讲机进行回复。

3. 故障信息确认

在得到现场检车员确认故障信息情况回复后，动态检车组长将确认故障信息输入 TFDS 系统。点中此列车任意部位图片，双击任意一幅图片放大后，点击"功能"菜单，选择"确认界面"进入故障确认界面，点击"未确认"找到该图片后，点击"确认"按钮进行故障确认，并进入"确认"界面对确认故障进行检查是否已在系统中成功加入。

4. 作业完毕动态检车员将系统返回作业状态，准备下列车的作业。

四、一辆作业标准

单车检查方法

目前，列检作业场对到达列车实行"人工检查"作业方式的单车检查方法主要有包转向架、以铁路货车纵中心线为界各负责一面等。

其中包转向架检查方法如下。

一位转向架内部由二位侧检车员负责检查，二位转向架内部由一位侧检车员负责检查。对实行包面检查的铁路货车零部件，检车员以铁路货车纵向中心线为界实行包面负责检查；零部件中心线处的裂损由钩提杆所在侧检车员负责。两人平行作业，呼唤应答，相距不超过一个台车。具体分工如下：

①车钩缓冲装置、转向架、枕梁与端梁间底架部分检查方法实行包台车检查员负责；车钩缓冲装置端梁以外车钩部分以纵向中心线为界由所在侧检车员负责；转向架部分以相对轮缘顶点为界，内侧由包台车检车员负责，外侧由所在侧检查员负责；车体、两枕梁间的中梁、两转向架间的制动装置等零部件，以车体纵向中心线为界，由所在侧检车员负责；车号自动识别标

签以车体横向中心线为界，由所在侧包台车检车员负责。

②车钩连接状态、车钩三态作用、钩提杆及链、车钩上部及冲击座中部纵向中心线处裂损、车钩防跳止销及吊链，由钩提杆侧检车员负责，互钩差超限由车钩高度超限端检车员负责。

③内侧枕簧(不含减振弹簧)由包转向架检车员负责。

④转向架交叉杆支撑座、端头螺栓、防松垫止耳、交叉杆环形焊缝处裂损及货车脱轨自动制动装置、闸瓦托上下铆钉由所在侧检车员负责。

⑤手动空重车调整位由调整塞门侧检车员负责；制动关门车及制动缸连通管泄漏由负责制动机试验的检车员负责。

第七节 单车技术检查作业

铁路货车单车技术检查是铁路货车检车员必须具备的基本功，要求检车员必须熟练掌握货车单车技术检查的步骤、方法和作业顺序以及有关车辆运用限度，以保证铁路运输安全。

1. 单车技术检查所需工具、材料、备品

检车锤、手电筒(检车灯)、12 英寸(300 mm)活动扳手、第四种检查器、14 寸管钳、风管堵、红旗(红灯)等。

2. 单车技术检查安全要求

(1)作业前按规定穿戴好工作服、工作帽等劳动保护用品。

(2)配带好检查工具，并提前将所需的工具、材料、备品认真检查，合格后方可使用。

(3)作业前在线路两端，按规定插好安全防护号志，作业完毕及时撤除安全防护号志。

(4)作业中注意安全，稳中求快，严禁磕、碰、划伤等。

3. 单车技术检查作业过程(以某铁路局为例)

(1)单车技术检查作用过程(表 4-2)

表 4-2 单车技术检查作业过程

检查步骤	检查顺序及部位名称	质量标准及要求	备　注
第一步 左脚迈进钢轨内侧：目视车钩裂纹、互钩差、车体端部，锤敲钩体托梁螺栓	钩头、钩劲、冲击座、端板、端梁、补助管、折角塞门、编织制动软管总成、车钩托梁及磨耗板、车钩托梁螺栓及螺母(开口销)	钩头、钩劲无裂损，端梁无裂损，补助管无裂损脱出，冲击座无破损，端板破损影响装货空车扣修，车钩托梁螺栓及螺母无折断丢失，编织制动软管总成、折角塞门及把手无破损丢失，钩舌与钩腕内侧距离不大于：闭锁位置 135 mm，全开位置 250 mm。钩提杆链松余量为 45～55 mm。车钩中心高度：最高为 890 mm，最低空车位为 835 mm、重车位为 815 mm。两连接车钩中心水平线高度之差不大于 75 mm	平车端板折页无折断，圆销、开口销无折断丢失

续上表

检查步骤	检查顺序及部位名称	质量标准及要求	备　注
第二步　右脚跨入钢轨内侧蹲身：目视各部位及配件，敲打中部螺栓及螺母	钩身、钩尾框、钩尾销、钩尾销螺栓及螺母、开口销、从板及座、缓冲器、缓冲器托板、螺栓及螺母、钩尾框后部、中梁牵引部、主管吊卡、主管、枕梁、地板	钩身、钩尾框无裂损，从板、从板座及缓冲器无破损，钩尾框托板及钩尾扁销螺母无松弛、开口销无折断丢失，钩尾扁销螺栓无折断、扁销无丢失，枕梁及中梁牵引部无裂损，地板破损影响装车空车扣修	
第三步　左脚横跨步，面向车轴探身：目视、锤敲	车轮内侧、侧架内侧、旁承、闸瓦托内侧、安全链、制动梁、内枕簧、摇枕、上拉杆及圆销开口销、移动杠杆、中拉杆及圆销开口销、制动梁支柱及圆销开口销、交叉杆、中间夹板、安全吊链、安全锁、上下心盘螺栓及螺母、制动梁支柱及圆销帽、中拉杆及圆销帽、上拉杆及圆销帽、摇枕、旁承、侧架内侧、车轮内侧、闸瓦托内侧、内枕簧、制动梁、安全链、交叉杆、安全吊链、安全锁、枕梁、地板、中梁牵引部、钩尾框、从板及座、缓冲器、钩尾框托板螺栓及螺母、钩尾扁销螺栓帽	车轮无裂损，制动梁体、制动梁支柱、弓形杆无裂损，安全链无脱落折断，各拉杆杠杆及圆销、开口销无折损丢失，枕簧无折断窜出丢失，常接触式旁承配件齐全无破损、上下旁承无间隙，闸瓦托无脱出，侧架、摇枕无裂损，交叉杆无裂损弯曲变形，中间夹板无裂损变形，交叉杆安全链无脱落折断，安全锁无丢失，各垂下品距轨面距离不大于 60 mm，上下心盘无窜出，枕梁中梁牵引部无裂纹，钩身钩尾框无裂损，钩尾扁销螺栓无折断，从板及座、缓冲器无破损，钩尾框托板螺栓无松动丢失	L-A、L-B 制动梁组合螺栓无松动，转 8A 型转向架重车枕簧折断每转向架不超过 1 个，间隙旁承同一转向架左右旁承间隙之和 2～20 mm（长大货物车一侧旁承间隙须大于 0，特大型车须大于 2 mm），转 8G、转 8AG 转向架交叉杆、盖板无裂损、弯曲、变形，制动梁端轴无开焊、折断，转 K4 型转向架弹簧托板无裂损，一体式构架无裂损，L-C 制动梁撑杆、弓杆无裂损、折断
第四步　低头向右转身、左脚迈出钢轨：空步			
第五步　右脚迈出钢轨直立面对角柱：目视、锤敲，先检查车体，然后蹲下检查走行部	角柱、车体倾斜外胀、侧梁下垂、轮缘、踏面、车轮外侧、轴承后挡、密封罩、轴承外圈、承载鞍、侧架导框	车体倾斜不大于 75 mm，车体外胀空车不大于 80 mm，重车不大于 150 mm。中、侧梁下垂空车不大于 40 mm，重车不大于 80 mm。车轮无裂损。轮辋厚度 D、E 型不小于 23 mm，其他型不小于 22 mm。轮缘厚度不小于 23 mm，轮缘垂直磨耗不大于 15 mm，轮缘内侧缺损长不大于 30 mm，宽不大于 10 mm，踏面圆周磨耗深度不大于 8 mm，滚动轴承车轮踏面擦伤及局部凹下深度不大于 1 mm。踏面剥离长度 1 处不大于 50 mm，2 处每处不大于 40 mm。车轮踏面缺损相对轮缘外侧至缺损部位边缘之距离不小于 1 508 mm，缺损部位长度不大于 150 mm。滚动轴承后挡、外圈无裂损。密封罩无脱出，承载鞍无裂损，侧架导框无裂损	滑动轴承车轮踏面擦伤及局部凹下深度不大于 2 mm，踏面剥离长度 1 处不大于 70 mm，两处每处均不大于 60 mm

续上表

检查步骤	检查顺序及部位名称	质量标准及要求	备　注
第六步　左脚迈出车体外：空步			
第七步　右脚迈进，面对车体：目视、锤敲	侧板、色票插、定检标记、侧架、承载鞍、滚动轴承密封罩、前盖及轴端螺栓、轴承外圈、下挡键	空车定检不过期，侧架无裂损，承载鞍正位无裂损，轴端螺栓无松动、丢失，密封罩无脱出，滚动轴承外圈无裂损，下挡键无丢失	滚动轴承甩油应重点检查
第八步　左脚向前跨进一步：目视、锤敲。先看外部，然后从侧架上部探身，检查制动梁端轴	侧架、闸瓦托外侧、闸瓦及闸瓦插销上部、车轮踏面、闸瓦及闸瓦插销下部、车轮踏面、交叉杆支撑座、端头螺栓、防松垫止耳、轴向橡胶垫	侧架无裂损，闸瓦托无脱出，闸瓦插销无折断、丢失，闸瓦插销距轨面距离不小于25 mm，闸瓦磨耗剩余厚度：高磷闸瓦不小于10 mm，高低磨合成闸瓦小小于14 mm，同一制动梁两端闸瓦厚度差不得超过20 mm，高磷闸瓦与高摩闸瓦不得混装，交叉杆支撑座无裂损，端头螺栓无松动、防松垫止耳无折断，轴向橡胶垫无破损	转K4型转向架闸瓦磨耗剩余厚度不小于20 mm
第九步　右脚跨进，面对摇枕：目视、锤敲	车门及折页搭扣、车门圆销及开口销、侧板、侧架、摇枕端部、斜楔（斜楔插板）侧架立柱及磨耗板、外枕簧、侧架底部	车门无丢失、门轴圆销及开口销无丢失，摇枕无裂损，枕簧无折断、窜出、丢失，侧架无裂损，侧架立柱磨耗板无丢失、窜出	转8A型转向架重车枕簧折断每转向架不超过1个，转K4型转向架弹簧托板、摇动座无裂损、螺栓无松动
第十步　左脚向前跨进一步探身：目视、锤敲	侧架、闸瓦托外侧、闸瓦及闸瓦插销上部、车轮踏面、闸瓦及闸瓦插销下部、车轮踏面、交叉杆支撑座、端头螺栓、防松垫止耳、轴向橡胶垫	侧架无裂损，闸瓦托无脱出，闸瓦插销无折断、丢失，闸瓦插销距轨面距离不小于25 mm，闸瓦磨耗剩余厚度：高磷闸瓦不小于10 mm，高低摩合成闸瓦不小于14 mm，同一制动梁两端闸瓦厚度差不得超过20 mm，高磷闸瓦与高摩闸瓦不得混装，交叉杆支撑座无裂损，端头螺栓无松动、防松垫止耳无折断，轴向橡胶垫无破损	转K4型转向架闸瓦磨耗剩余厚度不小于20 mm
第十一步　右脚跨进，面对轴承：目视、锤敲	车门、侧板、侧柱、车门轴、车门轴圆销及开口销、车门折页及搭扣，侧架、承载鞍、滚动轴承、密封罩、前盖及轴端螺栓、轴承外圈、下挡键	车门无丢失、门轴圆销及开口销无丢失，侧架无裂损，承载鞍正位无裂损，轴端螺栓无松动、丢失，密封罩无脱出，滚动轴承外圈无裂损，下挡键无丢失	滚动轴承甩油应重点检查
第十二步　左脚向前跨大步，侧身：空步			

续上表

检查步骤	检查顺序及部位名称	质量标准及要求	备　注
第十三步　转身右脚靠近钢轨外侧下蹲:目视、锤敲	侧架导框、承载鞍、滚动轴承外圈、密封罩、轴承后挡、车轮外侧面、踏面、轮缘	侧架导框无裂损,承载鞍无裂损,滚动轴承外圈、轴承后挡无裂损,密封罩无脱出,车轮无裂纹,轮辋厚度 D、E 型不小于23 mm,其他型不小于 22 mm,轮缘厚度不小于23 mm,轮缘垂直磨耗不大于 15 mm,轮缘内侧缺损长不大于30 mm、宽不大于10 mm,踏面圆周磨耗深度不大于8 mm,车轮踏面擦伤及局部凹下深度滚动轴承不大于1 mm,踏面剥离长度滚动轴承一处不大于50 mm、两处每处均不大于40 mm,车轮踏面缺损相对轮缘外侧至缺损部位边缘之距离不小于1 508 mm、缺损部位长度不大于150 mm	
第十四步　转身左脚跨进钢轨:空步			
第十五步　右脚跟进一步,转身面向摇枕:目视、锤敲	对面车轮内侧、侧架内侧、对面中梁、枕梁、旁承、闸瓦托内侧、安全链、内枕簧、制动梁、交叉杆、安全吊链、安全锁、中间夹板、摇枕、上下心盘、心盘螺栓及母、横跨梁托、横跨梁、传感阀、抑制盘、支架、固定支点受及圆销帽、固定支点及圆销帽、固定杠杆及中拉杆及圆销帽、制动梁支柱及圆销帽、制动梁支柱及圆销开口销、中拉杆及圆销开口销、固定杠杆、固定支点及圆销开口销、固定支点受及圆销开口销、摇枕、旁承、上拉杆、侧架内侧、内枕簧、闸瓦托内侧、安全链、制动梁、内枕簧、交叉杆、车轮内侧、枕梁、中梁	车轮无裂损,侧架无裂损,枕梁无裂损,常接触式旁承配件齐全、无破损、上下旁承无间隙,制动梁体、制动梁支柱、弓形杆无裂损,安全链无脱落折断,闸瓦托无脱出,各拉杆、杠杆、固定支点圆销及开口销无折损、丢失,横跨梁无脱落变形,传感阀抑制盘无破损,枕簧无折断、窜出,交叉杆无裂损弯曲变形,中间夹板无裂损变形,交叉杆安全链无脱落折断、安全锁无丢失,各垂下品距轨面距离不小于60 mm。中梁无裂损(车号自动识别标签无损坏丢失)	
第十六步　右脚跨出钢轨,左脚跟出:空步			
自由步　第一个转向架到此检查完毕,以下为自由步,边走边检查:目视、锤敲	侧板、侧柱、车门及折页、上下插销门搭扣、车门轴及圆销开口销、拉风线及手把、各杠杆、拉杆及圆销开口销、闸调器、制动管系、截断塞门、远芯集尘器、120阀、半自动缓解阀手柄、空重车调整装置、加速缓解风缸、降压风缸、副风缸、制动缸、人力制动机拉杆、制动缸链、中部各梁	车门无丢失、门轴圆销及开口销无丢失,拉风线及手把无破损、丢失,各拉杆、杠杆及圆销开口销无折断、丢失,闸调器无破损,侧板、地板、门板破损影响装车空车扣修,制动配件齐全,制动机作用良好、活塞行程符合规定,空重车调整装置配件齐全正确,制动缸链无脱落,人力制动机拉杆无脱落,制动缸、副风缸、降压风缸、加速缓解风缸安装螺栓无松动、丢失,中、侧梁下垂空车不超过 40 mm、重车不超过 80 mm,中部各梁无裂损	

续上表

检查步骤	检查顺序及部位名称	质量标准及要求	备注
第十七步 左脚靠近钢轨外侧，蹲身：目视、锤敲	中梁、轮缘、踏面、车轮外侧面、轴承后挡、密封罩、轴承外圈、承载鞍、侧架导框	中梁无裂损，车轮无裂损，轮辋厚度D、E型不小于23 mm，其他型不小于22 mm，轮缘厚度不小于23 mm，轮缘垂直磨耗不大于15 mm，轮缘内侧缺损长不大于30 mm、宽不大于10 mm，踏面圆周磨耗深度不大于8 mm，车轮踏面擦伤及局部凹下深度滚动轴承不大于1 mm，踏面剥离长度滚动轴承一处不大于50 mm、两处每处均不大于40 mm，车轮踏面缺损相对轮缘外侧至缺损部位边缘之距离不小于1 508 mm、缺损部位长度不大于150 mm，承载鞍无裂损，滚动轴承外圈、后挡无裂损，密封罩无脱出，侧架导框无裂损	
第十八步 左脚迈出车体：空步			
第十九步 右脚迈进，面对车体：目视、锤敲	车门、侧板、侧柱、车门轴、车门轴圆销及开口销、车门折页及搭扣，侧架、承载鞍、滚动轴承、密封罩、前盖及轴端螺栓、轴承外圈、下挡键	车门无丢失、门轴圆销及开口销无丢失，侧架无裂损，承载鞍正位无裂损，轴端螺栓无松动、丢失，密封罩无脱出，滚动轴承外圈无裂损，下挡键无丢失	滚动轴承甩油应重点检查
第二十步 左脚向前跨进一步：目视、锤敲	侧架、闸瓦托外侧、闸瓦及闸瓦插销上部、车轮踏面、闸瓦及闸瓦插销下部、车轮踏面、交叉杆支撑座、端头螺栓、防松垫止耳、轴向橡胶垫	侧架无裂损，闸瓦托无脱出，闸瓦插销无折断、丢失，闸瓦插销距轨面距离不小于25 mm，闸瓦磨耗剩余厚度：高磷闸瓦不小于10 mm，高低磨合成闸瓦不小于14 mm，同一制动梁两端闸瓦厚度差不得超过20 mm，高磷闸瓦与高摩闸瓦不得混装，交叉杆支撑座无裂损，端头螺栓无松动、防松垫止耳无折断，轴向橡胶垫无破损	转K4型转向架闸瓦磨耗剩余厚度不小于20 mm
第二十一步 右脚跨进面对摇枕：目视、锤敲	车门及折页搭扣、车门圆销及开口销、侧板、侧架、摇枕端部、斜楔(斜楔插板)侧架立柱及磨耗板、外枕簧、侧架底部	车门无丢失、门轴圆销及开口销无丢失，摇枕无裂损，枕簧无折断、窜出、丢失，侧架无裂损，侧架立柱磨耗板无丢失、窜出	转8A型转向架重车枕簧折断每转向架不超过1个，转K4型转向架弹簧托板、摇动座无裂损、螺栓无松动
第二十二步 左脚向前跨进一步：目视、锤敲	侧架、闸瓦托外侧、闸瓦及闸瓦插销上部、车轮踏面、闸瓦及闸瓦插销下部、车轮踏面、交叉杆支撑座、端头螺栓、防松垫止耳、轴向橡胶垫	侧架无裂损，闸瓦托无脱出，闸瓦插销无折断、丢失，闸瓦插销距轨面距离不小于25 mm，闸瓦磨耗剩余厚度：高磷闸瓦不小于10 mm，高低磨合成闸瓦不小于14 mm，同一制动梁两端闸瓦厚度差不得超过20 mm，高磷闸瓦与高摩闸瓦不得混装，交叉杆支撑座无裂损，端头螺栓无松动、防松垫止耳无折断，轴向橡胶垫无破损	转K4型转向架闸瓦磨耗剩余厚度不小于20 mm

续上表

检查步骤	检查顺序及部位名称	质量标准及要求	备注
第二十三步 右脚跨进，面对轴承：目视、锤敲	车门、侧板、侧柱、车门轴、车门轴圆销及开口销、车门折页及搭扣，侧梁、脚蹬子、手把杆，侧架、承载鞍、滚动轴承外圈、密封罩、前盖及轴端螺栓、下挡键	车门无丢失、门轴圆销及开口销无丢失，侧梁无裂纹，侧架无裂损，承载鞍正位无裂损，轴端螺栓无松动、丢失，密封罩无脱出，下挡键无丢失	滚动轴承甩油应重点检查
第二十四步 左脚向前跨进一步侧身：空步			
第二十五步 转身、右脚迈近、靠近钢轨外侧面，先蹲身，后站立：目视、锤敲	侧架导框、承载鞍、密封罩、轴承外圈、滚动轴承后挡、车轮外侧、踏面、轮缘、人力制动机拉杆、提钩杆座、提钩杆、提钩链、人力制动机、角柱、端板、端梁、冲击座、钩托梁及磨耗板、钩托梁螺栓及母、钩颈、钩头、钩舌、钩舌销及开口销	侧架导框无裂损，承载鞍无裂损，滚动轴承外圈无裂损、密封罩无脱出，车轮无裂纹，轮辋厚度D、E型不小于23 mm，其他型不小于22 mm。轮缘厚度不小于23 mm，轮缘垂直磨耗不大于15 mm。轮缘内侧缺损长不大于30 mm、宽不大于10 mm。踏面圆周磨耗深度不大于8 mm。车轮踏面擦伤及局部凹下深度滚动轴承不大于1 mm。踏面剥离长度滚动轴承一处不大于50 mm，两处每处均不大于40 mm。车轮踏面缺损相对轮缘外侧至缺损部位边缘之距离不小于1 508 mm，缺损部位长度不大于150 mm。人力制动机配件齐全，无破损，钩头、钩颈无裂损，端梁无裂损，钩舌销无折断，钩体托梁螺栓及螺母无折断丢失，提钩杆及座、链齐全作用良好，松余量45～55 mm，互钩差不超过75 mm。车钩最高890 mm，空车最低835 mm，重车最低815 mm，钩舌与钩腕内侧距全开位不大于250 mm，闭锁位不大于135 mm，冲击座无破损	

说明：(1)该单车技术检查作业过程是以C_{62A}型敞车、转8A型转向架为基础编制的，其他车型可参照执行。

(2)单车检查时间规定：一侧(25步)2 min，全程绕行一周4 min。

(3)单车检查方式是根据到达技术检查作业过程制定。

(4)车辆检查界限及责任划分：车钩缓冲装置、转向架、枕梁与端梁间底架部分检查方法实行包转向架负责制，车钩缓冲装置端梁以外车钩部分以纵向中心线为界，由所在侧检车员负责；转向架部分以相对轮缘顶点为界，内侧由包转向架侧检车员负责(包括两侧架间内侧可视部分)；车体、两枕梁间的中梁、两转向架间的制动装置等零部件，以车体纵向中心线为界，由所在侧检车员负责；车号自动识别标签以车体横向中心线为界，由所在侧包转向架检车员负责。

(2)单车技术检查作业过程步伐示意图(图4-10)

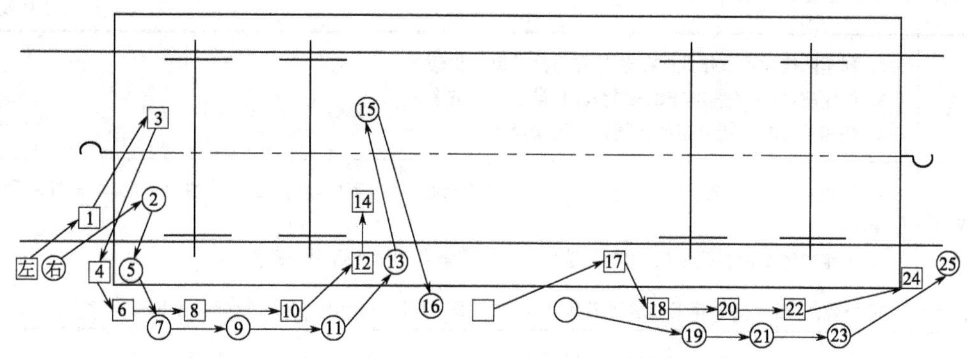

图 4-10 单车技术检查作业过程步伐示意图

第八节 大件修作业程序及标准

在列车检修作业中，不仅要正确及时地分析、判断出车辆的故障，而且还要对车辆故障加以妥善处理，在最短时间内快速更换车辆配件，保证列车安全、正点运行。

下面以某铁路局大件修作业为例，介绍在列车队中处理车辆故障的作用程序和标准。

1. 更换闸瓦作业程序和标准(表 4-3)

表 4-3 更换闸瓦作业程序和标准

准备工作	小撬杠、活动扳手、良好闸瓦(各型)、闸瓦插销	
作业程序	项　目	作 业 标 准
	1. 关闭截断塞门，排净副风缸余风	关闭更换闸瓦车辆的截断塞门时，截断塞门手把中心线与支管中心线呈 90°夹角；截断塞门手把丢失时，可旋转截断塞芯方头，并确认开通线与支管呈 90°夹角
	2. 取出闸瓦插销，卸下旧闸瓦	使用撬杠(或专用工具)撬开闸瓦，卸下旧闸瓦
	3. 装上良好闸瓦及闸瓦插销	(1)如闸瓦托与轮踏面之间的间隙不足时，可手动(或用活动扳手)转动闸调器外体，使螺杆伸长。一般在更换一块闸瓦时，可不需用人工调整闸调器，当更换两块闸瓦时，转动不大于两圈，当更换三块闸瓦时，转不大于四圈，以此类推。如转动过多，更换完毕后，需倒转回来。 (2)更换闸瓦时，不得改变各拉杆和杠杆的销孔位置，同时，不得调动 $A_{推}$ 或 $A_{杠}$ 值
	4. 开启截断塞门	(1)确认作业结束后，开启截断塞门。 (2)截断塞门开启后，手把中心线与支管中心线要平行一致；截断塞门手把丢失时，可旋转截断塞芯方头，并确认开通线支管中心线平行一致
质　量	1. 装上的良好闸瓦须与旧闸瓦同型号。 2. 同一制动梁梁端闸瓦厚度差不大于 20 mm。 3. 安装闸瓦插销必须入槽，下部露出	

续上表

安　全	1. 列车队技术检查作业时处理故障不再另设防护信号。 2. 作业前，应先关闭本车的截断塞门，排净副风缸余风。 3. 装卸闸瓦时严禁手指伸入闸瓦与轮踏面间
台　账	1. 处理人员在“车统—15”填记更换闸瓦车辆的机后位置、车型车号、定检日期及单位、不良处所和处理情况。 2. 上报故障车辆有关信息，由列检值班员按规定录入 HMIS 运用子系统
文明生产	将小撬杠、活动扳手等工具送回工具材料箱，废旧闸瓦回收集中存放入废料箱，做到工完、料净、场地清
其他要求	列车队中处理车辆故障不得关闭折角塞门，若必须关闭折角塞门时(遇到截断塞门锈死等情况无法关闭截断塞门时，关闭车辆两端的折角塞门)必须向列检值班员汇报，列检值班员在“车统—14”备注栏内备注。折角塞门开启时必须双人到位(故障处理人员负责折角塞门的关闭与开启，作业组工长负责确认)，开启后向列检值班员汇报，由列检值班员在“车统—14”上注销，确保列车制动主管贯通万无一失

2. 更换三通阀(GK 阀)作业程序和标准(表 4-4)

表 4-4　更换三通阀(GK 阀)作业程序和标准

准备工作	管子钳、活动扳手、良好三通阀、安装座胶垫、活接箍胶垫、滤尘网	
作业程序	项　　目	作　业　标　准
	1. 关闭截断塞门，排净副风缸余风	关闭更换 GK 阀车辆的截断塞门时，截断塞门手把中心线与支管中心线呈 90°夹角；截断塞门手把丢失时，可旋转截断塞芯方头，并确认开通线与支管呈 90°夹角
	2. 松开三通阀活接箍，取出滤尘网，卸下 GK 阀排风管	使用管子钳松开 GK 阀与支管连接的活接箍
	3. 卸下三通阀安装座螺母，取下 GK 阀	
	4. 检查三通阀安装座及座胶垫	三通阀安装座及座胶垫须良好，三通阀滤尘网须清洁干净，活接箍胶垫须良好
	5. 安装良好三通阀，紧固安装座螺母	(1)装上良好的安装座胶垫，并确认胶垫正位。 (2)取下三通阀的防尘装置，安装良好三通阀，均衡紧固安装座螺母。 (3)新装的三通阀与故障三通阀同一型号，检修标记清晰
	6. 安装滤尘网，紧固三通阀活接箍、排风管	安装活接箍垫，须加装良好的滤尘网
	7. 开启截断塞门	(1)确认作业结束后，开启截断塞门。 (2)截断塞门开启后，手把中心线与支管中心线要平行一致；截断塞门手把丢失时，可旋转截断塞芯方头，并确认开通线支管中心线平行一致
	8. 试验三通阀性能	(1)连接地道风管或连挂机车试验三通阀性能。待主管充风达定压后，检查安装座、活接箍处有无泄漏。 (2)列车制动机试验时检查确认三通阀性能良好

3. 更换端部上作用车钩钩舌及钩腔内部配件作业程序和标准(表 4-5)

表 4-5　更换端部上作用车钩钩舌及钩腔内部配件作业程序和标准

<table>
<tr><td>准备工作</td><td colspan="2">手锤、钩引、劈销器、车钩检查样板、润滑剂、良好车钩配件、钩圆销开口销</td></tr>
<tr><td rowspan="5">作业程序</td><td>项　目</td><td>作 业 标 准</td></tr>
<tr><td>1. 提动钩提杆,使车钩至开锁位置</td><td></td></tr>
<tr><td>2. 分解钩舌及钩腔内部配件</td><td>拆除钩圆销开口销,抽出钩圆销,搬下钩舌,拿出钩锁铁、上锁销、钩舌推铁</td></tr>
<tr><td>3. 组装良好的钩舌及钩腔内部配件</td><td>(1)清扫、检查钩腔内部配件,检查钩舌、钩圆销。
(2)将润滑剂涂在各配件的转动配合面上(如钩舌推铁转轴及孔、上锁销孔、钩锁铁挂钩及两侧壁、上锁销马蹄环圆销孔、钩舌承台、钩舌圆销孔、钩圆销处)。
(3)依次装上良好的钩舌推铁、上锁销、钩锁铁、钩舌、钩圆销及开口销</td></tr>
<tr><td>4. 试验车钩三态及防跳作用</td><td>(1)组装后试验车钩三态作用良好、防跳作用良好。
(2)各部尺寸符合规定限度</td></tr>
<tr><td>质　量</td><td colspan="2">1. 各配件不得漏装,车钩三态作用良好,防跳作用良好。
2. 钩舌与钩腕内侧距离闭锁位置时不大于 135 mm,全开位置时不大于 250 mm。
3. 提钩链坠余量 45～55 mm。
4. 钩圆销开口销必须两边劈开夹角 60°～70°。
5. 安装马蹄环时,圆销不能反位、开口销须卷起。
6. 更换钩舌时其检修标记须清晰,质量保证期不得低于现车相应修程的剩余质量保证期</td></tr>
<tr><td>安　全</td><td colspan="2">1. 列车队技术检查作业时处理故障不再另设防护信号。作业完毕后,故障处理人员向列检值班员报告,由列检值班员确认全列车作业完毕后,安排列车两端检车员撤除安全防护信号。
2. 拆装钩舌不得抛扔,防止配件脱落坠落伤人;其他配件放在稳妥处所,以防砸伤。
3. 拆除钩圆销开口销时,要避开脸部</td></tr>
<tr><td>台　账</td><td colspan="2">1. 处理人员在“车统—15”填记更换车钩内部配件车辆的机后位置、车型车号、定检日期及单位,不良处理和处理情况。
2. 上报故障车辆有关信息,由列检值班员按规定录入 HMIS 运用子系统</td></tr>
<tr><td>文明生产</td><td colspan="2">将工具材料送回工具材料箱,废旧车钩配件要回收集中存放,做到工完、料净、场地清</td></tr>
<tr><td>其他要求</td><td colspan="2">作业时检车工长必须到位盯控作业安全,作业完毕后检查确认作业质量,确保车辆各部技术状态良好</td></tr>
</table>

4. 更换端部下作用车钩钩舌及钩腔内部配件作业程序和标准(表 4-6)

表 4-6　更换端部下作用车钩钩舌及钩腔内部配件作业程序和标准

<table>
<tr><td>准备工作</td><td colspan="2">手锤、钩引、劈销器、车钩检查样板、润滑剂、良好车钩配件、钩圆销开口销</td></tr>
<tr><td rowspan="5">作业程序</td><td>项　目</td><td>作　业　标　准</td></tr>
<tr><td>1. 提动钩提杆,使车钩至开锁位置</td><td></td></tr>
<tr><td>2. 分解钩舌及钩腔内部配件</td><td>拆除钩圆销开口销,抽出钩圆销,搬下钩舌,取出钩锁铁、钩舌推铁、下锁销(16、17 号车钩为下锁销组成)</td></tr>
<tr><td>3. 组装良好的钩舌及钩腔内部配件</td><td>(1)清扫、检查钩腔内部配件,检查钩舌、钩圆销。
(2)清扫钩锁内部和钩腔内部配件,然后将润滑剂涂在各配件的转动配合面上(如钩舌推铁转轴及孔、钩锁铁挂钩及两侧壁、下锁销孔及转轴部位、钩舌承台、钩舌圆销孔、钩圆销处)。
(3)依次装上良好的下锁销(16、17 号车钩为下锁销组成)、钩舌推铁、钩锁铁、钩舌、钩圆销及开口销</td></tr>
<tr><td>4. 试验车钩三态及防跳作用</td><td>(1)组装后试验车钩三态作用良好、防跳作用良好。
(2)各部尺寸符合规定限度</td></tr>
<tr><td>质　量</td><td colspan="2">1. 各配件不得漏装,车钩三态作用良好,防跳作用良好。
2. 钩舌与钩腕内侧距离闭锁位置时不大于 135 mm,全开位置时不大于 250 mm。
3. 钩圆销开口销必须两边劈开夹角 60°～70°。
4. 更换钩舌时其检修标记须清晰,质量保证期不得低于现车相应修程的剩余质量保证期</td></tr>
<tr><td>安　全</td><td colspan="2">1. 列车队技术检查作业时处理故障不再另设防护信号。作业完毕后,故障处理人员向列检值班员报告,由列检值班员确认全列车作业完毕后,安排列车两端检车员撤除安全防护信号。
2. 拆装钩舌不得抛扔,防止配件脱落坠落伤人;其他配件放在稳妥处所,以防砸伤。
3. 拆除钩圆销开口销时,要避开脸部</td></tr>
<tr><td>台　账</td><td colspan="2">1. 处理人员在“车统—15”填记更换车钩内部配件车辆的机后位置、车型车号、定检日期及单位,不良处所和处理情况。
2. 上报故障车辆有关信息,由列检值班员按规定录入 HMIS 运用子系统</td></tr>
<tr><td>文明生产</td><td colspan="2">将工具材料送回工具材料箱,废旧车钩配件要回收集中存放,做到工完、料净、场地清</td></tr>
<tr><td>其他要求</td><td colspan="2">作业时检车工长必须到位盯控作业安全,作业完毕后检查确认作业质量,确保车辆各部技术状态良好</td></tr>
</table>

5. 更换空车枕簧作业程序和标准(表 4-7)

表 4-7　更换空车枕簧作业程序和标准

<table>
<tr><td>准备工作</td><td colspan="2">油镐(30T)、镐把、镐底及垫木、摇枕与枕梁专用固定工具、止轮器、鸭嘴撬杠、良好枕簧</td></tr>
<tr><td rowspan="5">作业程序</td><td>项　目</td><td>作 业 标 准</td></tr>
<tr><td>1. 装止轮器,使用专用工具将摇枕和枕梁固定</td><td>(1)在车辆另一端转向架外侧的钢轨上装好止轮器,止轮器上部与轮对踏面密贴,防止车辆在顶镐时遛逸。
(2)使用专用工具将摇枕与枕梁连挂。连接器上端要挂在枕梁两侧翼板上,下端要挂在摇枕端部工艺孔中间部位,旋转调整装置使摇枕紧挂在枕梁上</td></tr>
<tr><td>2. 设镐,顶摇枕,取出旧枕簧</td><td>(1)更换枕簧时油镐应顶在牵引梁(中梁)接近端梁处,油镐顶部须顶在更换枕簧一侧的牵引梁(中梁)立筋处,严禁顶在牵引梁(中梁)翼板上。
(2)安装油镐时,要确认镐座及垫木平稳。
(3)在起镐过程中随时注意油镐安全状态,防止崩镐,起镐高度以能拿出故障枕簧及放入良好枕簧为宜,但不得超过油镐安全线。
(4)使用鸭嘴撬杠取出故障枕簧</td></tr>
<tr><td>3. 安装良好枕簧</td><td>使用鸭嘴撬杠安装枕簧,并确认新装枕簧安装位置正确</td></tr>
<tr><td>4. 落摇枕,撤镐</td><td>(1)缓慢松动油镐油门,使油镐缓慢落下,随时注意心盘和枕簧在落镐时的变化情况,确保心盘和枕簧在落摇枕后位置正确。
(2)撤除油镐,收拾工具材料搬出钢轨</td></tr>
<tr><td>质　量</td><td colspan="2">1. 新旧枕簧规格须一致。
2. 新装枕簧内簧和外簧不得顺卷。
3. 装簧位置要正确</td></tr>
<tr><td>安　全</td><td colspan="2">1. 列车队技术检查作业时处理故障不再另设防护信号。作业完毕后,故障处理人员向列检值班员报告,由列检值班员确认全列车作业完毕后,安排列车两端检车员撤除安全防护信号。
2. 镐顶须加防滑木垫,镐顶伸出高度不得高出安全刻度线。
3. 起镐前,确认车下无人,作业中身体不准侵入车体下部。
4. 严禁手指伸入枕簧与摇枕间。
5. 取出或安装枕簧必须使用鸭嘴撬杠</td></tr>
<tr><td>台　账</td><td colspan="2">1. 处理人员在"车统—15"填记更换枕簧车辆的机后位置、车型车号、定检日期及单位、不良处所和处理情况。
2. 上报故障车辆有关信息,由列检值班员按规定录入 HMIS 运用子系统</td></tr>
<tr><td>文明生产</td><td colspan="2">将工具材料送回工具材料箱,废旧枕簧回收集中存放入废料箱,做到工完、料净、场地清</td></tr>
<tr><td>其他要求</td><td colspan="2">作业时检车工长必须到位盯控作业安全,作业完毕后检查确认作业质量,确保车辆各部技术状态良好</td></tr>
</table>

6. 更换转 8A(转 8G)型转向架制动梁作业程序和标准(表 4-8)

表 4-8 更换转 8AG(转 8G)型转向架制动梁作业程序和标准

准备工作	手锤、钩引、劈销器、活口扳手、小撬杠、良好制动梁、开口销(制动梁支柱、上拉杆、固定杠杆支点、下拉杆、交叉杆安全链的圆销开口销)	
作业程序	项 目	作 业 标 准
	1. 关闭截断塞门,排净副风缸余风	(两人作业,分 1、2 号) 关闭更换制动梁车辆的截断塞门时,截断塞门手把中心线与支管中心线呈 90°夹角;截断塞门手把丢失时,可旋转截断塞芯方头,并确认开通线与支管呈 90°夹角(2 号负责)
	2. 拆除相关基础制动装置配件	(1)1 号负责拆除上拉开口销及圆销(更换 1、4 位制动梁时拆除杆固定杠杆支点开口销及圆销)、制动梁支柱开口销及圆销、下拉杆开口销及圆销、拆除交叉杆安全链圆销开口销、下拉杆安全吊、抽出移动杠杆(更换 1、4 位制动梁时抽出固定杠杆)。 (2)2 号负责卸制动梁安全链螺母、闸瓦插销及闸瓦
	3. 取出故障制动梁	(1)1、2 号共同抬起制动梁,1 号抬起制动梁一端向侧架三角孔上部移动;待 2 号抬起的另一端制动梁端轴脱离滑槽后,指挥 1 号共同落下制动梁(2 号要注意使闸瓦托弧面与车轮踏面保持一致,防止制动梁下落过程中卡住)。 (2)2 号抬起制动梁一端向车轴下方移动,待制动梁端部移出车轴后,与 1 号共同将制动梁取出钢轨外,顺向放在两股道中心
	4. 装上良好制动梁	(1)2 号将良好制动梁从车轴下正位送入钢轨内侧(制动梁安全链在上,闸瓦托弧面与轮踏面相对)。 (2)1、2 号共同抬起制动梁、安装滚轴套;1 号抬起制动梁一端向侧架三角孔上部移动;待 2 号抬起的另一端制动梁端轴进入滑槽后,指挥 1 号共同装上良好制动梁
	5. 安装相关基础制动装置配件	(1)1 号负责安装移动杠杆(更换 1、4 位制动梁时安装固定杠杆)、上拉杆圆销及开口销(更换 1、4 位制动梁时安装固定杠杆支点圆销及开口销)、制动梁支柱圆销及开口销、下拉杆圆销及开口销,安装交叉杆安全链圆销开口销、下拉杆安全吊。 (2)2 号负责安装制动梁安全链螺母、闸瓦插销及闸瓦
	6. 开启截断塞门	(1)2 号确认作业完毕后,开启截断塞门。 (2)截断塞门开启后,手把中心线与支管中心线要平行一致;截断塞门手把丢失时,可旋转截断塞芯方头,并确认开通线支管中心线平行一致

续上表

质　量	1. 制动梁、各圆销安装正位，不得改变固定杠杆支点、上拉杆、下拉杆的圆销孔位置。 2. 固定杠杆支点、上拉杆、制动梁支柱圆销开口销须两边劈开呈 60°～70°夹角。 3. 下拉杆圆销开口销须卷起，与圆销盘紧。 4. 交叉杆支撑装置不扭劲、圆销开口销须两边劈开呈 60°～70°夹角。 5. 制动梁安全链不扭劲、螺母无松动、有弹簧垫圈或背母。 6. 闸瓦插销必须入槽，下部露出。 7. 制动梁端轴须配有滚轴套。 8. 下拉杆安全吊安装正位，作用良好。 9. 同一转向架制动梁形式须一致，不得是旧型圆钢弓形杆制动梁，制动梁检修标记须清晰，其质量保证期不得低于现车相应修程的剩余质量保证期
安　全	1. 列车队技术检查作业时处理故障不再另设防护信号。作业完毕后，故障处理人员向列检值班员报告，由列检值班员确认全列车作业完毕后，安排列车两端检车员撤除安全防护信号。 2. 作业前，应先关闭本车的截断塞门，排净副风缸余风。 3. 在站内或检修场地抬笨重工具、材料或在车底部传递配件时，要同起同落，呼唤应答，步调一致。 4. 搬运材料、工具从停留车辆端部横越线路时要留有不小于 5 m 的安全距离，并要迅速通过，不得在轨道中停留。 5. 1、2 号相互配合作业，作业中要做好互唤应答，密切联系，动作协调，互相保证安全
台　账	1. 处理人员在“车统—15”填记更换制动梁车辆的机后位置、车型车号、定检日期及单位、不良处所和处理情况。 2. 上报故障车辆有关信息，由列检值班员按规定录入 HMIS 运用子系统
文明生产	将工具材料送回工具材料箱，废旧制动梁回收集中存放，做到工完、料净、场地清
其他要求	1. 作业时检车工长必须到位盯控作业安全，作业完毕后检查确认作业质量，确保车辆各部技术状态良好。 2. 列车队中处理车辆故障不得关闭折角塞门，若必须关闭折角塞门时（遇到截断塞门锈死等情况无法关闭截断塞门时，关闭车辆两端的折角塞门）必须向列检值班员汇报，列检值班员在“车统—14”备注栏内备注。折角塞门开启时必须双人到位（故障处理人员负责折角塞门的关闭与开启，作业组工长负责确认），开启后向列检值班员汇报，由列检值放员在“车统—14”上注销，确保列车制动主管贯通万无一失

7. 更换转 K2(转 K6)型转向架制动梁作业程序和标准(表 4-9)

表 4-9　更换转 K2(转 K6)型转向架制动梁作业程序和标准

准备工作	手锤、钩引、劈销器、活口扳手、小撬杠、尖嘴钳、木楔、良好制动梁、开口销(制动梁支柱、上拉杆、固定杠杆支点、中拉杆、交叉杆安全链的圆销开口销)、交叉杆安全锁、安全锁防松片	
作业程序	项　目	作　业　标　准
	1. 关闭截断塞门,排净副风缸余风	(两人作业,分 1、2 号) 关闭更换制动梁车辆的截断塞门时,截断塞门手把中心线与支管中心线呈 90°夹角;截断塞门手把丢失时,可旋转截断塞芯方头,并确认开通线与支管呈 90°夹角(2 号负责)
	2. 拆除相关基础制动装置配件	(1)1 号负责拆除上拉开口销及圆销(更换 2、3 位制动梁时拆除固定杠杆支点开口销及圆销)、中拉杆开口销及圆销、制动梁支柱开口销及圆销、交叉杆安全链圆销开口销、抽出移动杠杆(更换 2、3 位制动梁时拆除固定杠杆),将中拉杆用木楔固定到摇枕中部开孔的上方。 (2)2 号负责卸制动梁安全链螺母、闸瓦插销及闸瓦、交叉杆安全锁
	3. 取出故障制动梁	(1)1、2 号共同抬起制动梁,1 号抬起制动梁一端向侧架三角孔上部移动;待 2 号抬起的另一端制动梁端轴脱离滑槽后,指挥 1 号共同落下制动梁(2 号要注意使闸瓦托弧面与车轮踏面保持一致,防止制动梁下落过程中卡住)。 (2)2 号抬起制动梁一端向车轴下方移动,待制动梁端部移出车轴后,与 1 号共同将制动梁取出钢轨外,顺向放在两股道中心
	4. 装上良好制动梁	(1)2 号将良好制动梁从车轴下正位送入钢轨内侧(制动梁安全链再上,闸瓦托弧面与轮踏面相对)。 (2)1、2 号共同抬起制动梁、安装滚轴套;1 号抬起制动梁一端向侧架三角孔上部移动;待 2 号抬起的另一端制动梁端轴进入滑槽后,指挥 1 号共同装上良好制动梁
	5. 安装相关基础制动装置配件	(1)1 号负责安装移动杠杆(更换 2、3 位制动梁时安装固定杠杆)、上拉杆圆销及开口销(更换 2、3 位制动梁时安装固定杠杆支点圆销及开口销)、中拉杆圆销及开口销、制动梁支柱圆销及开口销、交叉杆安全链圆销开口销。 (2)2 号负责安装制动梁安全链螺母、闸瓦插销及闸瓦、交叉杆安全锁
	6. 开启截断塞门	(1)2 号确认作业结束后,开启截断塞门。 (2)截断塞门开启后,手把中心线与支管中心线要平行一致;截断塞门手把丢失时,可旋转截断塞芯方头,并确认开通线支管中心线平行一致

续上表

质　量	1. 制动梁、各圆销安装正位，不得改变固定杠杆支点、上拉杆、下拉杆的圆销孔位置。 2. 固定杠杆支点、上拉杆、制动梁支柱圆销开口销须两边劈开呈 60°～70°夹角。 3. 中拉杆圆销开口销须卷起，与圆销盘紧。 4. 交叉杆支撑装置不扭劲、圆销开口销须两边劈开呈 60°～70°夹角。 5. 制动梁安全链不扭劲、螺母无松动、有弹簧垫圈或背母。 6. 闸瓦插销必须入槽，下部露出。 7. 同一转向架制动梁形式须一致，不得是旧型圆钢弓形杆制动梁，制动梁检修标记须清晰，其质量保证期不得低于现车相应修程的剩余质量保证期。 8. 安全锁须套住制动梁和交叉杆，每个施封锁头须插入，并加装防松片
安　全	1. 列车队技术检查作业时处理故障不再另设防护信号。作业完毕后，故障处理人员向列检值班员报告，由列检值班员确认全列车作业完毕后，安排列车两端检车员撤除安全防护信号。 2. 作业前，应先关闭本车的截断塞门，排净副风缸余风。 3. 在站内或检修场地抬笨重工具、材料或在车底部传递配件时，要同起同落，呼唤应答，步调一致。 4. 搬运材料、工具从停留车辆端部横越线路时要留有不小于 5 m 的安全距离，并要迅速通过，不得在轨道中停留。 5. 1、2 号相互配合作业，作业中要做好互唤应答，密切联系，动作协调，互相保证安全
台　账	1. 处理人员在“车统—15”填记更换制动梁车辆的机后位置、车型车号、定检日期及单位、不良处所和处理情况。 2. 上报故障车辆有关信息，由列检值班员按规定录入 HMIS 运用子系统
文明生产	将工具材料送回工具材料箱，废旧制动梁回收集中存放，做到工完、料净、场地清
其他要求	1. 作业时检车工长必须到位盯控作业安全，作业完毕后检查确认作业质量，确保车辆各部技术状态良好。 2. 列车队中处理车辆故障不得关闭折角塞门，若必须关闭折角塞门时(遇到截断塞门锈死等情况无法关闭截断塞门时，关闭车辆两端的折角塞门)必须向列检值班员汇报，列检值班员在“车统—14”备注栏内备注。折角塞门开启时必须双人到位(故障处理人员负责折角塞门的关闭与开启，作业组工长负责确认)，开启后向列检值班员汇报，由列检值放员在“车统—14”上注销，确保列车制动主管贯通万无一失

8. 更换转 K4(转 K5)型转向架制动梁作业程序和标准(表 4-10)

表 4-10　更换转 K4(转 K5)型转向架制动梁作业程序和标准

准备工作	手锤、钩引、劈销器、活口扳手、小撬杠、良好制动梁、开口销(制动梁支柱、上拉杆、固定杠杆支点、下拉杆的圆销开口销)	
作业程序	项　目	作　业　标　准
	1. 关闭截断塞门,排净副风缸余风	关闭更换制动梁车辆的截断塞门时,截断塞门手把中心线与支管中心线呈90°夹角;截断塞门手把丢失时,可旋转截断塞芯方头,并确认开通线与支管呈90°夹角(2 号负责)
	2. 拆除相关基础制动装置配件	(两人作业,分 1、2 号) (1)1 号负责拆除上拉开口销及圆销(更换 1、4 位制动梁时拆除杆固定杠杆支点开口销及圆销)、制动梁支柱开口销及圆销、下拉杆开口销及圆销、下拉杆安全吊、抽出移动杠杆(更换 1、4 位制动梁时抽出固定杠杆)。 (2)2 号负责卸制动梁安全链螺母、闸瓦插销及闸瓦
	3. 取出故障制动梁	(1)1、2 号共同抬起制动梁,1 号抬起制动梁一端向侧架三角孔上部移动;待 2 号抬起的另一端制动梁端轴脱离滑槽后,指挥 1 号共同落下制动梁(2 号要注意使闸瓦托弧面与车轮踏面保持一致,防止制动梁下落过程中卡住)。 (2)2 号抬起制动梁一端向车轴下方移动,待制动梁端部移出车轴后,与 1 号共同将制动梁取出钢轨外,顺向放在两股道中心
	4. 装上良好制动梁	(1)2 号将良好制动梁从车轴下正位送入钢轨内侧(制动梁安全链在上,闸瓦托弧面与轮踏面相对)。 (2)1、2 号共同抬起制动梁,1 号抬起制动梁一端向侧架三角孔上部移动;待 2 号抬起的另一端制动梁滑块进入滑槽后,指挥 1 号共同装上良好制动梁
	5. 安装相关基础制动装置配件	(1)1 号负责安装移动杠杆(更换 1、4 位制动梁时安装固定杠杆)、上拉杆圆销及开口销(更换 1、4 位制动梁时安装固定杠杆支点圆销及开口销)、制动梁支柱圆销及开口销、下拉杆圆销及开口销、下拉杆安全吊。 (2)2 号负责安装制动梁安全链螺母、闸瓦插销及闸瓦
	6. 开启截断塞门	(1)2 号确认作业完毕后,开启截断塞门。 (2)截断塞门开启后,手把中心线与支管中心线要平行一致;截断塞门手把丢失时,可旋转截断塞芯方头,并确认开通线支管中心线平行一致

续上表

质 量	1. 制动梁、各圆销安装正位，不得改变固定杠杆支点、上拉杆、下拉杆的圆销孔位置。 2. 固定杠杆支点、上拉杆、制动梁支柱圆销开口销须两边劈开呈 60°～70°夹角。 3. 下拉杆圆销开口销须卷起，与圆销盘紧。 4. 制动梁安全链不扭劲、螺母无松动、有弹簧垫圈或背母。 5. 闸瓦插销必须入槽，下部露出。 6. 下拉杆安全吊安装正位，作用良好。 7. 同一转向架制动梁形式须一致，不得是旧型圆钢弓形杆制动梁，制动梁检修标记须清晰，其质量保证期不得低于现车相应修程的剩余质量保证期
安 全	1. 列车队技术检查作业时处理故障不再另设防护信号。作业完毕后，故障处理人员向列检值班员报告，由列检值班员确认全列车作业完毕后，安排列车两端检车员撤除安全防护信号。 2. 作业前，应先关闭本车的截断塞门，排净副风缸余风。 3. 在站内或检修场地抬笨重工具、材料或在车底部传递配件时，要同起同落，呼唤应答，步调一致。 4. 搬运材料、工具从停留车辆端部横越线路时要留有不小于 5 m 的安全距离，并要迅速通过，不得在轨道中停留。 5. 1、2 号相互配合作业，作业中要做好互唤应答，密切联系，动作协调，互相保证安全
台 账	1. 处理人员在“车统—15”填记更换制动梁车辆的机后位置、车型车号、定检日期及单位、不良处所和处理情况。 2. 上报故障车辆有关信息，由列检值班员按规定录入 HMIS 运用子系统
文明生产	将工具材料送回工具材料箱，废旧制动梁回收集中存放，做到工完、料净、场地清
其他要求	1. 作业时检车工长必须到位盯控作业安全，作业完毕后检查确认作业质量，确保车辆各部技术状态良好。 2. 列车队中处理车辆故障不得关闭折角塞门，若必须关闭折角塞门时(遇到截断塞门锈死等情况无法关闭截断塞门时，关闭车辆两端的折角塞门)必须向列检值班员汇报，列检值班员在“车统—14”备注栏内备注。折角塞门开启时必须双人到位(故障处理人员负责折角塞门的关闭与开启，作业组工长负责确认)，开启后向列检值班员汇报，由列检值班员在“车统—14”上注销，确保列车制动主管贯通万无一失

第九节　列车自动制动机试验

列车自动制动机试验是货物列车到达、始发作业必不可少的作业程序，主要目的是检查列车中铁路货车基础制动装置及空气制动装置的性能是否良好。通过历年来技术标准的变革，列车自动制动机试验要求也有了相应的改变。目前，列车自动制动机试验分为：到达全部试验、始发全部试验、持续一定时间全部试验、简略试验。

一、列车自动制动机全部试验

(一)适用范围

1. 到达作业时，施行到达全部试验。

2. 始发作业时，施行始发全部试验。

3. 中转作业时，对无调车作业的(只限特级作业场及500 km左右列检安全保证距离位置上的一级列检作业场)，施行始发全部试验；对有调车作业的，到达后首先施行到达全部试验，发车前只施行始发全部试验中的泄漏试验。

4. 无列检作业场的车站始发列车，在途经第一个列检作业场无调中转技术检查作业时施行始发全部试验。

(二)货物列车自动制动机全部试验标准

1. 到达全部试验：

在列车最后一辆车尾部制动软管上安装列车车辆制动机试验检测装置无线风压检测仪，列车主管前部压力达到规定，守车压力表与无线风压检测仪的压力差不大于20 kPa。

(1)感度试验：置常用制动位，减压50 kPa(编组60辆以上时减压70 kPa)，全列车须发生制动作用，并在1 min内不得发生自然缓解。然后置运转位充风缓解，全列车须在1 min内缓解完毕。

(2)安定保压试验：置常用制动位，减压140 kPa(列车主管压力为600 kPa时减压170 kPa)，不得发生紧急制动并确认制动缸活塞行程符合规定；同时保压，1 min内无线风压检测仪显示的列车主管压力下降不大于20 kPa。

2. 始发全部试验：

在列车最后一辆车尾部制动软管上安装无线风压检测仪，并确认主管压力达到规定压力，守车压力表与无线风压检测仪的压力差不大于20 kPa。

(1)泄漏试验：关闭第一辆车前端折角塞门，列车管系保压1 min，无线风压检测仪显示的列车主管压力下降不大于20 kPa。

(2)感度试验：置常用制动位，减压50 kPa(编组60辆以上时减压70 kPa)，全列车须发生制动作用，并在1 min内不得发生自然缓解。然后置运转位充风缓解，全列车须在1 min内缓解完毕。

(3)安定保压试验：置常用制动位，减压140 kPa(列车主管压力为600 kPa时减压170 kPa)，不得发生紧急制动并确认制动缸活塞行程符合规定；同时保压，1 min内无线风压检测仪显示的列车主管压力下降不大于20 kPa。

二、列车自动制动机持续一定时间全部试验

（一）适用范围

列检作业场发生的列车运行前方途经长大下坡道区间的，在始发作业及中转作业时施行持续一定时间全部试验，并填发“制动效能证明书”交机车乘务员。具体试验的地点、办法由铁路局制定。

（二）货物列车进行列车自动制动机持续一定时间全部试验标准

在列车最后一辆车尾部制动软管上安装无线风压检测仪，并确认主管压力达到规定压力，守车压力表与无线风压检测仪的压力表不大于 20 kPa。

1. 泄漏试验：关闭第一辆车前端折角塞门，列车管系保压 1 min，无线风压检测仪显示的车主管压力下降不大于 20 kPa。

2. 感度试验：置常用制动位，减压 50 kPa（编组 60 辆以上时减压 70 kPa），全列车须发生制动作用，并在 1 min 内不得发生自然缓解。然后置运转位充风缓解，全列车须在 1 min 内缓解完毕。

3. 安定保压试验：置常用制动位，减压 140 kPa（列车主管压力为 600 kPa 时减压 170 kPa），不得发生紧急制动并确认制动缸活塞行程符合规定；同时保压，1 min 内无线风压检测仪显示的列车主管压力下降不大于 20 kPa。

4. 持续一定时间的保压试验：置常用制动位，减压 100 kPa 后保压，在 3 min 内不得发生自然缓解。

三、列车自动制动机简略试验

（一）适用范围

列检作业场发出的挂有列尾装置的列车，简略试验由机车乘务员负责；未挂列尾装置的列车，始发作业和中转作业发车前，连挂机车后施行简略试验，列车停留超过 20 min 时，发车前施行简略试验。

（二）货物列车进行列车自动制动机简略试验标准

在列车最后一辆车尾部制动软管上安装无线风压监测仪，确认列车主管压力达到规定后，由机车乘务员负责操纵机车自动制动阀，置常用制动位减压 100 kPa，列车后部现场检车员确认最后一辆车发生制动作用，然后向机车乘务员显示缓解信号并确认最后一辆车发生缓解作用。

四、列车自动制动机试验要求

列检作业场使用微控制动机地面试验装置和列车车辆制动试验监测装置进行列车制动机试验，试验监控数据要全部保存分析，监测结果作为列车制动机试验过程、作业质量判断的依据。微控制动机地面试验装置的执行器连接在列车前端。因微控制动机地面试验装置检修、停电及故障等不能使用时，可利用本务机车进行列车制动机试验。列检技术作业的列车装有列尾装置时，其列尾装置软管与铁路货车制动软管的连接，由列检现场检车员负责。

五、货物列车中制动关门车的编挂

货物列车中因装载的货物规定要停止制动作用的铁路货车或自动制动机临时发生故障的

铁路货车，准许关闭截断塞门，称为关门车。经列检作业场所在站编组始发的货物列车闸瓦压力要符合《铁路技术管理规程》规定。装有两个及以上自动制动机的长大货物车等铁路货车，在运行途中自动制动机发生临时故障，须采取关闭截断塞门回送修理地点时，应关闭全车截断塞门。关门车的规定如下：

1. 列检作业场所在车站编组始发的列车，不得有制动故障关门车。

2. 编入列车的关门车数不超过现车总辆数的 6%（尾数不足 1 辆时按照四舍五入计算）时，可不计算每百吨列车质量的换算闸瓦压力，不填发“制动效能证明书”。超过 6%时，按照《铁路技术管理规程》规定计算换算闸瓦压力，并填发“制动效能证明书”交机车乘务员。

3. 关门车不得挂于机车后部 3 辆车之内；在列车中连续连挂不得超过 2 辆；列车最后一辆不得为关门车；列车最后第二、三辆不得连续关门。关门车要排净副风缸及工作风缸的压缩空气。

4. 组合的重载列车中每个单元列车的关门车数量和编挂位置均须符合上述规定。

关门车要排净副风缸及工作风缸的压缩空气。装运货物需停止铁路货车自动制动机作用时，有列检作业的车站要通知车辆部门关闭该车自动制动机作用；无列检作业的车站由车站负责关闭。到站卸车后，通知车辆部门恢复制动机作用，车站及车辆部门要做好记录。

六、闸瓦压力计算

编入列车的铁路货车因装载货物规定要停止制动作业或运行中制动机临时发生故障不能及时修复时，允许编挂关门车。当关门车数量超过 6%时，按照《铁路技术管理规程》规定计算闸瓦压力，并填发“制动效能证明书”交与司机。每百吨列车质量的高摩闸瓦合成闸瓦换算闸瓦压力不得低于 180 kN。货车装有高磷铸铁闸瓦时的换算闸瓦压力按照相应高摩合成闸瓦换算闸瓦压力的 170%计算。列车牵引计算和试验证明，满足上述条件，在制动主管压力达到规定标准时，列车在限制下坡道上遇有紧急情况，施行紧急制动能在 800 m 距离内停车。

第五章　运用客车常见故障及应急处理方法

第一节　普通客车故障

一、制动装置

1. 旅客列车施行制动后再充气时，全列车不缓解

原因分析：

由于机车过压充风，造成副风缸内的压力过高，从而导致全列车不缓解。

处理办法：

(1)车辆乘务员应向运转车长了解列车在制动前的风压情况，如列车在制动前，制动主管风压超过定压则为司机操纵不当或机车给风阀故障。此时应要求司机调整压力或对给风阀进行处理后，再进行充风缓解。

(2)若调整后仍不缓解时，车辆乘务员应会同司机、运转车长等对列车进行逐辆排风，然后进行制动机试验，确认良好后方可开车。

(3)如机车故障引起不缓解，应向司机、运转车长取得证明，并记录司机姓名、机车号码及型号、运转车长姓名等。

2. 旅客列车施行制动时，个别车辆制动机发生自然缓解

原因分析：

(1)制动缸活塞皮碗老化、破裂。

(2)制动缸后盖风堵丢失。

(3)副风缸或工作风缸系统泄漏。

(4)三通阀或分配阀故障。

处理方法：

(1)检查副风缸、104 型分配阀的工作风缸、缓解阀、排水堵或排水塞门是否泄漏。如有泄漏应及时处理。

(2)检查确认上述部位无泄漏，而该车发生自然缓解时，则为三通阀或分配阀故障，应进行更换。无备用阀更换且全列又无关门车时，应做关门处理。如果是最后一辆，应将前部车辆关门排风后，卸下所需配件倒装到最后一辆上。

(3)制动后，三通阀或分配阀排风口不排风，而制动缸活塞伸出后又缩回(有时反复多次)，同时制动缸处有漏风声，则为制动缸故障。如无法处理时，可关门排风后开车，并预报前方客列检。

(4)如不属于上述原因，则可能是机车自动制动阀排风限制堵上的孔太大或撤去了限制堵，引起列车最前部车辆的制动机发生自然缓解，车辆乘务员应及时与机车乘务员联系。故障处理完毕后应会同运转车长共同进行制动机简略试验，情况正常后方可开车，并应预报前方客列检。

3. 104 型分配阀不起紧急制动作用

原因分析：

不起紧急制动的原因是紧急活塞部泄漏或紧急膜板穿孔，使紧急室压力空气迅速流入紧急活塞下方，故活塞上下建立不起使活塞向下移动的压差，从而导致不发生紧急制动作用。

处理方法：

分解检查，更换膜板。

4. 旅客列车施行紧急制动时，个别车辆不起紧急制动

原因分析：

(1)副风缸或工作风缸风压不足或泄漏；

(2)三通阀或分配阀故障。

处理方法：

(1)列车试风时，发现个别车辆不起制动作用，应先拉动缓解阀，确认副风缸有无风压。

——如果副风缸无风压，则应检查：

①截断塞门位置是否正确。

②副风缸排水塞门是否关闭，缓解阀是否折断。

③支管是否折断等故障。

若存在上述故障时，应把截断塞门调整到开放位置，关闭副风缸排水塞门，缓解阀或支管折断时应进行更换或作关门车处理，使空气制动各部件良好。

——如确认副风缸有风压时：

①检查副风缸或工作风缸、缓解阀、排水塞门等有无泄漏。如有泄漏会造成副风缸或工作风缸风压不足，在减压 50 kPa 时不起制动作用。

②列车充风时间太短，副风缸或工作风缸尚未充至规定压力，也会造成减压 50 kPa 时不起制动作用。此时应通知机车，将风压充至 600 kPa。

(2)如减压过程三通阀内部无发生作用的音响或分配阀未发生局减排气声，适当延长充风时间后，仍不能发生制动作用，即为三通阀或分配阀故障。三通阀或分配阀故障时进行更换或做关门处理，尾部最后一辆时，应倒装前部车辆配件，将前部车辆做关门处理后，恢复尾部的制动作用。

5. 旅客列车在运行途中车辆制动机发生意外紧急制动

原因分析：

(1)机车司机操作不当。

(2)列车主管系统突然破裂。

(3)车辆三通阀或分配阀故障。

处理办法：

(1)车辆乘务员应查明紧急制动的原因，是司机还是列车上有人使用了紧急制动阀，或者是车辆制动机发生了故障等。

(2)车辆紧急制动停车后，车辆乘务员应立即下车，对车辆进行详细技术状态检查。检查的重点是：车钩缓冲装置，轮对和转向架各部配件。检查中如发现车辆有不良部位或损坏时，应及时修复或做临时处理。

(3)确认车辆部件无损坏后，如停车时间超过 20 min 时，应会同司机、运转车长进行制动机简略试验。

(4)如系使用紧急制动阀而停车,则除对车辆进行必要的检查和作有关记录之外,还应做好记录,并通知到达列检所补打铅封。

(5)开车后,车辆乘务员应加强巡视,注意耳听下部的运行情况,判断车辆是否有故障,到达前方车站停车时,车辆乘务员应根据判断的情况,下车重点进行检查。

6. 列车制动主管堵塞

原因分析:

(1)个别车辆折角塞门未开、反位或未全开。

(2)制动软管冻结或杂物堵塞。

(3)车辆主、支管系泄漏,制动软管连接处及各风缸排风塞门故障。

(4)分配阀故障。

处理方法:

(1)个别车辆折角塞门未开、反位或未全开:

①首先检查该列车新编或加挂车辆与前后相连车辆的折角塞门是否未开、反位或未全开位置(特别要注意球芯折角塞门情况)。

②以最快方式对列车进行分段检查:在列车前部或尾部的1/3开始检查折角塞门手把位置、制动软管连接及车上压力表压力。当检查到前一辆有风,而后面列车无风时,即可确定堵塞位置进行处理。

(2)制动软管冻结或杂物堵塞:

①关闭前一辆车的折角塞门和主管堵塞段的折角塞门,解开制动软管并检查2个折角塞门芯是否反位,如反位,拔掉手把插销进行正位。如制动软管冻结或杂物堵塞,应做解冻和排风处理;如无冻结、堵塞现象,则连接好制动软管,开启两折角塞门和前辆车的前端塞门,到后端处理。

②关闭后端和相邻车辆的折角塞门,解开制动软管,卸下后端折角塞门,到前端缓慢地开启折角塞门进行排风吹物,排风正常后,关闭。

(3)如全列车压力表压力在500 kPa左右,又不上升,应要求司机调整风压,再观察压力表压力。

(4)如机车已用缓解位充风,压力表压力仍达不到规定时,应检查车辆主、支管系是否有泄漏,制动软管连接处及各风缸排风塞门是否在大量排风,发现泄漏及时处理。

(5)如分配阀有非正常排风时,应更换分配阀。

7. 旅客列车中车辆的制动软管被打坏或破损

原因分析:

一般是障碍物或飞石击打造成的,也有因软管腐蚀而造成穿孔。软管损坏会造成风压泄漏,直接威胁行车安全。

处理办法:

软管损坏,造成压力空气大量泄漏,软管处能听到泄漏音响,车辆乘务员关闭两端的折角塞门,并用备用的软管进行更换。如无备用软管,可卸下尾部或机车前部的软管,更换损坏的软管。更换后,经制动机简略试验,作用良好后方可开车。并将故障软管带回,将故障原因、处理情况等做好记录,返乘后及时汇报。

8. 旅客列车中个别车辆的制动主管或支管损坏

原因分析:

一般是障碍物或飞石击打造成的，也有因管道腐蚀而造成穿孔。主、支管损坏就会造成风压泄漏，直接威胁行车安全。

处理方法：

(1)支管损坏时，应区分为以下 3 种情况处理：

①如支管在截断塞门以内(制动缸侧)可关门排风，并将损坏支管(折断部分)捆绑牢固继续运行。

②如支管在截断塞门以外(靠主管侧)，可使用主、支两用胶管捆绑牢固继续运行。如折断处位于主管三通处，可将折断支管旋出后，用丝堵拧入三通内，将三通堵死；如折断的支管不能旋出时，可使用木塞打入后用铁丝捆绑牢固，不泄漏即可开车，并预报前方客列检(注：两用胶管内径为 32 mm，两端带有喉箍，长度为 22～33 mm)。

③如尾部最后一辆支管折断，又无备用主、支胶管更换时，可对前辆车做关门车处理后，卸下所需的部分配件，装入该车，恢复后应进行制动机简略试验，作用良好后方可开车。

(2)主管损坏时，处理要慎重。可用生料带先绕缠在泄漏部分，再用胶皮包扎于生料带外部，用铁丝捆绑牢固后，进行试风，在定压下不泄漏即可继续运行，并应立即预报前方客列检，运行至前方客列检再做处理。如损坏情况严重，可关门一辆车，卸下这辆车的支管或尾部车辆的主管辅助管(但不能影响压力表的作用)，用死箍和活箍等配件连接更换故障管路。在定压下不泄漏，即可开车，并预报前方客列检请求处理。

(3)除填写“车统—181”外，如属事故尚需取得原始资料(原因、现象、发生地点、车号、定检、相关人员等)，按规定填写“车统—113”，并取得有关书面证明，损品带回。

9. 旅客列车运行途中车辆到风缸或工作风缸排水塞门被打坏

原因分析：

由线路中障碍物或飞石击打所致。

处理方法：

(1)全列车无关门车时，可将该车做关门车处理。

(2)如有备用塞门可将损坏的塞门卸下后更换新品，如无备用塞门可用厕所下作用式水阀替代。

(3)如塞门短丝断入缸体内无法取出时，全列又有关门车时，可用木塞打入短丝内，定压下不泄漏即可，并预报前方客列检。

10. 旅客列车在运行途中发现全列车制动风管风压突然升高，超过规定压力

原因分析：

制动主管风压突然升高，大多由于司机操纵不当或机车制动系统故障引起。

处理方法：

(1)乘务员应确认车内压力表压力升高多少，并及时与运转车长取得联系，要求司机立即进行调整，如风压超过 650 kPa 时，要求司机就近停车。

(2)停车后，要求司机缓解、制动，再缓解，反复一两次以排除副风缸内超压部分压力空气，调整制动主管压力达到正常。

(3)会同司机、运转车长进行制动机简略试验，确认良好后开车。

(4)运行途中应随时观察压力表压力的变化，并和运转车长、司机取得联系，必要时取得有关证明。

11. 始发前发现列车编组中个别车辆存在自动抱闸现象

原因分析：

(1)制动缸故障。

(2)分配阀故障。

(3)个别车辆手制动机未松。

(4)基础制动装置故障。

(5)闸调器故障。

处理方法：

(1)当列车制动后缓解时，先检查分配阀(三通阀)排气口有无排风现象，如有排风现象(分配阀大小排气口都排风)表明分配阀(三通阀)作用良好，然后再检查制动缸活塞是否缩回原位，如没有缩回，表明是制动缸故障，应对制动缸进行处理。

(2)当列车制动后缓解时，三通阀(分配阀)排气口无排风现象，先检查截断塞门有没有处于关闭位，若截断塞门处于开通位，可初步判断是三通阀(分配阀)故障，应更换三通阀(分配阀)，更换三通阀(分配阀)时应检查其安装座内的滤尘同有无堵塞现象。有堵塞时应进行彻底的清扫。如制动缓解时，分配阀小排气口有排风现象，而大排气口无排风现象时，肯定是分配阀有故障，应更换分配阀。

(3)检查发现手制动机未松开时，应松开制动机。

(4)出现一个方向抱闸现象，系基础制动装置故障，应调整拉杆销孔位置。

(5)如遇装有闸调器的车辆时，检查确认闸调器装置有无异状，如有异状，及时处理。有列检或库检作业的车站，应及时联系列检或库检处理。

12. 旅客列车在运行途中停车站，司机提出制动系统泄漏

原因分析：

机车泄漏或车辆各风缸、塞门、管系有泄漏处所。

处理方法：

(1)在司机充风至规定压力后，关闭机后折角塞门，检查全列车压力表压力是否超过泄漏标准。确认无泄漏时，为机车泄漏，通告司机处理。

(2)如车辆有泄漏时，应查找列车主支管各连接处、折角塞门、制动软管连接处、各风缸有无泄漏，发现有泄漏时，及时进行处理。

(3)如三通阀(分配阀)有泄漏现象时，应关闭该车的截断塞门排尽副风缸(工作风缸)压力空气，继续运行。

(4)处理后无泄漏时，确认机后折角塞门是否打开，制动机简略试验良好后，通知司机开车。

13. 在始发前或途中更换机车时，充风后尾部压力表压力上升缓慢或压力表显示无风压

原因分析：

(1)尾部压力表塞门未处于全开位置。

(2)个别车辆折角塞门未开或未全开。

(3)个别车辆管系堵塞。

处理方法：

(1)检查尾部压力表塞门是否处于全开位置。

(2)立即检查机后折角塞门是否开通，软管是否连接，作用是否良好，检查尾部折角塞门是否关闭。

(3)检查前一辆的压力表压力和两车连接处的折角塞门,如为正常,说明尾部车制动主管或前一辆紧急制动阀支管以后的制动主管堵塞。制动主管堵塞按上述“列车制动主管堵塞”事故的处理方法处理。如前一辆车压力表压力亦不正常,则按上述步骤逐辆向前检查折角塞门开启位置,直到压力表压力正常的车辆为止。

14. 旅客列车在运行途中截断塞门底盖脱落

原因分析:

(1)安装松动。

(2)外物击打。

处理方法:

(1)截断塞门底盖脱落时,可用厕所内冲阀底盖移装于截断塞门底部。

(2)如无冲阀,可用 3/4 英寸止阀代用。

15. 旅客列车在运行途中发现 104 型分配阀发生故障

原因分析:

分配阀内部故障。

处理方法:

(1)104 型分配阀故障,可关闭截断塞门,排尽工作风缸、副风缸压力空气,继续运行。

(2)如系尾部最后一辆,不允许关门,可卸下前部车辆的分配阀主阀或紧急阀更换到尾部车辆上,被拆车辆做关门处理。

(3)处理后,应预报前方客列检处理,并将换下的阀带回。

16. 旅客列车在运行途中因车辆故障需连续关闭车辆自动制动机

原因分析:

车辆制动机故障。

处理方法:

(1)列车在途中因车辆故障无法处理需连续关闭车辆制动机时,应与司机、运转车长、列车长取得联系。

(2)填写“制动效能证明书”(车统—45)交司机,列车每百吨闸瓦压力最小不得低于 520 kN;低于520 kN时,通知司机限速运行。

(3)通知当地段、局调度,要求前方客列检做好处理准备。

(4)记录机车型号、号码、司机、运转车长、列车长姓名、代号及有关人员姓名,如造成事故,还须对故障车辆填写“车统—113”。

17. 旅客列车在运行途中更换机车时,机车与车辆制动软管连接不上

原因分析:

(1)折角塞门角度不正确。

(2)制动软管连接器胶圈老化变形。

(3)辅助管尺寸过短。

(4)机车软管故障。

处理方法:

(1)检查折角塞门角度是否符合规定和制动软管角度位置是否正确。发现角度和位置不正时,及时处理。

(2)检查制动软管连接器胶圈,发现膨胀变形时及时更换。

(3)如辅助管尺寸过短时，更换辅助管。

(4)如属机车方面原因，要求司机乘务员处理。

上述故障处理完毕，经制动机简略试验良好后方可开车。

18. 旅客列车施行制动时，尾部车辆失去制动作用

原因分析：

尾部车辆制动机故障。

处理方法：

尾部车辆发生制动机故障时，如能处理应及时处理，如无备用品更换处理时，则应将前部车辆关门排风后，卸下所需配件，倒装在尾部车辆上，恢复其制动作用，并应进行制动机简略试验，情况正常后方可开车。

19. 旅客列车在站停车，发现列车中同时几辆车的闸瓦丢失

原因分析：

人为破坏。

处理方法：

(1)车站停车发现车上有闸瓦丢失时，有客列检时由客列检处理，无客列检时由车辆乘务员处理。

(2)用车上的备用闸瓦立即安装。

(3)如果丢失的数量较多，备用闸瓦不够时，可将闸瓦丢失最多的一辆车作关门处理，将该车的闸瓦倒装到其他车辆上(最后一辆车不得关门)，并预报前方客列检请求处理。

(4)安装闸瓦时，应注意同一制动梁两端的闸瓦厚度之差不能超过运用限度20 mm，如超过时需进行调换，使之符合限度规定。

(5)安装闸瓦时，同一车辆两个转向架应使用同一材质的闸瓦，不能将高磷闸瓦、中磷闸瓦或合成闸瓦混装。

20. 制动缸活塞行程超长

原因分析：

中拉杆销子放错孔使控制杆头与闸调器外体距离“A”值调错。

处理方法：

将销子调至正位(新车两端均为外空，旧车一内一外)。

21. 运行中制动后不缓解

处理方法：

(1)列车运行中，值乘务员按标准进行巡视监控列车运行。如发现制动带闸运行时，及时将车厢地板面的缓解阀检查盖打开，拉起缓解阀，使制动缸压力排出。

(2)因制动机故障造成途中停车时，乘务员应及时下车果断处理关门排风，并向前方客列检通报故障。

(3)列车停车时间短，在不能完成修复情况下，可用检车锤轻轻击打主阀部位。

22. 旅客列车施行充气缓解时，个别车辆制动机缓解不良

处理方法：

(1)如判断为分配阀故障时，在有备用品时，立即更换备品，更换完毕后，进行制动机简略试验，试验良好后，方可开车，如无备品时，并且这辆车不是最后一辆车，同时全列又无关门车时，该车应做关门车处理。

(2)如果是最后一辆车发生故障时,可将前部车辆关门排风后,卸下所需的同型号配件,倒装到尾部车辆上,处理完毕后,进行制动机简略试验,良好后方可开车,并预报前方客列检请求处理。

(3)如果判断为制动缸故障时,该车又不是最后一辆,同时全列又无关门车时,可将该车做关门处理,并预报前方客列检,请求处理。

(4)如判断为基础制动装置故障或有人拧紧手闸时,应进行处理或松开手制动机,如全列无关门车,故障一时不能处理时,可做关门车处理,但最后一辆不能关门,此时应将前部车辆做关门车处理,倒装配件,恢复最后一辆车的制动作用。

23. 旅客列车施行充气缓解时,个别车辆制动机缓解不良

原因分析:

(1)车辆乘务员应会同运转车长与机车联系,请司机试风。在有客列检作业的车站由客列检负责处理。

(2)试风时如发现充风缓解时制动机不缓解,车辆乘务员应先拉动缓解阀,如分配阀排风口开始排风,制动缸活塞缩回,可以判断为分配阀故障。

(3)拉动缓解阀,分配阀排风后,但制动缸活塞不缩回,可判断为制动缸故障。

(4)拉动缓解阀,分配阀排风后,制动缸活塞也缩回,但闸瓦仍紧抱车轮,则说明是基础制动装置卡死。

处理办法:

(1)如判断为分配阀故障时,在有备用品时,立即更换备品,更换完毕后,进行制动机简略试验,试验良好后,方可开车。如无备用品时,并且这辆车又不是最后一辆车,同时全列又无关门车时,该车应做关门车处理。

(2)如果是最后一辆车发生故障时,可将前部车辆关门排风后,卸下所需的同型号配件,倒装到尾部车辆上。处理完毕后,进行制动机简略试验,良好后方可开车。并预报前方客列检请求处理。

(3)如果判断为制动缸故障时,该车又不是最后一辆,同时全列又无关门车时,可将该车做关门处理,并预报前方客列检,请求处理。

(4)如判断为基础制动装置故障或有人拧紧手闸时,应进行处理或松开手制动机,如全列无关门车,故障一时不能处理时,可做关门车处理,但最后一辆车不能关门,此时应将前部车辆做关门车处理,倒装配件,恢复最后一辆车的制动作用。

(5)开车后,车辆乘务员应加强巡视,注意耳听下部的运行情况,判断车辆是否有故障,到达前方车站停车时,车辆乘务员应根据判断的情况,下车重点进行检查。

24. 盘型制动客车在运行途中发现制动盘闸片抱死

处理方法:

(1)如果没有间隙且闸片贴靠较死、但活塞杆已回到原位。

原因:这可能是人为原因造成闸片间隙较小,可将丝杠缩回盘形制动缸体内,使闸片间隙增大,经过几次制动缓解后,闸片间隙可恢复正常。

(2)如果没有间隙且闸片贴靠较死、但活塞杆未能回到原位。

①在停车后插设安全信号;

②关闭单元缸进风通路的塞门,卸除单元缸连通金属软管,加装堵头;

③排除单元缸内的余风,使单元缸处于缓解状态;

④联系运转车长和司机进行简略试验，无异常情况便可以撤除信号开车；

⑤终到后"车统—181"引记处理。

二、走行部及车钩缓冲装置

1. 旅客列车在运行途中轴箱圆簧、摇枕圆簧折断

原因分析：

圆簧材质不良；车辆负荷过重、偏载或运行条件恶劣。

处理方法：

(1)发现轴箱圆簧、摇枕圆簧折断时，必须详细检查该车的技术状态。如不危及行车安全，可预报前方客列检处理，如系超载或已引起车体倾斜并超过规定，应采取相应措施后再继续运行，并预报前方客列检处理。

(2)预报时，必须将折损圆簧的车次、车型、车号、方位、位置、名称、型号预报准确(原民德车尚需报转向架型号、方位)，以便于前方客列检做好准备工作，减少停车时间。

(3)如前方客列检没有备品更换或无法更换时，乘务员可根据线路、载重情况及折损部位，要求站方客列检采取相应措施，保证安全运行到终点站。

(4)如客列检提出摘车处理，按规定由列检所执行，并做好处理的详细记录(包括损品断面情况)带回本段。

2. 旅客列车在运行途中发生车轮踏面剥离

原因分析：

踏面剥离多为踏面材质疲劳，裂纹剥落和车轮长时间抱闸产生裂纹剥落，也有因车轮材质不良造成的，剥离部位常伴有夹渣等。

处理方法：

发现踏面剥离时，应立即测量，超过运用限度时应立即甩车。

3. 旅客列车在运行途中发生车轮踏面擦伤

原因分析：

擦伤是由闸瓦抱死车轮，使车轮在钢轨上滑行所造成的。

处理方法：

擦伤的运用限度为：本属客车出库时不得大于 0.5 mm；外属客车出库时不得大于 1.0 mm；运行途中不得大于 1.5 mm，超过时必须甩车。运行途中，实施紧急制动停车后，检车乘务员应立即下车，发现危机行车安全的故障时，必须甩车。如因机车乘务员施行紧急制动造成擦伤时，检车乘务员应询问机车乘务员的姓名、臂章号、机车车号、施行紧急制动的原因、运转车长姓名等情况，做好记录，并取得机车乘务员签字。如不签字时，请运转车长签字证明。并将擦伤情况及时向铁路局调度汇报，按调度命令指示办事。如发现擦伤深度超过 1.5mm 时，为确保行车安全必须甩车。

4. 旅客列车在运行途中发生轮对踏面裂纹

原因分析：

踏面材质疲劳、材质不良或由剥离夹层造成。

处理方法：

(1)车辆乘务员应认真检查确认，是否剥离夹层所造成的裂纹。

(2)检查剥离夹层裂纹的长度和剥离夹层面积及深度。判断裂纹的发展趋势和危害程度。

(3)在运行中跟踪观察踏面裂纹的变化在不影响行车安全情况下，继续运行，并预报终点站列检所处理，如发现裂纹发展迅速，可能危及行车安全，则应采取摘车处理的果断措施。

5. 旅客列车在运行途中发生车辆轮辋裂纹

原因分析：

车轮因长期运行造成材质疲劳或局部材质不良等原因，沿圆周方向出现裂纹。

处理方法：

(1)用手指轻摸踏面上的裂纹部位，同时用手锤敲打该处四周，手指有异常的振动感觉。

(2)用手敲打该处，声音不清脆，用液体油浸入该处后，待渗入一段时间后擦去表面浮油后，再用手锤敲击打四周，有油从踏面内渗出的，即为裂纹特征。

(3)出库旅客列车不得有轮辋裂纹，运行途中发现轮毂轮辋裂纹长度不大于 80 mm 且无开口时，经客列检(无客列检时为车辆乘务员)确认，在确保行车安全的前提下，可一次运行到终点，大于 80 mm 时，必须甩车。

(4)当裂纹长度超过 80 mm 时，车辆乘务员应每到站停车时，下车检查，查看该裂纹是否有所发展，如发现裂纹长度超过用 80 mm 时，应立即甩车。

6. 旅客列车弹簧压死

原因分析：

列车严重超员超重(这类故障多发于春运期间)。

处理方法：

旅客列车严重超员或货物超重时，车辆乘务员确认转向架摇枕弹簧和轴箱弹簧的状态。发现弹簧压死，弹簧之间无间隙时，进行处理。

(1)车辆乘务员立即按规定插设信号，并通知运转车长和车站值班员，不得发车。

(2)向列车长、车站负责人汇报，由列车长和车站负责组织疏散旅客或倒装货物。

(3)人员疏散完毕或货物倒装完毕后，车辆乘务员应仔细检查摇枕和轴箱弹簧的状态，弹簧有无断裂，是否恢复正常高度，橡胶缓冲垫有无窜出等现象。如发现弹簧折损时，在有客列检作业的车站，应通知客列检进行更换，在无客列检作业的车站，做临时处理后，应预报前方客列检请求处理。

(4)检查转向架其他部位的技术状态，有无抵抗卡死，各部技术状态是否良好，如有异常应及时处理。

(5)确认各部正常后，撤除信号，通知运转车长和车站值班员开车。

(6)将车型、车号、定员、定检日期、发现或发生超员超重时间、地点、超员超重情况、弹簧情况及所采取措施详细记录于"车统—181"。

7. 旅客列车在运行途中发现两连挂车辆的车钩中心线高度差过限

原因分析：

(1)列车停留在曲线或坡道上。

(2)车辆超载、偏载。

(3)车辆本身的摇枕弹簧或轴箱弹簧过弱，车钩钩身磨损、窜出等。

(4)机车车钩故障。

处理方法：

发生钩差过限时，在有客列检的车站，应通知客检所处理。无客列检时由车辆乘务员处理。

(1)首先判断列车是否停留在曲线或坡道上,如是,请求向前带车后再判断。应会同运转车长一起测量,如果钩差不过限(不超过 75 mm)时,说明是线路原因造成的,车辆本身无故障,则应发车。

(2)判断是否因超载、偏载所致,如是则与列车长联系,要求疏散旅客或倒装货物。上述工作完成后,会同有关人员继续测量钩差,符合运用限度后,可以继续运行。

(3)如不属上述原因,则说明车辆本身有故障,乘务员应用撬杠或油镐将钩身抬起,在钩身下部加入备用磨耗板,无备用磨耗板时,可临时将闸瓦插销穿入,落下钩身后将两端打弯,以防窜出,并预报前方客列检,要求准备磨耗板进行处理。

(4)如机车与第一辆车的车辆车钩差过限时,而车辆钩高在规定范围内(830～860 mm),则应由机车乘务员处理。必须达到两连接车钩中心线高度差不得大于 75 mm 的要求。

8. 旅客列车在运行途中发生 15 号车钩摆块吊脱出

原因分析:

车辆在曲线上运行时,因车辆水平移动的同时,上下振动,导致摆块吊脱出摆块长槽,使摆块吊脱出。

处理方法:

(1)及时与有关人员联系,插上防护信号,然后用顶镐将钩身顶起,将脱出的摆块吊恢复正位,如发现配件缺损或磨耗严重时,应用铁丝捆绑做临时处理,但捆绑时不能过紧而应留有余量。处理完毕后,撤去防护信号,通知车长开车,在途中应随时注意该车钩的情况,特别是通过曲线时。

(2)临时处理后,应预报前方客列检,请求处理。

9. 在途中无客列检作业车站,发现钩舌裂损

原因分析:

(1)司机操作不当。

(2)钩舌制造缺陷。

处理方法:

(1)发现钩舌裂损时,应迅速更换处理,如无备品钩舌时,可用尾部车辆后端的钩舌更换。

(2)将发现的地点、时间(到发及晚点时分)、车次、编组辆数、机车型号、车号、方位、定检日期、钩舌的断面情况(新、旧痕的比例、材质、砂眼等)做好记载,如 25G 型、双层客车钩舌临时换用了普通碳素钢钩舌,应在“车统—181”中填明,以便库检更换为 C3 铸钢钩舌。

(3)将裂损钩舌带回,以备分析。

三、空调发电车部分

1. 运行途中,柴油抽不到上油箱

原因分析:

油路系统不密封、燃油泵失效、粗滤器脏堵、油管路堵塞或析蜡。可能有以下 4 种情况:

(1)粗滤器脏堵。

(2)下油箱上油过滤器的密封圈损坏或安装不当,造成上油管路进空气。

(3)下油箱至燃油泵进油口间的油管漏气。

(4)燃油泵电机不转(以 SFK158-55-00-00XL 为例):

①油箱有异物或沉积物,浮子开关下落不到位,低油位浮子开关触头不能闭合或者浮子开

关常开触头不能闭合。

②热继电器 5FR1、5FR2 动作或整定值低。

③接触器 5KM6、5KM16 作用不良，转换开关 5SA3、5SB1 作用不良。

④燃油泵电机坏。

处理方法：

(1)清洗粗滤器滤芯。

(2)更换下油箱上油过滤器密封圈，并对中安放在过滤杯上面与过滤器安装座结合处。

(3)用同内径橡胶管一端插入下油箱加油口，另一端接在燃油泵进油口，应急抽油。

(4)处理燃油泵电机不转故障：

①清除油箱异物，修理或更换油箱。

②复位或重新整定热继电器。

③修理或更换接触器、转换开关或按钮。

④修理或更换燃油泵及电机。

⑤拆除滤清器芯子，同时用热布覆盖在油管路上进行解冻，待泵上油后，启动所有机组，从而加大回油量以给下油箱柴油加温。

(5)卸发电机作业要求：

①列车运行中与运转车长、司机联系。

②停车后设置防护信号。

③拆卸发电机，搬运上车应注意人身安全。

④作业完毕，撤除防护信号，通知运转车长发车。

2. 空调机组不运转

原因分析：

(1)电源无电、缺相、电压过低或过高。

(2)电气控制部分断路或接触不良。

处理方法：

(1)电源部分

①电源无电；用电压表测量空调机组控制柜电力输入端子的三相电压，无电压，应接通电源。

②电源缺相供电：如测量电源时缺相，应检查交流配电柜的缺相保护器是否开路。修复并将缺相保护器复位。

③电源电压过低：测量电压低于额定值 15%。欠压继电器不动作，操作控制线路无法工作。调整输入电源。

④电源电压过高：测量输入相电压超过 253 V，过压继电器动作，切断了控制线路回路而无法操作，调整输入电源。

(2)电气控制部分

①控制线路供电线路断路，检查测量供电线路供电电压，找出断路部位并修复。

②插接件接触不良。测量插接的两端接线不导通，重新接插好再测量至导通。

③选择开关内部断路，应拆开查看有无断路情况并修复。

3. 通风机运转而压缩机不运转

原因分析：

这类故障可能是控制线路本身的故障，也可能是制冷系统与风机系统的故障，这些故障会引起有关电控保护器的起跳、切断电源。它虽反映在电气控制上，但故障发生在两个系统上，应引起注意。

处理方法：

(1)电气控制部分应检查机组控制电器和有关保护器。

①接线头接触不良。如压缩机接线头松弛，应修复。

②冷凝风扇和压缩机交流接触器线路断路。测量交流接触器两根接线头不导通，更换线路或接触器。

③压力开关损坏，测量其接线端子不导通，修复或更换压力开关。

④温度控制器调节不当，整定值高于车内温度，重新调整。

⑤温度控制器损坏，如发现其触点常开不闭合，应更换或修复温度控制器。

⑥水银式过载保护器有故障。如测量进出接线端子不导通，处于常开位置，应检查、修复或更换过载保护器。

(2)制冷系统部分

吸气压力过低、低压开关触点跳开不导通。检查制冷系统后修复。

(3)冷凝风机

电机过热、短路或烧坏，冷凝风机热继电器触点断开。测量电机系统绝缘电阻和线圈电阻值，已损坏的应更换电机。

4. 压缩机不启动

原因分析：

开机后通风机，冷凝风机运转而压缩机不运转，且电机发出“嗡嗡”的电磁声。这是压缩机不启动或电机做极慢速度的运转，时间稍长一点，过载保护器就会起跳并切断电源。这类故障主要出在压缩机内。

(1)轴承烧熔，曲轴转不动，电机会发出“嗡嗡”声。

(2)气阀损坏，阀板破碎零件落进汽缸，使活塞不能回转，曲轴转不动，电机发出“嗡嗡”声。

(3)连杆断裂，曲轴被卡住而转不动，电机发出“嗡嗡”声。

(4)电机绕组匝间短路或绝缘层严重老化，电机运转速度极慢，并发出“嗡嗡”噪声，电流极高，短时间内保护器起跳。

(5)气阀严重泄漏，汽缸内始终充满高压气体，电机超载运转，有拖不动现象。

(6)缺相运行，即三相电机使用两相电运行，噪声很响，电流很大，随后保护器起跳。

处理方法：

(1)更换压缩机。

(2)检查修复电源及有关电器件。

5. 空调机组在运行中突然停机

原因分析：

这类故障主要发生在制冷系统中，制冷系统有故障、运行不正常会引起各种保护器起跳并切断电源。要检查这类故障，首先要检查出哪种保护器切断电源，然后才能有的放矢地检查有关部位的故障特征，最后才可综合分析。需要注意的是，这里说的突然停机，是指定内温度未到恒温控制温度而停机。温控器控制的正常停、开不要误解为故障。

制冷系统部分：此类故障的共同特征之一是吸气压力低于低压开关整定值或排气压力高

于高压开关整定值，引起高压或低压开关起跳，使压缩机停机。要检查这一类故障，先查出某种保护器起跳后，将其临时短路，让系统作短时间运行，才能深入检查故障。

(1)制冷剂量不足，吸气压力过低，节流器流动声大(气体流动)吸气管不结霜。

(2)过滤器阻塞不畅通，吸气压力过低，节流器流动声大，吸气管不结霜，过滤器外表发凉。

(3)膨胀阀过滤网阻塞不畅通，造成吸气压力过低，阀流动声大，阀体结霜(整个阀体)，吸气管不结霜。

(4)膨胀阀开度小，制冷剂流量小，吸气压力过低，节流声大吸气管不结霜，阀体下半段结霜。

(5)制冷剂过量，部分冷凝管被液体占据，排气压力过高，吸气管和泵壳结霜，超载运行引起热保护器起跳。

(6)制冷剂系统混入空气，部分冷凝管被空气占据，排气压力高，排气温度高，吸气压力也高，泵壳很热。

(7)冷凝器外表面结灰，进出风温差大，风量小，冷凝压力高且外表热。

(8)车内热量大，处于高温运行(超负荷)吸排气压力增高，过载使热保护器起跳。

(9)气缸盖垫片中筋破裂和排气管断裂(泵壳内)部分气体短路循环，吸排气压力差小，泵壳高热，热保护起跳。

(10)气阀严重泄漏，吸排气压力差小，泵壳高热，热保护起跳。

(11)冷凝温度超限，超过压力保护动作值而动作，应断开电源。

处理方法：

(1)补漏、补加制冷剂。

(2)拆下检修或更换过滤器。

(3)拆下膨胀阀过滤网并清洗。

(4)开大膨胀阀阀门，但要注意不要过量。

(5)排出部分制冷剂至吸气管结霜为止。

(6)停机排放空气。

(7)用刷子刷或高压空气吹除冷凝器外表面灰尘。

(8)增大制冷量，多台压缩机工作以降低客室内温度。

(9)修复或更换压缩机。

(10)冷凝温度超限，超过压力保护动作值而动作时应断开电源。

6. 空调机组制冷量下降，冷气不足

制冷量下降，这类故障多发生在制冷系统中相当一部分故障内容与空调机组在运行中突然停机故障中列出的内容相似。例如：系统制冷剂量不足，吸气压力偏低，而未低到低压开关的整定值，低压开关不会起跳，更不会过载运行，只是空调机组的制冷量下降。而前述的制冷剂不足不仅是制冷量下降问题，而是不允许继续运行，否则就有可能发生事故，所以超出一定量的界限，其性质就有了明显的变化，要区别这种关系。

(1)制冷系统部分

①制冷剂量不足，吸气压力低，吸气管不结露，较热。

②过滤器内部堵塞不畅，吸气压力低，吸气管不结露，泵壳比较热，过滤器外表发凉。

③膨胀阀开度小，吸气压力低，吸气管不结露，泵竟比较热，气流声大，阀体有时结霜。

④膨胀阀过滤网受堵，流通不畅，吸气压力低，吸气管不结露，泵壳比较热，整个阀体结霜

气流声大。

⑤膨胀阀开度大,蒸发温度高,传热受影响,吸气压力高,吸气管及泵壳结霜,严重者有轻度湿行程。

⑥制冷剂充注量过多,蒸发温度高,传热受影响,吸气压力高。吸气管及泵壳结霜,严重者有轻度湿行程。

⑦系统中混入不凝性气体(空气),排气压力高,自控温度高,泵壳温度高,压缩机运行电流较高。

⑧冷凝器表面结灰而风量小,散热效果差;排气压力和排气温度高,输液温度也高,单位制冷量下降。

⑨蒸发器滤尘网结灰,风量下降,吸气压力下降,吸气温度低吸气管及泵壳结霜。

(2)压缩机部分

①活塞与气缸严重磨损,制冷能力下降;吸气压力上升,排气压力下降,压缩比不能提高,排气量下降。

②气阀泄漏比较严重,制冷能力下降;吸气压力上升,排气压力下降,压缩比不能提高,排气量下降。

③气缸盖垫片中筋破裂,部分气体在缸内循环;吸气压力上升,排气压力下降,排气温度较高,排气量下降。

④泵壳内排气管受伤开裂,部分气体在泵壳内短路循环;吸气压力上升,排气压力下降,压缩比不能提高,排气量下降,泵壳温度较高。

处理方法:

(1)制冷系统部分

①检漏并加制冷剂。

②更换过滤器。

③将膨胀阀通路开大一点。

④拆下膨胀阀过滤网清洗。

⑤调小膨胀网开度。

⑥放出一部分制冷剂。

⑦停机放空气。

⑧用高压风吹去冷凝器表面灰尘。

⑨清洗蒸发器滤尘网。

(2)压缩机部分

①更换压缩机。

②更换压缩机气阀。

③分解压缩机换垫片。

④分解压缩机并换排气管。

7. 空调机组不制冷,无冷气

原因分析:

(1)制冷系统

空调机组能够运行,但无冷气或冷气极小,主要发生在制冷系统及压缩机中。

①膨胀阀感温包内介质泄漏而使阀门关闭不通;吸气管内抽真空,低压开关起跳,排气管

不热，节流器无流动声，通风机吹出的风不冷。

②膨胀阀进口过滤网堵塞不通；吸气管内抽真空，排气管不热，节流器无流动声，通风机吹出的风不冷。

③过滤器内堵塞不通，制冷剂不能通过，吸气管内抽真空，排气管不热，节流器无流动声，通风机吹不出冷风。

④系统内制冷剂全部泄漏，吸气管内抽真空，燃气管不热，节流器无流动声，通风机吹不出冷风。

(2)压缩机部分

①气缸盖垫片中筋大面积破裂，蒸气短路循环严重，吸气压力升高，排气压力下降，吸排气差较小，泵壳很热，排气温度较高。

②泵壳内排气管断裂，绝大部分蒸气在泵壳内循环流动；吸气压力上升，排气压力下降，吸排气压力差更小，泵壳很烫手。

③气阀片击碎，不能吸排气，吸排气压力几乎相等，壳也比较热。

处理方法：

(1)制冷系统

①更换膨胀阀。

②拆下膨胀阀进口过滤网清洗。

③拆下清洗过滤器。

④检漏、修漏、充制冷剂。

(2)压缩机部分

①分解压缩机，更换垫片。

②分解压缩机，更换排气管。

③分解压缩机，更换阀板或更换压缩机。

8. 空调机组在运行中发生异常噪声和振动

原因分析：

空调机组在运行时产生有规律的运动，噪声比较低并有节奏，这是不可避免的正常噪声，若发出异常的刺耳噪声，则是不正常的噪声，这就是有故障的噪声，若不及时发现和处理，就会损坏机件，应予以重视。

(1)压缩机部分

制冷剂液体与油进入汽缸，活塞进行液体压缩；气阀阀门的冲击声随之而产生振动，使压缩机发生抖动。

(2)风机部分

①叶轮与风圈碰撞，发出金属摩擦的刺耳声，支头螺钉(叶轮上)松动而移位。

②电机轴承严重磨损，轴跳动发生振动声。

③电机底脚螺钉松动，电机跳动厉害。

处理方法：

(1)压缩机部分

①装设气液分离器。

②排放掉一部分制冷剂。

③调小膨胀阀开度。

④改善压缩机振幅，排气管加减振器。

⑤查明原因，减轻电机负载。

⑥更换压缩机。

(2)制冷系统部分

适当调整工况能避免尖叫声。

(3)风机部分

①纠正位置，旋紧支头螺钉。

②更换风机轴承或电机。

9. 车体配线绝缘不良

原因分析：

(1)电源选择开关未置断开位。

(2)电力连接器橡胶密封圈等密封件失效或密封不严，造成连接器座内进水。

(3)由于车体结构原因，通过台有水或车内地板夹层进水，流进分线盒或连接器座内，造成配线潮湿。

(4)车体钢结构磨破电缆橡胶套，使导线与车体钢结构短连。

处理方法：

(1)首先确认电源选择开关是否置断开位，如没有置断开位，将其置断开位后重新测量。

(2)若连接器内进水，擦干或用电热风烘干后更换不良密封件。

(3)若是分线盒或连接器座内进水可临时采取电热风吹干或打开线盒盖等自然干燥的措施，使绝缘值达到标准，但应进一步查清进水部位和原因，采取可靠有效的措施，避免问题重复发生。

(4)查找出配线磨破处所，进行包扎和防磨处理。

10. 电源柜交流接触器 KM1、KM2 吸合后，输出端 U、V、W 无电或某个负载无电

原因分析：

(1)接触器主触头有灰尘，或卡位接触不良。

(2)接线端子松动或接触不良。

(3)某负载空气开关作用不良。

处理方法：

采用顺线路逐点测量的排除方法，确认故障部位后再进行处理。

11. 电流柜交流接触器 KM1、KM2 工作正常，但指示灯 HL1、IL2 不亮

原因分析：

(1)KM1、KM2 常开触点接触不良。

(2)指示灯损坏。

(3)接线接触不良。

(4)N 线断。

处理方法：

(以 1 路为例)用试电笔或万用表测量 112 点是否有电压，如无电为 112 号线接触不良，测 113 点无电为 KM1 常开触点接触不良，如 113 点有电则为指示灯 HL1 损坏或 N 线断。

12. 供电正常，电压表无显示

原因分析：

(1)保险 FU3 熔断。

(2)电压表损坏或接触不良。

(3)电压选择开关损坏。

处理方法：

逐件查找、测量，更换不良配件。

13. 供电后，空气开关自动跳闸

原因分析：

供电回路中有短路点。

处理方法：

1Q、2Q 跳闸说明 1Q、2Q 至各负载空气开关、照明控制柜、空调控制柜间配线有短路；哪个负载空气开关跳闸说明哪个负载回路有短路。此种情况存在是严重的火险隐患，必须认真彻底处理。确定大致部位后，可采取分段测量、供电试验的方法进行查找。

14. 显示屏自动报站不正常

原因分析：

(1)GPS 接触不良。

(2)各组态文件与现站名不一致。

(3)通信不正常。

处理方法：

(1)需紧固接触部位。

(2)重新编辑组态文件。

(3)进一步查找原因进行修复。

15. 空调机组不供暖

原因分析：

(1)连接到电加热器的配线或连接器配线断，配线连接部的螺栓松动。

(2)室内通风机停转。

(3)温度开关不良。

(4)熔断丝熔断。

处理方法：

(1)检查电加热器的配线及连接部位是否松动并修理。

(2)检查与通风机有关的配线及电机，进行修理。

(3)检查工作温度，如温度开关坏，须更换。

(4)查找熔断丝熔断原因，修复后更换熔断丝。

16. 某个灯不亮

原因分析：

(1)灯具内接线及灯脚接触不良。

(2)灯管损坏。

(3)电子镇流器损坏。

处理方法：

首先检查各处接线及灯脚接触状态，如正常，更换灯管。电子镇流器更换。

17. 某些灯不亮

某些灯成规律性不亮，如 1、4. 7、10 位顶灯都不亮，通过台、配电室等处灯都不亮，1 路或 2 路顶灯都不亮。

原因分析：

(1)某相保险熔断或接触不良。

(2)某相线接触不良。

(3)电源缺相。

(4)照明选择开关内部触点接触不良。

(5)某个接触器不吸合。

处理方法：

首先检查相应保险是否熔断及相应配线接线状态，其次检查电源是否缺相，最后检查照明选择开关触点接触状态及接触器状态。

18. 全车灯都不亮

原因分析：

(1)三相交流电未引入照明控制箱。

(2)保险 FU10 熔断及控制回路线接触不良。

处理方法：

首先检查三相电源是否引入照明控制箱及控制回路 U 相是否缺相，若正常，检查 FU10 是否熔断及接线接触状态。

19. 应急灯不亮

原因分析：

(1)应急电源无输出。

(2)应急保险 FU12、FU16、FU19 熔断。

处理方法：

首先确认应急电源输出是否正常及是否引入照明控制箱，若正常，检查保险及接线状态。

20. 旅客列车在运行途中，客车空调控制柜无控制电源 HL1 不亮

原因分析：

(1)检查控制回路开关 1Q 是否跳开或损坏。

(2)时间继电器 KT3 接触不良和元件损坏。

(3)高、低压继电器 FOV、FLV 的插座接触不良或损坏。

处理办法：

(1)属 1Q、KT3、FOV、FLV 损坏和其本身故障时应更换新品。

(2)属接触不良时应重新接插。

(3)1Q 故障跳开时，可通断几次观察 HL1 是否亮灯。

21. 旅客列车在运行途中，空调控制柜通风机不工作或只有强风或弱风

原因分析：

(1)转换开关 SA1 的触点 1-2、3-4 接触不良或脱线，SA2 触点 1-2、3-4 接触不良。

(2)KM1、KM2 或 KM3 损坏。

(3)热继电器 FR1 动作后未复原或本身损坏。

(4)通风机电机 1M 损坏。

处理方法：

(1)属开关、仪器、元件等损坏时,应断电更换符合本车规格的备用品。
(2)热继电器动作后应查明原因后按恢复按钮复位。
(3)遇到通风机电机烧损时应停机待终到后处理。
(4)1T2 控制柜可暂由无故障一端机组继续工作。

22. 旅客列车在运行途中,空调控制柜通风机工作正常,但制暖系统不工作

原因分析:
(1)SA1 的 5-6、7-8、9-10 接触不良或损坏。
(2)温控仪 ATC 不工作。
(3)KA3、KA4 损坏或插座接触不良。
(4)转换继电器 KL 损坏。
(5)时间继电器 KT1、KT2 损坏。
(6)KM8、KM9 损坏。
(7)热保护元件 FT3、FT4 跳开。
(8)易熔丝 FUT1、FUT2 熔断。

处理方法:
(1)修复 SA1 选择开关。
(2)调整或更换温控仪。
(3)更换 KA3、KA4。
(4)更换转换继电器 KL。
(5)更换时间继电器 KT1、KT2。
(6)更换 KM8、KM9。
(7)复位 FT3、FT4。
(8)更换 FUT1、FUT2 保险。

23. 旅客列车在运行途中,空调控制柜通风机工作正常,但制冷系统不工作

原因分析:
(1)SA1 的 7-8、9-10、11-12 接触不良。
(2)SA3 的触点不良(自动冷位检查 1-2. 9-10;手动位检查 3-4、7-8)。
(3)温控仪 ATC 损坏或接线脱落、接触不良。
(4)KA3、KA4 插座接触不良或损坏。
(5)KM4 损坏。
(6)热继电器 FR4 跳开或损坏。
(7)KM6、KM7 损坏。
(8)压力保护继电器 FP1、FP2 动作跳开。
(9)低温保护器 FT1、FT2 动作。
(10)压缩机过流继电器 FA6、FA7 动作。
(11)压缩机电机 6M、7M 损坏。
(12)压缩机工作但不制冷(R22 泄漏)。

处理方法:

遇压缩机损坏和制冷剂泄漏等故障又不能立即排除,应采取一些临时补救措施。单元式空调机组是由两台独立制冷系统组成,两台机组同时产生故障的可能性很少,只要通风机不发

生故障可以使1台机组工作。

24. 旅客列车运行中，发生电力连接器烧损

原因分析：

(1)由于制造中没有严格按规程选料、加工、安装、调试，致使电力干线的连接器座、插头接触不良，端子接头松动，导线线径过小，当通过的电流值较大时，松动部位发热、氧化，而烧损连接器。

(2)检修不彻底和不按规定测试车体绝缘，编组的，列车额定用电容量总和超过了电力连接线容量。

(3)连接器密封条老化、变质、损坏、有水侵入，破坏绝缘，短路烧损。

处理办法：

库内检查列车电力线、集控线及连接器良好，无松动、发热、破损，插接作用良好，并对全列车绝缘阻值进行测量，须符合规定(单车$>$2 kΩ，全列$>$0.2 kΩ)，尤其对换挂车的连接器应进行严格的绝缘测试和紧固。列车中途停车时，乘务员应检查电力连接器无异常温升。当发现连接器因密封胶圈老化、防水作用不良、松动等原因造成温升异常，以致烧损时，应停电停机，确认故障并处理。

(1)电力连接器烧损车辆位置在距发电车8辆以内时：

①1路或2路电力干线烧损1只连接器，应改用单只供电(断电后，卸下烧损的连接器插头)并将此例负荷电流值控制在一只连接器额定值以下。或将原1路(2路)供电改用2路(1路)供电。

②1、2路均有五只连接器烧损，应断电后，卸下烧损件，由原双路各两只并联供电改用双路单只供电，同第①项降负荷供电。

③1路和2路均有两只烧损时，应改另一路供电，并适当减少负荷。

(2)电力连接器烧损车辆位置在距发电车8辆以外时：

①1路或2路电力于线烧损1只，可采取断电后，卸下烧损件，继续供电，不用减少负荷。

②1路或2路均有1只烧损，同①项。

③1路或2路同时有2只烧损，应切断故障后部烧损侧电源，后部车的用电改用另一路供电，故障侧前部车辆用电由烧损侧电力干线供电。

25. 压缩机低压控制器动作

原因分析：

压力继电器低压动作，即压缩机吸气压力低，其主要原因如下：

(1)由于系统内制冷剂泄漏，造成系统中循环的制冷剂量不足。

(2)干燥过滤器或毛细管堵塞(更换压缩机操作工艺不当易出现这种情况)，使制冷剂流量下降。

(3)蒸发器或过滤网污脏，造成蒸发器热交换不良。

(4)通风机不转或反转。

(5)机组进风温度低。

处理方法：

(1)进行检漏、补漏并添加制冷剂。

(2)更换过滤器或毛细管。

(3)对蒸发器清洗除垢。

(4)对通风机重新检查接线。

(5)调整机组进风温度。

26. 空调机组运转中有异味

原因分析：

(1)有冷冻油气味：系统有较大的泄漏，冷冻油溢出，严重都可听到泄漏。

(2)有电气、塑胶焦煳气味：机组电气故障使导线通过电流过大而导致过热，使绝缘层老化；接线端子或插头插座接触不良，发生火花而过热，使胶木焦化等。

(3)在初次开启空调机组电加热时，由于电热管表面有灰尘，通电后可能有焦煳异味进入车厢。

处理方法：

(1)对泄漏处进行堵漏处理，并补充机油。

(2)查找机组电气故障妥善处理。

(3)清理空调机组电电热管表面灰尘。

27. 空调机组漏水

原因分析：

(1)回风口处漏水。

(2)安装不良，密封橡胶处漏水。

(3)车顶或机组底部涂密封胶处漏水。

(4)从新风道处漏水。

(5)风道保温材料老化，性能不好，当车外相对湿度太高时，车内的送风道将有凝结水滴出。

处理方法：

(1)机组箱排水孔堵塞，排水不畅：应清除机组箱杂物和灰尘，疏通排水管。

(2)机组防雨和排水道密封不良：应更换并正确安装密封胶垫，注意接头处要粘好。

(3)机组底部有裂缝或焊缝不严：用密封胶填补之。

28. 空调总电源开关合上后，控制柜所有工作和故障灯亮

该故障是由于电源零线断开，查出断点接好即可。

29. 应急电源交流熔丝熔断

原因分析：

(1)变压器有短路。

(2)SCR1、SCR2、D107～D109 有短路。

处理方法：

对上述部位逐个进行检查。

30. 应急电源直流熔断器 RD2 熔断

原因分析：

(1)电地接反。

(2)U1 及周围元件损坏，造成电流大。

处理方法：

首先确认电池极性是否正确，然后对元件进行检查。

31. 应急电源的按钮通、断不起作用

原因分析：

(1)电池电压低。

(2)按键 AQ、AT 损坏。

(3)KM2 常闭触点接触不良。

(4)KM1 故障不能吸合。

(5)V3(LM358)、V33、V27 损坏,C24 漏电严重。

处理方法:

首先确认电池电压是否正常;若电池电压正常,按住 AQ(或将 AQ 短接),用万用表电压挡,将黑表笔接负极,红表笔分别测 AQ、AT、V26、R25、R26 两端,若哪点无电压,则说明该点以前元件有断路;测量 V2,两端电压应为 12 V,若不对,说明 V2 损坏;测量 U3 的 2、6 脚电压应为 6V,若不是,则检查 C24 是否漏电严重(可将其断开)。R27、R28 及相关接点是否断路;测量 U3-1 脚电压应大于 10 V,若为低电压则说明 U3 损坏;测量 V33 基极应有电压,否则检查 V32 是否短路,R34、R36 是否断路。

U3 好坏的检查判断:

按住 AQ,测量 U3 各管脚电压,2、6 脚应为 6 V,3 脚高于6 V,5 脚低于6 V时,1 脚高于 10 V,7 脚小于 0.7 V;将 R31 短接后 1 脚电压将小于 0.7 V,将 R28 短接,7 脚电压将高于 10 V,以上说明 U3 正常。

以上检查均正常后,将黑表笔置负极,红表笔再逐点检查 KM2 常闭触点、KM1 线圈、V31 两端,若哪点无电压,则说明此点前元件有损坏,若测 V33 阴极依然有电压,则说明 V33 断路。

32. 按“应急通”按钮工作,松开即停止工作

原因分析:

(1)电池电压低。

(2)KM1 常开触点接触不好,不能自锁。

处理方法:

检查电池电压,若电压正常则为并联在 AQ 两端的 KM1 常开触点接触不良。

33. 应急电源不能自动转换

原因分析:

(1)电池电压低。

(2)按键 AQ、AT 损坏。

(3)KM2 常闭触点接触不良。

(4)KM1 故障不能吸合。

(5)V3(LM358)、V33、V27 损坏,C24 漏电严重。

(6)V21、V22、V23、V24 组成的暂态电源不工作,造成 C21、C22 未充足电。

(7)V34 损坏。

处理方法:

(1)首先确认电池电压是否正常;若电池电压正常,按住 AQ(或将 AQ 短接),用万用表电压挡,将黑表笔接负极,红表笔分别测 AQ、AT、V26、R25、R26 两端,若哪点无电压,则说明该点以前元件有断路;测量 V2,两端电压应为12 V,若不对,说明 V2 损坏;测量 U3 的 2、6 脚电压应为6 V,若不是,则检查 C24 是否漏电严重(可将其断开)、R27、R28 及相关接点是否断路;测量 U3-1 脚电压应大于10 V,若为低电压则说明 U3 损坏;测量 V33 基极应有电压,否则检查 V32 短路,R34、R36 是否断路。

U3 好坏的检查判断：

按住 AQ，测量 U3 各管脚电压，2、6 脚应为 6 V，3 脚高于 6 V，5 脚低于 6 V 时，1 脚高于 10 V，7 脚小于 0.7 V；将 R31 短接后 1 脚电压将小于 0.7 V，将 R28 短接，7 脚电压将高于 10 V，以上说明 U3 正常。

以上检查均正常后，将黑表笔置负极，红表笔再逐点检查 KM2 常闭触点、KM1 线圈、V31 两端，若哪点无电压，则说明此点前元件有损坏，若测 V33 阴极依然有电压，则说明 V33 断路。

(2)检查 R21、B22、V23、V24 是否短路、断路。

(3)检查 C21、C22 是否容量下降或漏电严重。

(4)检查 V34 是否损坏。

34. 应急电源无输出

原因分析：

(1)交流接触器 KM1，不吸合。

(2)RD6 熔断。

处理方法：

(1)检查 RD6 是否熔断。

(2)检查 KM1 是否吸合及各触点接触状态。

第二节　快速客车故障

一、制动装置

1. 机车发生双管供风设备故障或用单管供风机车临时牵引列车

原因分析：

机车双管供风设备故障或单管供风机车临时牵引列车。

处理方法：

(1)机车发生双管供风设备故障或用单管供风机车救援接续牵引时，由机车乘务员负责通知车辆乘务员和运转车长，由车辆乘务员负责按下述要求将编组客车风路改为单管供风状态；改为单管供风后，由机车乘务员报告邻近车站转报列车调度，由所属区段列车调度员逐级上报，以部令(机车、车辆调度)通知沿途有关铁路局转发至换挂机车所属机务段和换挂站检，按单管供风办理(双管供风列车因故改单管时，由车辆乘务员负责，但考虑到减少晚点，在必要时由铁路局车辆调度通知客列检配合处理)。

(2)途中全列故改为单管供风后，不再恢复双管供风，直至终点站。到达终到站后，由库检(不入库的列车由站检)恢复双管供风状态，并用铁线捆绑施加铅封后与车辆乘务员交接。

(3)采用双管供风装置的列车，在双管供风状态下，途中制动机故障按《铁路技术管理规程》的规定关闭制动机时只关闭制动支管截断塞门；在单管供风状态下，车辆制动机故障时，除关闭制动支管截断塞门外，同时还必须开通制动管至总风缸间的截断塞门。

(4)双管供风列车处于双管供风状态时的风路状态为：列车制动管至空气弹簧风缸间的截断塞门关闭，副风缸至空气弹簧风缸间的截断塞门关闭，列车总风管至空气弹簧风缸间的截断塞门开通，其他塞门同原出库质量要求。

(5)因故改为单管供风时，要求将列车编组中客车风路改为：列车总风管至空气弹簧风缸间的截断塞门关闭，副风缸至空气弹簧风缸间的截断塞门开通，其他塞门同原出库质量要求。

2. 列车总风管压力超过规定

原因分析：

机车司机操作失误或机车故障。

处理方法：

列车总风管规定压力为550～620 kPa，运行中车辆乘务员要注意总风管压力显示，遇有低于550 kPa时，通知运转车长转告司机，仍无效果时，视为列车总风管供风系统故障，运行至前方站停车改为单管运行。当列车总风管压力超过620 kPa时，不改为单管供风，维持双管供风运行到前方牵引接续站。但考虑到压力过高易造成风管路及用风设备损坏，遇有超过620 kPa的情况时，由车辆乘务员通知运转车长转告司机进行调整，仍无效果时，由车辆乘务员发电报声明。

3. 制动盘弹性衬套、胀圈及螺栓总成松动、丢失，制动盘脱落、碎裂

原因分析：

盘形制动技术能否安全地运用到快速客车上去的关键就是盘与毂的连接技术，其连接螺栓的松动与脱落问题会直接影响到客车运行的安全。轮对上的制动盘与毂的连接在设计上采用了新型结构，弹性销套在螺栓拧紧后保证与径向孔壁密贴，使制动盘所承受的制动力完全由8个弹性销套均匀承受，又能保证制动盘受热膨胀后的径向伸缩。此种制动盘与毂间的连接特点大大降低了制动盘热膨胀引起的热应力，避免热裂，并使传到盘毂上的热量大为减少，消除了盘毂松动的危险，因而提高了制动盘的工作可靠性，但由于车轮在约10^6圈转动和一段时间振动后，其螺栓连接的松动弱点开始暴露出来，且其设计及制造工艺又有些问题，螺栓、弹性销套。锥形垫圈、槽形螺母的截面最大尺寸与连接通孔相差无几，车轮转动时离心力的作用使非紧固的螺栓等整套总成窜出，致使制动盘脱落。

处理方法：

制动盘的安装连接方式应统一。在新造制动盘出厂检查、验收时，应重视对盘环及盘数的探伤检查工作；在运用和A级修程检修时，须对其作详细检查，彻底清除该类受力部件的裂纹等故障。

防止措施：

对于轴装式制动盘来说，其较简捷的改进措施是将楔套的外线台阶旋修掉，以保证螺栓拧紧后弹性衬套有足够的扩张量，确保盘、毂与弹性衬套连接紧固不松动，此外，还要增加一个比连接孔直径大的双耳止动垫圈(GB/T 855—1976)，以阻止螺栓松动后整套窜出。

4. 压力胶管接头处及局部管体裂纹、泄漏

原因分析：

(1)压力软管形式与规格繁多，管接头处配合易发生不密贴、不匹配。

(2)压力软管接头处加低温脂时混有坚硬脏物，紧固过程中损坏了丝扣。

(3)压力软管的橡胶质量差。

处理方法：

(1)统筹考虑净化压缩空气。

(2)能疏通则疏通，不能疏通则更换。

5. 管系泄漏

原因分析：

(1)连接管系的管接头、活接头等零件有砂眼、裂纹等铸造缺陷。

(2)管子螺纹处开裂。

(3)连接端不匹配。

处理方法:

(1)更换损品。

(2)严格控制外购件与新品的质量。

(3)连接处用生料带密封、拧紧。缠生料带时要注意留1牙以上丝扣,避免生料带拧断进入管内。

6. 吊耳与丝杆组成分离

原因分析:

(1)由于单元制动缸属于单向作用方式,它只有在闸瓦间隙增大的情况下,可以自动恢复闸瓦间隙。有时由于操作员的误操作,在闸瓦间限较大的情况下反向用力拧复原螺母,造成固定销折断。

(2)螺杆组成内挡圈折断。

处理方法:

(1)将螺杆与压板焊成一体。

(2)更换螺杆组成。

7. SP2型单元制动缸泄漏

原因分析:

(1)膜板穿孔。

(2)膜板材质不良,有针眼或夹有杂质。

(3)组装时,螺栓拧紧力不均匀。

处理方法:

(1)分解检修,清除垃圾、油垢等污杂物。

(2)更换膜板。

(3)组装时要均匀地拧紧螺栓。

8. 单元制动缸缓解不良

原因分析:

(1)丝杆卡死。

(2)制动缸排风口堵塞。

处理方法:

(1)分解检修、清除垃圾和油垢,或更换丝杆。

(2)清洗排风口滤尘网。

9. 手制动机不起作用

原因分析:

手制动机曲拐支点锈死,曲拐转不动。

处理方法:

分解、除锈(必要时打磨)、给油。

10. 电磁阀不动作

原因分析:

(1)各电缆可能有断路。

(2)如电线回路均正常,则电磁阀内部可能被卡住。

处理方法:

(1)查出断路处所并修复。

(2)如是被卡住,敲击或振动电磁阀就能恢复。如仍不行,或电磁阀有其他不易排除的故障,则换电磁阀。

11. 在制动位列车管减压量过快或过慢

原因分析:

连接体下方列车管排气口的缩口风堵故障或电磁阀口关不严。

处理方法:

检查连接体下方列车管排气口的缩口风堵是否正常;如失电后制动电磁阀排风不止,可判断是电磁阀阀口被异物垫住不能关严;动作几次可将异物吹掉,仍不行,换电磁阀。

12. 在制动和保压位,缓解风缸的压力保不住,随副风缸或者列车管压力下降

原因分析:

(1)连接体上的充气止回阀阀口有损伤或被异物垫住,造成缓解风缸压力向副风缸逆流。

(2)缓解电磁阀的阀口被灰尘等杂质垫住,致使缓解风缸与列车管相通。

处理方法:

(1)整修及清洗充气止回阀阀口。

(2)清洗电磁阀阀口。

13. 在阶度缓解时,电磁阀的性能不明显,或者说没有阶段缓解性能

原因分析:

(1)由电磁阀座至主阀容积室排气口的外接管有泄漏处。

(2)保压电磁阀得电后未能关闭所控制的气路。

处理方法:

(1)排除泄漏处故障。

(2)将电磁阀动作几次,如仍不能吹除垫住电磁阀阀口的异物,换电磁阀。

有这种故障的车辆在阶段缓解时,制动机没有此性能,只能较慢地一次缓解完。其他的104型分配阀的常见故障及排除与原制动机相同。

二、走行部及车钩缓冲装置

1. 运行途中发现车辆振动大

原因分析:

(1)机车供风不够。

(2)空气弹簧破裂或高度调整阀失灵。

处理方法:

(1)如系机车供风不够,及时通知车长,联系司机要求按标准压力供风。

(2)如机车供风良好,站停时检查空气弹簧及高度调整阀。如系高度调整阀失灵(现车可修复者)及时处理后继续运行。如系空气弹簧破裂或高度调整阀失灵(现车无法修复者)应将本车空气弹簧供气通路切断(关闭车体下空气弹簧储风缸通路)、允许在空气弹簧无气状态下限速一次运行到终点更换。

2. 206KP型转向架构架侧梁与轴箱弹簧座连接处开焊

原因分析：

(1)设计结构时未考虑较大的纵向力。

(2)焊后未及时打磨，去除残留在焊缝融合区表面的细微裂纹，萌生裂纹源并逐步延伸至筒壁内表面。运行中，在较大的交变应力作用下，裂纹自下而上沿焊缝方向逐渐扩展，最终裂开。

处理方法：

(1)在纵向拉杆座与侧梁之间设一补强板。

(2)焊后对焊缝逐个进行打磨、检查，确保焊修质量。

3. 206KP 型转向架侧梁纵向拉杆座裂

原因分析：

焊接缺陷。

处理方法：

焊修修复，焊后打磨、检查。

4. 206KP 型转向架摇枕端头上盖板裙板裂

原因分析：

(1)未焊透造成焊接缺陷。

(2)摇枕强度和抗弯曲度不够。

处理方法：

(1)焊修。将裙板拼接，按工艺要求开槽焊接。

(2)为加强摇枕的强度和抗弯曲度，在端头上盖及纵向拉杆座处设一补强板、加强筋。

5. 209HS 型转向架摇枕吊裂纹或有严重压痕

原因分析：

(1)锁紧圈的圆锥面与支承内壁圆锥面配合，吊杆受拉力时，圆锥面也受力，产生压迫吊杆圆柱面的锁紧力，吊杆拉力愈大，锁紧力也愈大。如锁紧圈与摇枕吊配合不匹配、不磨合，受力后吊杆产生压痕，在运行过程中压痕越压越深，直至形成沟槽。

(2)沟槽、压痕处引起应力集中，产生裂纹。

处理方法：

(1)检修时必须对号入座，原拆原配原装，锁紧圈必须成对安装。

(2)分解、探伤，有严重压痕或裂纹者更换。

6. 摇枕吊橡胶堆变形、龟裂老化

原因分析：

在橡胶堆使用寿命期内出现该故障是由于橡胶材质不良造成的。

处理方法：

橡胶堆严重变形、老化、龟裂超过规定限度者，必须更换。

更换摇枕吊：CW-1B 型和 CW-2C 型转向架都必须先推出转向架，从上方才能抽出摇枕吊。首先顶起托梁，松开开口螺母，从侧梁上抽出吊杆。但 CW-1B 型与 CW-2C 型转向架吊杆是不互换的，CW-1B 型的吊杆比 CW-2C 型的长一些，开口螺母相同，但不可拆换，必须成套使用。209HS 型转向架可以顶起托梁或吊轴体，拆下紧锁圈、连接座、橡胶堆，从上或从下都可拆下吊杆。

7. 吊轴裂纹

原因分析：

锻造缺陷。

处理方法：

分解、探伤，有裂纹者更换。

8. 螺旋弹簧裂纹、折断

原因分析：

运行疲劳，材质不良，或热处理不当。

处理方法：

更换弹簧。

9. 高度调整阀作用不良

原因分析：

(1)调节杆(即连杆套筒)未调整好，影响高度调整阀作用的正确性。

(2)进、排气孔漏风。

(3)管路不清洁使阀体内存有大量尘垢、灰粒和油污，堵住进、排气孔。

(4)油封漏油。

(5)扭簧折断。

处理方法：

(1)调整杆安装时尽可能垂直，调整好连杆套筒的长度，并予以固定，包好。

(2)更换，送定检分解检修。更换时，管道和安装部要清洁干净。安装管子时，不能转动网体两端的六角形零件。同时要注意：车体上铸有箭头的方向是空气弹簧的一侧，反方向则是与原风缸连接；管道装反时，连杆即使在水平位置，也会产生空气泄漏。

(3)密封圈损伤和老化均可引起漏油，发现漏油，应更换密封圈。

(4)检修后须试验其作用、性能，良好者方可使用。

(5)运输、搬运途中要避免坠落与坚硬物碰撞，并要加盖，避免垃圾进入阀体内；搬运时，要拿阀体，不要拿连杆，以免影响其作用。

(6)当连杆回转到极限位停止回转时，禁止人为地施加力量予以回转，以免损坏连杆、套筒以及车体。在吊起车体时，必须先将连杆从连杆套筒中取出来。

(7)滤尘网最好采用进口材料，以提高滤尘效果。

10. 差压阀作用不良

原因分析：

在两个空气弹簧附加空气室之间装有差压阀，其开启压差为 150 kPa，目的是防止两侧空气弹簧的压力有较大的差别而导致车体异常倾斜。一般发生故障有以下几种原因。

(1)阀芯卡死，往往在 150 kPa 时不作用，或在某一压力下突然作用。

(2)风口堵死。

(3)结合部漏风。

处理方法：

(1)分解检修，清除垃圾，检查阀芯，在阀芯边端加适量的硅脂，以起润滑作用。

(2)结合部密封不良，引起漏风，可采用橡胶组合垫密封圈。

(3)尽量采用进口滤尘网，以提高滤尘效果。

11. 轴箱弹簧折断

原因分析：

运行疲劳，材质不良。

处理方法：

更换弹簧。轴箱弹簧更换顺序：对于 CW-2C 和 CW-1B 型转向架，由于是转臂定位结构，应将支点放在节点座处，首先将同轴两轴箱减振器拆下，然后同时用顶镐（千斤顶）支同轴两侧的节点座，约顶起 200 mm 高左右，拿出弹簧上、下定位座，弹簧就可拆下。209HS 型转向架则需拆下轴箱减振器，拆下放松吊座，如果定位器不卡死，直接将构架侧梁顶起 270～300 mm，将定位器一起拆下即可拿出弹簧；如果定位器卡死，只能先破坏定位器，拆下定位器后再拆卸弹簧。

12. 油压减振器漏油

原因分析：

(1)密封不良。

(2)螺杆镀铬层脱落剥离。

处理方法：

(1)更换密封圈。

(2)更换螺杆。

13. 油压减振器缺油

油压减振器尤其是横向油压减振器外观无异常，但试验表明油压减振器缺油。

原因分析：

(1)新品本身缺油。

(2)漏油。

处理方法：

分解加油或更换新品。

14. 油压减振器螺杆偏磨，造成杆头丝扣磨损

原因分析：

制造缺陷，上、下同心度偏差大。

处理方法：

分解检修，更换螺杆。

15. 轮辋裂纹

原因分析：

一般在轮对走行公里超过 10 万 km（即车轮转动约 35×10^6 圈）时，轮辋裂纹开始大幅度上升，走行公里至 30 万 km 时其出现的概率达到顶峰。也就是说新碾制成的车轮在投入使用过程中出现轮辋裂纹故障有一个临界值，一旦走行公里超过该值，其出现的概率就会明显下降。从运用发现轮辋裂纹的外观特征来看，轮辋裂纹长度一般在 100～180 mm 之间，其位置均在轮辋外侧距踏面 5～25 mm 处。

快速客车采用盘形制动后，虽在制动盘摩擦环上产生了大量制动热量，出现了很多热裂纹，但它基本消除了因踏面制动而产生的车轮踏面摩擦热负荷、热变形产生的残余拉伸内应力，且快速轮对加工精度高，做过动平衡试验，快速客车装用了电子防滑器，做过轮重试验，在许多方面改善了车轮的运用条件。但由于车轮的设计、材质、制造工艺、制造缺陷、轴重、车辆滑行和环境（线路状况和气候）等问题，加上提速后轮轨的相互作用力加大，各种冲击作用力大

幅度增加，其轮轨间高接触应力也随之增加，特别在轮辋夹杂物等缺陷边缘逐渐产生应力集中，这种情况愈严重，就愈超过材料的疲劳强度极限，从而扩展轮辋内部疲劳裂纹；当超过临界状态后，就可能使断裂层急速向外延伸，直至在轮辋外侧用肉眼可以看到，严重时会很快出现突发性崩裂，导致大块金属脱落。目前快速轮对轮辋裂纹主要还是起源于其内部的各种缺陷，在提速后高冲击力产生的高接触应力作用下，逐渐形成和发展的。它有一个裂纹起源和一个机械作用发展的过程，而且后者接触应力很高，诱发轮辋裂纹的能力非常强，这是导致提速轮对轮辋裂纹频频发生的主要原因。

处理方法：

更换轮对，送厂检修。

防治措施：

(1)控制轮辋裂纹最好的方法是不断提高车轮的制造质量，严格控制轮辋裂纹和踏面剥离起壳的源点，改进冶金炼钢工艺，提高车轮的制造质量。应推广使用目前国内质量最好的真空驻氧和炉外精炼处理的优质镇静钢制成的 SKF 车轮，以提高其运用的可靠性，控制其内部的自身缺陷(气孔、夹渣、碾制重皮、夹层等)，特别要控制非金属夹杂物的含量，改善车轮的金相组织，以提高车轮踏面的屈服极限和疲劳强度，提高钢的力学性能，从而有利于提高车轮断裂韧性和延缓裂纹扩展速率，减少轮辋裂纹的产生，以确保行车安全。

(2)虽然我国用 CL60 车轮钢制成的车轮理化性能在理论上以接近日本新干线高速车轮的标准，国际和铁标中的“验收规则”也明确规定每批车轮需进行化学分析、低倍组织检验、非金属夹杂物检查和力学性能试验，每个车轮须进行轮辋超声波探伤和辐板磁粉探伤检验等，并在规定轮辋剩余厚度的范围内有严格的质量保证期，但在实际制造、工艺质量的把关过程中对其纯净度及内部夹杂量的控制措施不力，导致车轮的质量处于失控状态。所以一方面要在大量的现场统计分析基础上，进一步确定符合我国冶金行业实际情况的车轮“判废”标准，便于车轮出厂质量检验与现场操作，并负彻始终；另一方面，在车轮制造验收时要加大对车轮质量的监控力度，需对车轮进行超声波探伤，严把出厂质量关。

(3)在运用客车入库检修和 A1 级修程时，需特别重点检查投入运用 20 万 km 后的新车轮，必要时可采用人机结合的方法，使用装有专用探头的探伤仪。

(4)针对目前快速轮对的现状，必须及时按走行公里进行快速客车 A2、A3 级修程的检修，且对快速轮对进行轮辋裂纹探伤检查，彻底消除隐患。目前使用效果较好的工装是微机控制轮辋裂纹探伤机。该机能准确地检测出轮辋的内部缺陷，自动报警，并用工业控制计算机向检测人员提供直观的缺陷图像和量化后的缺陷数据，克服人工外观检测的误判率，检测结果自动存档和打印，并可通过探伤日期和轴号进行检索，便于现场统计分析，查找原因。

16. 踏面剥离起壳

原因分析：

从运用发生踏面剥离起壳的概率来看，与轮辋裂纹故障一样，有其发展过程和峰值，但在发生频次上比轮辋裂纹多得多，而且持续的时间长。从轮对检修时旋轮和探伤来看，经常发现隐藏在车轮内部的剥离起壳或夹渣故障，有些甚至旋削深度达 20 mm 后才能被消除。当轮辋内部杂质带或夹层缺陷位于踏面上时，快速运行中因受车辆的碾压和冲击作用，在高接触应力下较易在踏面上形成较大面积的剥离起壳。踏面剥离起壳大量集中在 20 万～40 万 km 之间，这一现象足以说明其形成原因直接与材质有关，材料的机械性能中屈服强度和抗拉强度越低，产生剥离起壳的可能性就越高。此外，还与车轮的擦伤有关，特别是制动时车辆低速运行，电子防滑器不工作而发生滑行，造成数量较多的轮对微小擦伤，一般其长度为10～20 mm、深度为0.1～0.2 mm，平时较难觉察到。但在快速运转中不断冲击，形成表面较光亮的冷作硬化层，逐渐与内部组织相分离，形成剥离起壳。

处理方法：

更换轮对，对车轮进行旋修。

防止措施：

踏面剥离起壳不仅增加了临修和旋轮等工作量和检修费用，而且直接影响行车安全，所以关键的问题是提高车轮的冶炼质量，减少因车轮踏面剥离起壳造成的金属切削量，这对延长旋修间隔时间、寿命均有好处。

三、其他装置

1. 单板塞拉门在手动状态时一切正常而用气动打不开门

原因分析：

阀芯不能弹性复位，阀体泄漏或阀坏。

处理方法：

使阀弹性复位或换阀。

2. 单板塞拉门手动打不开

原因分析：

如在车内打不开门，可能是钢丝绳端部摆块松动或操纵装置的钢丝绳中部摆块松动。

处理方法：

可将摆块重新固定，反复试验几次。如需再调整几次，配合调整阀锁装置上的套管钢丝调整器，使锁既能打开又能处于二级锁闭状态。如中部摆块松动，先将钢丝绳中部退出一部分，用手钳将中部摆块夹紧，然后再恢复，反复调整几次，保证锁能开关自如(注意：调整车外操纵装置是车内操纵装置调试好以后进行)。

3. 单板塞拉门气路故障

原因分析：

气路管接头泄漏或阀损坏。

处理方法：

(1)若是气路管接头泄漏，可将气路管接头处剪掉一截，然后重新连接，可将接头螺母拧紧。

(2)若是阀损坏，可找出是具体哪一个阀损坏，然后换阀。在运行中发现泄漏问题，可将风源切断，然后用手动开、关门。

4. 单板塞拉门打开后自动关闭

原因分析：

这种情况大多数是由于阀损坏。

处理方法：

换阀。如是在运行中出现这种情况，可先将门风源切断，然后手动开、关门。

5. 单板塞拉门走动不畅

原因分析：

(1)如滑轮与上、下导轨内顶面摩擦，说明门过高。

(2)如下滑轮组成与下导轨盖板摩擦,说明门过低。

(3)脚踏驱动机构下连杆与钢结构上的导筒摩擦力过大。

处理方法:

(1)如为门过高,可通过调整驱动机构下部的高度调整螺钉来改变门的高度,将门整体高度下调,要注意门与门框的平行度。调整螺钉前,要先将驱动机构的4个安装螺栓松动。

(2)如为门过低,则调整高度调整螺钉,提高门高度即可。

(3)将底部轴承箱盖打开,卸下下连杆,校正下连杆上的两个弯度,使连杆上下活动时不与导筒摩擦。

6. 单板多拉门的脚踏动作不良或不动

原因分析:

(1)下连杆与导筒摩擦力过大。

(2)轴承箱内部传动齿轮端部紧固螺栓松动。

(3)各连动杆松动脱落。

(4)脚踏端部轴承污垢太多,造成转动阻力过大。

处理方法:

(1)将底部轴承箱盖打开,卸下下连杆,校正下连杆上的两个弯度,使连杆上下活动时不与导筒摩擦。

(2)打开轴承箱盖,将端部螺栓紧固,并将防松片翻起,然后调整松紧调整器,当门处于打开位时,脚踏收起时加一定翻转力。

(3)打开立罩,就能发现连接杆松动脱落,重新连接好,并检查脚踏的翻转情况。

(4)要注意平的润滑保养。

7. 单翼塞拉门锁闭装置不能二级闭锁

原因分析:

(1)锁体后部的垫片过多。

(2)操纵装置钢丝绳过紧、过短。

处理方法:

(1)可将锁体后部的垫片撤去几片。

(2)调整钢丝绳端部挡块,配合调整锁闭装置上的套管钢丝绳,使锁闭装置能处于二级锁闭状态。

8. 康尼塞拉门有电、有气时用三角钥匙操作内操作装置不能打开和关闭车门

原因分析:

微动开关损坏。

处理方法:

检查保险销开关是否打开,用三角钥匙扳下时微动开关没有动作,调整微动开关位置后微动开关有动作,但PLC(门控单元)输入T2(左门)、T3(右门)设有信号输入,表明微动开关损坏。此时可将微动开关两线直接对接包扎,待车入库后更换微动开关。

9. 康尼塞拉门未关到位即自动退回

原因分析:

(1)防挤压压力开关设定压力太小。

(2)防挤压压力开关损坏。

处理方法：

调整防挤压压力开关，若故障依然存在，检查 PLC(门控单元)输入信号 T4(左门)、T5(右门)，如果在开门状态，仍然有信号输入，表示防挤压压力开关损坏。可做如下处理：

(1)调整防挤压压力开关。

(2)更换防挤压压力开关。

10. 上水箱、温水箱及电茶炉的不锈钢连接管系接头处漏水，厕所内下作用式冲便阀处管系漏水

原因分析：

(1)给水管系连接件(如弯头、三通等)丝扣处裂纹。

(2)给水管系连接件(如弯头、三通等)铸造缺陷(气孔、砂眼等)。

处理方法：

更换裂损的连接件，并在组装前用生料密封带绕管系丝扣处，重新加以密封。

11. 阀类漏水，包括各类水阀漏水和冲便阀漏水

原因分析：

(1)水阀密封件破损、磨耗失效。

(2)阀瓣破损。

(3)其他阀体内零件破损。

处理方法：

(1)更换水阀密封件。

(2)更换阀瓣。

(3)无法修复者成套更换水阀。

四、事故处理

1. 旅客列车运行途中发生脱轨及重大、大事故时，车辆乘务员应明确责任，做好以下 4 项工作：

(1)车辆乘务员必须明确，行车重大、大事故发生后，最要紧的任务是尽快开通线路和勘察现场，查找原因。因此，必须做到恪尽职守、保护现场、顾全大局、服从统一指挥。

(2)当遇有查询或了解事故有关情况时，应取谨慎、积极态度，在确认查询人员系事故现场临时调查处理小组成员或事故调查处理委员会成员后，应积极配合工作，并服从统一指挥和调动，在无正当理由情况下，不得拒绝接受查询和提供与事故有关情况。

(3)因抢救人员，防止事故扩大以及疏通交通等原因，需要移动现场物件时，应当做出标志，绘制现场简图写出书面记录。妥善保存现场重要痕迹和物证。

(4)车辆乘务人员必须严格执行一次往返作业标准，认真检查车辆，详细记录有关数据，对包乘车辆的技术状态应随时做到心中有数。这样，才能有备无患，发生事故后能说清楚，讲明白，有利于正确判定事故原因。

2. 旅客列车中途发生脱轨及重大、大事故时，详细检查车辆技术状态是车辆乘务员在事故发生后一项重要任务，车辆乘务员必须保持清醒的认识，要排除干扰，努力做好以下 7 项工作。

首先检查脱轨或颠覆车辆并作成记录，重点检查以下项：

(1)发生事故时轴温报警器记录数据，轴箱温度，有无断切轴，轮对各部有无缺损，踏面有

无擦伤、剥离，轮缘有无碾堆。锋芒等。如有，须注明程度。

(2)基础制动装置配件有无脱落、断裂。如有，须注明新旧痕迹。

(3)车钩连接状态，车钩防跳装置捆扎情况，在可能的情况下，须检查开、闭锁状态，并注明前后钩位置。

(4)对外属车辆还须记录定检日期。

(5)折角塞门固定情况及开、闭位置。

(6)在进行上述6项工作后，初步判定事故车辆破损程度。其次，对列车编组中未脱轨车辆应逐辆作详细检查，确认可继续运行的情况下，报现场指挥小组，并提出前方站加强检查和相应的速度等要求，以防止事故扩大。

(7)旅客列车中途发生脱轨及重大、大事故时，车辆乘务员在事故发生后，应立即与运转车长、司机取得联系，在确认排除列车冲撞、破坏、爆炸、线路障碍等外部因素后，应迅速查明事故有关情况，具体工作有5项：

①记录事故发生日期、时分、列车车次、编组辆数、颠覆和脱轨辆数及其位数、车号。

②记录事故发生地点，区间(有桥梁、隧道时须注明)，曲线半径，上、下坡道(看路标)，第一辆脱轨车的地点、位置及与末辆脱轨车辆之间的距离。

③记录机车型号、车号、司机姓名、运转车长及列车长姓名、事故发生时列车运行速度。

④记录线路损坏情况，判断并记清6种痕迹：

a. 有无钢轨移动痕迹。

b. 有无车轮爬轨痕迹。

c. 有无断轨痕迹。如有，须判明新、旧痕。

d. 有无轮对踏面、轮缘撞击钢轨岔轨或轨头、岔尖的痕迹。

e. 有无轨枕被轧痕迹。如有，须注明被轧程度和数量。

f. 因受外力损坏或变形的线路设备，配件有无撞击痕迹等。

⑤记录颠覆或脱轨后的车辆位置与地点，并绘制现场原始示意图。

3. 车辆乘务员在中途和停车站发生事故后须作以下的记录。

(1)发生事故的地点、站名或途中公里处所，列车运行速度，按运行图的停开时分，实际停、开时分，实际停车时间。

(2)发生故障的车辆、车型、车号、位置、机后第几辆、装载情况，定检日期。

(3)有关人员的姓名代号：机车型号、号码、司机姓名、运转车长姓名、车站值班员姓名、代号和其他有关系人员姓名。

(4)故障名称和处理，确认的原因和处理经过，向事发地站段、铁路局报告发生事故的时间等。

(5)旅客列车发生行车事故时，车辆乘务员除应采取措施，迅速抢救，尽量减少损失外，还应立即将发生的行车事故报告所在铁路局的车辆调度、本铁路局车辆调度、主管领导及有关部门。报告事项如下：

①发生的年、月、日、时、分。

②发生的地点(区间、公里、米)。

③列车车次、车号、位数、司机、运转车长、列车长、车辆乘务员等有关人员的姓名。

④行车事故发生前的情况、客车损坏值况及事故发生的原因。

4. 运行途中，客车发生火灾

处理方法：

(1)采取措施，使列车尽快停车。

(2)首先疏散着火车辆内的全部旅客。

(3)需进行分解作业时，一般的分解方法和顺序为：

①先使着火车辆与列车后部车辆分离。

②将着火车辆尽量转移到线路平坦处，但不得停留在桥梁、隧道及重要建筑物附近。

③再使前部车列与着火车辆分离。

(4)对区间内的车辆，应采取止轮措施。

(5)如情况危急，可根据风向、地理位置、设备条件等具体情况机动处理。

(6)组织人员采取灭火措施。

5. 发生电气火警

原因分析：

接线端子松动，线路绝缘不良，电气设备故障短路烧损。

处理方法：

(1)发生电气火警应立即切断电源。

①电气火警大多系用电设备火警，故首先应切断本车主回路和连接器电源(或拔断电源箱电源空气开关)。

②如属线路绝缘不良引起火警，母车应拔断控制箱工作开关；如无法切断火警部位的主干线电路时，应立即拉紧急阀停车，解开火警车两端电力连接器；为防电气设备烧结构成回路，必要时解开蓄电池箱引线；集中供电者，通知柴油发电机乘务员关机。

(2)因电气失火或周围失火危及电气线路，必须用磷酸铵盐干粉灭火器扑救，严禁泼水或使用吸收空气中水分的 CO_2 灭火器。

(3)熄火的有效性取决于隔绝空气，如需挖洞、启口或打开分流器等孔口灭火时，应同步使用灭火器隔断空气。待火熄灭后进一步降温。

6. 旅客列车在运行中发生意外，需使用紧急制动阀

处理方法：

紧急制动阀的使用原则：

(1)车辆燃轴或重要部件损坏；

(2)货物装载发生凸出、脱落、歪塌；

(3)列车发生火灾、有人从列车上坠落或线路内有人死亡；

(4)能判明司机不顾停车信号，列车继续运行；

(5)列车无任何信号指示进行入不应进入的地段或车站。

紧急制动阀的使用方法：

使用紧急制动阀时，不必先行破封，立即将手把向全开位置拉动，直到全开为止，不得停顿或关闭。遇紧急制动阀是弹簧手把时，在列车完全停车前，不得松开。在长大下坡道上，必须先看压力表，加压力表指针已由定压下降到 100 kPa 时，不得使用紧急制动阀。

使用紧急制动阀后，应及时与运转车长或司机联系进行制动机简略试验，并重点检查车辆制动机、车轮、车钩等部件是否发生故障。如有故障应及时写出记录，并由有关人员签字证明，同时向有关上级电话汇报情况。列车到达终点或前方客列检时应及时联系，加封使用过的紧急制动阀。

7. 旅客列车发生乘务员不能处理的车辆故障

处理方法：

车辆乘务员在没有列检所的车站技术检查车辆发现故障时，本身不能处理又不危及行车安全，可以预报前方客列检处理。预报方法是将时间、车次、机后位数、车号、列车左右侧、配件名称、位数、故障情况写成纸条交车站值班站长，用电话通知前方客列检值班员，做好修复准备。如果在运行途中，又无停车站时，可将预报纸条交运转车长，以“飞条子”的方式交中途站值班员，代为预报。

第六章　运用货车常见故障及处理方法

第一节　制动装置部分故障及处理

一、横跨梁、脱轨制动阀故障与处理

(一)横跨梁折断及螺栓丢失故障与处理

1. 故障产生的主要原因

(1)材质不良或焊接时在触头压板边缘处产生应力集中,在受力后易产生横跨梁折断。

(2)由于在安装横跨梁螺栓时未按工艺标准进行组装,横跨梁螺栓的螺母未留规定的活动余量或进行了紧固,在列车运行中通过曲线时,使横跨梁承受较大的横向力,易导致横跨梁断裂的故障发生。

(3)由于横跨梁螺栓开口销丢失,导致横跨梁螺母丢失、横跨梁脱落故障的发生。

2. 故障的危害

造成铁路货车空重车自动调整装置功能失效。

3. 故障的检查与处理

列检进行列车技术检查作业时,要加强对横跨梁及各配件的检查与确认,发现横跨梁折断故障要摘车临修处理;发现横跨梁螺栓、螺母及开口销丢失故障,要按规定的标准装配螺栓、螺母和开口销。

(二)脱轨自动制动装置故障

主要有脱轨自动制动装置拉环丢失,脱轨自动制动装置拉环圆销锁丢失。

1. 故障产生的主要原因

(1)人为偷盗拆卸造成脱轨自动制动装置拉环丢失故障。

(2)由于部分翻车机企业使用的推车器不是按翻车机规范进行制造的,采用推车轴的方式进行铁路货车的移动,很容易造成挂碰脱轨自动制动装置拉环,当刮碰造成拉环弯曲变形后,又没按规定进行扣修。

(3)在装配过程中,由于安装的圆销锁失去作用未及时发现或运用中圆销锁丢失后未安装圆销锁,而是用圆开口销代替,当开口销或圆销锁丢失后,导致圆销丢失。

2. 故障的危害

在铁路货车脱轨时,车轴无法通过技环拉断制动阀杆,从而列车无法产生紧急制动及时停车。

3. 故障的检查与处理

列检进行列车技术检查作业时加强对该部位的检查,发现拉环丢失时要进行摘车临修处理,当拉环圆销锁丢失时要安装规定的圆销锁,杜绝使用开口销代替圆销锁。

二、缸、阀吊架故障与处理

(一)制动缸安装螺栓丢失故障与处理

1. 制动缸吊架螺栓故障产生的主要原因

(1)未按要求对螺栓、螺母进行紧固,在铁路货车振动过程中导致螺母松动、丢失,导致制动缸脱落。

(2)制动缸吊架与车体的连接焊缝焊接质量不良,存在质量缺陷,在列车运行使用制动机发生制动作用时,制动缸吊架在交变载荷的作用下,导致制动缸吊架焊接处产生疲劳裂纹,严重时产生裂损脱落故障。

2. 故障的危害

当制动缸安装螺母发生丢失或吊座裂纹、折断,将导致制动缸体脱落。

3. 故障的检查与处理

(1)列检进行列车技术检查作业时,要加强对制动缸安装螺栓的检查与确认,发现制动缸安装螺栓松动。丢失者应及时进行紧固、补装。

(2)列检进行列车技术检查作业时,还要加强对制动缸吊架部分的检查,发现制动缸吊架开焊或折断时,要进行扣修处理。

(3)定检部门要加强对制动缸安装螺栓的检查和紧固,并按规定对紧固的螺母进行点焊。

(二)副风缸吊架螺栓丢失和开焊故障与处理

1. 故障产生的主要原因

(1)由于定检检修时,对吊架螺栓没有按规定进行紧固和点焊,导致吊架螺母松动,最后导致吊架螺母丢失故障或发生副风缸脱落故障。

(2)由于副风缸吊架的焊接质量不良,导致吊架焊缝处产生开焊脱落故障。

2. 故障的危害

一是容易导致制动管系泄漏或折断故障;二是当螺母发生丢失后导致副风缸体脱落。

3. 故障的检查与处理

(1)要重点检查制动缸吊架是否存在开焊故障;防止由于焊接质量问题导致的开焊和裂折故障的发生。

(2)发现制动缸吊架开焊危及行车安全的故障时,要及时进行摘车临修处理,防止脱落事故发生。

(3)对制动缸与吊架(座)之间的间隙确认检查。发现有间隙时,要确认吊架螺栓及螺母是否存在松动和丢失的故障。

(三)制动阀、支管吊架故障与处理

1. 故障产生的主要原因

(1)新造或定检装配过程中,未对螺栓进行紧固成紧固力矩不够,在列车运行中因铁路货车振动而导致螺母松动、丢失。

(2)各吊架折断的故障,主要是因焊接质量不高导致吊架开焊所致。

2. 故障的危害

可能会导致阀体脱落故障的发生,当吊架折断后使吊架固定的支管或连接管失去固定作用,易导致管系泄漏故障的发生,严重时将导致产生自然制动故障。

3. 故障的检查与处理

(1)要重点检查车底架各阀吊梁连接螺栓螺母,发现松动故障时要进行紧固,丢失时要进行补装。

(2)加强对各阀吊架、主(支)管卡子的检查;发现有螺栓松动、丢失要及时进行紧固和补装处理,发现吊架开焊危及行车安全的故障时,要及时进行摘车临修处理,防止脱落事故发生。

三、制动软管故障与处理

1. 故障产生的主要原因

(1)产品质量不良。

(2)在连接制动软管连接器时,人为的敲击力过大或运行中异物意外的撞击导致软管连接器破损或运行中意外的异物打击所致。

(3)制动软管老化,导致鼓泡故障或由于调车作业忘记摘开连接器,造成软管受到意外的拉伸,导致软管内部损伤,当承受空气压力后产生鼓泡或破损故障。

2. 故障的危害

可能会导致列车漏风使得列车在运行中产生自然制动成软管连接器分离故障的发生。

3. 故障的检查与处理

列车技术检查作业时要对软管部分进行认真检查,对软管根部、软管接头、软管连接器进行全面检查,发现上述故障时要在列车队更换处理。

4. 更换制动软管作业程序

(1)工(量)具、装备及材料准备

检车锤、管钳、工具套及皮带、活动扳手、检车灯、对讲机、聚四氟乙烯薄膜(简称“生料带”)、良好的制动软管(总成)。

(2)准备工作

选择同型号且外观良好、无破损、水压标记不过期、其他各部件无破损、失效、折断、松动的良好制动软管(总成),检查制动软管接头、套箍、水压标记、软管吊链、连接器及胶垫。

(3)更换制动软管

①作业程序:插设防护信号,关闭两连接铁路货车的连接端折角塞门,摘解制动软管,使用管钳卸下故障制动软管;将良好制动软管丝扣部缠上生料带,安装更换良好制动软管及连接器胶垫。

②质量要求:折角塞门关闭要到位;生料带要沿螺纹反向缠绕,不得超过螺纹端部;制动软管拧紧后要露出 1 扣以上完整螺纹,旋入部分不得少于 4 扣;制动软管安装位置正确,连接器连接平面与车体纵向中心夹角为 45°,连接器胶垫安装要平整,不得反装。

(4)恢复

①连接相邻两车制动软管,缓慢开通各关闭的折角塞门,恢复全列车通风状态,并确认各部技术状态良好,制动软管螺纹处无泄漏,撤除防护信号。

②工具、材料收拾整齐,放置规定位置。

(5)台账记录

将更换制动软管的铁路货车车种、车型、车号、故障具体部位、换上换下配件有关信息记录在“车统—15”上,用对讲机通知值班员将处理情况记录在“车统—81A”和“车统—14”中,并将故障处理信息录入 HMIS 运用子系统中,录入数据准确、完整。要求各相关记录填写符合要求,信息准确完整,字迹清晰,保存期 1 年。

四、折角塞门故障与处理

(一)折角塞门体裂纹、配件丢失故障

1. 故障产生的主要原因

(1)由于在安装制动软管时紧固力过大,导致折角塞门体产生裂纹故障。

(2)人为偷盗、破坏造成或在检修时未按规定进行紧固或漏装造成螺栓丢失故障。

2. 故障的危害

折角塞门破损、裂纹或上盖螺栓丢失故障故障,将导致制动管系发生泄漏故障,使列车主管泄漏量超标。

3. 故障的检查与处理

列车技术检查作业时要对折角塞门进行认真检查,发现破损或裂纹故障时,要在列车队更换处理。发现折角塞门上盖螺栓移动、丢失,要进行紧固和补装。

4. 更换折角塞门作业程序

(1)工具量具、装备及材料准备

检车锤、管钳、工具套及皮带、活动扳手、检车灯、对讲机、聚四氟乙烯薄膜(简称"生料带")、良好折角塞门(总成)。

(2)准备工作。

选择良好折角塞门(总成),确认型号,检查塞门外观、内丝扣及开闭状态。要求型号要与现车相符,且作用良好正确、无破损;手把插销要由左向右装入、无窜出,不得使用铁钉或开口销代替。

(3)更换折角塞门

①作业程序:插设防护信号,关闭故障车另外一端和相邻车连接端的折角塞门,摘解制动软管,缓慢打开故障折角塞门排出制动主管的压力空气,依次卸下制动软管及故障折角塞门。在辅助管外端螺纹部缠绕生料带;换上良好折角塞门,再依次按标准安装制动软管并连接。

②质量标准:折角塞门关闭要到位;生料带要沿螺纹反向缠绕,不得超过螺纹端部;折角塞门拧紧后要露出 1 扣以上完整螺纹,旋入部分不得少于 4 扣;折角塞门安装位置正确,其中心线与主管垂直中心夹角为 30°。

(4)恢复

①将处理故障关闭的各折角塞门从机后位向后依次缓慢开通,恢复全列车通风状态,并确认技术状态良好,辅助管螺纹处无泄漏,撤除防护信号。

②工具、材料收拾整齐,放置规定位置。

(5)台账记录

将更换折角塞门的铁路货车车种车型车号、故障具体部位、换下换上配件有关信息记录在"车统—15"上,用对讲机通知值班员将处理情况记录在"车统—81A"和"车统—14"中,并将故障处理信息录入 HMIS 运用子系统中,录入数据准确、完整。要求各相关记录填写符合要求,信息准确完整,字迹清晰,保存期限 1 年。

(二)2698 型球芯折角塞门脱出故障与处理

1. 故障产生的主要原因

在更换 2698 型球芯折角塞门时,没有将折角塞门拧入端接管的丝扣内而是仅用锁紧螺母进行紧固,在列车运行中由于列车车辆间纵向冲动,导致 2695 型球芯折角塞门体沿端接管向外移动,最终导致折角塞门脱出。

2. 故障的危害

一旦发生折角塞门脱出故障,将会导致列车漏风,使列车在运行中产生紧急制动控制。

3. 故障的检查与处理

(1)列车技术检查作业时,对装用TB/T 2698型球芯折角塞门,尤其是吊卡未按技术标准安装的(在端梁内侧安装,如:G_{17K}、G_{70K}、C_{61}及部分K_2改造车等),要重点检查折角塞门连接状态,要向外方拽塞门体,同时绕圆周方向晃动,防止辅助管未拧进塞门体丝扣或未全部拧进塞门体丝扣内,而用锁紧螺母紧固的方法固定塞门体,仅锁紧螺帽起作用,在运行中由于铁路货车振动和车钩的拉伸和压缩,导致塞门体与辅助管脱出的故障发生。

(2)检查中发现TB/T 2698型球形折角塞门锁紧螺母脱出或松动的故障时,要在车队中进行紧固处理,紧固前要确认辅助管是否拧进塞门体的丝扣内,防止TB/T 2698型球形折角塞门脱落事故的发生。

(3)检查中发现TB/T 2698型球形折角塞门在塞门体锁紧螺母与辅助管结合处有泄漏故障时,要松开塞门体锁紧螺母,确认辅助管是否拧进塞门体的丝扣内后,再进行对锁紧螺母的紧固,杜绝臆测处理该塞门泄漏故障。

五、缓解阀拉杆及吊架故障与处理

常见的缓解阀拉杆及吊架故障主要有:缓解阀拉杆丢失、缓解阀拉杆折断、缓解阀拉杆吊架开焊、缓解阀拉杆吊架脱落等。

1. 故障产生的主要原因

(1)吊架焊接质量不高,受较大外力作用时发生变形、裂纹或脱落故障。

(2)由于缓解阀拉杆头部安装开口销的圆孔在机械加工时,未按工艺标准进行加工,导致圆孔的边缘尺寸过小,加之铁路货车存在振动力,使圆孔边缘加剧磨耗,导致圆孔处破损产生脱落故障。

2. 故障的危害

(1)拉杆吊架折断后,将导致拉杆脱落。

(2)无法进行正常的排风作业。

3. 故障的检查与处理

(1)列车技术检查作业时要加强缓解阀耳子及缓解阀拉杆开口销孔和开口销的检查。在技术检查中对缓解阀拉杆必要拉动检查,对缓解阀拉条开口销孔磨耗严重的要进行更换处理。同时加强缓解阀拉杆吊架的检查,发现有开焊脱落危险时,要进行摘车临修处理。

(2)对120阀的缓解阀拉条在检查时,要探入防盗罩底下进行检查,当缓解阀拉条的开口销有窜出危险时,要及时更换标准的8 mm开口销。对罐车缓解阀拉条在防盗罩部位易磨损折断处所要详细检查,发现严重磨耗有折断危险时,要进行卸下或进行摘车临修处理。

六、法兰盘及管系故障与处理

(一)法兰盘破损及螺母丢失故障

1. 故障产生的主要原因

(1)法兰盘的产品质量存在缺陷,运行中振动力的影响导致裂纹或意外的打击导致被报故障的发出。

(2)定检时漏装或人为偷盗造成。

2. 故障的危害

法兰盘破损及螺母丢失将导致风管路发生严重泄漏,严重时引起抱闸甩车。

3. 故障的检查与处理

列车技术检查作业时，对法兰盘及螺栓要进行确认检查，发现破损或丢失故障时要进行更换和补装。

（二）管系故障与处理

1. 故障产生的主要原因

(1)查修组装时，由于使用的力矩过大，导致活接体产生裂纹故障，铁路货车运行中在振动力的作用下，导致裂损程度扩大。

(2)由于货物的碰撞造成制动支管折断；列车运行中，由于铁路货车内装载的货物未捆好而坠落在线路内，碰撞制动支管而造成制动支管折断。

(3)线路间石砟弹起击中支管导致支管折断。列车运行中，钢轨有规律地带动枕木一起上下浮动，引洪道心间石砟相互作用，使受到挤压的石砟向上弹起，击中制动支管或支管上的部件。

2. 故障的危害

制动支管折断故障多发生在行车区间，列车运行途中支管折断后易引起紧急制动停车。

3. 故障的检查与处理

(1)列检作业人员要认真检查制动支管和各连接螺栓和活接及管箍部位，发现各接头处露泄严重或支管折断时，要进行摘车临修处理。

(2)列检作业时要仔细检查铁路货车的装载货物，看其是否捆扎牢固，发现货物绳索有松动者要通知车站重新捆扎好，防止货物坠落线路内，碰撞制动支管而造成制动支管折断。

七、闸调器故障与处理

闸调器在运用中的故障主要有控制杆弯曲、制动缸杠杆抗劲或碰后缸盖、闸瓦间隙自动调整器拉杆缓解时不能复原、列车制动机试验时外体不能自动旋转、闸调器拉杆头折断、闸调器螺杆脱出、闸调器套筒体止螺钉丢失、套筒头部脱出、闸调器框型连接螺母脱出等。

1. 故障产生的主要原因。

(1)闸调器拉杆头在机械加工时，产生机械加工缺陷；在列车制动时产生的拉力导致缺陷处产生裂纹或折断故障。

(2)由于闸调器套筒体与闸调器前盖的止螺钉丢失，当闸调器在制动和缓解的往复运动中，使闸调器前盖逐渐产生脱出故障。

2. 故障的危害

导致闸调器失效，同时易导致闸调器脱落故障。

3. 故障的检查与处理

在列车制动机试验和技术检查时，发现闸调器螺杆折断、拉杆头折断及前盖脱出或螺钉丢失故障后，要进行摘车临修或补装处理。

八、人力制动机故障与处理

（一）人力制动机拉杆故障与处理

人力制动机拉杆主要故障有人力制动机拉杆折断、人力制动机拉杆脱落、人力制动机拉杆吊架折断、人力制动机拉杆吊架螺栓丢失等。

1. 故障产生的主要原因

(1)拉杆产品制造质量不良，存在缺陷，拉杆吊架螺栓或螺母丢失导致吊架脱落。

(2)拉杆在焊接时。由于焊接质量存在缺陷和应力集中,在焊接的边缘存在咬边质量缺陷和应力集中,在人力制动机使用时产生的拉力导致折断故障。

2. 故障的危害

人力制动机拉杆脱落或折断后,影响正常使用。

3. 故障的检查与处理

(1)列车技术检查作业时,要加强对人力制动机各配件的检查与确认,发现拉杆折断或拉杆吊架折断的故障要进行捆绑并进行摘车临修处理。

(2)加强对手制动机滑轮端拉条三叉根部的检查和确认,发现裂折故障时要进行摘车临修处理。

(二)人力制动机拉杆链及手制动轴故障

1. 故障产生的主要原因

(1)链环焊接质量不高或拉力不符合规定,在使用手制动机制动时,在拉杆承受作用力时造成人力制动机链折断。

(2)人力制动机手制动轮组成长期、反复受交变载荷的作用,杆体因疲劳断裂而折断。

(3)配件的产品质量存在缺陷,使用方法不符合规定,导致人力制动机轴折页处产生裂折故障。

(4)人为破坏、盗窃铁路货车配件,导致脱落、丢失。

2. 故障的危害

人力制动机链折断后影响正常使用。

3. 故障的检查与处理

列车技术检查作业时,要加强对人力制动机各配件的检查与确认,发现人力制动机链折断的故障时,要进行更换或摘车临修处理。发现人力制动机轴折页处折断,应用铁丝将人力制动手轮绑牢在车体上并进行摘车临修处理。

九、更换安全阀作业程序

1. 工(量)具、装备及材料

检车锤、工具包及皮带、检车灯、对讲机、管钳(扳手);良好安全阀,生料带。

2. 插设防护信号

将红旗(或红灯)插挂在车端部,红旗要求无破损、污迹,旗面展开,红灯要求明亮。

3. 更换安全阀

(1)关闭截断塞门,排净副风缸(工作风缸)余风。截断塞门要关闭到位(塞门手把与支管呈垂直位置),防止排风。

(2)用管钳(扳手)卸下故障安全阀。卸除时用力均匀,防止摔伤或损坏连通管。

(3)选择良好的安全阀,检查安全阀螺帽、阀体、阀体内壁(下部)、螺纹丝扣、铅封、检修标记。要求安全阀外现良好,螺帽、阀体无破损、裂纹,检修标记清晰不过期,铅封良好,阀体内壁无杂物、灰水。

(4)将良好的安全阀螺纹丝扣部分沿丝扣及方向缠上生胶带或麻丝,安装良好的安全阀。安全阀安装正确、无松动。

4. 恢复

(1)恢复副风缸(工作风缸)工作状态,将截断塞门开通,并确认技术状态良好,撤除防护信号。开通要求动作缓慢,截断塞门手把与支管呈平行位置。

(2)工具、材料收拾整齐,放置在规定位置。

(3)处理完毕后进行制动机安定试验。

5. 填写记录

将更换安全阀的铁路货车的车种、车型、车号、定检、故障处理情况、更换配件有关信息记录在“车统—15”上,用对讲机通知值班室处理情况并记录在“车统—81A”和“车统—14”中;值班员要将故障处理信息录入 HMIS 运用子系统中,录入数据准确、完整。要求记录填写符合要求,字迹清晰,保存期限 1 年。

十、更换缓解阀作业程序

1. 工(量)具、装备及材料准备

检车锤、工具包及皮带、检车灯、对讲机、管钳、扳手、手钳、良好的缓解阀、生料带、开口销(6 mm)。

2. 插设防护信号

将红旗(或红灯)插挂在车端部,红旗要求无破损、污迹,旗面展开,红灯要求明亮。

3. 更换缓解阀

(1)关闭截断塞门,排净副风缸(工作风缸)余风,截断塞门要关闭到位(塞门手把与支管呈垂直位置),防止排风。

(2)用手钳卸下缓解阀拉杆与缓解阀杠杆的开口销,取出缓解阀拉杆。

(3)用扳手(管钳)卸下故障缓解阀。卸除缓解阀时用力均匀,防止摔伤。

(4)选择良好的缓解阀,检查缓解阀上下阀体,两杠杆、销钉、螺纹丝扣。缓解阀外观良好,上下阀体无破损、裂纹,两杠杆良好,移动灵活,销钉无松动,阀体内壁无杂物、灰尘。

(5)将良好的缓解阀螺纹丝扣部分沿丝扣反方向缠上生胶带,安装良好的缓解阀。缓解网要安装正位、无松动,开口销开口角度为 60°～70°。

(6)安装缓解阀拉杆,用开口销连接缓解阀的两杠杆。

4. 恢复

(1)恢复副风缸(工作风缸)工作状态,并将截断塞门开通,并确认技术状态良好,撤除防护信号。开通要求动作缓慢,截断塞门手把与支管呈平行位置。

(2)工具、材料收拾整齐,放置在规定位置。

(3)处理完毕后进行制动机安定试验,撤除防护信号。

5. 已填写记录

将更换缓解阀的铁路货车的车种、车型、车号、定检、故障处理等情况、更换配件有关信息记录在“车统—15”上,用对讲机通知值班室处理情况并记录在“车统—81A”和“车统—14”中;值班员要将故障处理信息录入已 HMIS 运用子系统中,录入数据准确、完整。要求记录填写符合要求,字迹清晰,保存期限 1 年,HMIS 录入数据准确、完整。

十一、更换远心集尘器下体作业程序

1. 工(量)具、装备及材料准备

检车锤、工具包及皮带、检车灯、对讲机、扳手、手钳,良好的远芯集尘器下体,棉布。

2. 插设防护信号

将红旗(或红灯)插挂在车端部,红旗要求无破损、污迹,旗面展开,红灯要求明亮。

3. 更换远芯集尘器下体。

(1)关闭截断塞门,排净副风缸,截断塞门要关闭到位(塞门手把与支管呈垂直位置),防止排风。

(2)用扳手卸下集尘器下体与集尘器连接螺栓,取下集尘器下体及止尘伞、胶垫。

(3)清扫止尘伞。

(4)选择良好的远芯集尘器下体,检查集尘器下体。在良好的远芯集尘器上安装止尘伞及胶垫。远芯集尘器下体外现良好,无破损、裂纹,集尘器下体内部无杂物、灰尘。卸除集尘器连接螺栓时要用力均匀,防止摔伤。清扫止尘伞、胶垫要用干净的软棉布擦拭保证清扫干净。

(5)将良好的远芯集尘器下体及胶垫安装在集尘器上,用螺栓紧固两端。远芯集尘器下体、止尘伞、胶垫要安装正位,螺栓无松动。

4. 恢复

(1)恢复副风缸(工作风缸)工作状态,并将截断塞门开通,并确认技术状态良好,撤除防护信号。开通要求动作缓慢,截断塞门手把与支管呈平行位置。

(2)工具、材料收拾整齐,放置在规定位置。

(3)处理完毕后进行制动机安定试验。

5. 填写记录

将更换远芯集尘器的铁路货车的车种、车型、车号、定检、故障处理情况、更换配件有关信息记录在“车统—15”上,用对讲机通知值班室处理情况并记录在“车统—81A”和“车统—14”中;值班员要将故障处理信息录入 HMIS 运用子系统中,录入准确、完整。要求记录填写符合要求,字迹清晰,保存期限 1 年。

十二、更换制动阀作业程序

(一)工(量)具、装备及材料准备

检车锤、工具包及皮带、检车灯、对讲机、扳手、管钳;良好的 GK 型三通阀。

(二)作业程序

1. 更换 GK 型三通阀

(1)插设防护信号,关闭截断塞门,排净副风缸(工作风缸)余风。截断塞门要关闭到位(塞门手把与支管呈垂直位置),防止排风。

(2)卸下三通阀排风管、三通阀活接箍、安装座螺母,取出滤尘网及马尾,取下安装座螺母,取下三通阀。

(3)查三通阀安装座及胶垫、滤尘网及马尾、活接箍胶垫,挑选良好的三通阀。三通阀检修标记清楚、不过期,各通路不堵塞,连接丝扣良好,安装座螺母平均紧固,三通阀活接箍无泄漏。

(4)组装三通阀安装座胶垫、良好三通阀、滤尘网及马尾、安装座螺母、三通阀活接箍,紧固安装座螺母、三通阀活接箍、三通阀排风管。三通间安装面不能粘有杂物,安装座胶垫和活接箍胶垫安装正位,胶垫无破损、老化,马尾、马鬃或同类毛制品等填料长度在 75 mm 以上。配件安装齐全、正位,各部无泄漏。排风管角度正确,排风管口要向下,松动不得超过半圈。

2. 更换 120 型控制阀主阀

(1)插设防护信号,关闭截断塞门,排尽副风缸(工作风缸)余风。截断塞门要关闭到位(塞门手把与支管呈垂直位置),防止排风。

(2)卸下半自动缓解阀拉杆开口销,卸下 120 主阀安装座螺母,取下 120 主阀。

(3)检查 120 主阀安装座及胶垫、滤尘器、主阀排风口,所选良好 120 主阀。120 主阀、紧急阀检修标记清楚、不过期,各通路不堵塞,连接丝扣良好,安装座螺母平均紧固;120 主阀、紧急阀安装面及座面洁净,下能粘有杂物,安装座胶垫无破损、老化,滤尘器无破损。

(4)组装 120 主阀。安装座胶垫、主阀良好,紧固安装座螺母;安装半自动缓解阀拉杆开口销。配件安装齐全、正位,各部无泄漏,排风口无堵塞、半自动缓解阀拉杆安装正位,开口销直径符合孔径要求,开口销打开角度符合标准。

3. 更换 103 型分配阀主阀

(1)插设防护信号,关闭截断塞门,排净副风缸(工作风缸)余风。截断塞门要关闭到位(塞门手把与支管呈垂直位置),防止排风。

(2)卸下空重车调整杆开口销;卸下 103 主阀排风管、安装座螺母,取下 103 主阀。

(3)检查 103 主阀安装座及吸垫、滤尘器、所选良好 103 主阀。主阀检修标记清楚、不过期,各通路不堵塞,连接丝扣良好,安装座螺母平均紧固。103 主阀安装面及座面洁净,不能粘有杂物,安装座胶垫无破损、老化,滤尘器无破损。

(4)组装 103 主阀安装座胶垫、良好主阀、安装座螺母、紧固安装座螺母、装主阀排风管;安装空重车调整杆开口销。配件安装齐全、正位,各部无泄漏。排风管角度正确,排风管口要向下,回转半圈不脱落;空重车调整杆安装正位,开口销直径符合要求,开口销开口角度为 60°～70°。

4. 更换 103 型、120 型紧急阀

(1)插设防护信号,关闭截断塞门,排净副风缸(工作风缸)余风。截断塞门要关闭到位(塞门手把与支管呈垂直位置),防止排风。

(2)卸下紧急安装座螺母,取下紧急阀及胶垫。

(3)选择良好的紧急阀,检查紧急阀安装座及胶垫、滤尘器、排风口销及罩垫。紧急阀安装面及座面活净,不能粘有杂物,安装座胶垫无破损、老化,滤尘网无破损,排风口销及罩垫良好。

(4)安装紧急阀胶垫、滤尘网、安装紧急阀;紧固安装座螺母。紧急阀检修标记清楚、不过期;配件安装齐全、正位,无泄漏,排风口无堵塞;安装座螺母要平均紧固。

(三)恢　　复

(1)恢复副风缸(工作风缸)工作状态,并将截断塞门开通,并确认技术状态良好,撤除防护信号。开通要求动作缓慢,截断塞门手把与支管呈平行位置。

(2)工具、材料收拾整齐,放置在规定位置。

(3)处理完毕后进行制动机安定试验,撤除防护信号。

(四)填写记录

将更换制动阀的铁路货车的车种、车型、车号、定检、故障处理情况、更换配件有关信息记录在"车统—15"上,用对讲机通知值班室处理情况并记录在"车统—81A"和"车统—14"中;值班员要将故障处理信息录入 HMIS 运用子系统中,录入数据准确、完整。要求记录填写符合要求,字迹清晰,保存期限 1 年。

十三、装配转换塞门芯作业程序

1. 工(量)具、装备及材料准备

检车锤、工具包及皮带、检车灯、对讲机、扳手,良好的转换塞门芯、塞门弹簧和塞门底盖。

2. 安装转换塞门芯

(1)插设防护信号,关闭截断塞门,排净副风缸余风。截断塞门手把与支管垂直。

(2)选择良好的转换塞门芯、塞门弹簧和塞门底盖。转换塞门芯外观无划痕、损伤及杂质,底盖螺纹无损伤。

(3)在转换塞门芯外壁涂抹黄油,装入转换塞门芯孔内,左右转动无卡滞,然后依次装入塞门弹簧和底盖。塞门底盖螺纹需完全拧入塞门芯孔内。使用扳手左右旋动转换塞门芯凸台,塞门芯转动良好。

3. 恢复

(1)恢复副风缸(工作风缸)工作状态,并将截断塞门开通,并确认技术状态良好,撤除防护信号。开通要求动作缓慢,截断塞门手把与支管呈平行位置。

(2)根据铁路货车空重将转换塞门置于相应位置。工具、材料收拾整齐,放置规定位置;空车时塞门芯线要与转换塞门支管平行,重车时塞门芯线要与转换塞门支管垂直。

(3)按规定对铁路货车进行制动机安定试验。进行制动机试验,确认转换塞门无泄漏。

4. 填写记录

将更换塞门芯的铁路货车车种、车型、车号、定检、故障处理情况、更换配件有关信息记录在“车统—15”上,用对讲机通知值班室处理情况并记录在“车统—81A”和“车统—14”中;值班员要将故障处理信息录入 HMIS 运用子系统中,录入数据准确、完整。要求记录填写符合要求,字迹清晰,保存期限 1 年。

第二节　转向架部分故障及处理

转向架是铁路货车的重要组成部分。转向架承受多种载荷,如垂直静载荷和动载荷、由风力和离心力产生的侧向载荷、轮轨间的水平载荷、纵向制动力和惯性力产生的冲击载荷等。在这些载荷的作用和影响下,转向架各零部件会不同程度产生弯曲、拉伸、剪切和扭转等变形。同时,由于偏载和应力集中,使一些零部件产生裂纹、磨耗、腐蚀等不同程度的损伤。转向架的零部件较多,因而故障种类也较多,本节重点对转向架的侧架、摇枕、交叉支撑装置、弹簧托板、斜楔减振系统、承载转等部件存在的故障及检查处理方法进行阐述。

一、侧架裂纹故障

铸钢侧架易发生裂纹部位为侧架承载鞍承台上部、侧架里侧、弹簧承台底部、中央方框弯角等部位也易发生裂纹。

1. 故障产生的主要原因

(1)侧架弯角处断面尺寸的突然变化,易产生应力集中。

(2)由于铸造工艺不良产生内应力。

(3)铸造缺陷,如气孔、砂眼、夹渣等,减弱了断面强度,从而导致局部应力过大而出现裂纹。

(4)焊修工艺不当,如未焊透、产生气孔、夹渣、咬边等缺陷,加之焊修前后热处理不当,在点焊处易发生脆裂。

(5)由于侧架立柱的磨耗,增加了侧架立柱与摇枕的间隙,当冲击力过大时,在侧架立柱根部弯角处易产生裂纹。

2. 故障的危害

侧架裂纹故障如不及时发现，会使裂纹逐渐扩展为裂损、折断故障。

3. 裂纹检查与处理

铸钢侧架裂纹的检查方法，一般为目视外观检查。重点检查易发生裂纹处有无锈线或在油泥处有无细线，并可借助检车灯光线与被检查处成斜角照射来发现。如检查导框外侧面弯角时，光线与侧面方向平行，与导框弯角处弧面成60°角，并沿圆弧面移动照射；检查导框内侧面时，光线要顺着轴箱与导框的间隙向内照射，并沿内侧圆弧移动；根据需要调节光线的强弱和角度。若被检查处呈明显的锈线成油泥处有细线，则为裂纹。对可疑迹象，要进行综合判断，发现裂纹时进行摘车临修处理。

侧架承载鞍承台裂纹故障

二、摇枕裂纹故障

铸钢摇枕易发生裂纹的部位为A、B区内，其中A区比B区更具有危害。A区包括：摇枕下平面中心排水孔处附近，摇枕两端底面鱼腹形向枕弹簧座过渡的弯角处150 mm范围内。B区为摇枕底面的鱼腹倾斜部分。另外摇枕心盘座加强筋与平面交接处、心盘座螺栓孔、摇枕挡和叙楔槽弯角处也容易发生裂纹。

1. 故障产生的主要原因

(1)摇枕弯角处是受剪切力较大部位，存在应力集中，此处若存在缺陷，易发生裂纹故障。

(2)心盘螺栓产生松动后故障后，使铁路货车产生的瞬间纵向冲击力大，易发生裂纹故障。

(3)制造工艺不符合要求，摇枕在铸造时存在质量缺陷。

2. 故障的危害

摇枕裂纹故障如不及时发现，将会使裂纹逐渐扩展为裂损、折断故障。

3. 故障的检查与处理

检查摇枕裂纹，采用外观检查、光线照射的方法。检查时要抓住重点车型和重点部位，钻入转向架内侧，身体靠近车轴，探身目测。使用灯光检查时，光线应与摇枕立面成60°角斜式移动，对可疑迹象，要进行综合判断，发现裂纹时进行摘车临修处理。

(1)对摇枕弯角易发生裂纹部位的检查，发现有异状，要通知车间或值班干部进行技术鉴定，对判断不清的要扣修鉴定，杜绝盲目扣车和放行；特别是已使用20年及以上的摇枕要重点防范，发现裂纹及时扣修处理。

(2)对摇枕两端及底部工艺孔、下心盘座附近的检查，发现有裂纹迹象的要进行详细检查确认。

三、交叉支撑装置故障

(一)交叉杆杆体裂纹、折断

1. 故障产生的主要原因

(1)交叉杆杆体裂折故障，主要是由于交叉杆扣板与杆体结合处存在应力集中，运行中在铁路货车振动力的影响下，导致扣板边缘产生裂纹故障，严重时发生折断故障。

(2)交叉杆杆体环形焊缝处产生裂纹，主要是由于交叉杆杆体与交叉杆端头焊接时，焊接工艺达不到规定标准或焊接质量不高、存在缺陷等，在铁路货车运行中承受不同的作用力使质量缺陷处产生开焊裂纹。

2. 故障的危害

交叉杆杆体裂纹故障如不及时发现，将会使裂纹逐渐扩展为裂损、折断故障。

3. 故障的检查与处理

(1)对提速转向架(转 8G、转 K2、转 K4、转 K5、转 K6 等)的交叉杆端部环形焊缝处的检查方法;在车轮辐板外侧顺轴承外圈底部目视进行检查，及时发现和防止交叉杆端部环形焊缝处的裂纹故障，当发现裂纹故障时要进行摘车临修处理。

(2)列车技术作业检查时，对交叉杆扣板边缘需详细检查，发现延杆体周向有黑线道或铁粉痕迹，要进入转向架内侧进行详细判断，对确定为裂纹的故障要摘车临修进行处理。

(二)交叉杆盖板裂纹

1. 故障产生的主要原因

交叉杆上下盖板裂纹故障，主要是由于交叉杆盖板焊接时存在应力集中，运行中在铁路货车振动力的影响下，导致定位座与盖板结合处边缘产生裂纹故障，严重时扩大为折断故障。

2. 故障的危害

交叉杆盖板裂纹故障如不及时发现，将会使裂纹逐渐扩展为裂损、折断故障。

3. 故障的检查与处理

检查交叉杆上下盖板，重点对交叉杆定位座与盖板结合处进行检查，此处是交叉杆裂折故障的多发部位，检查时需要调整照射光线与盖板间的角度，光线沿交叉杆杆作方向照射，与盖板裂纹形成一定角度，便于发现裂纹故障。

(三)交叉杆体、盖板变形

1. 故障产生的主要原因

交叉杆或交叉杆盖板发生的弯曲故障，主要是由于线路上外物刮碰造成的。特别是在厂矿企业的专业线中，由于线路中存在较大的物件未及时清理，在铁路货车取送过程中刮碰交叉杆，造成交叉杆体或盖板弯曲故障的发生。

2. 故障的危害

交叉杆或交叉杆盖板发生弯曲变形后，交叉杆的几何尺寸发生变化，导致转向架不正位，加剧车轮轮缘偏磨，同时使转向架两侧架间的尺寸发生变化。

3. 故障的检查与处理

检查交叉杆时要确认上盖板与摇枕的间隙，以及下盖板与下拉杆的间隙是否正常，同时要检查交叉杆和盖板是否存在变形，对发现的交叉杆或盖板变形故障，要摘车临修进行处理。

(四)交叉杆端头螺栓松动、丢失故障

1. 故障产生的主要原因

(1)由于组装交叉杆端头螺栓紧固时的扭矩未达到标准，在铁路货车运行中交叉村端头螺栓受到振动力的作用下，导致螺栓松动和丢失。

(2)由于组装交叉杆端头螺栓时的扭矩过大或端头螺栓的产品质量问题，端头螺栓在外力的作用下，发生折断故障。

2. 故障的危害

发生交叉杆端头螺栓松动、丢失或折断故障后，交叉杆起不到横向定位的作用，同时易发生交叉杆脱落故障。

3. 故障的检查与处理

检查交叉杆端头螺栓时;要及时发现端头螺栓丢失和折断故障，要检查确认交叉杆端头螺栓的防松垫止耳是否折断，如发生折断故障后，要详细检查端头螺栓是否存在周向的转动。发现交叉杆端头螺栓丢失、折断及松动故障后，送站修作业场进行临修。

四、弹簧托板故障

(一)弹簧托板裂纹

1. 故障产生的主要原因

弹簧托板焊装摇枕挡时，焊缝边缘产生应力集中或焊接不良导致的缺陷，运行中在外力作用下产生疲劳裂纹。

2. 裂纹故障的危害

弹簧托板裂纹故障多发生在弹簧托板摇枕挡两侧的边缘处，当裂纹发生扩展时，易造成弹簧托饭折断，使转向架的两侧架失去横向控制，导致转向架失去摆式功能。

3. 裂纹故障的检查处理

在钻车或跨轨检查时，要俯身仰视，重点检查弹簧托板摇枕挡两侧的边缘弯角处；也可以从车轴上方探身检查弹簧托板摇枕挡两侧边缘弯角处的上面，当发现异状时要进行详细确认检查，确定为裂纹故障时，要摘车临修处理。

(二)弹簧托板折头螺栓折断、丢失

1. 故障产生的主要原因

(1)铁路货车运行时由于线路质量条件差或通过过小的曲线半径，弹簧托板的横向摇枕挡在列车运行中，与摇枕挡经常发生冲击，当冲击力过大时，易造成折头螺栓折断故障。

(2)由于折头螺栓的产品质量存在缺陷，在铁路货车定检时折头螺栓在规定的扭力扳手紧固下，紧固力矩过大，导致螺栓存在的内应力过大，铁路货车在运行中当弹簧托板受横向力作用，易造成折头螺栓折断故障。

2. 故障的危害

弹簧托板折头螺栓折断、丢失故障，使弹簧托板与摇动座间易产生横向的相对移动，影响摆式转向架的性能。

3. 故障的检查与处理

列检对列车进行技术检查作业时，检车员对弹簧托板外侧折头螺栓要进行目视确认，及时发现折断或丢失故障。对弹簧托板内侧折头螺栓的检查，在钻车或跨轨检查时，要从制动梁下部目视里侧的弹簧托板内侧折头螺栓，夜间要使用灯光进行照射检查，及时发现折断或丢失故障。

五、转向架摩擦减振装置故障与处理

(一)侧架立柱磨耗板破损故障与处理

1. 产生的主要原因

(1)侧架立柱磨耗板材质不良。

(2)侧架立柱磨耗板铆钉孔在进行机械加工时，铆钉孔边缘产生应力集中等缺陷，缺陷处在运行中产生裂纹，逐渐扩大为折断故障。

(3)侧架立柱磨耗板铆钉存在质量缺陷，运用中铆钉折断、丢失后，磨耗板窜出丢失。

2. 故障的危害

(1)侧架立柱磨耗板破损后，将会导致斜楔与磨耗板的摩擦力发生变化，影响减振性能。

(2)磨耗板丢失后，易造成铁路货车垂向振动加剧。

3. 故障检查与处理

列检进行列车技术检查作业时，检车员按规定作业过程对侧架立柱磨耗板进行检查，当有侧架立柱磨耗板破损或丢失故障时，即可发现。列检对此类故障要进行摘车临修处理。

(二)斜楔破损、磨耗故障与处理

1. 故障产生的主要原因

斜楔破损故障主要是斜楔的材质不良或产品质量存在缺陷造成的。

2. 故障的危害

斜楔破损后，易造成铁路货车振动加剧，使转向架减振性能下降。

3. 故障检查与处理

检车员按规定作业过程对侧架斜楔部位进行检查，发现斜楔破损或磨耗故障时，要进行摘车临修处理。

(三)摇枕斜楔摩擦面磨耗板窜出故障与处理

1. 故障产生的主要原因

主要是摇枕斜楔摩擦面磨耗板端都与摇枕焊接质量不高或未按规定进行满焊，在运行中磨耗板的焊缝开焊，导致窜出和丢失故障的发生。

2. 故障的危害

摇枕斜楔摩擦面磨耗板窜出或丢失后，摇枕与斜楔相对位置改变，减振性能降低，同时还导致摇枕斜楔摩擦面的摇枕本体产生磨耗。

3. 检查与处理

检车员按规定作业过程对探枕斜楔摩擦面磨耗板的外观进行检查，发现摇枕斜楔摩擦面磨耗板窜出或丢失故障时，要进行摘车临修处理。

六、旁承故障与处理

常见的旁承故障有：间隙旁承摆块破损、窜出、丢失，常接触旁承破损、滚子丢失、滚子异位、滚子轴折断，间隙旁承游间超限，常接触旁承上下旁承有间隙等。

1. 故障产生的主要原因

(1)超载或装车不当造成偏载。

(2)装车时受到较大冲击力。

(3)旁承体或滚子及轴材质不良。

(4)常接触式旁承组装时滚子间隙不符合规定。

2. 故障产生的主要危害

旁承间隙超限、压缩量过大或不足，导致铁路货车摇头和侧滚加剧、回转阻力过大或不足，降低车辆直线蛇行临界速度，增加轮轨磨耗。

3. 故障的检查与处理

(1)加强对旁承部位检查，发现异状仔细确认，发现滚轴折断或滚子丢失故障时，要进行更换或摘车临修处理。

(2)发现间隙旁承摆块破损、窜出、丢失或游间超限等故障时要摘车临修修理。

七、摇枕弹簧及减振弹簧故障与处理

摇枕弹簧及减振弹簧故障主要有折断、丢失、窜出等。

1. 故障产生的主要原因

摇枕弹簧折断主要是弹簧钢材质不合格或制造质量不良造成的，装卸操作不当或经常严重超编载，也会导致弹簧寿命降低。

2. 故障的危害

摇枕弹簧折断、丢失、窜出会导致转向架减振和承载能力下降，严重时还会造成车体倾斜，危及行车安全。

3. 故障的检查

(1)摇枕弹簧及减振弹簧折损的故障表征是弹簧局部密贴或全部密贴，有红锈或开口；技术检查作业时要弯腰深入，平视摇枕弹簧及减振弹簧，发现有局部密贴或全部密贴的则为已折损。

(2)空车摇枕弹簧及减振弹簧裂纹、丢失、窜出时，要使用专用更换摇枕弹簧及减振弹簧工具进行更换或补装，重车时要进行摘车临修处理。

4. 更换摇枕(减振)弹簧作业程序

(1)工(量)具、装备及材料准备

检车锤、工具包及皮带、检车灯、对讲机、油镐、镐把、镐架；良好的摇枕(减振)弹簧。

(2)更换摇枕(减振)弹簧

①将止轮器安放在故障铁路货车轮对踏面与钢轨之间(不少于 2 个)。

②将专用卡具放入探枕箱口与枕梁翼板间。要求专用卡具良好，注意防滑。

③将架镐地面整平，放入油镐，镐顶部需放置防滑块，起压油镐。要求架镐地面必要用枕木头或钢板等垫平结实，并做好防滑措施。

④将摇枕升到一定高度，取出故障弹簧(更换减振弹簧时要用撬棍撬起斜楔拉出故障弹簧)，将准备好的新弹簧推入斜楔下部，落下斜楔。要求更换的弹簧必须与故障弹簧型号规格一致，并且自由高度差符合规定要求。

⑤缓慢落下油镐，取出油镐。要求更换故障弹簧时作业人员手指不能伸入弹簧间隙处。

(3)恢复

①检查更换质量。更换的摇枕或减振弹簧必须落入弹簧定位脐及挡边内，内外圈旋向要相反，不得有卡阻现象。

②取下防护信号和止轮器，整理工具材料，放置规定位置。工具材料及更换下来的旧配件不得随意乱放，及时拿出钢轨内侧并放置规定位置。

(4)填写记录

将更换摇枕(减振)弹簧的铁路货车故障车号、故障处理情况、换下配件有关信息记录在“车统—15”上，用对讲机通知值班室处理情况并记录在“车统—81”和“车统—14”中。值班员要将故障处理信息录入 HMIS 运用子系统也要求记录填写符合要求，字迹清晰；保存期限一年，HMIS 录入数据准确、完整。

八、心盘故障与处理

1. 故障部位

(1)下心盘裂损易发生在螺栓孔处、立棱上、立棱圆周根部、环形平面及背部筋处。

(2)上心盘裂损易发生在凸台根部、铆钉孔或螺栓孔处。

(3)上心盘铆钉松动、折断及心盘螺栓折断故障。

2. 故障产生的主要原因

由于心盘的材质存在质量缺陷或强度不足，列车在运行中的纵向牵引力和冲击力的作用导致质量不良的心盘产生裂损故障。

3. 故障的危害

心盘是承受整个车体及货物质量并连接车体与转向架的关键部位，上、下心盘裂纹及螺栓折断时，将会影响铁路货车整体受力状态。

4. 故障检查与处理

(1)列车技术检查作业时，须对心盘铆钉孔、心盘螺栓孔边缘加强检查，发现异状仔细确认。

(2)发现心盘裂损故障时要摘车临修修理。

九、承载鞍故障与处理

(一)承载鞍移位故障

1. 故障部位

承载鞍位置不正，垫板窜出。

2. 故障产生的主要原因

(1)铁路货车受到过大的冲击力时致使侧架跳起，造成承载鞍中心线位置不正。

(2)由于承载鞍或侧架导框严重磨耗。导致配合间隙过限，造成承载鞍位置不正，尤其是空车制动时，更易造成承载鞍纵向错位故障的发生。

3. 故障的危害

(1)承载鞍发生错位故障后，致使滚动轴承受力不均匀，易造成滚动轴承热轴故障。

(2)承载鞍发生错位故障后，容易造成承载鞍脱出丢失。

4. 故障的检查与处理

加强对承载鞍检查，发现异状详细确认，对错位故障要进行恢复正位处理，同时要对相关配件进行详细检查，确认无其他故障时方可进行放行处理，必要时要扣车进行鉴定和修理。

(二)K2型转向架承载鞍顶面金属碾出故障与处理

1. 故障部位

K2型转向架承载鞍顶面金属碾出。

2. 故障产生的主要原因

K2型转向架在铁路货车运行一定的里程后，由于承载鞍受力不均，承载鞍顶面与侧架出现非正常磨耗，发展为金属碾出的黏着性磨损。

3. 故障的危害

承载鞍顶面金属碾出，承载鞍顶面出现偏磨，致使滚动轴承受力不均匀，易造成滚动轴承热轴故障，运行品质下降。

4. 故障的检查与处理

在列车技术检查作业中，要重点加强对承载鞍部分的检查，发现承载鞍顶面存在黏着性金属铁粉碾出时要仔细确认，对承载鞍须面金属碾出故障要摘车临修修理。

(三)侧架导框与轴承外圈接触故障与处理

1. 故障产生的主要原因

铁路货车运行一定里程后，出现承载鞍与侧架导框横向及纵向磨耗严重，导致侧架导框与承载鞍不正位，使侧架导框与轴承外圈接触。

2. 故障的危害

侧架导框与轴承外圈接触时，导致故障侧架导框与波动轴承外圈磨损，易造成轴承热轴故障。同时，在制动时轴承外圈与侧架产生冲击，易造成外圈破损故障。

3. 故障的检查与处理

加强对侧架导框与滚动轴承检查，发现异状时要对侧架与轴承间的间隙进行仔细检查，发现外圈与侧架接触故障时要进行摘车临修处理。

(四)承载鞍破损及严重磨耗故障与处理

1. 故障产生的主要原因

(1)在铁路货车运行中，由于转向架运行品质不良，导致承载鞍严重磨耗，尤其是转 8A 型转向架较为突出。

(2)由于转向架斜楔摩擦面、侧架立柱磨耗板等减振装置的的异常磨耗，导致减振装置失效，使转向架侧架失去横向控制，加剧了承载鞍挡边的磨耗。

(3)承载鞍材质不良或由于承受横向力过大，导致承载鞍挡边发生折断故障。

2. 故障的危害

(1)承载鞍挡边折断后，使侧架导框失去横向控制。

(2)承载鞍严重磨耗后，造成侧架导框与承载鞍间的配合间隙加大。

3. 故障的检查与处理

加强对承载鞍检查，对侧架里侧的承载鞍挡边要进行探身检查，发现异状后仔细确认，对承载鞍破损及严重磨耗的故障要进行摘车临修处理。

十、轴箱橡胶垫故障与处理

1. 故障产生的主要原因

轴箱橡胶垫存在产品质量缺陷或橡胶垫上下层板橡胶老化，导致轮箱橡胶垫产生龟裂或层板错位故障。

2. 故障的危害

轴箱橡胶垫破损、上下层板错位时，使轴箱橡胶垫失去对轮对和承载鞍的弹性定位作用。

加强对轴箱橡胶势检查，发现异状仔细确认，轴箱橡胶垫被损或上下层极错位时，要摘车临修车修理。

十一、更换闸瓦作业程序

1. 工(量)具、装备及材料准备

检车锤、工具包及皮带、检车灯、对讲机、撬棍，良好闸瓦。

2. 更换闸瓦

(1)插设防护信号，关闭截断塞门，排净副风缸压力空气。

(2)转动闸调器外体 1～3 圈。

(3)依次卸下闸瓦插销环、闸瓦插销，用撬棍将闸瓦撬离车轮踏面，取出旧闸瓦。

(4)将良好闸瓦放入闸瓦托内，并插入闸瓦插销及环。装卸闸瓦时手指不得放在闸瓦与车轮踏面之间。

3. 恢复

(1)恢复闸调器行程,检查更换质量。闸瓦插销正位入槽,下部要露出闸瓦插销安全环孔,安装闸瓦插销杆。

(2)开通截断塞门,撤除防护信号,整理工具材料。工具材料及更换旧配件不得随意乱放,及时放置规定位置。

4. 填写记录

将更换铁路货车车号的有关信息记录在“车统—15”上,用对讲机通知值班室处理情况并记录在“车统—81”和“车统—14”中,值班员要将故障处理信息录入 HMIS 运用子系统中,录入数据准确、安装。要求记录填写符合要求,字迹清晰,保存期限 1 年。

十二、滚动轴承顶镐转动检查作业程序

1. 工(量)具、装备及材料准备

检车锤、工具包及皮带、检车灯、对讲机、35t 油镐、镐垫、镐把、防滑垫、承载鞍挂钩、止轮器、滚动轴承故障检测仪。

2. 滚动轴承顶镐转动检查

(1)选择良好的油镐。

(2)插设防护信号,关闭截断塞门,排尽副风缸余风。

(3)打止轮器,挂承载鞍挂钩,镐垫放置平稳,镐置于侧架前导框下方处,顶镐加防滑垫起镐。带有交叉杆的转向架要在同一台车的两侧侧架同时顶镐,避免造成交叉杆变形;如遇转 K5、K6 转向架,要注意脱轨自动制动装置 U 形拉环与车轴的距离,杜绝出现因起镐造成的 U 形拉环损坏的现象。油镐顶升行程高度不得超过刻度的 3/4,顶升侧架一端时预升高度不得超过 70 mm,顶升向一侧架两端时顶升高度不得超过 100 mm。

(4)手用力托起滚动轴承外圈进行正反 360°的转动。转动过程中听轴承内部有无异常声响,手感有无异常振动,正反旋转有无卡死现象。轴承内部有异响时,要仔细判别是否是滚子与滚子之间的撞击声,如存在这种现象说明轴承滚子破损或保持架破裂等严重故障。用手正反转动轴承不少于 5 圈。

(5)配备有“滚动轴承故障检测仪”的作业场,要使用该设备进行故障判断。

3. 恢复

(1)落镐,取下承载鞍挂钩、油镐、镐垫,取出止轮器。落镐要求动作缓慢,确认承载鞍正位。

(2)检查轴承零附件及车轮踏面。检查前盖有无丢失,外圈有无破损,承载鞍、前盖、后挡有无裂纹破损以及相互位置是否正确。密封罩有无碰撞变形、脱落、锈蚀、摩擦等缺陷,轴端螺栓是否松动、丢失。确认车轮踏面有无擦伤、剥离等故障缺陷。

(3)开通截断塞门通风,撤除防护信号。工具、材料收拾整齐,放置规定位置。

4. 填写记录

(1)将顶搞转动检查的铁路货车车号、定检单位和日期、制动机、转向架、轮对轴承形式、滚到轴承标志板内容、转动检查及外观技术状态等有关信息记录在“车统—15”上,并用对讲机通知值班室处理情况并记录在“车统—81”和“车统—14”中。要保存“滚动轴承故障检测仪”检测数据备查。

(2)对要扣修的滚动轴承故障铁路货车应按规定在车上涂打标记,并填发“车统—23”。对扣修后的滚动轴承故障铁路货车要用白色油漆在车轴和前盖上涂打标记,轴身想打箭头的方

向要指向故障轴承。

第三节 车体部分故障及处理

一、端梁裂纹故障

1. 故障产生的主要原因

(1)超载或装车方法不当。

(2)局部受到较大的冲击。

(3)年久使用后腐蚀导致强度不足。

2. 故障的危害

端梁裂纹折断后易造成车体端部下垂。

3. 检查与处理

(1)检查端梁有下垂现象时,仔细检查确认端梁有无裂纹。

(2)发现端梁裂纹要进行摘车临修处理。

二、枕梁裂纹故障与处理

枕梁裂纹故障主要有枕梁腹板裂纹、枕梁盖板裂纹、枕梁焊缝裂纹、枕梁变形等。

1. 故障产生的主要原因

(1)超载或装车方法不当致使车辆受力超过允许限度。

(2)结构不合理导致的疲劳裂纹。

(3)焊修工艺不合格。

(4)年久使用后腐蚀导致强度不足。

2. 故障的危害

枕梁是车体关键的承载和传力结构,发生裂纹后扩展迅速,影响整车受力状态。

3. 故障的检查与处理

(1)加强对铁路货车超载和偏载的外观象征检查,发现超载和偏载的迹象时,要对各梁进行重点检查,防止裂折故障的发生。

(2)加强对枕梁与中架结合部焊缝检查。

(3)发现枕梁裂纹时,要进行摘车临修处理。

三、中梁裂纹故障

中梁裂纹故障主要有:中梁牵引部、中梁与枕梁结合部、中梁中部的腹板、上盖板和下翼板裂纹。

1. 故障产生的主要原因

(1)超载或装车方法不当致使铁路货车受力超过允许限度。

(2)年久使用后腐蚀导致强度不足。

2. 故障的危害

中梁裂纹易导致铁路货车中梁断裂。

3. 故障的检查与处理

(1)跨轨探身对中梁边缘下平面用光线约成45°角照射检查,检查中梁有无下垂现象。

(2)发现中梁裂纹要进行摘车临修。

四、侧梁裂纹故障与处理

1. 故障产生的主要原因

(1)超载或装车方法不当致使货物集重。

(2)局部强度或刚度不足。

(3)年久使用后严重腐蚀导致强度不足。

2. 故障的危害

侧梁裂纹折断后易车体局部塌陷,影响整车受力状态。

3. 故障的检查与处理

(1)检查侧梁有下垂现象时,仔细检查确认侧梁有无裂纹。

(2)发现侧梁裂纹要进行摘车临修处理。

五、车体故障与处理

(一)车门、车体破损故障与处理

车门、车体的故障主要有:角柱、侧柱裂纹;敞车上端梁、上侧梁折断;车体外胀、倾斜超限;车门、车窗脱落及丢失;车门、平车端板(渡板)折页及座折断,圆销、开口销丢失;墙板、地板、门板破损、腐蚀穿孔空车超限;车门锁闭装置不良。

1. 故障产生的主要原因

(1)野蛮装卸或超载。

(2)铁路货车本身设计时强度不足或制造检修工艺不合格。

(3)年久使用后严重腐蚀。

2. 故障的危害

(1)铁路货车在通过曲线时,引起车体外胀、倾斜。

(2)影响车辆使用性能。

3. 故障的检查与处理

(1)按规定的技术检查标准,对车门、车体外观进行检查,发现圆销及开口销丢失时补装。

(2)发现车门、车体破损到达临修标准时要进行摘车临修处理。

(二)罐车卡带故障与处理

罐车的主要故障有:罐车卡带裂纹、折断,卡带紧固及锁紧螺母松动,卡带圆销或开口销丢失。

1. 故障产生的主要原因

(1)罐车卡带的材质不良、焊修时造成应力集中等造成卡带裂纹或折断。

(2)由于检修时对卡带紧固及锁紧螺母紧固不到位,列车运行中的振动力导致螺母松动加剧。

(3)圆销的开口销折断、丢失后,导致圆销在运行中窜出丢失。

2. 故障的危害

(1)罐车卡带裂纹折断后,导致卡带超出机车车辆限界。

(2)圆销丢失或卡带紧固及锁紧螺母松动后,造成罐体的稳定性下降。

3. 故障的检查与处理

(1)列检对列车进行技术检查作业时,在检车员正常作业位置对罐车卡带、圆销及开口销进行检查,发现卡带存在裂纹异状时,要详细进行检查判断,对裂纹和折断故障要进行摘车临修处理。

(2)在进行列车技术检查作业时,发现罐车卡带与罐体上部存在间隙或发现卡带在罐体上有移位迹象时,要判断罐车卡带是否存在松动故障,要使用专用工具对卡带螺母松动故障进行紧固处理。

(3)发现圆销及开口销折断、丢失故障,要在列车队进行更换圆销或补装。

(三)车体外胀超限故障与处理

1. 故障产生的原因

(1)端、侧墙或车门刚度不足。

(2)野蛮装卸货物或捆绑方式不当。

2. 故障的危害

容易导致上侧梁、门框等车体结构损坏、裂损。

3. 故障的检查与处理

在进行列车技术检查作业时,要加强车体胀出的外观检查,发现外胀后要进行测量,对超限的故障要进行摘车临修处理。对不超限的外胀故障,还要对车体及侧柱的检查,发现存在裂纹故障时也要进行摘车临修处理。

(四)车体倾斜超限故障与处理

1. 故障产生的主要原因

车体倾斜一般是由于车体结构变形、摇枕弹簧断裂或丢失、装载货物发生偏载等原因造成的。

2. 故障的危害

铁路货车局部结构受力不均、对铁路货车造成损坏;影响铁路货车的运行性能。

3. 故障的处理

在进行列车技术检查作业时,要加强车体倾斜的外观检查,发现车体倾斜后要进行测量,对超限的故障要进行摘车临修处理。

第七章　车辆事故案例分析及防范措施

第一节　客车制动部分

1. 缓解不良事故(1)

事故概况：

旅客列车在某站，连挂机车时司机反应车辆漏风，经检查后发现机后6位硬卧车制动缸与自动间隙调整器连通管根部漏风，进行关门处理后开车，但关门后因未对风缸进行排风，造成该车缓解不良而开车后被外勤值班员发现拦停列车，构成行车责任一般事故。

原因分析：

一是对进行关门车处理的车辆，只关门而没有排风，是发生该起事故的主要原因；二是库检检车员漏检，没有及时发现活塞行程超限故障，更没有按照规定进行试风作业，致使车辆带故障出库，是造成该起事故的重要原因。

防范措施：

在运行途中发生制动故障关门车时必须严格执行“关门车排风”制度，认真确定风缸内没有残存的余风，同时要认真落实岗位作业标准，加强客车出库的检查，避免车辆带故障出库。

2. 缓解不良事故(2)

事故概述：

旅客列车运行中硬座车的1位闸瓦钢背折断，闸瓦下半部脱落，击打机后15辆硬座车的截断塞门以及制动支管与中间体连接处，造成车辆缓解不良，导致车轮严重擦伤，在车站甩车，构成行车责任一般事故。

原因分析：运行途中，由于闸瓦折断脱落击打制动管系造成单辆车起制动作用，导致单辆车缓解不良，车轮擦伤。

防范措施：

车辆段的库检、客列检、乘务的检修人员要加强对车辆易脱落配件的检查，做到不漏检，主要部件重点检查，防止配件脱落危及行车安全。

3. 缓解不良事故(3)

事故概况：

旅客列车在运行中，机后12位的硬卧车8位闸瓦脱落将信号灯打坏，构成行车责任一般事故。

原因分析：

闸瓦插销断裂后窜出造成闸瓦脱落

防范措施：

车辆段的库检、客列检、车辆乘务员要加强对车辆易脱落配件的检查，防止易脱落配件在运行中，由于震动等其他原因而脱落危及行车安全。

4. 手闸紧固事故

事故概况：

运用客车在停车站易发生手闸紧固抱闸，检车乘务员第一次处理故障不当，没有及时发现手闸紧固，导致故障延伸再次停车，耽误列车构成行车责任事故。

原因分析：

职工技术素质不高，第一次处理车辆故障时，没有真正找到故障原因，(手制动机紧固)，就盲目通知车站开车，导致列车二次停车。

防范措施：

有针对性地开展职工应急故障处理培训，提高职工应急故障处理能力。

5. 制动圆销丢失事故

事故概况：

旅客列车在运行至某站停车后，列检作业检查发现机后 1 辆硬座沿运行方向左侧 2 位固定支点圆销丢失，列车顺延晚点 56 min，构成行车责任一般事故 D 类事故。

原因分析：

一是由于固定支点圆销安装角度不标准，车辆在运行中该部位别劲，导致圆销开口销磨耗折断丢失；二是排水导管流出的水经常淋到固定杠杆开口销上，造车开口销锈蚀加剧，导致圆销窜出丢失。

防范措施：

一是对配件发生磨耗严重的部位，要重点检查该部位是否存在卡塞别劲现象，找出故障根源，及时清除。二是经常受到锈蚀，腐蚀的车辆配件，要加强日常的检查力度和频次，防止因腐蚀严重突然发生断裂。

6. 闸瓦折断脱落设备故障

事故概况：

旅客列车在运行中排风停车，经检查机后 5 位硬卧车制动支管破损，关门车处理后开车，影响本列晚点，构成行车责任设备故障。

原因分析：

机后 5 位硬卧车 15 位车轴，轴箱定位套脱落，致使该转向器其他轴箱定位套松动，开胶和定位不好，致使车辆震动剧烈，在运行时闸瓦不断碰击车轮踏面断裂后脱落，打弯机后 5 位硬卧车辆制动支管。

防范措施：

库检、客列检、车辆乘务员要加强对车辆易脱落配件的检查，防止配件脱落危及行车安全。

7. 制动缸活塞筒漏风晚点

事故概况：

旅客列车到达某站后机车乘务员反映车辆有泄漏，经检查发现制动缸活塞筒轻微泄漏，处理完毕，制动机试验良好后开车，构成行车责任一般事故。

原因分析：

该起事故的主要原因是客车整备所的定检人员严重简化作业过程，没有按照《铁路客车运用维修规程》中有关规定对该车的制动缸进行分解检查。

防范措施：

一是开展客车辅修对规检查，认真查找问题督促落实标准；二是运用车间要坚持列车试风作业标准，没有微控试风设备或作用不良的，必须使用尾部风压记录仪；三是在旅客列车列检作业的换挂机车站或更换机车乘务组站，车辆乘务员要高度关注列车试风状况，发生异常或接到故障信息后，要立即按规定秩序查找，采取果断措施，减少晚点时间。

8. 意外紧急事故

事故概况：

列车在始发时进行制动简略试验时，列车出紧急制动经查找发现机后第 4 辆硬座车出紧急制动，更换该车紧急制动阀后，试验良好，列车与正点开车时间晚点 10 min，构成行车责任一般事故。

原因分析：

该起事故在库内制动机试验检测记录数据和出库前制动机试验监测记录仪数据进行分配阀试验，均未产生异常现象，认定这次事故由于制动机临时故障所致。由于该列车编组 6 辆。属于短编组列车，容易造成列车意外紧急制动故障的现象。

防范措施：

一是要加强库内试风作业过程，严格执行出库列车质量卡控，工长对库内试风作业实施全程监控；二是不断提高职工应急故障处理能力。

9. 集尘器螺栓折断事故

事故概况：

旅客列车在运行时，紧急停车，车辆乘务员下车检查发现机后 3 辆硬座的远心集尘器处漏风、远心集尘器组装螺栓丢失 1 根，关门处理后停车 9 min，二次停车，检查员发现该车制动盘处有明火，拉缓解阀排风，明火全部扑灭并确认无复燃的可能后开车，停车 21 min，构成行车责任一般事故。

原因分析：

该车在辅修分解检查远心集尘器时，对螺栓检查不细，没有发现螺栓根部裂纹而安装使用。同时乘务员遇到突发问题手忙脚乱，不按作业秩序排查隐患，关门后没有排风所致。

防范措施：

一是加强对集尘器组装螺栓外观检查锈蚀严重的需要更换；二是紧固集尘器制动缸盖等受力螺栓时，需执行工艺标准，要求紧固时用力均匀、适度，螺纹需要露出一扣以上。

10. 列车起紧急事故

事故概况：

旅客列车在始发前制动机试验时列车起紧急，乘务员检查机后 1 辆，硬座车紧急阀排风口排风不止，立即进行换阀处理，处理后，制动机试验时，司机提出列车仍有泄漏。此时车站工作人员仍在查找，车辆乘务员对车辆制动管系进行反复查找，没有找到泄漏部位。直到车站接到行车调度命令开车，构成行车责任设备事故。

原因分析：

通过对列车的试验及该车的主阀，紧急阀试验分解检查，发现主阀的主活塞模板上部有水珠及锈蚀现象，紧急阀的紧急活塞模板上部有水珠及锈蚀现象，车辆乘务员应急处理能力差，在更换紧急阀后，工作风缸排水塞门关闭不到位产生了泄漏，一是列车制动后不保压。多次查找没有发现车辆泄漏的具体部位，延长列车晚点时间。

防范措施：

加强库内制动系统检查，各次列车在与机车连挂时，乘务员必须对机车的制动软管进行吹尘，排水处理，提高乘务员对故障的处理能力。

11. 手闸紧固开车事故

事故概况：

旅客列车在通过某站发现机后13辆不缓解，呼叫司机停车，车辆乘务员下车检查发现机后13辆行李车(试运车)，1位单元制动缸闸片冒烟关门排风处理，停车10 min。

原因分析：

段修车间的兼职防溜员执行防溜措施不彻底，段修车在调往运用库时，防溜员未按规定上车松开手制动机，试运员、检车员、乘务员对加挂的车辆检查不到位，没有发现该车的手闸紧固故障。

防范措施：

一是加强库内检查，检车员、乘务员在日常检查中要特别注意车辆手制动机的状态，手制动机链在蜗杆上的缠绕状态及盘型制动车辆手制动机曲拐的角度，用检点锤钩动手制动机的拉链，检查松弛状态；二是对换挂车、加挂车及试运车要进行重点检查，检车员作业的同时，工长也要对车辆进行复查，有重点加挂车时，车间值班干部要到现场，对职工作业进行检查监督。

12. 运行途中因集尘器螺栓折断、丢失造成漏风，导致列车途中停车。

事故概况：

列车运行至某站紧急停车，机车乘务员呼叫担当运转车长的车辆乘务员询问是否有人使用紧急制动阀，乘务员与添乘人员共同检查，未发现有紧急制动阀破封。随后下车检查，乘务员由机后下车，检查到机后第7辆车时，发现该车集尘器处漏风，检查确认该集尘器一根螺栓折断，集尘器下体倾斜，集尘器胶垫窜出，进行关门排风处理。试验其他车辆制动机性能良好，随后开车，区间停车24 min。

原因分析：

初步分析集尘器下体安装螺栓折断有两种可能：一是由于运行中集尘器下体或安装螺栓受到外物击打，使安装螺栓在较大的剪切力作用下折断；二是安装螺栓由于材质不良、强度不足，受拉伸应力作用突然折裂。

由于检查中没有发现集尘器有明显外物击打痕迹，可以排除因外物击打造成。故认定为安装螺栓材质不良导致折断，致使集尘器下体倾斜、胶垫窜出，列车管压力空气瞬间排出，造成列车途中意外紧急停车。

13. 列车漏风

事故概况：

客运列车司机发现风泵泵风不止，总风缸风压700 kPa，副班司机检查机车没发现漏风处所。列车管压力从600 kPa下降至550 kPa。司机立即将自阀手把移至制动区，停车后下车关闭机后车辆折角塞门，故障现象仍然未能消除。司机将机车主整流柜下方的车辆总风供风塞门关闭。

原因分析：

由于机车风泵在泵风当中一台风泵保险烧损，只有一台风泵工作，造成总风压力下降，在车辆集便器使用总风的情况下，一台风泵泵风不止，乘务员关闭机车总风调压阀截断塞门后开车(不给车辆总风管供风)。

防范措施：

乘务员应及时发现列车故障，提高应急处理能力。

14. 列车机车风管漏风事故

事故概况：

旅客列车因机车与车辆风管漏风，停车后经公安、机车、车辆乘务员、指导司机共同确认机车与车辆连接风管漏风，机车乘务员将机车风管胶圈更换后开车。

(1)检查机车风管胶圈。对更换下的风管胶圈进行测量，

胶圈内径 32 mm，标准 30 mm，外径 46 mm，标准 45 mm，胶圈厚度 6 mm，标准 10 mm，胶圈靠平面外径 3 mm，标准 3 mm，胶圈有弧度面 2 mm，标准 4 mm。

(2)检查机后 1 辆车辆风管及胶圈。风管无破损，胶圈各部尺寸符合规定。

原因分析：

因机车风管胶圈属于非合格品，胶圈有弧度面与车辆风管胶圈接触面薄 2 mm，并有飞刺，与车辆风管胶圈连接时扣压不实，运行后在列车震动下，胶圈有弧度面部分卷起，造成漏风。

防范措施：

配件生产厂家应强化生产工艺，杜绝非合格品出厂，同时机车乘务员应在日常的检查中对重点密封元件，易破损的重要元件进行重点看护保养。

15. 缓解簧脱落事故

事故概况：

某次列车正点到站，车辆段客列检接到路局调度电话通知："工务段工作人员发现该次列车掉下半米长一头方带孔配件"。列检前部检车员发现该列车机后一辆车 12 位缓解簧丢失，只有螺丝杆锈死在缓解簧座上。站检对该车技术检查作业完毕。检查脱落的缓解簧完整，无裂折。

原因分析：

(1)该车缓解簧是由防松紧固螺栓紧固安装，检查该车其他 15 个缓解簧螺栓紧固状态良好，初步分析是紧固螺栓螺母失效，致使缓解簧松动。

(2)库检检车员库内检查漏检，未发现螺栓松动，留下隐患。

(3)车辆乘务员出库、折返多次检查漏检，未能把好最后一关。

防范措施：

(1)各车辆段结合当前开展的"查隐患、保安全、灭事故、保岗位"的会战活动，在全段范围开展一次对易脱落部件的整治，重点是制动梁缓解簧、制动梁安全吊、转向架横向控制杆吊及抗侧滚扭杆吊等，彻底消除故障隐患，确保旅客列车的绝对安全。

(2)认真执行作业标准，消除检查作业中的死角，某些车辆的缓解簧在转向架的内侧，检查作业中容易忽视的死角。在日常作业中，要加强对转向架内侧配件的检查，无地沟作业的普通车对内侧制动梁安全吊、缓解簧检查时，要跨梁锤敲检查安装螺母的紧固状态，防止类似故障的再次发生。

(3)严格执行工艺标准，安装 XH-Ⅱ型及 PY-Ⅱ型防松止退螺栓、螺母时，要使用力矩扳手进行最后的紧固，确保达到规定的安装力矩，以实现良好的防松效果。

(4)凡使用 PY-Ⅱ型旧品防松止退螺栓、螺母时，发生螺母用手自然旋转到该螺栓的根部或工作物件接触面的底部时，即更换新品，至不发生此类现象为止。

(5)普通绿皮车要定期入有地沟的线路进行检查，重点检查转向架内侧配件，对制动梁的缓解簧、安全吊要锤敲安装螺母，同时用手扳动缓解簧、安全吊，确认紧固状态。冬季要入库进行检修，加强对易脱落配件的检查，并做好集尘器、制动缸的排水工作。

16. 旅客列车晚点事故

事故概况：

某旅客列车到站停车，站调车组在列车尾部加挂两辆行包车，车辆及风管连接完毕，车站连接员在开放列车尾部风管折角塞门时动作过快，使列车出现紧急制动排风，全列列车管风压下降为零。

随后机车开始充风，尾部车辆缓解后，车辆乘务员通知司机进行制动机试验，23 时 07 分 50 秒，司机减压列车管压力迅速下降至零(起急制)，从充风到减压历时 1 min 58 s。23 时 09 分 21 秒司机重新缓解列车，23 时 10 分 55 秒，司机再次减压列车管压力仍然迅速下降至零，从充风到减压历时 1 min 34 s。23 时 11 分 14 秒，司机第三次缓解列车，23 时 13 分 36 秒，司机减压列车管压力仍然迅速下降至零，司机立即通知车站值班员及车辆乘务员对列车进行检查，23 时 15 分 46 秒司机第四次缓解列车，23 时 16 分 53 秒，司机减压列车管压力仍然迅速下降至零，23 时 18 分 42 秒，列车出发信号取消。

车站值班员通知车站值班干部、车辆检车员等人员分段进行查找，未发现列车制动机故障。

23 时 38 分 54 秒，司机进行制动机试验，制动缓解作用良好，制动机恢复正常。

23 时 57 分 40 秒，车站开通列车出发信号。

23 时 58 分 42 秒，该次列车开车晚点。

原因分析：

通过收听语音回放，调阅机车纸带以及与现场工作者直接对话等方法对事情进行调查分析，认为导致该起列车起急制的原因是由几种因素偶然造成的：

(1)两辆加挂的行包车副风缸、工作风缸以及列车管内均无风压，据有关资料介绍单个副风缸容积为 60 L，在无风状态下全部充满约需 240～290 s。

(2)连接员将车辆连挂后，开放列车尾部风管折角塞门时动作过快，使列车出现紧急制动排风，列车管风压下降到零。

(3)车辆乘务员在列车尾部无法确认风压的情况下盲目要闸试风。

(4)司机经验不足，在机车风压达到 600 kPa 仅 2 s 的情况下盲目减压试风。在起急制后，不认真查找原因，不执行："列车起急制后再次充风时，列车管风压需达到定压 2 min"的规定，反而更加频繁试风，造成列车连续起急制，耽误列车。

综合以上几种因素，造成该起列车起急制的原因应该是：司机在列车尾部车辆风缸未充满的情况下减压试风，机车制动阀在列车前部排风时，列车尾部列车管与加挂车辆风缸处于通路状态，列车管正在向风缸内充风，相当于列车首尾同时减压，当两端减压量叠加超过常用制动减压量时，引起列车起急制。

车辆段检车乘务员在没有确认尾部车辆是否充满风的情况下盲目要闸。

防范措施：

(1)列车乘务员应加强日常学习与培训，丰富经验。

(2)列车连接员应遵守作业标准化，工作谨慎。

(3)乘务员的作业标准要认真执行相关规章，如"列车起急制后再次充风时，列车管风压需达到定压 2 min"。

17. 旅客列车施行制动时，个别车辆制动机发生自然缓解

原因分析：

(1)制动缸活塞皮碗老化、破裂。

(2)制动缸后盖风堵丢失。

(3)副风缸或工作风缸系统泄漏。

(4)三通阀或分配阀故障。

处理方法：

(1)检查副风缸、104 型分配阀的工作风缸、缓解阀、排水堵或排水塞门是否泄漏。如有泄漏应及时处理。

(2)检查确认上述部位无泄漏，而该车发生自然缓解时，则为三通阀或分配阀故障，应进行更换。无备用阀更换且全列又无关门车时，应做关门处理。如果是最后一辆，应将前部车辆关门排风后，卸下所需配件倒装到最后一辆上。

(3)制动后，三通阀或分配阀排风口不排风，而制动缸活塞伸出后又缩回(有时反复多次)，同时制动缸处有漏风声，则为制动缸故障。如无法处理时，可关门排风后开车，并预报前方客列检。

(4)如不属于上述原因，则可能是机车自动制动阀排风限制堵上的孔太大或撤去了限制堵，引起列车最前部车辆的制动机发生自然缓解，车辆乘务员应及时与机车乘务员联系。

故障处理完毕后，应会同运转车长，共同进行制动机简略试验，情况正常后方可开车，并应预报前方客列检。

18. 104 型分配阀不起紧急制动作用

原因分析：

不起紧急制动的原因是紧急活塞部泄漏或紧急膜板穿孔，使紧急室压力空气迅速流入紧急活塞下方，故活塞上下建立不起使活塞向下移动的压差，从而导致不发生紧急制动作用。

处理方法：分解检查，更换膜板。

19. 客列车在运行途中车辆制动机发生意外紧急制动

原因分析：

(1)机车司机操作不当。

(2)列车主管系统突然破裂。

(3)车辆三通阀或分配阀故障。

处理办法：

(1)车辆乘务员应查明紧急制动的原因，是司机还是列车上有人使用了紧急制动阀，或者是车辆制动机发生了故障等。

(2)车辆紧急制动停车后，车辆乘务员应立即下车，对车辆进行详细技术状态检查。检查的重点是：车钩缓冲装置，轮对和转向架各部配件。车辆有不良部位或损坏时，应及时修复或做临时处理。

(3)确认车辆部件无损坏后，如停车时间超过 20 min 时，应会同司机、运转车长进行制动机简略试验。

(4)如系使用紧急制动阀而停车，则除对车辆进行必要的检查和作有关记录之外，还应做好记录，并通知到达列检所补打铅封。

(5)开车后，车辆乘务员应加强巡视，注意耳听下部的运行情况，判断车辆是否有故障，到达前方车站停车时，车辆乘务员应根据判断的情况，下车重点进行检查。

20. 车制动主管堵塞

原因分析：

(1)个别车辆折角塞门未开、反位或未全开。

(2)制动软管冻结或杂物堵塞。

处理方法：

(1)个别车辆折角塞门未开、反位或未全开：

①首先检查该列车新编或加挂车辆与前后相连车辆的折角塞门是否未开、反位或未全开位置(特别要注意球芯折角塞门情况)。

②以最快方式对列车进行分段检查：在列车前部或尾部的1/3始检查折角塞门手把位置、制动软管连接及车上压力表压力。当检查到前一辆有风，而后面列车无风时，即可确定堵塞位置进行处理。

(2)制动软管冻结或杂物堵塞：

关闭前一辆车的折角塞门和主管堵塞段的折角塞门，解开制动软管并检查两个折角塞门芯是否反位，如反位，拔掉手把插销进行正位。如制动软管冻结或杂物堵塞，应做解冻和排风吹物处理；如无冻结、堵塞现象，则连接好制动软管，开启两折角塞门和前辆车的前端塞门，到后端处理。

关闭后端和相邻车辆的折角塞门，解开制动软管，卸下后端折角塞门，到前端缓慢地开启折角塞门进行排风吹物，排到主管有杂物吹出和主管大量排风为止。确认异物排出和排风正常后，关闭前端塞门。装上后端折角塞门和制动软管，连接好软管，开启折角塞门后，再到前端开启前端折角塞门，进行全列车通风检查。全列车风表压力为正常时，说明制动主管已畅通。捆扎折角塞门，施行简略试验。

21. 旅客列车运行途中车辆副风缸或工作风缸排水塞门被打坏

原因分析：

由线路中障碍物或飞石击打所致。

处理方法：

(1)全列车无关门车时，可将该车做关门车处理。

(2)如有备用塞门可将损坏的塞门卸下后更换新品，如无备用门可用厕所下作用式水阀替代。

(3)如塞门短丝断入缸体内无法取出时，全列又有关门车时，可用木塞打入短丝内，定压下不泄漏即可，并预报前方客列检。

22. 客列车在运行途中发现全列车制动风管风压突然升高，超过规定压力

原因分析：

制动主管风压突然升高，大多由于司机操纵不当或机车制动系统故障引起。

处理方法：

(1)乘务员应确认车内压力表压力升高多少，并及时与运转车长取得联系，要求司机立即进行调整，如风压超过650 kPa时，要求司机就近停车。

(2)停车后，要求司机缓解、制动，再缓解，反复一两次，以排除副风缸内超压部分压力空气，调整制动主管压力达到正常。

(3)会同司机、运转车长进行制动机简略试验，确认良好后开车。

(4)运行途中应随时观察压力表压力的变化，并和运转车长、司机取得联系，必要时取得有关证明。

23. 始发前发现列车编组中个别车辆存在自动抱闸现象

原因分析：

(1)制动缸故障。

(2)分配阀故障。

(3)个别车辆手制动机未松。

(4)基础制动装置故障。

(5)闸调器故障。

处理方法：

(1)当列车制动后缓解时，先检查分配阀(三通阀)排气有无排风现象，如有排风现象(分配阀大小排气口都排风)表明分配阀(三通阀)作用良好；然后再检查制动缸活塞是否缩回原位，如没有缩回，表明是制动缸故障，应对制动缸进行处理。

(2)当列车制动后缓解时，三通阀(分配阀)排气口无排风现象，先检查截断塞门有没有处于关闭位，若截断塞门处于开通位，可初步判断是三通阀(分配阀)故障，应更换三通阀(分配阀)。更换三通阀(分配阀)时应检查其安装座内的滤尘网有无堵塞现象。有堵塞时应进行彻底的清扫。如制动缓解时，分配阀小排气口有排风现象，而大排气口无排风现象时，肯定是分配阀有故障，应更换分配阀。

(3)检查发现手制动机未松开时，应松开制动机。

(4)出现一个方向抱闸现象，系基础制动装置故障，应调整拉杆销孔位置。

24. 旅客列车旅行制动时，尾部车辆失去制动作用

原因分析：

尾部车辆制动机故障。

处理方法：

尾部车辆发生制动机故障时，如能处理应及时处理；如无备用品更换处理时，则应将前部车辆关门排风后，卸下所需配件，倒装到尾部车辆上，恢复其制动作用，并应进行制动机简略试验，情况正常后方可开车。

25. 闸调器螺杆能缩短不能伸长

原因分析：

闸调器内部零部件不良。

处理方法：

更换闸调器。

26. 接风管过晚造成责任晚点

事故概况：

旅客列车在进行转向换头作业时，车辆乘务员在接风管时过晚造成列车没有正点开车，顺延晚点 5 min 构成行车责任一般事故。

原因分析：

车辆乘务员在列车进站已经晚点的情况下没有提前做好预想，加快作业进度竭力抢回晚点时间，反而因作业拖沓最终导致接风管时间过晚。

防范措施：

一是采取突击式检查、随机性抽查，采取明察暗访相结合，对乘务员始发途中、中间站、终到站作业的情况进行全面检查；二是加大对乘务员中间站转向接风管，途中车厢巡视抄记轴

报，折返站交接等重点环节的检查力度，规范乘务员的作业行为确保行车安全。

27. 旅客列车在运行中发现车辆制动梁及吊一起脱落

原因分析：

(1)制动梁吊安装圆销上的开口销丢失，致使安装圆销窜出后，导致制动梁脱落。

(2)制动梁安装圆销断裂。

(3)闸瓦托吊圆销防护挡开口销丢失或防护挡脱落。

处理方法：

(1)首先检查制动梁、制动梁吊、吊座孔、闸瓦托、瓦托弹簧等配件，在无损坏、弯曲、裂纹等情况下，可配装圆销、开口销组装复位。如无圆销、开口销时，可将闸瓦插销打弯，并用铁丝捆绑牢固后，该车做关门处理。

(2)如制动梁、制动梁吊、吊座孔、闸瓦托、瓦托弹簧等配件已损坏，应将故障处所联系的所有悬吊件卸下后，该车做关门处理。

28. 旅客列车在运行途中钢轨与车轮间有火花，个别车辆有抱闸现象

原因分析：

(1)基础制动装置脱落。

(2)空气制动系统故障，发生误动作。

处理方法：

(1)首先检查车辆的技术状态，确认是基础制动装置引起的抱闸，还是空气制动装置引起的抱闸，轮对有无擦伤等情况。

(2)如系基础制动装置引起抱闸，检查制动缸活塞、闸调器、手制动机，发现故障无法临时处理时，可关闭截断塞门，排尽副风缸(工作风缸)压力空气，做关门处理。

(3)如系空气制动装置引起抱闸，应会同司机、运转车长对制动机进行试验，属分配阀故障，可关闭截断塞门，排尽副风缸(工作风缸)压力空气或打开制动缸排风塞门，排尽制动缸压力空气，做关门处理。

(4)如是尾部最后一辆不允许关门，可卸用中部车辆同类型配件进行换装，被拆车辆做关门处理，被拆部分应有防脱措施，并预报前方客列检处理。如无法借用配件处理或耗时过多，可视情况联系有关人员改变车辆编排位置。

29. 机车发生双管供风设备故障或用单管供风机车救援接续牵引

原因分析：

机车双管供风设备故障或单管供风机车临时牵引列车。

处理方法：

(1)机车发生双管供风设备故障或用单管供风机车救援接续牵引时，由机车乘务员负责通知车辆乘务员和运转车长，由车辆乘务员负责按下述要求将编组客车风路改为单管供风状态；改为单管供风后，由机车乘务员报告邻近车站转报列车调度，由所属区段列车调度员逐级上报，以部令(机车、车辆调度)通知沿途有关铁路局转发至换挂机车所属机务段和换挂站检，按单管供风办理。(双管供风列车因故改单管时，由车辆乘务员负责，但考虑到减少晚点，在必要时由铁路局车辆调度通知客列检配合处理)。

(2)途中全列因故改为单管供风后，不再恢复双管供风，直至终点站。到达终到站后，由库检(不入库的列车由站检)恢复双管供风状态，并用铁线捆绑施加铅封后与车辆乘务员交接。

(3)采用双管供风装置的列车，在双管供风状态下，途中制动机故障按《铁路技术管理规

程》的规定关闭制动机时只关闭制动支管截断塞门;在单管供风状态下,车辆制动机故障时,除关闭制动支管截断塞门外,同时还必须开通制动管至总风缸间的截断塞门。

(4)双管供风列车处于双管供风状态时的风路状态为:列车制动管至空气弹簧风缸间的截断塞门关闭,副风缸至空气弹簧风缸间的截断塞门关闭,列车总风管至空气弹簧风缸间的截断塞门开通,其他塞门同原出库要求。

(5)因故改为单管供风时,要求将列车编组中客车风路改为:列车总风管至空气弹簧风缸间的截断塞门关闭,副风缸至空气弹簧风缸间的截断塞门开通,其他塞门同原出库要求。

30. 列车总风管压力超过规定

原因分析:

机车司机操作失误或机车故障。

处理方法:

列车总风管规定压力为 550～620 kPa,运行中车辆乘务员要注意总风管压力显示,遇有低于 550 kPa 时,通知运转车长转告司机,仍无效果时,视为列车总风管供风系统故障,运行至前方站停车改为单管运行。当列车总风管压力超过 620 kPa 时,不改为单管供风,维持双管供风运行到前方牵引接续站。但考虑到压力过高易造成风管路及用风设备损坏,遇有超过 620 kPa 的情况时,由车辆乘务员通知运转车长转告司机进行调整,仍无效果时,由车辆乘务员发电报声明。

31. 制动盘弹性衬套、胀圈及螺栓总成松动、丢失,制动盘脱落、碎裂

原因分析:

盘形制动技术能否安全地运用到快速客车上去的关键就是盘与毂的连接技术,其连接螺栓的松动与脱落问题会直接影响到客车运行的安全。轮对上的制动盘与毂的连接在设计上采用了新型结构,弹性销套在螺栓拧紧后保证与径向孔壁密贴,使制动盘所承受的制动力完全由 8 个弹性销套均匀承受,又能保证制动盘受热膨胀后的径向伸缩。此种制动盘与盘毂间的连接特点大大降低了制动盘热膨胀引起的热应力,避免热裂,并使传到盘毂上的热量大为减少,消除了盘毂松动的危险,因而提高了制动盘的工作可靠性,但由于车轮在约 10^6 圈转动和一段时间振动后,其螺栓连接的松动弱点开始暴露出来,且其设计及制造工艺又有些问题,螺栓、弹性销套、锥形垫圈、槽形螺母的截面最大尺寸与连接通孔相差无几,车轮转动时离心力的作用使非紧固的螺栓等整套总成窜出,致使制动盘脱落。

处理方法:

制动盘的安装连接方式应统一。在新造制动盘出厂检查、验收时,应重视对盘环及盘毂的探伤检查工作;在运用和 A 级修程检修时,须对其作详细检查,彻底清除该类受力部件的裂纹等故障。

防止措施:

对于轴装式制动盘来说,其较简捷的改进措施是将楔套的外缘台阶旋修掉,以保证螺栓拧紧后弹性衬套有足够的扩张量,确保盘、毂与弹性衬套连接紧固不松动,此外,还要增加一个比连接孔直径大的双耳止动垫圈(GB/T 855—1976),以阻止螺栓松动后整套窜出。

32. 单元制动缸缓解不良

原因分析:

(1)丝杆卡死。

(2)制动缸排风口堵塞。

处理方法：

(1)分解检修、清除垃圾和油垢，或更换丝杆。

(2)清洗排风口滤尘网。

33. 手制动机不起作用

原因分析：

手制动机曲拐支点锈死，曲拐转不动。

处理方法：

分解、除锈(必要时打磨)、给油。

34. 电磁阀不动作

原因分析：

(1)各电缆可能有断路。

(2)如电线回路均正常，则电磁闽内部可能被卡住。

处理方法：

(1)查出断路处所并修复。

(2)如是被卡住，敲击或振动电磁阀就能恢复。如仍不行，或电磁阀有其他不易排除的故障，则换电磁阀。

35. 在制动位列车管减压量过快或过慢

原因分析：

连接体下方列车管排气口的缩口风堵故障或电磁间口关不严。

处理方法：

检查连接体下方列车管排气口的缩口风堵是否正常；如失电后制动电磁阀排风不止，可判断是电磁闽阀口被异物垫住不能关严：动作几次可将异物吹掉，仍不行，换电磁阀。

36. 途中列车发现制动单元缸不缓解、失效或制动盘热裂纹超限的应急处理

(1)在停车后插设安全信号。

(2)关闭单元缸进风通路的塞门，卸除单元缸连通金属软管，加装堵头。

(3)排除单元缸内的余风，使单元缸处于缓解状态。

(4)联系运转车长和司机进行简略试验，无异常情况便可以撤除信号开车。

(5)终到后“车统—181”引荐处理。

37. 25K型客车在运行途中发现制动盘毂松弛，造成制动盘空转

站停时检查制动盘的连接螺栓有无松动、折损或丢失，如果是，及时修复，现车无法修复的，按规定做关门车处理，并预报前方列检所、请求处理。

38. 在纯电空制动时列车管减压过快

主要是电磁阀安装座下方列车管排气口的缩口风堵松动或丢失，造成排风通径过大。应检查电磁阀安装座下方列车管排气口的缩口风堵是否正常。缩口风堵的孔径为ϕ2.0 mm，如有异常，及时处理即可。如不能及时处理，当排风速度太快时，有可能会引起列车、车辆的意外紧急制动。

39. 在失电状态下时，制动电磁阀排风不止。

制动电磁阀常闭阀口被异物垫住或阀杆被卡住不能关严，或者是电磁阀内部密封不严。

可先将该电磁阀通电动作数次，电磁阀仍排风不止，建议更换电磁阀。如在运行途中发生此情况，手头又没有备用电磁阀，可将该电磁阀反装，以堵住各气路，让电磁阀不起作用即可。

等有备件后，再换电磁阀。

第二节　货车制动部分

1. 主管漏风

事故概况：

列车因机后45位(品名盐酸)制动主管漏风停车。影响该车区间退回站内3道。构成铁路交通一般D类(D21)事故。

经检查发现二位端主管(端梁至枕梁间，距枕梁330 mm处)外壁下方有一约8×10 mm的孔洞。车辆其他各部配件齐全，无破损、无丢失。

原因分析：

经现场对主管破损部位的检查，分析认定该车制动主管在使用过程中长期受盐酸残液腐蚀作用，形成锈蚀层，锈蚀层一旦脱落，管壁穿孔，造成漏风停车。

防范措施：

对装有腐蚀严重货物的车辆检车员应重点检查各个部位，发现腐蚀严重及时处理。

2. 车辆制动支管折断

事故概况：

列车运行途中，司机发现列车风管压力突降为零，区间停车。检查发现尾前5位(机后54位)车辆制动支管折断，关闭截断塞门后区间开车。影响本列晚点。

车辆段有关人员调查情况如下：

机后54位车辆截断塞门处于关闭状态，检查发现该车集尘器与120控制阀中间体间的制动支管(与集尘器连接端)根部折断(集尘器内残留9 mm)，制动支管断口与集尘器旋入端残留断口呈错位状态(错开约7 mm)，断口全部新痕，支管外壁及集尘器等部件无外物击打痕迹。检查发现该车运行方向后部4位轮对左右两侧车轮(现车7、8位)踏面均有陈旧性擦伤(其中7位车轮踏面有两处，深度分别为0.7 mm、0.5 mm；8位车轮踏面有一处深度为0.5 mm的擦伤，折断的制动支管处于擦伤轮对的上方)，检查本车及前部5辆车，无配件脱落、丢失。

原因分析：

(1)制动支管断口与集尘器旋入端残留断口呈错位状态，说明在组装时该支管中心线没有与固定端支管中心线(集尘器与截断塞门间的连接管，长为165 mm)完全重合，产生别劲现象，致使支管组成存在预应力。

(2)集尘器至120控制阀中间体间的支管组成为悬空结构，旋入端和法兰固定端成为支点，且该支管(长390 mm)处于整个支管组成的上方，纤长结构导致支管靠近集尘器一端根部应力集中。

(3)车轮踏面擦伤且制动支管正处于擦伤轮对的上方，车辆运行中产生振动，造成支管靠近集尘器一端根部应力加剧。

综合上述因素，导致车辆运行中制动支管在靠近集尘器一端根部发生脆断。

防范措施：

对配件发生磨耗严重的部位，要重点检查找出故障根源，及时清除。对于经常受到锈蚀、腐蚀的车辆配件要加强日常的检查力度和频次，防止因腐蚀严重突然发生断裂。加强对集尘器外观检查，锈蚀严重的需要更换。

3. 车辆大量排风故障

事故概况：

货物列车，全列 64 辆，司机发现车体沉拉不动，停车检查发现第 33 位大量排风，关门处理后开车。

现场检查机后第 33 位该车为关门车，打开截断塞门充风后，发现连通管（截断塞门与中间体之间连通管）与 120 阀中间体连接法兰接口胶垫处漏风，法兰下部螺栓松动。中间体与法兰接口处有被车体溢出柴油浸湿痕迹。

该车转 K2 转向架、120 阀、254×356 制动缸、ST1-250 闸调器。

原因分析：

根据现车勘察分析，连通管（截断塞门与中间体之间连通管）与 120 阀中间体连接法兰接口胶垫处漏风的原因是：段修时，对该法兰检查不到位，加之装卸货物时将柴油该处浸湿，又加快了松动，造成漏风停车。

防范措施：

“三检一验”人员在段修落成时，要严格对各部进行测量，各级管理人员定期进行检查，加强日常的检查力度和频次。

4. 车辆抱闸事故

事故概况：

运行中司机听到车站无线呼喊：车辆抱闸，请立即停车。司机立即减压70 kPa，运转主任、列检值班主任到达现场后对车辆进行简略试验，确认机后 44 辆车辆抱闸，关门处理后开车。区间停车30 min。

对机后 44 位进行检查试验，检查车轮踏面无擦伤、车轮略有抱闸迹象，车辆配件齐全良好，打开载断塞门，利用本务机车进行制动机全部试验。

(1)泄漏试验：泄漏量为 5 kPa，符合规定。

(2)感度试验：减压 50 kPa，全列车发生制动作用，在 1 min 内无自然缓解，充风缓解时制动机在 1 min 5 s 缓解完毕，按照规定应在 1 min 缓解完毕，超时 5 s。

(3)安定保压试验：减压 140 kPa，车辆未发生紧急制动作用，制动机活塞行程符合规定，保压 1 min，泄漏量为 5 kPa，在1 min内无自然缓解，充风缓解时车辆在 1 min 15 s 内缓解完毕，按照规定应在 1 min 内缓解完毕，超时 15 s。

原因分析：

120 阀分解情况。经分解检查发现主阀室内有黏糊状物，造成缓解时通路堵塞，滑阀与滑阀座间有带状杂物，造成滑阀、节制阀的移动阻力过大，使主活塞动作延缓，引起缓解不良。

防范措施：

由于车站没有认真掌握好列车的站停时间，造成列检应该作业的列车没有作业，应该防止的故障没有防止。在工作中应严防漏检，工作过程中不应存在随意性，简化作业程序等现象。

5. 货物列车机后 37 位人力制动机拉杆导架折损拉杆悬垂

事故概况：

货物列车通过车站时助理值班员发现车辆异常，在下一站拦停检查发现机后第 37 辆手闸拉杆导架折损，手闸拉杆悬垂，用铁线捆绑处理，影响本列 21 min。

原因分析：

原因分析该车手闸拉杆导架在一侧圆销孔处有旧痕裂纹，运行中受拉杆、滑轮等重力，加上车辆运行振动的影响，发生折损故障，导致手闸拉杆脱出导架悬垂。

防范措施：

车辆段职工应提高工作质量，领导应积极参与安全检查及工作验收，从而确保此类事件不再发生。

6. 列车缓解不良事故

事故概况：

列车进站前司机感觉车体沉，通知站值班员检查一下车辆是否有抱闸情况。车站值班员呼喊司机“第 2 单元机后车辆和第 3 单元机后车辆有冒火星现象，立即停车检查”，停车后，1、2、3 单元机车各派一名司机与该站赶到现场的人员检查，发现第 2 单元机后第 6 位、第 18 位，第 3 单元机后第 3 位、第 13 位、第 21 位共 5 辆车抱闸，机车乘务员与车站人员共同将抱闸车辆关门处理后，开车，区间停车 2 h 5 min。

安监室现场对此次列车进行制动机试验，第 2 组合第 6 位、第 18 位和第 3 组合第 13 位制动机试验良好，手制动机没有紧固，开门放行。第三单元机后第 3 位(A)、第 21 位(B)车轮轮辋边缘变蓝，有抱闸迹象。对现车进一步检查确认，车轮踏面有变色，确认两辆车发生抱闸情况属实。

机车监控记录分析

司机在处理抱闸车时间用了 2 h 5 min，对整个过程分析，反映出司机处理能力差。在确认车辆是否抱闸时，司机只要将列车缓解，逐辆检查制动缸活塞回去与否，即可判定车辆抱闸。而在整个过程中，司机前后共下了 5 把闸。从这 5 把闸看，前两把闸用时接近 26 min，是对车辆进行检查时判断是否抱闸而进行的，第 3 把和第 4 把闸用时 1 h 8 min，是对车辆抱闸判断处理过程。第 5 把闸是开车前正常的制动机试验，缓解充风时间也相对较长，用时 18 min 59 s。

车务处理情况

通过机车语音回放，站长到达现场后组织了第 2 把闸后的检查试验，在检查处理过程中指挥方法错误，口喊司机：“车辆抱闸要拿东西撬闸瓦”。而在处理抱闸过程中将列车管风排尽，延长了处理时间。

控制阀试验情况

对有问题的 A 和 B 两车进行站修鉴定，外观检查 A 现车 1 位、2 位及 6 位轮辋外侧轻微变色；B 现车 4 位、8 位轮轮辋外侧轻微变色，闸瓦厚度不超限。对两车进行单车制动机性能试验，制动缸活塞行程符合规定，试验结果良好。

A 主阀标记：2318，试验发现“缓解位主阀排气口泄漏”不合格，试验值为132 ml/min(标准不大于 120 ml/min)。

B 主阀标记：0715，试验发现“缓解位主阀排气口泄漏”不合格，试验值为382 ml/min(标准不大于 120 ml/min)，及“缓解位局减排气口泄漏”不合格，试验值为 236 ml/min(标准不大于 100 ml/min)。另外，该阀防尘堵未取下，造成试验数据“升压时间”不合格，试验值为 10.01 (标准为 1.5～6 s/30～50 kPa)，取下防尘堵后再做试验后该数据为合格。分解检查主阀及紧急阀内部无异常。

原因分析：

一是对 A 进行列车试验、单车试验、试验台试验，均未发现该车缓解不良现象，试验台试验结果“缓解位主阀排气口泄漏超标”，造成该车缓解时副风缸压力空气由滑阀泄漏处经主阀排气口排向大气，此时列车管向该车副风缸补风，该车制动阀附近列车管局部压力下降，形成压差，造成该车的自然制动。

二是对B进行列车试验、单车试验、试验台试验，均未发现该车缓解不良现象。根据主阀试验结果和分解检查情况分析，B主阀的局减阀防尘堵未取下，且该车在制动时，局减阀孔不能连通大气，加大背压，使制动缸压力增大，易造成制动力过大且缓解作用相对其他车辆较慢，另外该车同样存在“缓解位主阀排气口泄漏超标”的问题，易形成该车的自然制动。

防范措施：

经过对该次列车车辆抱闸全面分析，认定停车原因是车辆发生缓解不良所致，但车务人员对车辆是否抱闸判定不够准确，2辆车抱闸却判断出5辆车抱闸，在处理过程中方法不当，延长了停车时间，在确认车辆是否抱闸时，司机只要将列车缓解，逐辆检查制动缸活塞回去与否，即可判定车辆抱闸；机车乘务员应加强学习对车辆是否抱闸检查和处理方法。

7. 行车设备故障

事故概况：

值班员接车时发现机后3位车辆抱闸，进行关门处理，影响本列晚点。

原因分析：

由于主阀主活塞滑阀与滑阀座、节制阀均存在沟痕，使滑阀与滑阀座、节制阀与节制阀座不能很好的密贴，制动后缓解时主活塞动作慢后出现有时不动作，造成缓解不良。

防范措施：

根据《铁路货车厂修规程》检修质量保证期规定，120控制阀在一个段修期内不得发生故障。所以机车车辆生产公司应严格生产、认真维护。

8. 车辆抱闸调查分析报告

事故概况：

列车于某站通过，值班员接车时发现该列车机后24位车辆抱闸，立即呼叫司机停车，停车后，“进行关门”处理。

对该车空气制动装置进行微控单车试验。

试验情况：

(1)120阀试验情况：

经120-1试验台试验，有1项指标不合格，具体是：缓解位主阀排气口泄漏139 ml/min(规定不大于120 ml/min)。

(2)紧急阀试验情况：

经紧急阀试验台试验，各项指标均符合规定。

主阀分解鉴定情况：

经对主阀分解，发现主活塞滑阀弹簧上部与滑阀室顶部有摩擦痕迹，在滑阀室内和减速弹簧座上有磨耗的铜屑，在滑阀室顶部有两处磨痕分别是7×3 mm、6×3 mm，在滑阀弹簧上部有摩痕点。

原因分析：

通过对阀试验和分解，分析由于主阀主活塞滑阀弹簧与滑阀室顶部相摩擦产生阻力，使滑阀不能良好的正常运动，造成制动后缓解时主活塞动作慢，试验中主阀排气口泄漏超标，延长了充气时间和列车管增压时间，使本车不能及时缓解，运行中长时间闸瓦不能离开踏面，造成缓解不良。

防范措施：

根据《铁路货车段修规程》规定，控制阀在一个段修期内不得发生故障。故各车辆段应严格进行机车车辆的维护。

9. 列车因制动软管脱开停车

事故概况：

某列车运行距出站信号机 500 m 左右，列车管压力突然下降至零，司机立即将自阀手柄移至制动区。当时机车电制运行，主手柄 6 位，柴油机转速 400 r/min，两组机车电制运行，柴油机转速 800 r/min，速度 68 km/h，线路 6‰的连续下坡道，列车停车后发现一组机后 32 位与 33 位间车辆风管已开，风管无破损，车钩在连接状态。由车站人员检查确认后将风管连接。区间停车 39 min。

现场调查情况

调查组对车辆进行调查，检查现车机后 32 位与 33 位间车辆配件齐全良好，对制动软管连接器进行摘开、连接试验作用良好，未发现不良现象。将两车制动软管卸下检查，发现机后 33 位二位端软管连接器套箍外边缘处有长 9 mm、宽 3 mm 击打痕迹。

原因分析：

从痕迹分析看列车在运行中机后 33 位 C_{70} 被外物击打在连接器外部，使制动软管向一侧下方移动，带动前一辆车 32 位 C_{62} 软管上翘，同时由于 70 t 车辆制动软管较 60 t 车辆制动软管长，制动软管连接后连接器平面与钢轨平面又存在一定角度，造成软管连接器脱开排风，构成一件 G2 设备故障。

10. 车辆抱闸事故

事故概况：

某车站通知司机“列车中部车辆走行部冒烟，立即停车”。司机使用常用制动停车，停车后，司机缓解列车制动后，检查发现机后 26 位、27 位、33 位、46 位、62 位 5 辆车在缓解状态下，活塞杆仍在制动状态，经人工排风处理后，列车开车。

停车检查及试验情况

经检查，人力制动机无紧固，车轮踏面无擦伤、剥离、溶粘，基础制动装置无卡滞、别劲，均为 120 型制动机、356×254 密封旋压式制动缸、ST2-250 型闸调器。

试验情况：

打开机后 58 辆截断塞门利用本务机对列车进行全部试验；

泄漏试验：列车主管压力达到 500 kPa 时，关闭机后 1 辆折角塞门，保压 1 min，列车管泄漏量为 0 kPa；

感度试验：减压 70 kPa，全列发生制动作用，1 min 之内未发生自然缓解，充风后 1 min 内缓解完毕。

安定试验：减压 140 kPa，列车未发生紧急制动作用，保压 1 min，泄漏量为 2 kPa，充风后 1 min内缓解完毕。

经检查试验，未见车辆有异常，该列车于 12 时 28 分开车，列检人员送车未发现异常。

机车换挂情况

挂头后接管试风，列检人员通知司机进行列车制动机简略试验，接班司机发现机车制动管压力已过量(650 kPa)，通知最前部列检作业人员不能试闸，现在制动管已达到 650 kPa。接班司机急忙下车叫回交班司机，并告知交班司机机车有故障不能接车。

原因分析：

机车55位调压阀故障导致车辆过量供给，造成车辆副风缸气密度增强，压力过大，列车在运行中列车管产生局部稍有漏风，造成个别车辆出闸。

防范措施：

应加强对机车各关键部件的维护。

11. 列车制动管非人为控制排风事故

事故概况：

当某列车惰力运行时，列车管压力突然急剧下降，司机未听到排风的音响，当列尾装置报“机车风压000”，立即将自阀手把移至制动区，当时速度64 km/h左右，列车停车后，副班司机立即下车由前向后检查车辆及列尾主机有无异状，主班司机接到未发现异常报告后，进行制动机简略试验，确认制动、缓解正常后开车。

原因分析：

(1)从机车JZ-7型制动机构造原理分析，当机车单阀、自阀均在运转位的情况下，自阀排风口处于关闭状态，制动管压力无变化，机车分配阀、中继阀均衡活塞两侧无压力差，因此均衡活塞无动作，排风口也处于关闭状态，由此可见机车制动机不会发生自动排风的现象。

(2)车辆制动机的构造原理，也是依据列车制动管的压力变化，使三通阀均衡活塞动作使车辆产生制动与缓解，如列车管压力不变化，车辆三通阀均衡活塞会保持原来的状态，也不会产生自然排风的现象。

(3)通过对该列车ZTF型列尾主机运行数据分析，确定列尾主机工作正常。该列车排风非列尾主机排风所为(列尾主机排风严格受时间和流量限制，即55 s排至120 kPa，不排至0 kPa)。

由于列车制动管非人为控制自然排风的现象没有重复发生，经过上述调查，排除了机车、车辆及列尾装置的问题。

12. 列车制动梁脱落险性事故

事故概况：

当列车经过道口时当班道口员听到列车中部走行部有异音，待全列通过道口后，发现道口铺面有被异物刮、撞的痕迹，立即(14时43分)用电台呼叫车站值班员说：“道口铺面有被异物刮、撞的痕迹”。值班员立即将情况汇报给行车调度员和运转主任及信号工长、工务工区工长到现场检查。三人到现场检查发现，站内10号道岔尖轨尖端E型拉杆弯曲变形(室内控制台无异状)，但不影响行车。

行车调度员接到通知后，于14时51分指示车站值班员呼叫该次司机停车，司机听到车站值班员的呼叫后，立即回手柄下闸，停车后，司机检查到机后30辆时发现车辆制动梁下拉杆弯曲，便用电话告诉司机并返回机车取工具准备处理，返到机车时，车站和工务也赶到机车停车位置，处理后开车，构成行车险性事故。

事故原因

防范措施：

(1)段修时对车辆基础制动各圆销必须全数执行“换件修”、开口销必须全部更换新品的规定；圆销的检测必须执行“三分开”的作业方式。

(2)严格落实“三检一验”制度，工作者、工长、质检员及验收员要加强对落成转向架和车辆各圆销及开口销的检查。

(3)列检作业中加强对车辆基础制动各圆销的检查,对制动梁上拉杆、下拉杆、支柱和固定支点的圆销及开口销必须执行逐个敲打检查。

(4)加强列检送车环节,要严格执行列车两侧送车的规定,目视车辆配件有无脱落及异状。

13. 列车管风压突然下降发生紧急制动

事故概况:

货物列车运行途中列车管风压突然下降产生紧急制动,停车后主班司机下车检查车辆,副班司机试验制动机,1、2、3 把闸均发生紧急制动,随后副班司机关闭机后第 1 位车辆前折角塞门,单独试验机车未发现异常,重新开放折角塞门试验全列车制动作用良好。停车时间内司机向车站报告停车原因为“起快闸停车”,起车后更改报告停车原因为“机后 20、21 位车辆间制动软管漏风”。

原因分析:

(1)从机车 JZ-7 型制动机构造原理分析,当机车单阀、自阀均在运转位的情况下,自阀排风口处于关闭状态,制动管压力无变化,机车分配阀、中继阀均衡活塞两侧无压力差,因此均衡活塞无动作,排风口也处于关闭状态,由此可见机车制动机不会发生自动排风的现象。

(2)车辆制动机的构造原理,也是依据列车制动管的压力变化,使三通阀均衡活塞动作使车辆产生制动与缓解,如列车管压力不变化,车辆三通阀均衡活塞会保持原来的状态,也不会产生自然排风的现象。

由于列车制动管非人为控制自然排风的现象没有重复发生,经过上述调查,可以排除机车、车辆空气制动机的问题。监控装置记录明确显示,发生列车管排风为零的现象非装置控制所为,但监控装置中的电磁排风阀有可能发生误动作排风。

调查中发现机后 20 位车辆制动机存在实施常用制动试验发生紧急制动的故障现象,但该故障与列车区间停车无因果关系。

防范措施:

该次列车运行中发生制动管非人为控制排风案例,本次列车发生制动管非人为控制排风,可认定为监控装置中的电磁排风阀误动作排风。由于事发时机车乘务员报告的停车原因,夸大了机后 20、21 位风管漏风的作用,将列车紧急制动停车归结为制动软管连接处漏风所致,严重违背了事实,干扰了视听,给调查工作带来了诸多麻烦,延长了调查时间。为严肃调查工作,教育乘务员如实反映现场情况。

14. 列车全列压力表压力达不到规定值

原因分析:

(1)货车机车牵挂客车时,压力没有调整。

(2)车辆主、支管系泄漏,制动软管连接处及各风缸排风塞门故障。

(3)分配阀故障。

处理方法:

(1)如全列车压力表压力在 500 kPa 左右,又不上升,应要求司机调整风压,再观察压力表压力。

(2)如机车已用缓解位充风,压力表压力仍达不到规定时,应检查车辆主、支管系是否有泄漏,制动软管连接处及各风缸排风塞门是否在大量排风,发现泄漏及时处理。

(3)如分配阀有非正常排风时,应更换分配阀。

第三节 转向架事故

货车部分

1. 货物列车轴温高

事故概况：

列车通过红外线探测站时，预报机后16辆右侧4轴强热（温升84.3 ℃，环温－19.8 ℃），停站3道，对该车甩车处理，现场调查：段调度对故障车检查：对右侧4轴（现车7位）现场点温：轴承外温－16 ℃，环温－19.8 ℃，温升3.8 ℃。检查轴承及附属配件：轴承外观无甩油，前后密封罩无脱出，轴端螺栓无松动，施封锁状态良好，承载鞍正位，车轮踏面无擦伤、剥离、熔粘，基础制动装置无卡滞、别劲，人力制动机无紧固。该车为转K2型转向架。

退卸分解轴承检查情况

(1)退卸前检查情况

①该轴承型号为：352226X2-2RZ。

②外观检查车轮踏面无擦伤、剥离、溶粘，前后密封罩无脱出，前盖后挡正位，轴端螺栓紧固，施封锁良好。

③测量压装后轴向游隙符合规定。

④开盖检查：前盖与油封、密封罩无摩擦痕迹，密封座状态良好。

(2)轴承退卸后检查、检测情况：

①对该轴承清洗前、后称重，测算润滑脂注入量符合规定。

②清洗后对轴承各部件检查：发现轴承滚子普遍呈棕红色，且多数滚子滚动面出现碾皮现象。检查保持架、中隔圈、轴承内外圈滚道正常。

③对轴承组件检测情况：经对组装后的轴向游隙、装配高等各项尺寸进行检查，均正常。

④测量压装后轴向游隙符合规定。

原因分析：

由于该轴承一般检查时，对滚子的检查及选用没有认真确认，对材质不良的滚子没有发现，运行中多数滚子产生碾皮，导致热轴发生。

防范措施：

一般检查要认真落实岗位作业标准，加强车辆出库检查，避免问题隐患随车出库，车辆检修人员在作业中要严格执行作业标准避免因简化作业，违章作业造成隐患故障，使之在运行中受到外界不利因素而暴露出来构成事故，同时要强化岗位的自控、互控、他控，避免一人漏检层层漏检。

2. 车辆冒火星停车故障

事故概况：

货物列车通过车站时助理值班员发现机后55辆走行部冒火星，将列车拦停调查车辆情况。

(1)该车全车车轮无抱闸迹象，车轮踏面无擦伤、剥离、熔粘，截断塞门处于开通状态，人力制动机无紧固，基础制动装置良好无卡滞别劲，全车闸瓦剩余厚度符合限度。

利用本务机对该列车进行全部试验：

泄漏试验：列车管压力达到500 kPa后，保压1 min，泄漏量0 kPa。

感度试验:列车管压力达到 500 kPa,减压 50 kPa 后,该车发生制动作用,43 s 缓解完毕。

安定保压试验:列车管压力达到 500 kPa,减压 140 kPa 后,该车未发生紧急制动,保压 1 min,泄漏量 1 kPa,活塞行程长 145 mm,50 s 缓解完毕。

全部试验结果正常,闸调器作用良好。

该车为 120 型控制阀、254×254 型制动缸、ST1-600 型闸调器,FSW 型手制动机。

现场将运行方向右侧的 4 块闸瓦卸下,发现右 3 轮(现车 5 位)闸瓦摩擦面有金属熔粘及金属夹渣,闸瓦表面粗糙,其他 3 块闸瓦正常。

(2)120 阀微控试验情况

在现场将 120 阀卸下后,到检修车间制动室,经 120-1 微控试验台试验,各项指标均符合规定。

原因分析:

根据机车运器分析、现车检查、120-1 阀微控试验和车辆运行轨迹分析,车辆制动装置良好。运行中冒火星的原因是由于货车本身设计上就没有缓解弹簧,L 型制动梁本身构造上就复位慢,当车辆缓解后,闸瓦没有离开踏面,闸瓦和车轮还有相对摩擦,加之该车右 3 轮(现车 5 位)闸瓦本身有金属夹渣且摩擦面粗糙,和车轮摩擦后产生火星,造成拦停列车。

防范措施:

造成这起冒火星原因是货车本身设计及闸瓦的缺陷原因,建议检车人员认真工作,将车辆保持在良好状态。

客车部分

1. 热轴甩车事故

事故概况:

旅客列车在运行中,红外线装置预报热轴被拦停,点温计测量该车 1 位轴温 84 ℃、外温 22 ℃,通知运转车长限速 80 km/h 运行。运行 1 h 45 min 到达某站后,点温计测量该轴温度 91 ℃开盖检查发现油脂变黑,甩车处理。构成行车责任一般事故。

原因分析:

该起事故的主要原因是定位导柱异型,该车为 209P 型转向架,而 1 位导柱安装的是 209T 型导柱。轴箱之间抗劲,最终导致热轴事故的发生。

防范措施:

一是:“三检一验”人员在段修落成时,要严格对各部进行测量,各级管理人员定期进行检查,严格执行“一车一档”制度,更换大部件、落车时,卡控干部必须到场到位。二是加强安全信息,调度信息管理。三是加强轴报系统的库内检修作业。

2. 列车途中热轴甩车事故

事故概况:

运用车间值班室车辆乘务长汇报:“列车开车后,轴报显示机后 11 辆 3 位轴热轴报警。车站点温该轴轴温 62 ℃,外温−3 ℃,轴报显示该轴轴温 62 ℃,外温−4 ℃,其他轴温正常”。列车被拦停,停车后,车辆乘务长再次点温:3 位轴温 57 ℃,外温 3 ℃,其他轴温分别为:1 位 7 ℃、2 位 21 ℃、4 位 12 ℃、5 位 31 ℃、6 位 7 ℃、7 位 18 ℃、8 位 8 ℃。车站通知乘务员甩车,列车停车 2 h 51 min。

车轮无擦伤、剥离,3 位轴箱前盖、后壁无甩油,轴箱定位装置良好。开盖检查,轴箱密封圈无破损、油脂混有金属粉末、油质变黑。故障现象：外侧轴承的保持架外表面磨损、有棱角，全部滚子一端有明显磨损。

原因分析：

通过对现车转向架各部尺寸的测量，完全符合运用限度，定位良好，可以排除因转向架原因造成热轴。

此次事故的原因是由于轴承保持架工艺尺寸存在偏差，造成保持架与外圈局部非正常摩擦，产生了金属粉末，破坏油脂润滑层，导致滚子与保持架非正常摩擦。正是由于这两处的非正常摩擦造成热轴。

防范措施：

根据《事规》第十五条规定，该起事故定为一般D类事故。

由于该起热轴事故原因为：轴承保持架工艺尺寸缺陷造成，根据铁道部铁运《铁路客车轮对和滚动轴承轴箱组装及检修规程》第2.1.1.4款规定"国产普通轴承，自装车之日起，运行里程80万km(或使用时间2.5年)内，凡由于轴承材质和制造质量问题而造成的轴承缺陷或行车事故，由制造单位负责。"该轴承自装车之日起走行73.9万km，故该起事故定为轴承生产厂责任。机车车辆的生产厂家应注重生产工艺，严把生产质量，以避免隐患损失。

3. 轴箱横向控制杆呈半脱落状态

事故概况：

旅客列车到站。站检检车员技检作业发现机后17位YZ，3位轴箱弹簧折断(全部新痕)，立即用电台通知工长，并通知到场的车辆乘务员，经检查发现弹簧第2圈折断。3位轴箱控制杆接点定位销、定位套、螺母、开口销齐全根据《铁路客车运用维修规程》第60条第一项有关"更换轴箱弹簧、摇枕弹簧(圆弹簧外圈支撑圈折损或内圈折损，可一次运行到终点站更换)"之规定，未做处理，站列检通知车辆乘务员重点监控运行。列车继续运行工作人员发现机后17位车辆走行部有异音，通知车站。调度员将列车拦停，车辆乘务员检查发现连接3位轴箱的横向控制杆接点弹性定位套脱出。因轴箱横向控制杆有安全钢丝绳的保护措施，没有脱落，立即用铁线将横向控制杆捆绑在构架端梁上。重点监控运行。

原因分析：

由于此车3位轴箱簧内径边缘有18 mm×9 mm向外径扩散的疲劳源，造成轴箱弹簧在列车运行中受振动而折断，由于车体弹簧失去支撑作用，1位转向架水平尺寸发生变化，使车体横向摆动加剧。2位横向控制杆与3位轴箱定位销之间横向受力过大，造成三位轴箱定位销折损，导致轴箱定位接点前部折断。脱落后由安全吊钢丝绳托住，在运行当中产生摆动，冲击轴箱定位接点，产生异常响动。

防范措施：

该列车在客列检检查发现轴箱弹簧折断，然后继续运行，发现轴箱横向控制杆接点脱落。如再发生此类问题应该做处限速或甩车处理。

4. 轴箱配件脱落事故

事故概况：

某动车TD屏显示8车轴温在－40 ℃～－20 ℃进行跳变。

到站后，随车机械师检查时发现8位轴端ATP速度传感器、轴箱盖和活动板配件丢失，轴箱中间过渡体呈3处裂纹，8车4位门脚踏板下部护板被打漏，7车1位端2位侧外端墙由击打后出现的凹陷痕迹。

原因分析：

根据找到的ATP速度传感器现状查看，重新对配件脱落的原因再次进行了分析。

(1)如果活动板螺栓未紧固到位

①经对故障轮对活动板检查，紧固活动板所用的M8螺栓已不能完全拧进螺栓孔内，只能拧进四分之一左右，说明螺栓孔应受到外力作用产生变形，内螺纹变形。

②从我们找到的传感器分析，如果活动板紧固螺栓的紧固程度未达力矩要求，导致螺栓松动脱落，则脱落的ATP速度传感器应与轴箱盖一体，而不应分离，但从捡到的实物看，传感器已与轴箱盖分离。可以排除活动松螺栓未紧固到位的可能。

(2)如果轴箱盖紧固螺栓未紧固到位，列车高速运行时产生的高频振动将导致轴箱盖紧固螺栓松动，脱落。过渡体上不应产生裂纹，螺栓不应折断。而从实物上可以看到轴箱体上产生3处裂纹，2处在螺栓孔处，一处在靠近螺栓孔处，4条螺栓中有2条折断，2条丢失。可以排除轴箱盖紧固螺栓未紧固到位的可能。

(3)如果传感器被外物击打后螺栓松动，速度传感器与轴箱盖之间产生缝隙，导致气流进入中间过渡体内，在过渡体内部形成高气压区，从而带动速度传感器或轴箱盖颤动，对电机轴产生较大的作用力。又由于此时传感器电机轴与活动板方型孔已不对中，传感器电机轴与随车轴高速旋转的活动板间会产生抗力。这样在二者的共同作用下，传感器电机轴高频颤动，又由于活动板紧固螺栓只有15 N·m的紧固力矩，紧固强度在外力作用下逐渐减小，活动板螺栓逐渐松动，最终脱落。活动板松动后不断与空心轴轴端压盖的3个螺栓撞击，最终折断电机轴。当活动板失去约束后，在气流的冲击下及车轴高速旋转的共同作用下，在中间过渡体内高速撞击，导致中间过渡体及轴温传感器损伤，出现轴温跳变。

结论

通过以上分析，认为造成这起轴箱配件丢失的最大可能原因是：ATP速度传器被外物击打后螺栓松动，传感器发生移位，导致ATP速度传感器电机轴与活动板方型孔出现不对中，活动板与电机轴间相互别劲，活动板紧固螺栓松动脱落，进而活动板脱落。活动板脱落后在过渡体内高速撞击，打坏轴温传感器，并对中间过渡体造成损伤，使轴箱盖螺栓松动，轴箱盖与中间过渡体间产生缝隙。同时，列车运行时产生的高速气流对中间过渡体及发生移位的速度传感器产生冲击，最终使ATP速度传感器及轴箱盖脱落。

5. 空气弹簧故障致使出库晚点事故

事故概况：

列车停站期间运用车间库检检查发现机后1辆YZ_{25K}四位车轮踏面剥离20 mm×30 mm，并通知库检快速组对车轮进行镟轮施修，镟轮分解轴箱时发现3位轴承内环油脂变色发黑，决定甩车。

此次列车换挂完毕后，快速组立即开始试风作业(调车机在库外等候)，发现YZ_{25K}车3、4位空气簧不进风，立即用火烤转向架高度调整阀进行处理，分处理完毕开车，晚点35 min。

原因分析：

(1)根据换挂车辆的规定，对新换挂的车辆应进行全面检查，做试风试验，但没有对换挂的车进行试风试验，该车空气簧充不进风故障没有早期发现，早期处理，出库试风时才发现故障，临时处理，造成出库晚点。

(2)该车由于备用时间较长，加之天气寒冷气温较低，空气弹簧高度调整阀内的硅脂黏稠度较大，充风时由于阀内的顶针不能移动，空气弹簧内充不进风，对这样的车辆没有重点掌握，换挂前没有采取相应的检查、试验措施，管理上存在严重漏洞。

(3)段没有制定无风道的车辆新加挂列车前管理办法。虽然没有试风设备，但采取有效的办法对该车还是能够做到试风的。

(4)按照规定，值班干部对换挂的车辆应到现场监控，库检车间值班员接到换挂命令后，没有及时通知值班干部，

防范措施：

(1)车辆段人员应对长期备用的车辆进行定期保养，做到随叫随用。

(2)值班员乘务员应在加挂列车前采取有效办法试风，如加长软管、或请车站提前把此车牵到有风的道路上、或请单机直接试风都可以达到对该车试风的目的。

(3)各段应及时制定无风道的车辆新加挂列车前管理办法，让职工有章可依，工作明确。

(4)干部应及时监督，乘务员值班员应及时通知，明确任务。

6. 104 分配阀故障

事故概况：

某列车检车乘务员从机后第 1 辆巡视到机后第 6 辆时，发现机后第 6 辆车走行部振动声音大，感觉异常，立即到机后第 7 辆车找运转车长要求停车检查，运转车长拉动车辆紧急制动阀采取紧急停车。

该次列车停车后，运转车长会同检车员共同检查车辆，经检查发现机后第 6 辆车 1～8 位车轮均有擦伤并溶渣，其中：溶渣高度最高 7 位 8 mm、8 位 6 mm。告知运转车长列车不能正常运行，要求甩车处理。

车辆破损鉴定：

车辆破损情况：1 位车轮踏面溶渣高度为 1.7 mm、2 位车轮踏面溶渣高度为 1.6 mm、3 位车轮踏面溶渣高度为 2.6 mm、4 位车轮踏面溶渣高度为 3 mm、5 位车轮踏面溶渣高度为 3 mm、6 位车轮踏面溶渣高度为 3.5 mm、7 位车轮踏面溶渣高度为 8 mm、8 位车轮踏面溶渣高度为 6 mm。

原因分析：

(1)104 型分配阀试验分解：对车 104 阀经 705 试验台试验，在充风时不发生任何动作，无法进行试验，经分解后发现主活塞模板压板根部穿孔，长约 32 mm(新痕)。

(2)车辆故障原因分析：当列车在坡道下闸时就瞬间发生模板穿孔，制动机一直带闸运行，直到途中停车为止。此线路最大坡度 25‰，带闸运行约 K20＋898 m，致使该车车轮踏面擦伤和闸瓦溶化后粘附在车轮踏面上。

防范措施：

(1)本着“四不放过”的原则，虽然事故的原因是厂家产品质量问题所致，但我们也要认真吸取教训，对出库列车认真做好检查，检车乘务人员要加强列车运行中巡视检查，发现异常情况及时停车检查。

(2)加强与厂家联系，对 104 阀膜板进行一次全面清理，对不合格产品严禁使用。

(3)进一步加强检修工艺过程，提高制动阀的检修试验水平。

(4)加大干部对出库列车的制动机质量卡控力度，确保出库客车制动装置作用良好。

7. 车辆踏面剥离造成甩车事故事故概况

事故概况：

站检检车员作业时发现机后 17 位轮对踏面剥离，经测量：3 位轮连续剥离(30×200)mm，

4 位轮连续剥离(20×80)mm,站检要求立即甩车,甩车完毕列车晚点 1 h 33 min。

原因分析:

(1)车辆段库检检查中发现了该车 1 位 20 mm×15 mm、2 位 20 mm×20 mm、3 位 20 mm×25 mm、4 位 10 mm×15 mm 轮均有剥离,标准限度一处不大于 30 mm,两处每处不大于 20 mm,在没有超过规定限度的情况下,库内做到了跟踪检查,但没有跟乘务员交接故障,导致乘务员在运用中没有对该轮对进行重点跟踪检查。

(2)包保该车的乘务员在对该车轮对鉴定中漏检,没有发现该车轮对有剥离、擦伤等问题。

(3)库检工长对检车员要求鉴定的轮对故障不负责任,对剥离前期的轮对未采取措施,放出技术不良车。

(4)对同一转向架 4 位轮都存在剥离,虽然没有超过限度,但段、车间没有高度重视,进行重点跟踪检查,导致应防止的故障没有防止。

(5)乘务指导对轮对月鉴定没有亲自跟班检查,对乘务员“车统—15”日常不做检查,导致乘务员轮对鉴定账添记不标准。

(6)库检车间没有认真落实路局客车惯性故障 7 项攻关措施,对车轮擦伤、剥离、局凹等故障没有及时整治。

防范措施:

库检工长要对故障车辆负责,采取措施严禁放技术不良车辆。

8. 空气弹簧漏风库内甩车事故

事故概况:

检车乘务员摸轴看车,发现机后 4 辆 3 位空气弹簧漏风,经检查是空簧下部橡胶边缘与胶囊安装座铁板结合处裂开 40 mm。立即与段联系,经双方确认,如继续开行需限速,必须甩车处理。

原因分析:

段做 A 级修程时,外观检查无破损不分解,但需做打压试验。经微机调取数据,该车是由车辆钳工做的打压试验:600 kPa 保压 15 min 无泄漏,记录完整。

原因分析:是橡胶气囊根部老化变质、局部起泡串气所致。

防范措施:

(1)加强库检作业检查。列车入库后,库检检车员必须带风看车,逐个测量空气弹簧高度,并且记录在标志框内,做好记录。

(2)加强库内检查卡控。当班工长及卡控干部每天抽查 3 辆车的空气弹簧高度,并与上次记录高度进行核对,杜绝弄虚作假,凡作假者一律下岗。

(3)加强乘务员途中检查。到站作业必须认真检查,尽管中途站停噪声较大,但一定要认真执行听、看、摸、量的方法,及时发现问题,杜绝类似故障的发生。

(4)加强段修检查。车辆进行 A2、A3 修程时,严格按部 25K 车修程规定认真进行打压试验,并将试验结果输入微机,质检员、验收员定量抽查。

9. 列车在运行途中轴箱圆簧、摇枕圆簧折断

原因分析:

圆簧材质不良;车辆负荷过重、偏载或运行条件恶劣。

处理方法:

(1)发现轴箱圆簧、摇枕圆簧折断时,必须详细检查该车的技术状态。如不危及行车安全,

可预报前方客列检处理，如系超载或已引起车体倾斜并超过规定，应采取相应措施后再继续运行，并预报前方客列检处理。

(2)预报时，必须将折损圆簧的车次、车型、车号、方位、位置、名称、型号预报准确，以便于前方客列检做好准备工作，减少停车时间。

(3)如前方客列检没有备品更换或无法更换时，乘务员可根据线路、载重情况及折损部位，要求站方客列检采取相应措施，保证安全运行到终点站。

(4)如客列检提出摘车处理，按规定由列检所执行，并做好处理的详细记录(包括损品断面情况)带回本段。

10. 旅客列车在运行途中发生车轮踏面有局部碾出裂纹

原因分析：

车轮踏面局部材质不良。

处理方法：

(1)如客列检发现车轮踏面有局部碾出裂纹时，乘务员应及时检查确认。

(2)如确认是局部碾出裂纹而不影响运行安全时，可向客列检提出自己意见，按局部凹入限度处理，不能按车轮裂纹处理，提出继续运行的要求。

(3)运行途中要特别注意该车的变化情况。

11. 旅客列车在运行途中发生滚动轴承轴箱发热

原因分析：

滚动轴承的温度主要是由滚子与内、外圈滚道间滚动摩擦，滚子与保持架间的滑动摩擦，滚子端部与内、外圈挡边间滑动摩擦，滚子与润滑脂之间的摩擦发生的热量产生的。因上述原因引起的滚动轴承的正常发热，称为运转热。

当滚动轴承箱温度超过正常运转热的温度值时，即为热轴，也就是故障热。故障热是由于滚动轴承自身的故障或受外界的影响造成的异常发热。其发热的原因有以下几个方面：

(1)轴箱内油脂过量。油脂过多，油脂的内摩擦力增大，使滚子转动发生困难。特征是轴箱顶部表面均匀发热，油脂可能从轴箱后部密封处流出。这种故障多发生在厂修、段修或新组装检修的滚动轴承箱内，经过一段时间的运转后，多余的油脂被挤出后，轴温恢复正常。

(2)轴箱内缺油或油脂变质，或密封不良(混砂、混水、金属粉末等杂质)、灰砂进入等，使轴承润滑状态不良。它的特征是轴承均匀发热。开盖检查时，可以发现油脂变质，用手摸时，有金属粉末、砂粒等。

(3)轴承零部件破损、崩裂、折断，将轴承卡死。它的特征是轴箱表面温度不均匀，热轴部位明显，在较短时间内，轴温上升速度较快。

(4)转向架上的导柱或轴箱组装不符合工艺要求。轴承径向、轴向游隙过小，弹簧支柱与轴箱弹簧座孔壁之间的间隙过小，对角线差过大等。它的特征是轴箱各部温度不均匀，某一部位比其他部位高。这类故障常发生在新造车或新施行厂、段修后的车辆上和新组装检修的轮对上。

处理方法：

(1)用手摸的方法确认热轴，这是检查轴温的最常见的一种方法。摸轴时应采取“同一辆车、同一转向架、同一车轴、同一轴箱前后”的轴温“四对比”的方法，通过手的感觉，检查发现热轴。

(2)通过点温计、轴温报警器等仪表检查发现热轴。列车在运行中，乘务人员要注意观察轴温报警器显示的轴温，及时发现轴温异常的情况。对轴温异常的轴箱，可使用点温计进行测量判断。在运行中还要根据红外线的预报，发现热轴。

(3)通过外观检查。站停时，注意检查轴箱温度的变化，如轴箱顶部积雪融化快、雨水干燥快、后壁甩油、前盖滴油等，均有可能发生热轴。

(4)轴温略高于正常轴温。当发现是厂、段修或新组装、检修的轮对时，乘务员要注意跟踪检查，有些轴温经过一段时间的运行后会自行消除。这类热轴可不开盖，注意观察。

(5)有些轴温一直比较正常，突然温度上升。当温度超过外温＋40 ℃时，乘务员应开盖检查。检查油脂有无变化，轴承有无破损、卡死等现象。如果油脂良好，轴承作用正常时，可继续运行，重点观察，并做好记录。返乘后汇报。

(6)轴温在短时间内急剧上升。热轴部位明显，轴温报警器报警，红外线预报。这种情况一经发现确认，立即甩车。

12. 运行途中发现车辆振动大

原因分析：

(1)机车供风不够。

(2)空气弹簧破裂或高度调整阀失灵。

处理方法：

(1)如系机车供风不够，及时通知车长，联系司机要求按标准压力供风。

(2)如机车供风良好，站停时检查空气弹簧及高度调整阀。如系高度调整阀失灵(现车可修复者)及时处理后继续运行。如系空气弹簧破裂或高度调整阀失灵(现车无法修复者)应将本车空气弹簧供气通路切断(关闭车体下空气弹簧储风缸通路)、允许在空气弹簧无气状态下限速一次运行到终点更换。

13. 206KP 型转向架构架侧梁与轴箱弹簧座连接处焊缝裂

原因分析：

(1)设计结构时未考虑较大的纵向力。

(2)焊后未及时打磨，去除残留在焊缝融合区表面的细微裂纹，萌生裂纹源并逐步延伸至箱壁内表面。运行中，在较大的交变应力作用下，裂纹自下而上沿焊缝方向逐渐扩展，最终裂开。

处理方法：

(1)在纵向拉杆座与侧梁之间设一补强板。

(2)焊后对焊缝逐个进行打磨清渣，确保焊修质量。

14. 206KP 型转向架侧梁纵向拉杆座裂

原因分析：

焊接缺陷。

处理方法：

焊修修复，焊后打磨、检查。

15. 206KP 型转向架摇枕墙头上盖板裙板裂

原因分析：

(1)未焊透造成焊接缺陷。

(2)摇枕强度和抗弯曲度不够。

处理方法：

(1)焊修。将裙板拼接,按工艺要求开槽焊接。

(2)为加强摇枕的强度和抗弯曲度,在端头上盖及纵向拉杆座处设一补强板、加强筋。

16. 209HS型转向架摇枕吊裂纹或有严重压痕

原因分析:

(1)锁紧圈的圆锥面与支承内壁圆锥面配合,吊杆受拉力时,圆锥面也受力,产生压迫吊杆圆柱面的锁紧力,吊杆拉力愈大,锁紧力也愈大。如锁紧圈与摇枕吊配合不匹配、不磨合,受力后吊杆产生压痕,在运行过程中压痕越压越深,直至形成沟槽。

(2)沟槽、压痕处引起应力集中,产生裂纹。

处理方法:

(1)检修时必须对号入座,原拆原配原装,锁紧圈必须成对安装。

(2)分解、探伤,有严重压痕或裂纹者更换。

17. 摇枕吊橡胶堆变形、龟裂老化

原因分析:

在橡胶堆使用寿命期内出现该故障是由于橡胶材质不良造成的。

处理方法:

橡胶堆严重变形、老化、龟裂超过规定限度者,必须更换。更换摇枕吊:CW-1B型和CW-2C型转向架都必须先推出转向架,从上方才能抽出摇枕吊。首先顶起托梁,松开开口螺母,从侧梁上抽出吊杆。但CW-1B型与CW-2C型转向架吊杆是不互换的,CW-1B型的吊杆比CW-2C型的长一些,开口螺母相同,但不可拆换,必须成套使用。209HS型转向架可以顶起托梁或吊轴体,拆下紧锁圈、连接座、橡胶堆,从上或从下都可拆下吊杆。

18. 吊轴裂纹

原因分析:

锻造缺陷。

处理方法:

分解、探伤,有裂纹者更换。

19. 螺旋弹簧裂纹、折断

原因分析:

运行疲劳,材质不良,或热处理不当。

处理方法:

更换弹簧。

20. 空气弹簧泄漏

原因分析:

(1)胶囊破损。

(2)胶囊与上盖配合不密贴。

(3)胶囊材质老化。

(4)橡胶弹性不够。

(5)用牵引拉杆调整摇枕位置所致。

(6)密封圈老化磨损。

处理方法:

(1)胶囊破损、材质老化或弹性不够者调换。

(2)松开牵引拉杆,使摇枕正位后再装牵引拉杆。

(3)密封圈损坏者调换。

(4)弹簧更换顺序:CW-1B型转向架为钢簧转向架,要换下枕簧,先要拆下中央垂向减振器,牵引拉杆,松开安全吊托梁一端,顶起托梁将锁紧螺母拿下,再放下托梁,下面要放20 mm左右垫板,其间要注意拆下横向拉杆,再顶起摇枕,拿出枕簧。CW-2C型转向架为自封式带节流阀的一体式空气弹簧转向架,要换空气弹簧,先要拆高度调整阀连杆机构,空气弹簧放气,松开安全吊将扭杆从上定位座中拆下,顶起托梁将锁紧螺母拿下,放下托梁,拆下横向拉杆,顶起摇枕,让出节流阀空间,拆下空气弹簧。209HS型转向架换空气弹簧相对容易一些,拆下高度阀连杆机构,空气弹簧放气,拆下一系垂向油压减振器,顶起摇枕至构架即可推出空气弹簧。如果不便操作,先可顶起吊轴体,松开锁紧圈,抽出单侧吊杆,再推出空气弹簧。每个空气弹簧有一个高度调整阀,当车辆载重发生变化而引起空气弹簧高度发生变化时,高度调整阀根据重量的增减,自动进行增减空气弹簧中的空气量,从而使空气弹簧的高度保持最佳工作状态。高度调整阀具有延时充排气功能,并可减少运行中因车体侧滚造成压缩空气的浪费。

21. 高度调整阀作用不良

原因分析:

(1)调节杆(即连杆套筒)未调整好,影响高度调整阀作用的正确性。

(2)进、排气孔漏风。

(3)管路不清洁使阀体内存有大量尘垢、灰粒和油污,堵住进、排气孔。

(4)油封漏油。

(5)扭簧折断。

处理方法:

(1)调整杆安装时尽可能垂直,调整好连杆套筒的长度,予以固定、包好。

(2)更换,送定检分解检修。更换时,管道和安装部要清洁干净。安装管子时,不能转动阀体两端的六角形零件。同时要注意:车体上铸有箭头的方向是空气弹簧的一侧,反方向则是与原风缸连接;管道装反时,连杆即使在水平位置,也会产生空气泄漏。

(3)密封圈损伤和老化均可引起漏油,发现漏油,应更换密封圈。

(4)检修后须试验其作用、性能,良好者方可使用。

(5)运输、搬运途中要避免坠落与坚硬物碰撞,并要加盖,避免垃圾进入阀体内;搬运时,要拿阀体,不要拿连杆,以免影响其作用。

(6)当连杆回转到极限位(从中心开始,约±450 mm)停止回转时,禁止人为地施加力量予以回转,以免损坏连杆、套筒以及车体。在吊起车体时,必须先将连杆从连杆套筒中取出来。

(7)滤尘网最好采用进口材料,以提高滤尘效果。

22. 差压阀作用不良

原因分析:

在两个空气弹簧附加空气室之间装有差压阀,其开启压差为150 kPa,目的是防止两侧空气弹簧的压力有较大的差别而导致车体异常倾斜。一般发生故障有以下几种原因。

(1)阀芯卡死,往往在150 kPa时不作用,或在某一压力下突然作用。

(2)风口堵死。

(3)结合部漏风。

处理方法:

(1)分解检修,清除垃圾,检查阀芯,在阀芯边端加适量的硅脂,以起润滑作用。

(2)结合部密封不良,引起漏风,可采用橡胶组合垫密封圈。

(3)尽量采用进口滤尘网,以提高滤尘效果。

23. 抗侧滚扭杆的连杆和扭杆裂纹、折断

抗侧滚扭杆装置用来增加车体侧滚刚度,整个装置由连杆、扭臂和扭杆等组成,连杆连接在摇枕(或车体)上,扭杆安装在摇动台(或构架)上,第一批的 209HS 型转向架采用的抗侧滚扭杆基本沿用 209PK 型的抗侧滚扭杆,连杆与连接座、连杆与扭臂的连接均采用橡胶关节,常出现橡胶套磨损、脱落,影响扭杆作用,因此只能频繁更换橡胶套。206KP 型、CW-2C 型转向架采用的是 SNG3 型,其扭杆与扭臂的连接采用圆锥直齿渐开线花键连接及外加防松垫圈和圆螺母紧固,连杆与扭臂、连杆与连接座的连接均采用自润滑关节聚四氟纤维杆端轴承。

原因分析:

(1)连杆采用内部中空可调结构不够合理。

(2)连杆因焊接缺陷或焊后旋销加工降低了焊接强度。

(3)扭杆设计不合理,承受较大弯曲时螺纹根部应力集中产生裂纹而无法探伤。

(4)扭杆材质不良,热处理不当。

处理方法:

裂纹、折断者更换。

24. 209HS 型转向架轴簧支柱根部断裂

原因分析:

(1)底板孔径与支柱外径配合不当,间隙过大。

(2)焊接缺陷。

处理方法:

轴簧支柱根部断裂者更换。

25. 209HS 型转向架橡胶堆定位器与弹簧支柱卡死或橡胶堆损坏及不正位

原因分析:

(1)橡胶堆定位器与轴簧支柱间隙过小,表面(即配合面)缺油、生锈。

(2)橡胶堆材质不良、老化。

(3)橡胶堆与定位套过盈量过小,未粘结牢。

(4)橡胶堆不正位,转动超过 40°。

处理方法:

(1)检修时一定要选配一下,控制支柱与其内部间隙在 0.2～0.4 mm,并加少量防锈油。

(2)分解检修,更换老化不良的橡胶堆。

(3)调整过盈量至适度,粘接牢固。

(4)分解、正位橡胶堆,正位后用 504 胶粘牢,不能正位则更换。

26. 轴箱弹簧折断

原因分析:

运行疲劳,材质不良。

处理方法:

更换弹簧。轴箱弹簧更换顺序:对于 CW-2C 和 CW-1B 型转向架,由于是转臂定位结构,应将支点放在节点座处,首先将同轴两轴箱减振器拆下,然后同时用顶镐(千斤顶)支同轴两侧

的节点座，约顶起200 mm高左右，拿出弹簧上、下定位座，弹簧就可拆下。209HS型转向架则需拆下轴箱减振器，拆下放松吊座，如果定位器不卡死，直接将构架侧梁顶起270～300 mm，将定位器一起拆下即可拿出弹簧；如果定位器卡死，只能先破坏定位器，拆下定位器后再拆卸弹簧。

27. 油压减振器漏油

原因分析：

(1)密封不良。

(2)螺杆镀铬层脱落剥离。

处理方法：

(1)更换密封圈。

(2)更换螺杆。

28. 油压减振器螺杆偏磨，造成杆头丝扣磨损

原因分析：

制造缺陷，上、下同心度偏差大。

处理方法：

分解检修，更换螺杆。

29. 轮辋裂纹

原因分析：

一般在轮对走行公里超过10万km(即车轮转动约35×10^6圈)时，轮辋裂纹开始大幅度上升，走行公里至30万km时其出现的概率达到顶峰。也就是说新碾制成的车轮再投入使用过程中出现轮辋裂纹故障有一个临界值，一旦走行公里越过该值，其出现的概率就会明显下降。从运用发现轮辋裂纹的外观特征来看，轮辋裂纹长度一般在100～180 mm之间，其位置均在轮辋外侧距踏面5～25 mm处。

快速客车采用盘形制动后，虽在制动盘摩擦环上产生了大量制动热量，出现了很多热裂纹，但它基本消除了因踏面制动而产生的车轮踏面摩擦热负荷、热变形产生的残余拉伸内应力，且快速轮对加工精度高，做过动平衡试验，快速客车装用了电子防滑器，做过轮重试验，在许多方面改善了车轮的运用条件。但由于车轮的设计、材质、制造工艺、制造缺陷、轴重、车辆滑行和环境(线路状况和气候)等问题，加上提速后轮轨的相互作用力加大，各种冲击作用力大幅度增加，其轮轨间高接触应力也随之增加，特别在轮辋夹杂物等缺陷边缘逐渐产生应力集中，这种情况愈严重，就愈超过材料的疲劳强度极限，从而扩展轮辋内部疲劳裂纹；当超过临界状态后，就可能使断裂层急速向外延伸，直至在轮辋外侧用肉眼可以看到，严重时会很快出现突发性崩裂，导致大块金属脱落。目前快速轮对轮辋裂纹主要还是起源于其内部的各种缺陷，在提速后高冲击力产生的高接触应力作用下，逐渐形成和发展的。它有一个裂纹起源和一个机械作用发展的过程，而且后者接触应力很高，诱发轮辋裂纹的能力非常强，这是导致提速轮对轮辋裂纹频频发生的主要原因。

处理方法：更换轮对，送厂检修。

防治措施：

(1)控制轮辋裂纹最好的方法是不断提高车轮的制造质量，严格控制轮辋裂纹和踏面剥离起壳的源点，改进冶金炼钢工艺，提高车轮的制造质量。应推广使用目前国内质量最好的真空脱氧和炉外精炼处理的优质镇静钢制成的SKF车轮，以提高其运用的可靠性，控制其内部的

自身缺陷(气孔、夹渣、碾制重皮、夹层等),特别要控制非金属夹杂物的含量,改善车轮的金相组织,以提高车轮踏面的屈服极限和疲劳强度,提高钢的力学性能,从而有利于提高车轮断裂韧性和延缓裂纹扩展速率,减少轮辋裂纹的产生,以确保行车安全。

(2)虽然我国用CL60车轮钢制成的车轮理化性能在理论上以接近日本新干线高速车轮的标准,国际和铁标中的"验收规则"也明确规定每批车轮需进行化学分析、低倍组织检验、非金属夹杂物检查和力学性能试验,每个车轮须进行轮辋超声波探伤和辐板磁粉探伤检验等,并在规定轮辋剩余厚度的范围内有严格的质量保证期,但在实际制造、工艺质量的把关过程中对其纯净度及内部夹杂量的控制措施不力,导致车轮的质量处于失控状态。所以一方面要在大量的现场统计分析基础上,进一步确定符合我国冶金行业实际情况的车轮"判废"标准,便于车轮出厂质量检验与现场操作,并贯彻始终;另一方面,在车轮制造验收时要加大对车轮质量的监控力度,需对车轮进行超声波探伤,严把出厂质量关。

(3)在运用客车入库检修和A1级修程时,需特别重点检查投入运用20万km后的新车轮,必要时可采用人机结合的方法,使用装有专用探头的探伤仪。

(4)针对目前快速轮对的现状,必须及时按走行公里进行快速客车A2、A3级修程的检修,且对快速轮对进行轮辋裂纹探伤检查,彻底消除隐患。目前使用效果较好的工装是微机控制轮辋裂纹探伤机。该机能准确地检测出轮辋的内部缺陷,自动报警,并用工业控制计算机向检测人员提供直观的缺陷图像和量化后的缺陷数据,克服人工外观检测的误判率,检测结果自动存档和打印,并可通过探伤日期和轴号进行检索,便于现场统计分析,查找原因。

30. 踏面擦伤、圆周磨耗及局部凹入、轮缘外形磨耗(碾堆、厚度磨耗、垂直磨耗和缺损)过限等故障

原因分析:

(1)车轮擦伤,主要是车辆制动力过强,电子防滑器失效,导致制动力大于黏着力,这样就产生踏面擦伤。

(2)车轮非正常磨耗,主要是车辆走行的动力学性能差引起的,它与转向架构造、线路等因素有关。

处理方法:换轮旋修至原形。

防止措施:

(1)检修好空气及基础制动装置。

(2)检修好快速客车上的电子防滑器,使之作用良好,以减少车轮擦伤故障。

(3)及早启用电空制动技术,提高全列车制动的一致性,以减少车轮擦伤故障。

(4)提高转向架各零配件的质量和组装精度,从而提高车辆的动力学性能,以减少车轮的非正常磨耗。

动车部分

1. 车轮擦伤事故

事故概况:

动车司机呼叫随车机械师,BPS屏显示轴抱死,随车机械师立即通知司机将主控手柄"回零位",查看LT屏第4页,发现02车2轴制动不缓解、防滑器保护报红。查看电子仪表第二页,发现02车2位轴制动缸压力为2.6×10^5 Pa(2.6 bar),其他各车制动缸均无压力。由于列车马上进站,司机进行调速操作,当列车速度降到20 km/h时,司机缓解后防滑保护故障显示

消失。停车后随车机械师立即下车检查 02 车，发现 2 轴 3、4 位轮踏面擦伤，长度均在140 mm左右。检查 02 车其他车轮，未发现异常，随即切除 02 车制动和牵引，随后开车，限速60 km/h运行，超站停 50 min。

原因分析：

由于雨天轮轨黏着力低，02 车在制动施加过程中车轮发生滑行，防滑器动作排风超过10 s后(新软件功能，3A 故障代码说明当时 02 车 2 轴防滑器动作已经超过 10 s)，WSP 软件自动关闭 2 轴排风阀，但 2 轴仍然处于滑行状态，导致车轮擦伤。

防范措施：

机车车辆设备生产厂家应对产品进行严格的测评实验，以确保在使用过程中的安全可靠。

2. 途中轴抱死故障造成车轮擦伤停车

事故概况：

某动车组进站停车前，司机用手台呼叫随车机械师 BPS 屏显示轴抱死，TD 屏显示是 7 车 2 位轴抱死，此时马上就要进站对标停车，14 时 13 分停车后，车门正常开启，机械师从站台上跑到 7 车，确认 7 车制动状态，此时司机用手台呼叫机械师故障显示消失，机械师确认 7 车制动缓解正常，上车后，司机关闭车门，机械师立即赶往司机室，14 时 14 分开车后，BPS 屏瞬间又报轴抱死故障随即消失，此时机械师从司机室开始对车厢进行巡视检查，当走到 7 车 1 位时，机械师听到车下有异响，随即要求司机停车，进行车下检查，此时司机回答正在分相区内，机械师开始与动车所调度联系，过了分相区后要求停车检查。14 时 17 分 D194 次停于434 km 500 m 处，机械师下车后将 7 车制动切除，随后检查车轮状态，未见异常，此时司机呼叫机械师赶紧开车，后面有任务车。机械师上车后 14 时 23 分开车，开车后，机械师到 7 车一位监控发现车下依然有震动的声音，机械师怀疑牵引有问题，立即通知司机断电降弓，机械师将 7 车牵引切除，切除后发现车下依然后异音，此时机械师怀疑是车轮擦伤，立即通知司机限速 80 km/h速度运行，同时机械师通知动车所调度要求前方站停车检查。15 时 08 分到达前方站，机械师立即下车对 7 车 2 位轴进行重点检查，发现 7 车 3 位轮擦伤 30 mm×31 mm×1.0 mm，7 车 4 位轮擦伤 102 mm×43 mm×1.5 mm。确认完后，机械师上车 15 时 50 分开车，通知司机限速 60 km/h。发生故障时正在下雨，轨面湿滑。

原因分析：

此次事件擦轮发生在低黏着的运行条件下，下坡道并施加空电联合制动的过程中。

本次擦轮的原因是：下雨天气轮轨黏着力低，车轮发生滑行，电制动功率不足 50%导致切除，空气制动自动补充。空气制动施加过程中调整车轮滑行时防滑器排风超过 5 s(基于 UIC 标准，如果防滑器充风或放风阀被激活超过 5 s，为了保证车辆有足够的空气制动力，WSP 软件将自动关闭排风阀)，不能消除滑行状态后自动切除，但滑行轴仍然处于抱轴状态，导致车轮擦伤。

防范措施：

(1)CRH_5 型动车组低黏着状态下运行，调速或停车过程中优先采用制动位第一扇区，严禁司控手柄从牵引位或零位直接拉到制动位第二扇区。

(2)CRH_5 型动车组低黏着状态下运行，若调速或停车过程中司控手柄必须拉到制动位第二扇区才能保证制动力要求时，首先要把司控手柄拉到制动位第一扇区，然后再缓慢过渡到制动位第二扇区。

(3)CRH_5 型动车组低黏着状态下运行，若调速或停车过程中发生电制动切除或者 BPS

屏轴抱死报警灯点亮的情况，必须立即把司控手柄拉到零位，等待 5 s 以上（仅电制动切除）或者 BPS 屏轴抱死报警灯熄灭时按照(1)、(2)条执行。

3. 动车组运行途中检测不到网压途中停车事故

事故概况：

列车运行途中 TS 屏显示无网压，停车确认接触网供电正常后机械师通知司机换升 3 车弓，换弓后网压显示正常，停车 2 min。

调查情况

(1)库内检查及维修情况

对该车受电弓、集成仪表箱、避雷器、接地开关、绝缘子进行检查，未发现异常；做升降弓试验，发现 6 车受电弓 2 位碳滑板碳条与金属底座间有漏风迹象，但无法确认漏风具体位置。对该碳滑板更换后，试验升降弓作用良好。

(2)故障碳滑板试验情况

将故障碳滑板通风进行泄漏试验，用肥皂水检查确认漏风部位，发现漏风部位在距离碳滑板端头 250～270 mm 间，长度为 20 mm，碳滑板碳条与金属底座结合部肥皂水喷出，但看不到裂纹。

原因分析：

由于受电弓碳滑板碳条与金属底座脱开造成漏风，ADD 自动降弓装置启动，导致受电弓无法升起。

防范措施：

此起事故为产品质量原因，生产厂家应加强生产工艺以避免出厂不合格产品。

第四节　车钩缓冲装置事故案例

货车部分

1. 车钩分离调查情况

事故概况：

列车运行期间机后 54 辆与 55 辆发生车钩分离，机后 54 辆后钩为开锁位，机后 55 辆软管拉断，停车经调查机后 54 辆（尾前 1 位）运行方向后部（现车 2 位）车钩为改造的上锁销组成，外观检查无异常，钩提杆及座、链齐全完好，无外物击打痕迹。

机后 55 辆（尾部车辆），运行方向前部（现车 1 位）车钩为改造的上锁销组成，1 位制动软管拉断，外观检查无异常，钩提杆及座、链齐全完好，无外物击打痕迹。

将该车卸货后回送到车辆段，经车间有关人员共同鉴定：

进行三态试验时，有时不完全落实。全面分解测量，各部限度符合规定。检查上锁销杆与上锁销在自由状态下成垂直状态（按设计要求应有一定角度）。

原因分析：

由于该车钩上锁销杆与上锁销在自由状态下成垂直状态（按设计要求应有一定角度）。使上锁提、上锁销杆与上锁销不易形成“Z”字形，车钩连挂后有时会出现没完全落锁，在这种情况下防跳作用失效，车辆运行中在冲击力作用下钩锁铁上窜导致车钩分离。

防范措施：

依据《事规》第 52 条规定“因产品质量不良造成事故，属设计、制造、采购、检修等单位责任的"设备生产厂家应严格出厂合格认证制度，严格把关以避免使用中出现问题。

2. 列车分离事故

事故概况：

某次列车机后 43 辆、44 辆车钩分离，43 辆后钩处于开锁位，司机处理后开车，运行到直通场 1 道，将机后 43 辆甩下现车检查情况。机后 43 辆车 2 位车钩呈开放状态，44 辆前钩为闭锁状态。经现车检查 43 辆 2 位车钩为 13A 下作用车钩，车钩钩提杆及下锁销组成丢失，新改造下作用车钩防分离装置丢失；44 辆前钩（现车 2 位）为 17 号下作用车钩，外观检查车钩无异状；车钩高度差不超限，分解检查车钩各部尺寸均符合规定。

原因分析：

根据 TFDS 和列检作业均发现该车提钩杆和下锁销丢失，也做了捆绑处理，但提钩杆和下锁销没有，车辆运行中没有二次防跳作用，在条件吻合的条件下，钩锁铁跳起，造成车钩分离。

防范措施：

车辆检查应勤检勤查，重要配件重点查，保证行车安全

3. 钩尾框磨耗板脱落事故

事故概况：

车站值班员在接车时，发现有配件脱落，接到信息后局安监室，列车通过车站时，代助理值班员听到中部车辆有异响，看见轮圆间打出火花，非常明显，立即报告车站值班员，值班员立即报告列车调度员，列车调度员指示该次列车停车，值班站长从运转室开始顺 2 道检查，在距运转室大约 100 m 处，拾到钢板一块，对车辆检查未发现异常，司机报告列车调度员，列车调度员指示开车。

原因分析：

机后 37 车前转向架 2 位钩尾框磨耗板脱落，脱落后在枕木与车辆之间形成撞击，将枕木打坏，车辆有击打痕迹。

防范措施：

车辆段的库检、客列检、车辆乘务员要加强对车辆易脱落配件的检查，执行标准化作业避免漏检，防止易脱落配件在运行中，由于振动等其他原因而脱落危及行车安全。

4. 车钩破损

事故概况：

一组机车和谐 3 型，二组机车东风 8B 型，三组机车东风 4B 型担当四组合列车牵引任务。

第一组 A 站 6 道 15 时 10 分装车完毕，第二组装车后，在 6 道内与前组 16 时 00 分组合完毕，16 时 16 分开车，16 时 29 分停在 A—B 站间 412 km 382 m 处，第三组 18 时 50 分组合完毕，一组司机通知后两组同时充风 18 时 58 分列尾风压 454 kPa（缓解过程中列车向前移动 86 m、减压 40 kPa 停车），减压 140 kPa，保压 1 min 无泄漏。19 时 03 分 A 站通知前拉尾部越过站内道岔，一组司机缓解列车制动后自然移动，19 时 06 分启动（启动前头组电制 8 位、二、三组机车单阀全制），最高速度 23 km/h，减压 60 kPa19 时 11 分停在 411 km 375 m 处。19 时 40 分 A 站及协调室通知再次前拉 50 m，19 时 45 分一组司机缓解列车制动，列车 19 时 47 分自然移动（启动前头组电制 8 位、二、三组机车单阀全制、移动 172 m），减压40 kPa 19 时 50 分停在 411 km 203 m 处。21 时 A 站通知前行四组合列车已经启动，要求该次列车跟进，一组司机 21 时缓解后列车自然移动，21 时 06 启动（启动前头组电制 8 位、二、三组机车单阀全制），

当时列尾风压 397 kPa,列车启动后一组电制,手柄保持 8 位,速度达到 10 km/h 时通知二、三组上电制制动电流最大,速度 15 km/h 时的减压 40 kPa,速度下降同时列车管压力逐渐下降,当速度降至 1 km/h 列车管压力降为0 kPa,同时 FIRE 显示屏风控开关指示灯点亮,21 时 10 分停在 410 km 600 m 处(走行 603 m)。停车后,司机将自阀手柄移至运转位发现列车管压力不上升,查询列尾风压为 0 kPa,立即指挥二组机车关闭一组尾部车辆折角塞门,一组司机缓解充风发现列车管压力仍不上升,立即指挥二组副班司机向前检查,一组副班司机向后检查,二组副班司机 10 min 后通知一组第 96 位车辆前钩弹簧箱、托板破损严重、制动铁管接头破损漏风,经确认不能继续运行,司机立即将情况通知 A 站值班员,请求救援。

调查车辆情况:

对本次列车进行全面检查。发现第 1 单元机后 88 位运行方向后台现车 1 位车钩后从板座铆钉全部折断,造成钩尾框后移。机后 96 位运行方向前台现车 2 位车钩上锁销折断、钩托梁折断、钩身托板螺栓全部折断、后从板座铆钉全部折断造成车钩缓冲装置脱落,2 位辅助管折断。第 2 单元、第 3 单元检查良好。

单车制动机试验:良好。

过球试验:过球不通,分解检查发现在车辆制动主管与支管(6 至 8 位大横梁间)三通法兰盘处,主管内(三通后部)堵有一个制动软管胶圈。

原因分析:

(1)通过试验检查发现机后 88 位过球不通,制动主管与支管(6 至 8 位大横梁间)三通法兰盘处,主管内(三通后部)堵有一个制动软管胶圈,胶圈处于制动支管连接法兰盘运行后方主管处。缓解充风时胶圈向后方移动,致使胶圈与支管法兰盘处产生间隙,制动主管口径相对变大,因此对后部列车管风压上升速度有一定影响。

(2)列车起车前司机实施最大减压保压 1 min 后缓解(保压时列车管压力 350 kPa),缓解至开车减压充风时间只有 3 分 52 秒(19 时 05 分 33 秒开始缓解、19 时 09 分 25 秒司机减压),虽然机车显示列车管压力达到 490 kPa,但列车后部车辆列车管压力远远达不到,加之制动主管受胶圈影响,88 辆以后车辆充风相对缓慢,列车管压力较比正常情况还低。当司机减压 60 kPa时,前部车辆迅速产生制动,受制动主管内胶圈影响,88 辆后部车辆未产生制动或轻微制动。减压后前部车辆列车管压力仍然高于后部车辆,前部车辆列车管压力空气向后流动(减压时前部车辆仍然向后部车辆补风),直至列车管压力达到平衡为止(350 kPa)。

(3)当机车制动减压时,胶圈随着前部风压下降向支管连接法兰盘处移动,使得法兰处直径明显变小,后部主管压力相对处于静止状态,造成 88 辆以前发生制动作用,后部车辆处于缓解或轻微制动状态,车辆形成了前堵后推状态,造成强度相对其他车钩薄弱的个别车辆车钩破损。

防范措施:

由于机后 88 位车制动主管内胶圈堵塞,造成车辆车钩破损。各车辆段应严格遵守《铁路货车制动装置检修规则》规定,其中第 7 项第 2 款:装用球芯折角塞门或球芯直端塞门的车辆须进行过球试验。

客车部分

1. 旅客列车在运行途中发生机车与车辆或车辆与车辆分离事故

原因分析:

(1)机车车钩或车辆车钩其中之一在开锁位,或两车钩同时在开锁位。

(2)钩提杆与提杆凹槽间隙超过运用限度(3 mm),钩提杆变形击打下锁销。

(3)下锁销反位或防跳部分磨耗严重,不起防跳作用。机车车钩中心线或车辆车钩中心线距轨面距离超过运用限度。

(4)机车车钩钩舌或车辆车钩钩舌其中之一磨耗过限;车辆与车辆间两钩舌之一磨耗过限。

(5)机车车钩钩舌或车辆车钩钩舌折损。

处理方法:

(1)当发生分离事故时,应立即到达事故现场,车辆乘务员应会同运转车长和司机共同确认,哪个车钩在全开位置。

如机车的车钩在开放位置,则应由机车乘务员负责处理。如车辆的车钩在开放位置,则应由车辆乘务员负责处理。

(2)当发现车辆车钩在全开位置时,车辆乘务员应检查钩提杆是否捆绑,钩提杆与提杆凹槽间隙是否超过运用限度(3 mm),钩提杆是否变形,是否碰到下锁销杆(下连杆),钩提杆与下锁销杆距离是否不足(规定为大于 15 mm)。钩提杆未捆绑的,车辆乘务员应用钢丝进行捆绑,捆绑必须牢固。钩提杆与提杆凹槽间隙超过运用限度时,车辆乘务员应用钢丝进行捆绑,捆绑时必须使钩提杆牢固地固定于靠近车辆一侧的凹槽侧面上,捆绑后检查捆绑效果。钩提杆变形或钩提杆与下锁销连杆间距离小于 15 mm 时,应将钩提杆正位或使钩提杆与下锁销杆间隙大于 15 mm。可用套管套入钩提杆前部,套入深度应大于 50 mm 以上,在套管后部穿入插杠或其他可利用的器械,用力将钩提杆前部搬动到符合运用要求时为止。

(3)不是上述原因时,车辆乘务员应检查防跳装置是否捆绑或有无人为松开的痕迹,防跳部分是否磨耗严重不起防跳作用,或者下锁销是否反位。防跳部分磨损过限不起防跳作用时,应将尾部车辆上没有使用的车钩中的防跳装置卸下,装到故障处所。下锁销反位时,应将下锁销重新安装,以使其正位。

(4)乘务员应检查机车车钩中心线与车辆车钩中心线距轨面的距离是否超过规定范围(机车为 815～890 mm,车辆为 830～890 mm),谁过限,则为谁负责,同时检查分离地点的道路情况,是否可能导致连接车钩中心线高度差过限。如低于 830 mm,乘务员应检查该车装货或乘坐人员情况。因超重造成的应要求倒装货物或疏散旅客。如不是上述原因,则应用油镐或撬棍将钩身抬起,在钩身下加入备用磨耗板,若无磨耗板时,应临时用瓦钎放入钩身下部,落下钩身后,将两端打弯,以防脱出,以使其中心线高度达到 830 mm 以上。如果高于 890 mm 时,应检查线路情况,要求向前带车,重新进行测量,一般此时应为正常、不超限。如仍超限,则应取出钩身下部加入的磨耗板或检查是否有其他故障将钩身垫起,查到具体情况后处理,符合运用范围后,要求挂车。

(5)当分离的两车钩均在闭锁位时,应测量钩舌内侧到钩腕间的距离超过运用限度(135 mm)时。哪一方超过则为哪一方责任,由谁负责处理。车钩闭锁位时,车辆钩舌与钩腕间的距离大于运用限度 135 mm 时,车辆乘务员应将列车尾部没有使用的钩舌卸下或借用机车前部的钩舌,重新安装,安装完毕后,测量其限度,必须符合运用限度的要求,不能大于 135 mm。

(6)机车车钩舌或车辆车钩钩舌折损时,车辆乘务员应先确认哪一方的钩舌处折损,如机车钩舌折损时,车辆乘务员应检查折损钩舌,新痕为司机操纵不当所致,责任应为机务;旧痕责任应为车辆，由车辆乘务员处理。气孔、夹渣等铸造缺陷，责任为制造单位，故障由车辆乘务员处理。处理车钩折损故障时，车辆乘务员应将列车尾部的钩舌卸下，倒装到故障处所，测量其限度须符合要求，同时应将折损的钩舌带回，以备分析。

处理完毕后必须达到如下要求：车钩闭锁位时，车钩钩舌内侧面与钩腕的距离不得大于135 mm；两连接车钩中心线高度差不得大于75 mm；钩提杆、车钩防跳装置必须进行捆绑固定。

最后，应检查制动软管及软管连接器是否因机车车辆分离而造成损坏。损坏时应用备品更换，无备品时应将列车尾部的卸下，倒装过来或借用机车的备品进行安装。安装完毕后，应进行制动机简略试验，作用良好，无泄漏时，方可发车。

2. 钩尾框变形

原因分析：

钩尾框变形主要是强度不够造成的，大多数发生在普通钩尾框上，其材质仍采用原来的ZG230-450。

处理方法：

更换，采用材质QC-C3钢的高强度钩尾框。

3. 旅客列车发现机车与其连挂的车辆钩差过限(车辆钩低)

应急处理：

(1)属于超载、超重的，应重新调整货物的装载、疏散旅客；

(2)无客列检的时候应插设信号、在钩身下部增加垫板的高度，可更换较厚的钩身垫板；

(3)没有备用钩身垫板时，应时用备用的闸瓦插销插入钩身下方，插入端伸出的部分向下折弯，防止运行中脱落再次造成钩差；

(4)确认钩差在规定范围内方可撤除信号开车；

(5)预报前方客列检故障的部位、名称请求处理，同时做好相关记录；

(6)终到后“车统—181”引荐处理。

4. 更换维修15号车钩钩尾框防跳挡板

原因分析：

15号车钩钩尾框防跳挡板经常裂损造成车钩下垂点头，影响车钩高度和行车安全。

处理办法：

如发现钩头下垂钩差过大，钩尾框、缓冲器上窜时，用手电照射缓冲器两侧防跳挡板开焊断裂时即可发现。

5. 应急处理时调整钩差方法

发现两连接车钩钩差过限，如时间紧急，又无备用磨耗板时，可临时将闸瓦钎穿入，落下钩身后将两端打弯，以防穿出。

6. 旅客列车在运行途中发生机车与车辆或车辆与车辆分离

原因分析：

(1)机车车钩或车辆车钩其中之一在开锁位，或两钩同时在开锁位。

(2)钩提杆与提杆凹槽间隙超过运用限度(3 mm)，钩提杆变形击打下锁销。

(3)下锁销反位或防跳部分磨耗严重，不起防跳作用。

(4)机车车钩中心线或车辆车钩中心线距轨面距离超过运用限度。

(5)机车车钩钩舌或车辆车钩钩舌其中之一磨耗过限或两钩同时过限；车辆与车辆间两钩

舌之一磨耗过限。

(6)机车车钩钩舌或车辆车钩钩舌折损。

检查与判断：

(1)当发生分离事故时，应立即到达事故现场，车辆乘务员应会同运转车长和司机共同确认，哪个车钩在全开位置。如机车的车钩在开放位置，则应由机车乘务员负责处理。如车辆的车钩在开放位置则应由车辆乘务员负责处理。

(2)当发现车辆车钩在全开位置时，车辆乘务员应检查钩提杆是否捆绑，钩提杆与提杆凹槽间隙是否超过运用限度(3 mm)，钩提杆是否变形，是否碰到下锁销杆(下连杆)，钩提杆与下锁销杆距离是否不足(规定为大于 15 mm)。

(3)不是上述原因时，车辆乘务员应检查防跳装置是否捆绑或有无人为松开的痕迹，防跳部分是否磨耗严重不起防跳作用，或者下锁销是否反位。

(4)乘务员应检查机车车钩中心线与车辆车钩中心线距轨面的距离是否超过运用范围(830～890 mm)，谁的过限，则为谁负责，同时检查分离地点的道路情况，是否可能导致两连接车钩中心线高度差过限。

(5)当分离的两车钩均在闭锁位时，应测量钩舌内侧面到钩腕间的距离不能超过运用限度(135 mm)。哪一方超过则为哪一方的责任，由该方负责处理。

(6)机车车钩钩舌或车辆车钩钩舌折损时，车辆乘务员应先确认哪一方的钩舌折损，如机车钩舌折损由机车乘务员负责处理。如车辆钩舌折损时，车辆乘务员应检查折损钩舌，新痕为司机操纵不当所致，责任应为机务。旧痕责任应为车辆，由车辆乘务员处理。气孔、杂渣等铸造缺陷，责任为制造单位，故障应由车辆乘务员处理。

处理办法：

(1)发现车辆车钩在全开位时，车辆乘务员应检查判断是什么原因造成的，针对具体原因进行处理。

(2)钩提杆未捆绑的，车辆乘务员应用铁丝进行捆绑，捆绑必须牢固。钩提杆与提杆凹槽间隙超过运用限度时，车辆乘务员应用铁丝进行捆绑，捆绑时必须使钩提杆牢固地固定在靠近车辆一侧的凹槽侧面上，捆绑后检查捆绑效果。钩提杆变形时或钩提杆与下锁销杆间距离小于 15 mm 时，应将钩提杆正位或使钩提杆与下锁销杆间距离大于 15 mm。可用套管套入钩提杆前部，套入深度应大于 50 mm 以上，在套管后部穿入撬杠或其他可利用的器械，用力将钩提杆前部搬动到达到运用要求时为止。

(3)防跳部分磨耗过限不起防跳作用时，应将尾部车辆上没有使用的车钩中的防跳装置卸下，装到故障处所。下锁销反位时，应将下锁销重新安装，以使其正位。防跳装置无捆绑或有人为松开的痕迹时，应重新进行捆绑。

(4)车辆车钩中心线距轨面的距离超过运用范围时，应判断是低于 830 mm，还是高于 890 mm。如低于 830 mm，乘务员应检查该车装货或乘坐人员情况。因超重造成的应要求倒装货物或疏散旅客。如不是上述原因，则应用油镐或撬杠将钩身抬起，在钩身下部加入备用磨耗板，若无磨耗板时，应临时用瓦钎放入钩身下部，落下钩身后，将两端打弯，以防脱出，以使其中心线高度达到 830 mm 以上。如果高于 890 mm 时，应检查线路情况，要求向前带车，重新进行测量，一般此时应为正常，不超限，如仍超限，则应取出钩身下部加入的磨耗板或检查是否有其他故障将钩身垫起，查到具体情况后处理，符合运用范围后，要求挂车。

(5)车钩闭锁位时，车辆钩舌与钩腕间的距离大于运用限度 135 mm 时，车辆乘务员应将列车尾部没有使用的钩舌卸下或借用机车前部的钩舌，更新安装，安装完毕后，测量其限度，必须符合运用限度的要求，不能大于 135 mm。

(6)车辆钩舌破损时，车辆乘务员应将列车尾部的钩舌卸下，倒装到故障处所，测量其限度须符合要求，同时应将折损的钩舌带回，以备分析。

(7)处理完毕后，应检查制动软管及软管连接器是否因机车车辆分离而造成损坏。损坏时应用备品更换，无备品时应将列车尾部的卸下，倒装过来或借用机车的备品进行安装。安装完毕后，应进行制动机简略试验，作用良好，无泄漏时，方可发车。必须达到的要求如下。

①车钩闭锁位时，车钩钩舌内侧面与钩腕的距离不得大于 135 mm。

②两连接车钩中心线高度差不得大于 75 mm。

③钩提杆、车钩防跳装置必须进行捆绑。

第五节　发电车事故

1. 旅客列车站内换挂发电车时发电事故

事故概况：

某列车值乘发电车乘务员在控制间闻到柴油味大，到机械间检查未发现异常，再检查发现控制屏下油箱油位表显示油位剩四分之一，列车临时停车，乘务员打开邻车(机后 2 位)侧门，发现手把杆上有柴油，车辆乘务员一起下车检查，发现油箱连通管被外物打坏漏油，与运转车长联系要求进一步处理，运转车长提出到站再处理。

到站后发现：该车下油箱 1 位连通管外罩距轨面约 230 mm 处有一处因外物击打痕迹，车下油箱 2 位连通管防护罩变形，2 位连通管闸阀短接从 1 位油箱连接座脱出，2 位连通管闸阀短接与 1 位油箱连接丝扣长度仅 4 丝扣。2 位连通管闸阀短接丝扣表面有密封胶，1、2 位下油箱燃油全部泄漏，油位显示为零。由于无法处理，不能保证列车供电，故将该车甩下。换挂 KD_{25K}，挂于列车尾部。同时车辆乘务员会同调查人员对其他车辆进行检查，配件齐全，无异常，无其他击打痕迹。

原因分析：

根据调查情况分析，发电车下油箱 2 位连通管短接与 1 位油箱连接座连接丝扣仅 4 丝扣，按照《机械设计手册》第 3 卷“零部件设计常用基础标准”23～426 页，连通管闸阀短接螺距为 2.309 mm，有效螺纹长度最小 21.1 mm(9 丝扣)，最大 25.7 mm(11 丝扣)，按照最小标准至少小 5 丝扣，由于下油箱连接管外部有防护罩，管脱出的另一侧是软连接，可以减少横向冲击力，即使有外物击打如果是满扣也不至于将 2 位连通管短接从 1 位油箱连接座中脱出，因此 2 位连通管从 1 位油箱中脱出的主要原因是连接丝扣短所致。

从该车的运行轨迹分析，发电车乘务员发现机械间柴油机味大，检查控制屏时，下油箱油位表显示油位剩四分之一，下油箱的油已经泄漏较长时间，说明发电车乘务员对控制屏油箱油位表显示监控不及时，没有及早发现漏油，及时控制油箱漏油事故的发生。

事故概况：

此起事故的起因主要是由于连通管闸阀连接丝扣未达到标准要求，过短所致。机车车辆配件应严格按照标准要求组装连接。同时乘务员应在日常工作中杜绝简化流程，勤监控勤检查，做到有问题第一时间发现，第一时间处理。

2. 列车撞空调防护罩停车事故

事故概况：

某旅客列车行驶中发现运行方向右侧有异物，立即采取紧急停车措施，经查异物为捣固车顶部的空调机防护罩。

原因分析：

经现场勘查，造成这起事故的原因是：捣固机的空调机罩盖 8 个锁扣只有右侧后端 2 个锁扣起作用，其余 6 个均未起作用，运行中在风的作用下，空调机罩盖掀起脱落在两线间。

防范措施：

(1)要求开展一次自轮运转设备大检查，对悬挂装置、走行部、附属设施等进行一次全面排查，特别是对捣固车空调机盖锁定情况进行一次全面鉴定，并采取加固措施。

(2)缩短自轮运转设备涉及行车安全的附属设施定期检查周期，由每半年一次改为每月一次，并再次明确各车检查人员分工，把责任落实到人，检查项点要覆盖到车辆各部位。

(3)对全段自轮运转设备司乘人员进行一次“三防”教育和行车知识的培训，明确“防脱、防错、防撞”故障处理的重要意义，大力提高司乘人员的安全责任意识和“三防一处”的业务能力，使其成为防范安全问题的有力屏障。

(4)组成专项检查组，对自轮运转设备管、修、用情况和自轮运转设备各部件的状态进行一次全面检查，对检查不认真、维修不彻底的问题，予以严肃处理。

(5)根据《大型养路机械维修保养制度》有关规定，结合实际情况，进一步细化《大型养路机械检查维修保养制度》，明确相关科室、车间、机组的管理责任和操作程序。

3. 柴油机不能启动

原因分析：

主要由于空气供给不足、燃油供给不足、启动蓄电池容量不足、启动电机不转等原因造成。可能有以下 5 种情况：

(1)空气滤清器脏堵。

(2)燃油通路故障。

①柴滤器、精滤器、磁滤器脏堵。

②管路截流阀、PT 泵电磁阀未开启。

③上油箱无柴油。

(3)启动蓄电池容量不足。

(4)启动电路故障。

①启动控制回路故障和报警电路故障。

②启动主回路故障。

(5)启动电机齿轮卡死。

处理方法：

(1)空气滤清器脏堵。更换或清扫滤芯。

(2)燃油通路故障。

①清洗或更换脏堵的滤清器。

②打开管路截流阀与 PT 泵电磁阀。

③通过燃油泵泵油。

(3)启动蓄电池容量不足。

①发电车出库前，利用硅整流充电机接通地面电源充电或更换蓄电池。

②发电车运用途中，拆除启动电机电磁开关接线上的启动蓄电池正线端子，将本车照明48 V电池改接成24 V接线方式，用2根50 mm^2线作为临时线，照明电池正端接电磁开关端子，负线端接启动电池负线端子，应急启动。

(4)启动电路故障。

①按启动按钮，听启动电机电磁开关声响。

a. 无声响则用万用表直流挡测量电磁吸铁开关电压(手接启动钮)，有电压则更换电磁吸铁开关，无电压则查找控制回路故障。

b. 电磁开关有声响，则故障在主回路。

②分启动电机无电压不转和有电压堵转两种情况处理。

a. 启动电机无电压不转，用万用表直流50 V挡测量启动电机工作绕组电压，有约20 V电压时更换启动电机，无电压则更换电磁开关。

b. 启动电机有电压堵转是启动电池容量不足或其他故障造成。用万用表直流50 V挡测量启动电机工作绕组瞬间启动电压，测得电压约20 V时，再测量启动电池输出瞬间电压，测得电压值高于20 V时，故障在连接线本身或接线端子，电磁开关触头接触不良更换处理。当低于20 V时则电池容量不足，更换启动电池或进行补充电。

(5)上述方法仍未排除故障，则为启动电机齿轮卡死造成，可更换电机齿轮。

4. 柴油机启动后只有怠速没有高速

原因分析：

(1)PT泵执行器卡死。

(2)磁性速度传感器安装间隙不正确。

(3)“怠速”与“正常运行”选择开关及配线故障。

(4)电子调速器故障。

处理方法：

(1)检查PT泵执行器：拆除执行器接线端的接线，在接线端上直接加上24V直流电压，通电和断电时均应发出较强的“咔嚓”声，否则是动作不灵活，应更换执行器。

(2)检查转速传感器：用万用表交流50 V以上挡测量传感器线圈两端电压，同时启动柴油机，启动时其交流电压应大于5 V，否则为传感器不良。

(3)上述部位均正常时，采用替换法，检查机组操纵盘内调速控制板，不良时予以更换。

5. 启动电机传动齿轮不能进入啮合状态

原因分析：

(1)启动电机继电器不工作。

①启动按钮毁坏或接触不良。

②转换开关触点烧坏。

③电压不足，蓄电池缺电，电路系统接触不良或漏电。

(2)启动电机传动齿轮与柴油机飞轮齿圈啮合。

①齿轮单面磨损较重或起毛。

②启动电机齿轮与飞轮齿圈的中心线不平行。

③启动电动机齿轮端面到飞轮齿圈端面间隙过大或顶死。

④启动电动机的杠杆脱钩。

⑤启动电动机传动齿轮铜套松脱。

⑥启动电动机离合器紧固螺母松脱。

处理方法：

(1)启动电机继电器不工作

①修理或更换启动按钮。

②拆开并清理触点。

③检查电气线路及蓄电池。

(2)启动电机传动齿轮与柴油机飞轮齿圈啮合

①检修齿轮。

②重新安装，消除不平行现象。

③该间隙应在 2.5～5 mm 范围内，不符合要求可用增减垫片的方法调整。

④重新安装调整。

⑤拆开启动电动机进行检修。

⑥拆开重新装配。

6. 启动电机进入啮合但柴油机不能转动或转动无力

故障原因：

(1)电压不足，电路接触不良，漏电或蓄电池电量不足。

(2)启动电动机整流子沾有油或烧蚀，电刷磨损，电刷弹簧压力不足。

(3)启动电动机电枢与磁场线圈碰撞或短路。

处理方法：

(1)检查电器线路和蓄电池。

(2)用砂纸清洁启动电机整流子，如磨损烧蚀严重须进行修理。

(3)拆卸修理。

7. 柴油机已启动，但启动齿轮不能分离并发出尖锐的噪音

故障原因：

(1)启动电动机继电器内铜接触盘和两个触点粘连。

(2)启动转换开关大小铜接触盘与触点粘连。

(3)启动电动机杠杆脱钩或偏心螺钉松脱。

(4)杠杆复位弹簧折断或丧失弹性。

(5)启动电机电枢轴折断或弯曲。

(6)齿面拉毛卡死。

处理方法：

(1)检查电气线路，修整触头。

(2)拆开检查并修理触点。

(3)重新调整并紧固。

(4)更换弹簧。

(5)更换启动电机。

(6)修整齿面。

8. 柴油机启动后立即高速运行

原因分析：

(1)“怠速”与“正常运行”开关及相关配线故障。

(2)PT 泵执行器故障。

(3)磁性传感器安装间隙不正确。

(4)调速控制板故障。

处理方法：

(1)开关不良者修理或更换。

(2)检查执行器是否卡死，一般可以拆下后用清洁柴油清洗，如有明显故障处所可更换。

(3)检查并调整。

(4)采用替换法进行确认。

9. 柴油机启动后自动熄火

原因分析：

空气或燃油供应不上造成，可能有以下几种情况：

(1)空滤器脏堵。

(2)燃油供给不足。可能是以下原因：

①柴滤器脏堵、精滤器脏堵、PT 泵磁滤器脏堵。

②燃油管路低压部分进空气。

③燃油管路截止阀开度不足或 PT 泵电磁阀不良。

处理方法：

(1)更换滤芯及清扫。

(2)燃油供给不足时分别处理如下：

①清扫并更换柴滤器、精滤器、PT 泵磁滤器。

②找出燃油管路低压部分泄漏点并进行处理。

③燃油管路截止阀开度不足或 PT 泵电磁阀不良时则开足或更换电磁阀。

10. 柴油机出水温度过高

原因分析：

(1)冷却水量不足或在水管中形成气障。

(2)水泵工作不良。

(3)冷却水箱或柴油机水套内水垢或污物过多。

(4)柴油机超负荷运转。

(5)节温器失效。

(6)散热器外部脏堵。

(7)冷却风机未开启或低速运转。

(8)冷却室百叶窗关闭。

(9)冷却电机缺相或控制电路故障，风机停转。

处理方法：

(1)加冷却水，排气。

(2)更换或修理水泵。

(3)清洗冷却水箱和柴油机水套。

(4)减载，由 1 台机供电改为 2 台机供电；

(5)更换节温器。

(6)冲洗散热器。

(7)开冷却风机并打至高速位。

(8)打开百叶窗。

(9)检查电路故障并修复。

11. 柴油机机油压力不正常

原因分析:

(1)油底壳机油油位过低。

(2)机油压力表的油管阻塞。机油压力传感器堵塞、损坏或控制线路故障。

(3)机油压力表损坏。

(4)机油管路漏油。

(5)机油泵端面间隙过大或机油泵盖纸垫破损。

(6)滤网或机油滤清器阻塞。

(7)连杆瓦与主轴瓦或凸轮轴间隙过大漏油。

(8)滤清器调压阀作用不良。

(9)机油泵连接油管脱落。

原因分析:

(1)充注机油调整油位。

(2)疏通机油压力表的油管。

(3)更换机油压力表。

(4)修复机油管路漏油处所。

(5)调整机油泵端面间隙或更换机油泵盖纸垫。

(6)清扫滤网或更换机油滤清器。

(7)调整连杆瓦与主轴瓦或凸轮轴间隙。

(8)更换作用不良的滤清器调压阀。

(9)恢复机油泵连接油管。

12. 柴油发电机组游车

原因分析:

出现游车后,不仅影响发电车的正常使用,对柴油机的保养不利,且由于发电车输出电压、频率的大幅度波动,还会影响到空调客车车内电器设备的正常使用,甚至造成电器设备及配件的损坏。因此,对柴油机游车故障的原因要及时诊断并处理。根据对柴油机游车故障的处理,总结导致游车故障的原因大致有以下几点:

(1)油路系统的故障:供油不纯、不畅或燃烧不良,使各缸不能正常工作,柴油机转速不稳,导致形成游车。

①燃油管路中进空气。

②柴油油质太差,造成燃油粗滤清器、精滤清器、磁滤清器脏堵(或柴油中有水)。

(2)控制电路部分的故障:导致 PT 泵执行器控制信号不稳定,供油量不稳,造成游车。

①电子调速器故障。

②DC 24 V 电压系统低于 19 V 或向电池充电的充电机没有直接接到电池上。

③外界电磁信号干扰。

(3)PT 泵自身故障:PT 泵执行器或泵壳体任一部分故障都将造成游车。

①执行器轴转动不灵活。

②执行器回位弹簧折断、丢失或O形密封圈有缺陷。

③执行器有缺陷。

④PT泵壳体故障。

处理方法：

当一台柴油机出现游车时，观察其他机组状况。若其他机组出现游车，则可能是燃油质量问题，须检查燃油；若其他机组不游车，则可排除燃油质量问题。

(1)检查油路系统

①首先检查油路，排空气。拧松PT泵进油管接头，打开油路开关，如果接头处排出的柴油呈气泡状，说明有空气，为油路进空气造成游车，排至柴油无气泡流出时拧紧。

②检查油路过滤器是否脏堵，若发现脏堵，清洗或更换。

(2)检查控制电路

①检查电子调速器，按正确调整方法减小增益。

②检查电池系统，如电压低于19 V或充电机接线未接到电池接线端子上，则系电池造成游车，应充电并把充电机接到电池上。

③检查控制屏蔽线，如破损、接触不良或屏蔽线接地点未选择妥当，则是外界电磁信号干扰导致游车，处理后保证屏蔽线状态及接触良好。

(3)检查PT泵

①将执行器3个安装螺栓松开，再按正确方法拧紧。若游车排除则是执行器发卡故障。

②拆下执行器，检查回位弹簧及O形密封圈，若有缺陷更换处理。

③排除以上故障，若柴油机仍游车，则有可能是执行器有缺陷，拆下EFC控制器到执行器的导线，把电池接到执行器上，启动发动机。对于常开(常闭)执行器，如果发动机以低高速(高低怠速)空转，说明执行器有故障，更换。

④更换了执行器后仍游车，则故障在PT泵壳体，更换处理。

13. 运用中柴油发电机组发电机异响

原因分析：

(1)机组紧固件松动。

(2)弹性联轴器橡胶圈损坏。

(3)发电机轴承损坏。

处理方法：

(1)紧固松动部件.

(2)有橡胶颗粒挤出或橡胶粉末掉出时，应更换联轴器橡胶件。

(3)发电机的轴承损坏、温升高时，用测温仪进行检查，如超过90 ℃则须分解检查。

注：发电机轴承运行4 500 h应注油，柴油发电机组对中不良最易引起轴承损坏。

14. 发电车主断路器突然跳闸

原因分析：

可能有以下4种情况：

(1)列车主干线绝缘不良造成短路跳闸。

(2)过载跳闸。

(3)欠压跳闸。

(4)断路器机械故障引起跳闸。

处理方法：

(1)列车主干线绝缘不良造成短路跳闸。

①先退开发电车电力连接器，确定是否发电车故障。

②再采用逐步分割法查找故障，先从列车中部分断，分别测量前后部绝缘，逐步缩小范围，直到找出故障车辆。

③找出单辆车绝缘不良后，打开车底两端4只分线盒，分解1、2路车底干线与引入配电屏电源线和电力连接器端子，查找故障部位。

④当找出故障为电力连接器烧损时，发电车应减少负荷，改为单路供电。

(2)过载跳闸。通知乘务员减载，进行负载均衡分配。

(3)欠压跳闸。欠电压电路故障或发电机输出电压低，找出欠压电路故障点，调整输出电压至额定值。

(4)断路器机械故障引起跳闸。换机组供电，查明原因，修复或更换。

15. 气缸体破裂

原因分析：

(1)连杆螺栓折断，导致连杆窜出、击破缸体。

(2)水冷发动机由于缺水工作引起机温过高，发现立即猛加冷水造成缸体炸裂。

(3)水冷发动机在寒冷季节里，停车后忘记排水，造成缸体内的水结冰而胀裂机体。

(4)装配不当而打坏缸体。

(5)其他原因所致。例如：曲轴平衡块螺栓折断飞出，击破缸体。

处理方法：

出现该情况时应立即卸载停机，起用备用机组送电，以防事故扩大，并迅速查明原因。

16. 柴油机拉缸

柴油机运转缺少润滑或润滑油质量不良是柴油机烧瓦和拉缸的主要原因之一。造成拉缸的其他原因还有：

(1)活塞与缸套的配合间隙过小。

(2)活塞与缸套之间润滑不良，甚至发生干磨。

(3)活塞环折断咬死在活塞上，或活塞环开口间隙过小。

(4)活塞销卡簧折断或脱落。

(5)活塞在缸内偏磨。

(6)缸内温度过高而又不能及时传出，导致活塞部分熔化于缸壁造成拉缸。

(7)机油内混水。

处理方法：

出现该情况时应立即卸载停机，起用备用机组送电，以防事故扩大，并迅速查明原因。

17. 连杆螺栓折断

原因分析：

连杆螺栓主要是因疲劳而产生折断，其原因可能是：

(1)装配时扭矩不够，投入使用后连杆接合面逐渐开缝，导致连杆螺栓折断。

(2)螺栓拧得太紧，产生内应力所致。

(3)螺栓的材质不好，或加工、热处理质量不过关。

(4)螺栓使用的时间太久，磨损严重。螺母与螺栓之间接触不严而引起松动，造成螺栓折断或脱扣。

(5)连杆轴瓦润滑不良造成局部温度过高,由烧瓦而引起连杆变形折断。

处理方法:

出现该情况时应立即卸载停机,起用备用机组送电,以防事故扩大,并迅速查明原因,返乘后处理。

第六节　车电装置事故案例

1. 连接线冒烟事故

事故概况:

旅客列车在运行中车辆连接处,电力连接线冒烟,使用紧急制动阀停车,构成责任一般事故。

原因分析:

该车二位电力连接线底座的接线端子挂锡融化。橡套电缆和防寒材料受热冒烟。

防范措施:

加强对旅客列车车电装备的检查,特别是要加强对接线端子,配线绝缘层的检查,避免发生火灾。

2. 配电柜冒烟事故

事故概况:

旅客列车在运行中机后第 3 位硬卧车配电柜冒烟。

原因分析:

该车控制柜一路供电电源接线排 V 相、W 相接线端子虚接导致温度高,造成部分接线排融化,使 V 相、W 相铜接线端子电路部分缺损。

防范措施:

要加强电源柜主接线排接线处,主接触器进、出接线,空调控制柜,照明控制柜各接线等部位的点温检查,对接线处温度高于环温 35 ℃或实测温度高于 80 ℃时;同一接线排各通电接头,温度差高于 20 ℃;同一电器三相接线处温度差高于 15 ℃时,必须立即对该负载线路进行检查处理。

3. 发电机皮带两次冒烟停车事故

事故概况:

旅客列车在运行途中通过某站时,车站值班员接车时发现机后 12 辆硬座发电机皮带冒烟,呼叫司机将列车拦停,经车辆乘务员处理后开车,在列车运行 58 min 后在某站通过时,车站助理值班员接车发现机后 6 辆硬座车发电机皮带发热,开车后减少用电负荷至终点后,检查发现两车的发电机皮带破损,其中一辆小皮带轮,另一辆大皮带轮上有橡胶粘痕,转动两辆车小皮带无异音。

原因分析:

第一次电机皮带过热冒烟停车的原因:由于运行途中列车机后 9 辆和机后 10 辆下箱保险断,不发电,形成 5 个子车连挂状态。造成母车出力大时该车皮带发热、松弛、打滑、冒烟。第二次发电机皮带出现异味停车的原因是由于第一次电机皮带过热冒烟至另一辆车再次发生皮带冒烟期间,乘务员处理迟缓,在 1 h 内仅调整了 4 个母车的电压,处理不当,在 8 个子车连挂的情况下，致使临近母车电机出力过大，皮带再次发热、松弛、导致打滑、冒烟。另外，车辆乘务员途中巡视时及时发现有两辆车不发电，没有及时通知乘务员，也是导致第一次皮带冒烟的原因之一。

防范措施：

被拦停后，车辆乘务员应确认皮带有无破损，如皮带破损不严重，通知司机可以开车；如皮带损坏严重，应更换皮带；如无备用皮带，应将该车电机吊起，通知司机开车。再将该车电池 B＋线拆下，包扎良好，防止电池过放后列车用电负荷增加，并采取减载等措施。乘务员要对列车运行中的电流、电压巡视检查，发现异常问题及时进行调整并填写“运行品质异常记录”向车间重点交接。

4. 因运行途中主断不闭合停车事故

事故概况：

某列车进站前司机通知随车机械师一单元 VCB 断开，随车机械师通知司机做 RS 复位，并赶往司机室，RS 复位后闭合一单元 VCB 无效。到站后，利用站停时间，做 RS 复位闭合一单元 VCB 无效。随后开车，进行 RS 复位闭合一单元 VCB 仍然无效后，进行扩展供电操作，MON 屏显示 6 车主变压器三次侧接地，两个单元的 VCB 均断开，1 车辅助电源装置故障。对二单元 VCB 进行远程切除，复位后，两个单元的 VCB 均无法闭合。随后切除第二单元 704/754 线上负载(变压器三次侧负载)，做 RS 复位后，两个单元 VCB 仍然合不上。换升 4 车弓，升弓正常，但两车 VCB 合不上，列车一直保持滑行状态。停车后进行断蓄电池复位，故障现象未消除，断开 1 车辅助电源装置，30 s 后闭合，RS 复位后，故障现象仍然存在。手动将 2、6 车 VCB 断开，依次合上 2、6 车 VCB 空开，两车 VCB 仍然无法闭合。之后请求救援，调度通知启动热备动车组，动车所分别通知热备司机，退乘机械师，救援动车组出库，相关人员随车出库。由于处理过程中电池一直无法充电，导致电压过低(2、4 车为 50 V 左右)，动车组部分设备不能正常工作，全列紧急制动无法缓解，经研究决定后，切除全列制动，救援开车，限速 80 km/h 运行。

原因分析：

通过现场检查与专家共同分析认为造成此次 VCB 无法闭合的原因是：车换气扇电机三相绕阻接地。

防范措施：

设备生产厂家应严格出厂合格认证制度，严格把关以避免使用中出现问题。

5. 运行途中因受电弓无法升起，途中停车事故

事故概况：

列车运行途中司机通知随车机械师 03 车主断跳开 BPS 屏显示无网压，TS 屏显示网压为零，TD 屏显示 03 车受电弓处于升弓状态，随车机械师通知司机降弓，重新升 03 车受电弓，(根据冻雨天气的特殊情况及以往经验未进行换升弓试验)，同时联系车站网压是否正常，重新升 03 车受电弓，TD 屏显示受电弓升起，BPS 屏显示无网压、TS 屏网压为零，此时接到车站通知接触网网压正常。随车机械师通知司机换升 06 车受电弓，换弓后，TD 屏显示受电弓已升起，BPS 屏显示无网压、TS 屏显示网压为零。观察总风压力此时为7.8×10^{7} kPa(780 bar)。13 时 58 分列车停于蔡家沟站 1 164 km 388 m 处。随车机械师通知司机进行大复位，复位完毕后通知司机升 03 车受电弓，随车机械师下车观察，受电弓未升起；换升 6 车受电弓试验，随车机械师车下观察受电弓未升起，通知车长减载。随车机械师接到动车所所长通知，做好登顶

检查受电弓准备，申请接触网断电。随车机械师取出高压防护用品，准备好接地杆、登顶梯，通知车长、乘警配合登顶作业。不久救援机车到达01车端，随车机械师接到通知做好有电救援准备。随车机械师来到00车打开裙板取出过渡车钩，随后再次接到通知先登顶检查受电弓作业，若受电弓故障无法恢复，再进行救援。司机联系车站进行接触网断电。在车长、乘警及相关人员配合防护下，随车机械师穿戴好防护用品、准备好登顶工具等待断电，进行登顶作业。之后司机通知机械师接触网断电。随车机械师进行验电试验，挂接地杆，登顶对3车受电弓及组件冰雪进行清理。清理完毕，下车后通知司机升03车受电弓，但是受电弓无法升起。对06车受电弓及组件冰雪进行清理。清理完毕下车后通知司机升06车受电弓，06车受电弓正常升起。机械师撤下登顶梯，撤下接地杆通知司机联系车站申请供电，接触网送电完毕。升弓试验，试验正常后开车，停车58 min。

之后动车组入动车所整备库7道二列位，关人员现场接车，7道二列位断电后，对03车、06车受电弓进行检查，并对03车进行升弓试验，发现受电弓无法升起，经检查发现受电弓升弓气路软管漏风，其固定捆绑扎带坏，软管裂口漏风。

原因分析：

经现场检查判定在冰雪天气下，运行中冰雪将受电弓升弓气路软管打坏，造成管路泄漏，导致3车受电弓无法升起。导致6车受电弓无法正常升起的原因是：冰雪天气下，受电弓被冰层覆盖冻住。

6．电路中按钮、开关及熔断器作用不良

原因分析：

按钮、开关及熔断器故障。

处理方法：

(1)无电时，一般用万用表欧姆挡测量通断。测量按钮、开关或熔断器通断时，如果电路形成回路、应甩掉被测物中一端接线，以免误判，测量按钮、开关时应分别测量接通和断开位置是否良好。发现故障配件即进行更换。

(2)带电测量时，应根据电路工作电压选择好万用表电压挡位，表笔一端接零线或负线，另一端分别接按钮(或开关、熔断器)的两端。如果电路工作电压是380 V，则先检查按钮(或开关、熔断器)是否有电。如果只有一端有电或两端均无电．则故障部位在前、后部电路中。如果两端均有电，再用万用表交流电压挡测量该开关(按钮、熔断器)两端间电压。若电压为零，说明该开关等是接通的；若电压为380 V。说明开关等是开路状态。发现故障配件即进行更换。

7．通电后交流接触器或继电器不吸合

原因分析：

(1)交流接触器控制电路故障。

(2)交流接触器机械故障。

(3)交流接触器线圈故障。

处理方法：

(1)用万用表交流500 V挡检查：

两表笔分别接在接触器的线圈a、b(假设两端点为a、b)两端点上，若有220 V电压，则接触器线圈损坏或机械卡死，应更换接触器；若无电压或电压偏低，则检查电路。两表笔分别接a点和N点测量，若无电压或电压偏低，则将接在a点表笔前移，采取逐步测量法查故障部位。

若 a 点有 220 V 电压,且 b 点对 N 也有 220 V 电压,说明零线开路或热继电器动作。

(2)用试电笔检查:

测 a 点无电,则继续前移检查。测 a 点有电,则再测 b 点。若无电,说明接触器线圈损坏。若 b 点也有电,则零线开路或热继电动作。

8. 电路中出现热继电器动作

原因分析:

(1)热继电器整定值调整错误。

(2)三相电压不平衡或缺相。

(3)电机负荷过大。

(4)继电器误动作。

处理方法:

(1)先检查该热继电器整定值是否规范,用万用表检查电源电压是否过高或低,再测量电动机三相绕组阻值和对地绝缘。

(2)上述确认正常后,按热继电器复位按钮,用钳流表检查三相电流。

①若三相不平衡或缺相,检查主电路。

②若三相平衡但偏高,说明电动机负荷过大,检查电机轴承。

③若电路和负载均正常,属热继电器误动作。

9. 运行途中发现车体漏电

原因分析:

(1)导线绝缘层磨破。

(2)导线受潮。

(3)导线折损碰车体。

处理方法:

(1)列车中部摘开电力连接器,再分段测试,直至查出漏电故障车。

(2)对列车二处漏电故障必须查明(自动亮灯,易引起火灾)。

(3)对负线漏电且试灯暗的必须合负载开关判明真正漏电极性和处所。

(4)母车漏电单独使用。

(5)子车漏电与相邻母车连接用电,应与列车分开使用。

(6)随时注意漏电车辆状况。

10. 一辆车灯不亮

原因分析:

(1)电源未引上。

(2)配线或器件故障。

(3)电压低,无法供电。

(4)全车逆变器烧损。

处理方法:

(1)合指示灯开关。若亮,表明电源已引上,故障在上部;若不亮,表明无电源,故障在下部配线和电源;若暗,表明电压低或电池接续线腐蚀严重不导电。

(2)检查上部故障(指示灯亮)。用 8 W 试灯一端接控制箱负线,另一端依次搭 L、主开关及保险两端、过桥短连片,如一处不亮,必是与前一亮点间故障。

(3)检查下部故障(指示灯不亮)。用 8 W 试灯,校验电池电源。B+、L 和负线 1、2、3 号分线盒,查电源通路中故障。

(4)蓄电池接续线或极柱腐蚀,可打磨后重新连接。

(5)蓄电池极柱熔断,可跨接供电。

(6)主回路接头焊锡熔化脱落,用铜丝绑扎使用。

(7 负线接线桩头折断脱落断路,可用其他螺栓连接。

(8)更换逆变器。

(9)处理故障后,需复位,并检查绝缘。

11. 旅客列车尾侧灯不亮

原因分析:

(1)电源未引上。

(2)该分路短路或断路。

(3)侧灯发生短路、断路。

处理方法:

(1)1 只侧灯不亮检查方法:侧灯两极接配电盘分路开关,与负载串联;若负载和侧灯都不亮,表明侧灯发生断路;若负载亮,侧灯不亮,表明侧灯发生短路;若侧灯亮,表明插座断线或电极柱折断。

(2)2 只侧灯不亮的检查方法:

①熔断器熔断检查方法。2 只侧灯不插入座内,合侧灯开关,若熔断器熔断,表明该分路或支线短路,若熔断器不断,表明线路良好,将 2 只侧灯先后插入座内,熔断熔断器判明 1 只侧灯短路。

②分别检查 2 个插座没有电源表明断路。

(3)排除侧灯短路和断路故障。

(4)侧灯支路短路或断路,与运转车长联系移向前辆车使用侧灯。

(5)插销松动或插座电极折断,可在插销电极柱内安放熔断器片或螺钉,使与电极或断极接触而起作用。

12. 主回路、连接器空气开关自动跳闸

原因分析:

(1)负载过大或邻近母车蓄电池容量低,发电机出力不足。

(2)正负主线短路。

(3)正负主线漏电。

(4)正负主线错线。

(5)连接器反极。

(6)空气开关故障等。

处理方法:

(1)主回路空气开关跳闸(母车为例)。

断开连接开关和负载,将 8 W 试灯两端接主回路空气开关上下方,如灯亮,表明配电盘主回路空气开关下至分路开关前连线接地和负线漏电导致空开跳下,如不亮,表明空气开关故障。

(2)连接器空气开关跳闸。

①运行中,以 8 W 试灯接控制箱 B+和车体,若亮,表明负线漏电;若不亮,表明短路所致。

②停车时摘开连接器检查是否下垂破损漏电,正负短路;在整流箱内确定负线漏电和正线漏电。

③正负干线错接多属加挂或新检修车。先后台主回路、连接器,连接开关跳闸,查本车。

④连接器空气开关故障。

(3)负载过大应酌情减小。

(4)连接器正负线短路,用绝缘胶布分开包扎。

(5)正负线漏电本车单独用电。

(6)连接器反极,单独用电,挂线绑扎,防止误连。如为子车,只准一端与列车连接用电。

(7)母车正负线错接,一般以同线管正线错接为多。打开分线盒,卸下接线柱螺栓,用万用表电阻挡检查线路,排除故障。如暂时不能排除错接线故障,只得拉临时灯照明。

(8)空气开关本身故障,可更换开关。

13. 蓄电池有个别破损怎么办

个别蓄电池破损,使电解液流失,蓄电池内阻大大增加,不仅降低整辆蓄电池容量,而且还会造成电压逐渐下降,最终导致蓄电池不通电。

应急处理的办法是:卸下破损电瓶的二极铅螺栓,接续线跨接,能进行正常的充放电,保证用电(仅降低电压 2 V)。

14. 轴报器出现报警,判断真伪的方法

判断方法:

(1)用选点开关检查高轴位温度及外温温度,若显示正常,但仪器报警,表明仪器故障。

(2)运行中某一轴位显示高温并报警,其判断的方法是:将报警轴拉 14 芯接线端子挑开与温度显示正常的轴位端子对调连接,若故障轴位的温度显示正常,说明仪器工作正常,报警原因为传感器故障或轴箱高温,当仪器显示故障轴位的温度稳步而有规律上升时,乘务员应密切监察,做好应变准备。

15. 轴报器出现不正常的显示怎么办

现象:

(1)全部轴位或外温部显示“1”或“－1”。

(2)部分或某轴位显示“1”或“－1”。

原因分析:

(1)仪器故障

(2)元件故障

(3)配线和传感器故障

判断检查方法

(1)仪器全部显示“1”或“－1”时的判断方法。

①显示“1”。检查 14 芯线的“公共线“,若未断,未脱焊,表明仪器故障,若断线,表明断线引起。

②显示“1”时,表明仪器故障引起。

(2)部分轴位显示“－1”或“1“时的判断方法

①显示“－1”时,将 14 芯线该轴位接线端子与“公共”线短路,若该轴位显示“1”并报警表明仪器正常,说明传感器或配线断路,若显示“－1”表明仪器故障。

②显示“1”时，将 14 芯线该轴位接端子断开，若显示“－1”，表明仪器正常，配线或传感器有短路。

处理方法：

(1)仪器坏则更换

(2)当仪器显示“1“并报警，使仪器巡检功能失效，可将该轴位接线端子断开，恢复仪器巡检功能，并随时措量该位轴温。

(3)当外温传感器短路显示“1”时，仪器失去警功能，可将仪器内部“跟踪开关”拨到定点报警位，此时报警温度为 90 ℃以上。

(4)当外温显示“－1”时，仪器仍将报警并锁定在某一轴位上，可将 14 芯线的外温端子断开，并与“公共”线端子接上一只传感器代替外温传感器或用二只 2CP 二极管接入使仪器恢复巡检。

16. 途中供电柜供不上电的应急处理

集中供电空调列车中途中突然无法供电的现象是较多的，一般除了配电柜供电控制电路发生问题以外，大多数是主供电接触器内部发生机械卡滞，而致使两路均无法供电，这就要断电更换新的接触器，如果途中没有配件，从安全快速的角度，建议用以下应急处理方法：首先全列断电，关闭空调控制柜内控制电路的空气开关，用兆欧表检测接触器出线线间以及对地绝缘，用万用表检测卡死接触器上下是否形成通路，如果绝缘良好，每点间不通，可将损坏的接触器(一般常闭触点发生断路，也可以先用万用表测量一下)上另一路接触器线圈互锁线短接，即可正常供电。如果绝缘破坏，常闭触点不通，一般是卡滞的接触器内部有接地或短路现象，可将该接触器出线拆除后包扎好，短接互锁线，另一路即可正常供电。这个应急处理中绝缘检测十分重要，否则有可能造成二次事故。

17. 单车柴油机调速电机故障应急处理

调速机构卡滞，不能调速

通过分析、总结、并现车试验，发现可以用一些很简单的零件来解决此类问题，当发生调速电机故障无法达到规定电压时，可以用个 L 型拉杆，一头穿在柴油机油门拉杆上，另一头穿在固定机架上用螺母固定，将转速固定在 1 500 r/min，使空调机组正常使用。

18. 空调主接触器不能吸合或卡死吸合不到位

接触器故障

可改用另一路接触器供电，若不能供上，是由于两路接触器互锁导致。首先确认卡死的接触器的主触点是否复位，用万用表 500 V 电压挡分别测量接触器出线的三相对 N 线电压，如果任一相有 220 V 电压，说明主接触器未复位，必须确定故障接触器出线无电才可将互锁短接，采用另一路接触器供电。保险起见可断电将出线拆掉用胶布包好。

19. 供电柜有电空调控制柜无电。

KT3 或过欠压电器故障

首先确定空气开关作用良好且有电不缺相。检查 FOV. FLV 及 KT3 整定值，接线是否紧固。KT3 可用 KT1 或 KT2 倒换试验，先将延时调至零，如果倒换完还是没电，可用邻车的 FOV 倒换试验，如果是 FOV 故障，若无备料，在确定电压正常的情况下，将 FOV. FLV 的触点短接，保证供电。

20. 各种电机故障、接触器故障

一般是由于通风机，冷凝风机和压缩机的电机烧损短路接地所致。判断：拆掉线排上的去车顶机组的电机三相接线，分别测量电机的对地绝缘和相间阻值(阻值要三相平衡，不能短路断路)。

对于双绕组式通风机，如果强风(高速)绕组烧损接地，弱风(低速)绕组良好，可用弱风半冷应急。

对于并联双台冷凝风机，如果其中一组绕组烧损接地，可甩掉这一组，用另一台冷凝风机应急使用。

对于压缩机电机烧损，只能甩掉这一台。用其他压缩机制冷。

对于硬座双套机组，如果是一头机组的冷凝风机烧损，可以相应改变控制电路，拆掉通风机接触器上的的常开触点接线，使冷凝风机接触器不能吸合，用胶布包好。从而保证一端机组正常制冷，一端机组通风运转，关闭新风口，尽量降温。

如果检查测量结果一切正常，机组运转电流正常，可用手探摸空开温度，若有发热迹象，可能是空开内部作用不良，可更换空开。

21. 空调柜控制空气开关跳开。

控制回路存在短路故障

一般是由于去车顶的高低压、低温保护线接地造成的，可拆线用摇表检测确认接地后，将去车顶的控制保护线甩掉包好，将线排上的进线短接在一起，应急使用，并派专人监护。

如果去车顶的控制线绝缘良好，可分别对照比较着测量各接触器的线圈阻值，是否有线圈烧损短路或阻值偏低的，不良应更换。

如果检查测量一切良好，应该仔细检查各延时继电器，中间继电器的接插座，并替换试验各继电器，必要时可拆掉空开上的零线，用摇表分段检测接地点，直到找出故障点为止。

22. 空调机组制冷时，通风机高速绕组烧损的处理

用摇表测试通风机高、低速绕组状态，低速绕组良好可应急处理(使用 3 个接触器控制高、低速型通风机不可用此方法，因变速采用 YY/Y 接法)使用 2 个接触器控制高、低速型通风机(双绕组接法)，可以采用将高速绕组 2U、2V、2W 配线拆除，接入低速绕组 1U、1V、1W 配线全冷开机。

23. 运行途中发现发电机吊耳裂纹

原因分析：

加工过程中机械损伤所致。

处理方法：

(1)确认在无机械动力输入情况下，发电机吊耳裂纹不会继续扩大时，可卸下皮带，吊起发电机，保证运行时不晃动，该辆车改子车用。

(2)在无机械动力的情况下，发电机吊耳裂纹有继续扩大的趋势，发电机有脱落的危险时，应卸下发电机，确保运行安全。

卸发电机作用要求同发电机吊架裂纹卸发电机作业要求。

24. 运行途中发现发电机三角皮带丢失

原因分析：

(1)发电机皮带轮与车轴皮带轮中心线不一致，偏差过大。

(2)皮带轮松动，轴向窜动较严重。

(3)皮带质量差。

(4)皮带规格不符合现车要求。

(5)皮带错槽。

处理方法：

(1)调配符合现车规格的皮带(如 2 794 mm 和 2 845 mm)。

(2)在无备品皮带的情况下，向就近其他母车拆卸符合本车要求的三角皮带共 3 根(其周长相差不大)装上，继续运行发电，运行中随时调整皮带张力，保证出力。

(3)如发电机皮带轮松动，应紧固皮带轮，再装皮带，以免再次丢失。如车轴皮带轮松动，则必须紧固安装螺栓，必要时停用发电机，以确保车辆运行安全。

25. 发电机产生高温

原因分析：

(1)发电机失控。

(2)缺相运行。

(3)轴承损坏。

(4)扫膛。温升超过 60 ℃时，应引起重视。

处理方法：

(1)发电机机体上下部高温时，表明发电机工作绕组发热，是由于失控、缺相或过载导致的。

(2)机体前后部高温时，表明激磁电流过大引起激磁绕组发热，是由于控制箱的激磁绕组发热，是由于控制箱的激磁与相线短路造成失控所致。

(3)机体高温，转动转子芯有金属摩擦声，是由于转子轴弯曲或轴承损坏引起扫膛。

(4)电机前后盖高温时，转动转子时轴承有异音或气隙不正或转子轴间隙过大，使轴承损坏。

(5)处理失控、缺相故障。

(6)调节全列母车均流，消除发电机过载。

(7)处理(5)、(6)无效，表明工作绕组和激磁绕组烧损。

(8)电机烧损、扫膛、轴承损坏，应将发电机吊起处理，当子车用，并酌情减少负载，母车改子车应拆开控制箱 B+端子，或蓄电池连接线并包扎绝缘。

26. 列车运行中间站加挂车辆不是母车

根据《客车车电装置检修规程》规定，中途加挂运营车时均需自备母车，因此可视情况处理：

(1)加挂车辆应检查蓄电池箱吊架装置，是否符合运行要求。

(2)加挂运营车为子车的，不供电，如有部加挂命令，可酌情供电(但必须在保证本列车安全供电的情况下)。

(3)加挂非运营车，一律不供电。

(4)加挂公务车等专用、路用车，根据该车乘务员要求酌情连接电力连接器。

第七节　火灾事故案例

1. 报废车发生火情

事故概况：

停留在车辆段内的报废车发生火情。顶棚过火面积达 50%，全车内部烟熏面积 70%，该车原为段内技术业务培训用车。

原因分析：

此次火情是由于有人上车，遗留火源长时间阴燃，引发明火。

防范措施：

对于停留列车必须加强防火、防爆、防拆卸的管理，特别是对长时间停留的车辆，更要加强防火防爆的管理，避免闲杂人员上车，防止配件丢失及火灾隐患的发生，以免造成火灾事故。

2. 客车地板冒烟事故

事故概况：

旅客列车在某站停车待避，客车开车时，列车员通知车站助理值班员机后 14 辆硬座车 2 位通过台地板下冒烟，被拦停在车站内，经检查发现 2 位端门外有大约 200 mm×200 mm 面积的通过台铁地板温度较高，地板下末方有约 200 mm×100 mm 的过火痕迹。

原因分析：

该车辆 2 位端门框与门槛交汇处的通过台地板铝合金层条搭接处腐蚀 2 mm×3 mm 虽然烟头进不去，但烟头的燃烧部分可以由此缝隙进入地板下面，经长时间阴燃，造成地板下的木方炭化冒烟，导致了该次列车被拦停。

防范措施：

对可能发生易燃处所，要加强日常防火栓的检查，对因腐蚀，破损等造成防火作用失效时要进行处理，列车员要加强对吸烟旅客的管理，避免火情的发生。

3. 车辆冒烟情况

事故概况：

车站值班员接车时发现尾部 1 辆后轴冒烟，将其拦停于高桥镇，经车辆乘务员检查确认无事，影响本列晚点。

调查情况：

车辆段有关人员到达现场接车，检查尾部第一辆最后一轴 1、2 位制动盘内夹有纸屑，制动盘无过热变色痕迹，制动盘及闸片无非正常磨耗迹象，该车截断塞门处于开放状态，209P 型转向架，104 型空气制动机。

原因分析：

该车辆制动盘内夹有纸屑，列车调速下闸时制动盘与闸片摩擦，造成纸屑冒烟。

4. 油罐车垫木冒烟情况事故概况：

事故概况：

机车运行时，机后第 36 位油罐车前端罐体下垫木冒烟，停车处置后开车。

现场勘查情况

现场所见：该车 2 位端罐体端头 600 mm 处的中梁上，罐体下部有一垫木已经阴燃，两块木方已经碳化。垫木长 350 mm 宽 260 mm 高 100 mm，是由 4 快木方内穿两根螺栓紧固而成，外沿由 80 mm 的角铁固定在中梁上，垫木起到支撑罐体的作用。垫木阴燃是靠罐体中部的一侧，由中底部从里往外阴燃，阴燃程度为运行方向左侧重于右侧，内侧两块木方中部细两端粗呈锥体型，中间已阴燃缺损，外部两块木方基本完好，垫木周围可见灭火器喷射后的痕迹。

原因分析：

根据现场勘查核分析，该列车在石油公司装车，13 时 38 分始发，15 时发现阴燃冒烟，时间短，排除车辆下闸火星喷溅的可能；此部位在车辆的端头，中梁的上部，垫木四周又有角铁围栏,四周存有缝隙,具备外来火种附着在缝隙中阴燃垫木的条件。原因认定:是外来火种阴燃垫木所致。

5. 客整所发生火情

事故概况:

看车人员看到车厢内有烟且有异味,立即查找原因。检查锅炉室、茶炉室没有发现异常,到车下检查时发现茶炉室车顶有热浪,看车员在车内打开厕所、洗面间天棚检查口发现有烟,立即用水管向发烟处浇水,安全处理完毕。

调查情况

检查茶炉室内及茶炉状态良好,无明火烧灼痕迹。打开 1、2 位洗面间及 2 位端厕所天棚检查门,检查车顶配线良好,2 位厕所天棚内配线的护管表面有 120 mm 长的过火痕迹(水箱防寒材料熔化后滴到护管上造成,内部配线良好)。车顶茶炉烟囱周围铁板有过火痕迹,车顶水箱盖板安装螺栓齐全、紧固完好(38 个),车顶水箱盖板靠近茶炉烟筒处有明显烧灼痕迹。打开车顶水箱盖板检查发现靠近茶炉烟筒处密封条欠缺长度 505 mm,根据痕迹测量发火前欠缺长度 450 mm,欠缺部位上盖与座间隙 10 mm。顶盖铁板下的防寒材料、间隔板上部已烧灼,水箱上部防寒材过火面积约 2 m^2。

原因分析:

在茶炉点火时使用木材等易燃物引火,在焚火过程中,火星从茶炉烟囱窜出,由于烟囱排烟口正对车顶上盖(100 mm)欠缺密封条处,火星经上盖与座间隙处进入车内顶部,导致水箱上部防寒材料被阴燃、发烟。

防范措施:

(1)对燃煤茶炉车进行一次全面检查,发现车顶水箱盖板密封胶条有欠缺、老化及密封不严的,要采取有效的封堵措施,杜绝类似问题再次发生。

(2)结合客车设备大整修,对燃煤锅炉、燃煤茶炉、餐车燃煤炉灶烟筒的防火隔热装置进行全面的检查,消除隐患。

(3)深刻吸取信息反馈的教训,发生问题后按信息上报程序。

6. 列车行李车火灾事故

事故概况:

列车运行途中机后 16 位行李车发生火灾,运转车长报警并使用紧急制动阀,列车停车。

原因分析:

相关人员的调查:

经对押运员询问,承认上厕所时吸烟,将未吸完的半根烟带入行李仓内,在清点所押运的货物时,不慎将烟头掉落在行李与货物缝隙中,引燃车内货物。

在 2 位端左侧与门 1.3 m 处,货物碳化最重,由此向四周放射性展现出燃烧痕迹,逐步碳化由重到轻。押运人员叙述,与现场勘查吻合,原因与事实相符,确定火灾原因为押运人员遗留火种所为。

防范措施:

押运人员应严格要求,禁止在工作中吸烟。

7. 运行途中,客车发生火灾

处理方法:

(1)采取措施,使列车尽快停车。

(2)首先疏散着火车辆内的全部旅客。

(3)需进行分解作业时，一般的分解方法和顺序为：

①先使着火车辆与列车后部车辆分离。

②将着火车辆尽量转移到线路平坦处，但不得停留在桥梁、隧道及重要建筑物附近。

③再使前部车列与着火车辆分离。

(4)对区间遗留的车辆，应采取止轮措施。

(5)如情况危急，可根据风向、地理位置、设备条件等具体情况机动处理。

(6)组织人员采取灭火措施。

8. 发生电气火警

原因分析：

接线端子松动，线路绝缘不良，电气设备故障短路烧损。

处理方法：

(1)发生电气火警应立即切断电源。

①电气火警大多系用电设备火警，故首先应切断本车主回路和连接器电源(或拔断电源箱电源空气开关)。

②如属线路绝缘不良引起火警，母车应拔断控制箱工作开关；如无法切断火警部位的主干线电路时，应立即拉紧急阀停车，解开火警车两端电力连接器；为防电气设备烧结构成回路，必要时解开蓄电池箱引线；集中供电者，通知柴油发电机乘务员关机。

(2)因电气失火或周围失火危及电气线路，必须用磷酸铵盐干粉灭火器扑救，严禁泼水或使用吸收空气中水分的 CO_2，灭火机。

(3)熄火的有效性取决于隔绝空气，如需挖洞，启口或打开分流器等孔口灭火时，应同步使用灭火器隔断空气。待火熄灭后进一步降温。

(4)新型车辆出现火警时，应尽早疏散旅客，避免烟毒伤人。

(5)遇有电气火警，乘务员应沉着、果断、迅速、有效地采取上述应急措施加以控制，以避免酿成触电、灼伤、烟毒等灾害。停车、灭火、疏散旅客等措施应与列车工作人员密切配合，同步进行。

9. 旅客列车发生火灾、爆炸

旅客列车发生火灾、爆炸事故时，车辆全体乘务人员必须按照各自分工坚守岗位，不得擅离职守。要在列车长、乘警长的统一指挥下，按防火、防爆预案，根据当时实际情况，灵活果断地采取措施，紧急处置，最大限度地减少人员伤亡和财产损失。

处理方法：

(1)切断电源，立即用灭火器进行灭火。如火势继续蔓延，应立即使用紧急阀迫使列车停在安全地带，停车时应避开桥梁、隧道等。

(2)立即与机车司机、运转车长联系，采取分离措施。关闭折角塞门，摘开制动软管、连接线，提开车钩。由机车牵引前部车辆(包括火车)运行一段后停在安全地带，再将着火车摘下。同时在后部车辆上设置防护信号和防溜装置并拧紧所有车辆的手制动机，按规定设置止轮器等。对摘下的着火车辆采取防溜措施，避免其溜逸。

(3)由机车牵引前部车辆继续运行到前方车站，与车站调度人员联系，请求灭火。

(4)在列车长和乘警长的统一指挥下积极灭火，对发生火灾的车辆必须彻底扑灭，特别是对棉花、麻、毛、化纤等物品，要彻底检查，消灭潜伏火种。

(5)做好火灾事故现场的保护和对着火原因的调查工作，如有人员留在事故现场时，应立即通知前方客列检所，要求派检车员或车电员上车值乘，顶替留在现场人员的工作，以保证行车安全。

干粉灭火器的使用方法：

(1)右手抓住灭火器的手把，左手扶住灭火器的底部后，将灭火器用力放倒(注意不要碰撞)，以检查干粉灭火器内的干粉是否结块，如听到灭火器内部有干粉结块后撞击灭火器内筒的声音时，则说明此干粉灭火器不能使用，应立即更换。

(2)迅速到达火场，拉开灭火器手把上的保险销，把喷管对准火焰的根部，将手把压下，即喷出干粉灭火。

第八节　燃烧温水锅炉取暖装置事故案例

1. 注水管脱落事故

事故概况：

临时旅客列车在运行中，运转车长听到机后第 15 辆车有异常音响，使用紧急制动阀停车，经检查发现机后第 15 辆软卧车锅炉后侧注水管脱落与地面接触，构成行车责任一般事故。

原因分析：

有关部门未按规定进行交接，接车不彻底不认真，临时客车开行前，检查员检查不到位。

防范措施：

有关部门严格执行客车交接制度，对临时开行旅客列车要加强质量检查把好关，确保运行安全。

2. 茶炉室顶部冒烟引起火灾

事故概况：

旅客列车在运行途中车辆乘务员接到列车长通知，机后第 6 辆硬座茶炉室顶部冒烟，经检查发现该茶炉室顶棚冒烟，甩车处理，构成火灾险情。

原因分析：

一是由于茶炉烟筒脖处防火隔板有间隙，燃烧火苗蹿出，引燃防寒材料，烤焦主墙板防寒材料，导致通过台顶棚内冒烟；二是乘务员运行途中巡视不到位，没有及时发现隐患故障，导致火灾事故发生。

防范措施：

车辆在检修中，对锅炉室，茶炉室的防火设置和安装要严格按照技术要求进行检修，确保防火设施发挥作用；车辆乘务员在列车上要加强巡视检查，执行作业标准，及时发现，及时处理，消除火灾险情，避免火灾事故发生。

3. 冻车

原因分析：

(1)锅炉内缺水，不能形成自然循环，使锅炉内的温水不能进入散热器散热，如不及时补水，就会造成冻车。另外，锅炉各阀没有恢复到定位，应开的阀没开，应关的阀没关，破坏了自然循环通路也会造成冻车。

(2)炉温超过 90 ℃以上，随着水温增高，不断产生水蒸气，浮在循环管上部，将循环管内的水隔开，破坏自然循环，如不及时排除蒸汽就会造成冻车。

(3)锅炉焚火人员不认真焚火，擅离岗位，使锅炉炉膛内的火长时间处于压火状态，易造成冻车。

(4)客车在下列处所易发生冻结：车内四角，指厕所、洗面室、锅炉室和乘务员室易冻结。

处理方法：

(1)应用热水烧冻结处或用热毛巾敷，禁止用火烤。

(2)手动水泵系统冻结用热水浇，边浇边摇动水泵。

(3)坐席下面散热器冻结时，水壶嘴伸不进去，可采用胶管接在水壶嘴上的办法往坐席下边的散热器上浇热水或用抹布、毛巾沾热水后放在散热器上，每隔 2～3 min 复蘸 1 次，直至散热器解冻为止。

4. 锅炉漏水

原因分析：

(1)锅炉上、下火筒及锅炉检查孔与堵板间连接处的石棉橡胶垫老化变质；连接螺栓松弛或出厂时的焊缝上附有焊渣，振动后暴露了焊缝处有砂眼，造成漏水。

(2)锅炉燃烧室经常处于猛火燃烧，使内筒容易产生变质腐蚀，造成漏水。

(3)锅炉体根部经常积水，易发生腐蚀(尤其接近厂修到期的客车)，造成漏水。

(4)焊缝老化造成漏水。

处理方法：

发现锅炉漏水时，要查找原因，更换石棉胶垫，紧固螺栓或焊修处理。

5. 法兰盘及散热管漏水

原因分析：

(1)法兰盘紧固螺栓松弛造成漏水。新做厂、段修的客车，此种故障较多，锅炉温度变化较大时也易造成法兰盘紧固螺栓松弛漏水。

(2)胶垫窜出、变质或破损，此种故障多发生在旧型客车或经常发生冻结的客车。

(3)散热管经过焊修造成弯曲变形或法兰盘焊接不当，造成法兰盘对口面不平行。

(4)散热管冻裂。

(5)散热管腐蚀或有裂纹。

(6)客车散热管安装不牢固，螺纹不良长期渗水造成散热管接头处漏水。

处理方法：

(1)发现法兰盘处漏水时，应紧固螺栓，胶垫破损时应更换，法兰盘对口面不平行，可用胶垫进行调整，并将螺栓紧固。

(2)发现散热管漏水时，应更换或焊修散热管。经过更换或焊修的散热管，在组装前应经过 0.2 MPa 的水压试验，确认无泄漏后方可装车使用。对需焊补的散热管卸下施焊，不允许在车上施焊，以免发生客车火灾。

6. 其他管系漏水

原因分析：

(1)管系破裂。

(2)管系腐蚀或有裂纹。

(3)管系各连接处安装不良，造成管路接头处漏水。

处理方法：

(1)温水箱内散热管漏水。将上水箱的水排尽后，打开厕所或洗脸盆的温水阀，如出水则是温水箱内散热管裂损或腐蚀所漏出的水。应关闭温水箱的散热管止阀或卸下温水箱，对散热管进行焊修或更换。

(2)锅炉体内部的注水管漏水。锅炉体内部的注水管腐蚀，其腐蚀位置低于溢水管时，造成锅炉注水不满，也会由腐蚀处直接经注水管排出，当发现锅炉内的水从注水管排出时，如确认是注水管腐蚀，应灭火排水后更换或焊修注水管。

(3)集尘器排水堵由于安装不紧或不严造成漏水使锅炉水位下降，应及时紧固。

7. 锅炉升温慢

原因分析：

(1)锅炉内筒壁的水垢过厚，使热阻增加，影响传热。

(2)炉箅子间隙过窄，造成通风不良，达不到燃料燃烧的通风要求，使煤不能充分燃烧(火力不旺)。

(3)锅炉内壁烟灰聚积过多。

处理方法：

锅炉内筒壁水垢过厚时，应进行化学除垢。除垢的方法是将按规定配好的稀盐酸溶液注满锅炉。溶液在锅炉内的时间，根据炉内水垢的厚度而定，一般为 4～8 h，为了加速水垢的溶解，可将溶液加热到 25～30 ℃以上，锅炉内水垢经酸洗溶解后，将溶液排净，再注入净水，冲刷锅炉内部，直至排出无杂质或溶液的清水为止。再向锅炉内注满清水，并放入 125 g 的烧碱，使其和锅炉内的残余盐酸彻底中和。

此项工作最好是在采暖期之前进行，经酸洗后的锅炉立即投入运用效果最佳。

如果没有工业盐酸，也可以用下述配方溶液代替：磷酸三钠 500 g，丹宁酸 500 g，氢氧化钠 500 g，碳酸钠 500 g，水 350 g。

如锅炉温升慢属于炉箅子间隙过窄，应进行调整或更换。如属于烟灰聚集过多，可用长柄刷子，从烟筒伸入炉内将烟灰清扫干净，一般应在焚火前完成此项工作。

锅炉的除垢工作，应在采暖前有计划地进行或结合段修进行。

8. 运用中的锅炉温度急剧上升，而车厢内温度下降

原因分析：

(1)管路中有空气阻碍温水循环。

(2)管路中有应开未开或未全开的阀门。

(3)闸阀阀芯脱落、使管路不通或不畅通。

(4)管路中有局部冻结。

(5)管路堵塞。

(6)锅炉及管路系统缺水，水位低于散热管出水口，水不能自然循环。

处理方法：

发现锅炉温度急剧上升，而车内温度下降时，应先确认锅炉水位是否正常。然后按以下顺序进行：

(1)打开排气塞门和水泵排气阀，放出空气，直至有水流出为止，使管路系统无空气。

(2)将管路中应开的阀全部开足，压动手泵或压动电动水泵，进行强迫循环处理，如果锅炉仍不降温，而散热管温度也不上升时，应检查闸阀的阀芯是否脱落，管路是否冻结。

(3)如果闸阀芯脱落时，应局部排水施修，如管路冻结，首先要注意检查厕所、洗脸盆及弯角处，确定冻结处所，然后用热水进行解冻。

(4)如果客车门窗间隙过大,车外冷空气不断侵入车厢内,也会造成车内温度升不起。

9. 压动手动水泵手柄,无抽力

原因分析:

(1)来水方向的管路漏气。

(2)水泵的上阀或下阀与阀座接触不严,阀座套松动,导致不起止回作用。

(3)活塞连接杆安装孔处漏水、漏气。

(4)水泵堵周围漏气。

处理方法:

检查来水方向管路及阀是否有漏气和漏水处所,如果良好时,应分解水泵判明原因,检查各部状态,接触不严漏水时应进行研磨,使之密贴,并涂润滑油,不能研磨时更换水泵。

10. 压动手摇水泵手柄,有真空感觉

原因分析:

(1)来水管或辅助水箱内引水管冻结或堵塞。

(2)水泵下阀与阀座间锈死。

处理方法:

检查来水管路是否冻结、堵塞,如果管路冻结应用热水解冻,水泵下阀作用不良时应卸下水泵堵,清洗下阀。

第九节　车内设备事故案例

1. 车窗玻璃坠落事故

事故概况:

旅客列车在运行途中,当与相临某次列车会车后,机后 7 位软卧车 9 号包房内,运行方向右侧上扇玻璃坠落,构成行车责任一般 D 类事故。

原因分析:

事故发生后在分解包房玻璃窗时发现胶条内两端不明显排外约 300 mm 的螺丝刀撬压痕迹,这是由于木工上玻璃作业不规范所致,胶条内尘土较多,致使玻璃与胶条不齐贴,产生间隙。列车运行中不断震动使间隙不断增大。特别是在与动车会车时受到较大负压影响(动车速度高),导致玻璃脱落。

防范措施:

车辆检修人员在作业中要严格执行作业标准,避免因简化作业,违章作业造成隐患故障,使之在运行中受到外界不利因素而暴露出来构成事故,同时要强化岗位的自控、互控、他控,避免一人漏检层层漏检。

2. 列车集便器排污口盖被外物击打脱开

事故概况:

某列车到站后值班员报告 016、017 号车集便器排污口盖故障,经机械师处理后,于该站晚开 7 min。

将集便器排污口盖卸下进行检查,该集便器排污口盖上部左侧与裙板接触处有击打痕迹,上部发生变形。排污口关闭及打开距轨面的各部尺寸为:正常情况下排污口盖上边距轨面垂直距离 840 mm;排污口盖打开时上边距轨面最大横向距离 1 000 mm;排污口盖完全开放时上边低于轨面 45 mm；排污口盖完全开放时上边距离钢轨头部外侧 660 mm；完全开放时排污口盖板上边距离轨枕端面 75 mm。

原因分析：

该车集便器排污口盖属于下翻式，上部左侧与裙板接触处受外物击打，造成集便器排污口盖与裙板间锁划脱开，排污口盖开放。

3. 动车玻璃被击打破损事故

事故概况：

第一列车组 1 车运行方向右侧 32 号座位对应外侧玻璃呈网状破损 1 块。

第二列车组 7 车运行方向右侧 23 号、28 号座位对应外侧玻璃呈网状破损 2 块；3 号车 7 车在该区间运行方向右侧 74 号座位对应外侧玻璃呈网状破损 1 块。

第三列车组 14 车运行方向右侧第 3 块玻璃的外侧呈网状破损 1 块。

第四列车组 8 车 4 号座位对应窗外侧玻璃破损 1 块；017 号车组 4 车运行方向左侧 60 号座席对应窗外侧玻璃呈网状破损 1 块。

第五列，16 车(尾部最后 1 辆)运行方向右侧第 1 块玻璃破裂呈网状破损 1 块。

第六列 14 车(尾前第 3 辆)运行方向右侧第 3 块玻璃破裂呈网状破损 1 块。

总计动车玻璃被击打破损 9 块。

现象分析：受损列车经过的线路两侧均为开阔地，两侧 2.7 m 护栏网完好，经现场调查人员现场各延长 2 km 巡查，雪地中无任何行人行走痕迹，因此排除人为破坏的可能性。

原因分析：

安监室组织有关人员检查时发现，全列动车车体右侧上部空调换气扇后侧 300～500 mm 附近的积雪与空调换气扇排出的热气相遇，造成空调换气扇顶部边沿挂有 50％的积冰。在被击打的 6 列动车中，发生时间是当日 10 时至 14 时 30 分，由于外温升高，且被打的动车玻璃中有 5 列处于南侧，属于太阳直射方向，结冰融化松动，在高速运行中，重连结处产生涡旋气流，融化脱落后的冰击打在运行方向后侧动车玻璃上。

防范措施：

在冬季以及恶劣天气下，车辆站停时乘务员检车员应及时查看列车，做好相应处理，以防意外发生。

4. 车门没打开，旅客未能下车事故

事故概况：

动车组到站 3 车 4 位、4 车 3 位车门没打开，造成 9 名旅客没下车。

在这两个车门处检查发现，这两个门的高站台翻板锁均未锁到位，这种情况下门无法得到开门信号，所以车门无法集控开门。机械师立即用钥匙将这两个锁恢，司机集控开门。

现象模拟试验情况。

调查组有关人员到动车所对进行现场模拟试验，首先将 3 车 4 位、4 车 3 位翻板锁锁闭到位，集控开关车门，动作正常。然后模拟 3 车 4 位、4 车 3 位翻板锁锁闭不到位，集控开门不动作，没有集控信号，其他车门开启正常。让当班列车员将两车车门锁闭到位，集控开门正常。试验中发现 4 车 3 位翻板放平有间隙，2 车 4 位翻板锁有点紧。

原因分析：

列车员在锁闭 3 车 4 位、4 车 3 位(运行方向左侧)翻板锁时，未锁闭到位，到达某站(高站台)前，因车厢超员严重，复查翻板锁闭情况不认真，没能发现翻板锁没有锁闭到位问题，导致

3 车 4 位、4 车 3 位车门得不到高站台激活信号，无法集控开门，且该人在 2 车 2 位车门(车门监控分工是 1 车后门、2 车前后门、3 车前门)组织旅客乘降，没有发现旅客未下车。

防范措施：

客运员要认真执行“当列车进入高站台时，应把翻板式踏板放平，并必须锁闭到位”以及动车列车员作业程序中“到站前复查翻板锁锁闭状态”的有关规定，锁闭翻板要锁到位，认真复查，避免给旅客造成诸多不便。

5. 因撞到线路上的异物途中停车事件

事故概况：

动车组随车机械师在车站外观检查动车组走行部良好，两端头罩开闭机构状态良好。运行中机械师感觉车体有较大振动，立即赶往司机室，司机反应当时线路上有异物，有可能是两块石板，当时已经采取紧急制动，与异物相撞时车速为195 km/h。停车后机械师下车检查发现车船形导流罩中央部位被撞击内凹，宽度约1 m左右；船形导流罩底板向内下方卷曲、变形；排障器有一处击打点；车 1 位转向架车轴、齿轮箱有斑点式击打痕迹。并对全列车走行部进行检查，未发现其他异常。

调查情况

在对全列走行部及相关部件，以及头罩开闭机构等部位进行检查，初步检查的结果为：前部船形导流罩破损严重，已经凹入，半圆形底板卷曲，12 个安装螺栓只剩下 5 个，头罩下部有两处划痕，头罩开闭机构内部有水泥块状物。

原因分析：

由于线路中有异物，阻碍动车组的正常运行。

6. 旅客列车机车前瞭望窗玻璃被外物击打

事故概况：

A 次与 B 次货物列车交会时，机车前瞭望窗玻璃被外物击打炸裂。

调查情况

(1)事情发生后，调度将 B 次扣在车站 4 道，车站值班干部组织公安 2 人、货运 3 人、调车组 3 人对列车装载情况进行全面检查。车门关闭良好，货物没有流淌坠落；篷布苫盖良好，绳索没有松动开放。对装载及车辆上围梁残留物情况进行了彻底检查；对 4 名押运人员进行了询问；对 A 次司机进行了电话了解。

①在事情发生时均在睡觉，没有向外部抛杂物。

②机后 1 辆硬卧车空调主机运行方向右侧平台上有 1 组废弃的螺栓、母及垫。

③机后 13～19 位焦炭车，有 2 辆车的右侧上边梁上各有 2 块焦炭，最大的有 45 mm×35 mm×25 mm；有 1 辆车围栏缝间夹有 1 块焦炭。围栏、网绳没有破损处所；围栏内衬有玻璃丝布，完整无破损。

机后 20～24 辆装生铁车的边梁、端梁、端板加强筋及闸台上都残留有较多的残煤，其中最大一块为 45 mm×40 mm×30 mm。

机后 25～56 位良好无异状。

(2)电话了解 A 次列车的司机，在发生击打时没有看清是什么物体，也没有发现击打处的残留物痕迹。

原因分析：

一是在厂修车落成后，对车顶部残留的配件没有彻底清理；二是装载焦炭和生铁时，没有认真清理车辆上围梁上残留的焦炭和残煤。因上述两种情况的存在，当B次运行中调速，列车产生冲动，且处在半径2 500 m的左曲线上时，因冲击力和离心力的作用，致使物品脱落且向运行方向左侧飞出，击打在交会的A次机车前瞭望窗玻璃上。

防范措施：

(1)车辆段立即对所有运用客车顶部进行一次全面检查，对车顶上残留的各种物件进行彻底清理，对各配件进行一次全面紧固，对新造、厂修、段修车第一次运用(含取送车)的必须进行一次检查紧固。杜绝车顶部残留物和配件脱落问题的发生。

(2)各装车站对装后车辆的上围梁、闸台、端板加强筋及各部位残留的货物必须进行彻底清理，防止运行中脱落。严把装车源头，落实装载加固方案，加强专用线、专用铁路装车作业的检查监控。

(3)货运部门要进一步研究、制定货检人员对运用车辆上围梁、闸台、端板加强筋及各部位残留的货物检查标准和处理办法；有效利用货运站集中监控检查设备，严把动车组开行区段的货车入口关。

7. 空调机组不运转

原因分析：

(1)电源无电、缺相、电压过低或过高。

(2)电气控制部分断路或接触不良。

处理方法：

(1)电源部分

①电源无电：用电压表测量空调机组控制柜电力输入端子的三相电压，无电压，应接通电源。

②电源缺相供电：如测量电源为缺相，应检查交流配电柜的缺相保护器是否开路。修复并将缺相保护器复位。

③电源电压过低：测量电压低于额定值15%。欠压继电器不动作，操作控制线路无法工作。调整输入电源。

④电源电压过高：测量输入相电压超过253 V，过压继电器动作，切断了控制线路回路而无法操作，调整输入电源。

(2)电气控制部分

①控制线路供电线路断路，检查测量供电线路供电电压，找出断路部位并修复。

②插接件接触不良。测量插接件两端接线不导通，重新接插好再测量至导通。

③选择开关内部断路，应拆开查看有无断路情况并修复。

8. 运行终列车门窗玻璃被飞石打破

应急处理：

(1)双层玻璃破损单层的可运行到终点站处理；

(2)双层玻璃均被击破时，乘务员应在门窗框上加装安全栏杆，确保旅客的人身安全；

(3)没有安全栏杆的可使用餐车或者行李车的离水格做成临时的安全栏杆；

(4)安装防风设施(如：毛毯、床单等可以最大限度减少进风量的物品)；

(5)预报前方客列检故障的部位、名称请求处理，同时做好相关记录；

(6)终到后“车统—181”引荐处理。

9. 快速更换车窗玻璃

在上部班日常工作中，更换22型车门窗玻璃，必较漫，不容易更换，是采有将绳子先放入胶条中，然后用绳子将胶条带出，达到按装车窗玻璃的目的。

第一步：将车窗胶条装到窗框上。

第二步：将窗玻璃沿胶条缝下方压入，左右两侧先压入少许。

第三步：用平头螺丝刀沿玻璃边将胶条撬到玻璃上，先左右、后上部一直到位。

第四步：轻轻击打玻璃，使玻璃全部入位。

第五步：压装皮胶条芯。

优点：省时间，相对安全。缺点：平板玻璃不能使用此方法。

10. 25K车的侧门在运用途中关不上

遇上述故障首先关断侧门电源，再用150 mm平口螺丝刀，朝关门方向顶住摆臂轻拉塞拉门，门即可关上。

11. 塞拉门常见故障(以康尼塞拉门为例)

门打不开：门关闭后，操作开门时，门不动作，蜂鸣器也不响。

(1)隔离锁开关损坏或弹簧片变形后不能复位。

(2)5 km/h信号错误，停车时该信号应为低电平。

遇上述情况：

(1)检查开关状态，若坏了，则更换，否则调整弹簧片使开关复位；

(2)检查线路是否为短路现象或接线错误，临时处理时，可将5 km/h信号线拆除。

门关不上：无论操作内外锁开关，门均不动，蜂鸣器不响。可能由下列原因引起：

(1)门到位开关始终处于关闭位，在门打开后，门控器仍然得到门的到位信号。

(2)防挤压开关处于防挤压动作状态，不能复位。比如，冬季因用水冲洗通过台及脚蹬处从而导致塞拉门下滑道内结冰或因有垃圾异物。

(3)外操作锁压住，始终处于常闭状态。

12. 塞拉门防挤压失效

原因分析：

(1)防挤压开关调节不当或开关损坏。

(2)98%开关损坏，造成门关上后自动打开，不停地进行开门、关门动作。

(3)门板前部橡胶气囊漏气，防挤压开关不能动作。

处理办法：

(1)检查发现防挤压开关损坏则更换，调节不当应重新调节。

(2)检查发现98%开关损坏要更换，没损坏则调节98%开关滑轮后杆长度及角度，使其能与门板接触，保证开关正常动作。

(3)如果气囊有漏气现象，一定要找出漏气处，用黑密封胶堵住.

13. 采用温水锅炉采暖的车型暖气循环管爆裂漏水严重

应急处理：

(1)迅速将锅炉进行压火处理；

(2)破损面积小可以打卡子处理，破损面积大应采用下列方法；

(3)关闭暖气循环管爆裂漏水一侧的闸阀、板阀，使其水路管系不构成通路；

(4)及时给锅炉内补充因漏水造成的水损失，避免锅炉因缺水而干锅、干烧，避免火灾事故的发生。

（5）加强途中监控，同时做好相关记录，终到后“车统—181”引记处理。

第十节　接触网设备事故案例

1. 刮坏接触网事故

事故概况：

动车组从临修库出库时，因移动接触网未闭合，导致临修库移动接触网铝合金刚柔过渡连接机构刮坏，造成接触网停电，致使发生晚点 18 min，构成行车责任一般 D 类事故。

原因分析：

动车组值班调度员，在不掌握临修库一动接触网状态是否具备动车条件的情况下，不履行秩序就向地勤司机交接钥匙，并盲目指挥信号楼开放调车信号。造成动车组启动后，受电弓在无网处升起，导致接触网和受电弓损坏。

防范措施：

一是从严调度命令下达秩序，杜绝简化秩序或不满足命令条件，在不掌握现场情况下违章下达调度命令；二是规范车辆调度命令发布，转发，接受秩序确保准确及时，畅通。

2. 出库受电弓钻网事故

事故概况：

某次列车监护员操作员接到“将该次引出”的通知。监护员未确认移动接触网状态，盲目向此次司机显示库门正常信号。动车组司机凭监护员显示的启动信号启动，走行 87 m 后一度停车，确认信号；与车站联控、确认信号后又起车，走行 8 m，接触网突然跳闸后停车。经随车机械师和车辆段的有关人员共同检查发现 D24 次 5～11 号车的 3 车受电弓钻入移动接触网和静接触网间的空挡（约 1 m），停电登顶处理，将该受电弓捆绑加固后，升另一受电弓，随后出库晚开 27 min。

原因分析：

这是一起职工作业纪律松弛、干部监控不负责导致的典型作业事故，反映出段关键岗位安全失控。

（1）监护员违反《动车组整备库联合作业程序》中第二项第 8、9 条之规定，在操作员未到场的情况下，擅自打开运用库大门；在既没有打开移动接触网控制器箱，也没有监控操作员闭合移动接触网的情况下，就去现场做其他工作；返回后更没有检查确认移动接触网状态，盲目显示信号引导动车组出库，是造成这起事故的直接原因。

（2）操作员工作期间擅自离岗是造成这起事故的主要原因。

（3）动车组出库作业中，段及车间监控干部违反《车辆段干部值班卡控办法》的规定，擅自未到现场，造成现场失控，是导致这起事故的重要原因。

防范措施：

职工应加强安全生产培训，严格遵守工作规章程序，同时要认真落实岗位作业标准，避免因简化作业，违章作业造成隐患故障，使之在运行中受到外界不利因素而暴露出来构成事故，同时要强化岗位的自控、互控、他控。

3. 接触网塌网事故

事故概况：

接触网倒闸作业过程中，某次列车由有电区进入无电区，造成接触网断线塌网。

原因分析：

调度员违反《电化区段停送、电倒闸时防止电力机车闯无电区管理办法》列车调度员接到车站值班员的回示后，方可通过直通录音电话通知供电调度员可以进行停、送电倒闸作业的规定。当班负责监控的行车调度员在没有得到车站值班员明确回示便盲目下达倒闸命令。

防范措施：

(1)开展专项整治活动。调度所要针对调度员违章作业造成接触网事故，开展安全专项整治活动。要双人核对确认制度覆盖全部电化区段接触网停、送电倒闸作业。凡涉及停、送电倒闸的作业，均由施工室制定施工期间停送电倒闸安全保障措施。

(2)建立倒闸制度。建立《停、送电倒闸信息登记簿》，停送电倒闸命令下达后，列车调度员须按影响范围，逐列登记须通知的列车车次，得到车站信息反馈后，逐列打"√"。全部得到反馈并打"√"确认具备条件后，方准通知电调倒闸作业。

(3)加强业务学习。立即组织电化区段列车调度员、施工调度员、施工监控调度员、供电调度员深入辖区内，熟悉设备，返回后进行一次接触网设备知识的考试，对考试不合格者，下岗培训，再不合格者调离调度所。

(4)严格执行作业标准，杜绝违章指挥。严格执行《电化区段停、送电倒闸时防止电力机车闯无电区管理办法》的相关规定，对违反规定者，严格考核处罚。

(5)提高乘务员判断和处理能力。一是列车运行中发生机车受电弓刮坏时，应立即降弓，停车后转入无网区，将坏弓捆绑牢固，防止自动弹起。升弓前必须确认机车不存在接地处所(坏弓电路必须甩除)否则必须请求救援，绝对禁止升弓；二是客货列车在中间站停车超过3 min时，司机必须目视检查受电弓状态；三是在区间会车时，应互相目视检查受电弓运行状态，发现异常情况时，司机立即用无线列调电话通知对方司机注意运行或停车。

(6)加强乘务员退勤后文件分析。一是对退勤电车乘务员监控文件列列分析，重点分析乘务员通过分相前的作业行为；二是通过语音回放，分析乘务员通过分相区呼唤应答执行情况。

(7)加强信息反馈。列车运行中，乘务员应注意接触网的状态，发现接触网异常时，应立即降下受电弓停车，检查受电弓及接触网状态，将情况通知车站值班员。

4. 途中故障影响接触网停电事故

事故概况：

机车途中主断跳开，接触网突然停电。司机降弓并检查受电弓、接触网无异状，立即使用常用制动，列车停车后，司机将停车信息通知后续列车、两端站及车间"120"。司机询问站接触网停电原因，车站要求司机立即升弓。车站通知司机调度员指示升弓，司机升弓时发现机车大顶有异音，立即开窗检查，发现受电弓与接触网接触部分有火花，立即降弓，改升前弓仍有故障现象。调度员通知司机不许动车等待救援。

现场调查：

机车入库后检查发现非操纵车受电弓引出软线根部烧损折断，与机车大顶有放电现象，线环紧固螺栓无松动。碳条与导线接触部位有两处烧痕，下部支持绝缘子有闪络迹象；另一节车滑板与导线接触处两处过烧放电痕迹。

原因分析：

一是受电弓引出软连接线线环与编织软线压接过紧，造成线环内部编织软线部分断股，存在阻值增大的缺陷；主断分合时电流变化对软连线的冲击，造成软连线老化在牵引大电流情况下烧损；三是机车入库检查时，车顶检查人员检查不细，造成机车带有故障隐患出库。

防范措施：

机务段工作人员应及时对受电弓进行维护，部分老化部件应及时更换。车顶检车员应认真负责工作，不带故障隐患出库。

第十一节 脱轨事故案例

1. 调车脱轨事故

事故概况：

列车到达某站一场8道，8道上峰信号好；随后，推车列上峰，不久，驼峰值班员呼叫停车。

当时驼峰处于自动溜放状态，驼峰主体信号显示绿闪，驼峰信号楼值班员听到溜放车组有异声，便呼叫峰上调车长停车并关闭驼峰主体信号。经现场检查，推峰车列第一位车辆第二转向架、第二位车辆全车在道岔处脱轨。构成调车一般D类脱轨事故。

原因分析：

根据现场勘查和回放调监记录，解体车列第一位车辆的后转向架的第一位轴，运行至道岔尖轨尖端时，因道岔尖轨动作导致左侧车轮与非密贴尖轨尖端相撞，致使第二位车辆第一位转向架的第一轮对浮起并爬上轨面，走行3.83 m后落下轨面。在它的影响下，第一位车辆的后转向架和第二位车辆先后脱轨。

由于317号道岔在调车作业中发生0.85 s断表示，分析认为317号道岔尖轨，在第一辆前转向架通过后发生转动。造成第二转向架前轮左侧车轮（现车6位车轮）撞击尖轨头部，导致第2辆车前转向架脱轨。

防范措施：电务段人员应及时严谨负责的检查轨道电路系统，按时对其进行维护检修，以避免事故发生。

2. 货物列车脱轨事故

事故概况：

货物列车由曲线转入直线时，司机发现线路异常，正准备下非常，实习司机呼喊停车，机车晃动严重，在自阀减压中，两人被晃倒，起身下非常，列车停后，检查发现货物列车4辆脱轨颠覆，机车前转向架脱轨，最后一辆重车脱轨后落入桥下。汽车撞击桥梁后走行115 m后，翻入道路右侧沟内。构成铁路交通A类事故。

原因分析：

汽车司机违章驾驶，运行中自卸翻斗支起与上跨铁路桥梁底部相撞，导致铁路钢梁横移及桥上线路变形，致使运行列车脱轨。

3. 脱轨事故

事故概况：

列车运行途中发现前方247 km左右线路有一处高约50 cm、长约30 m左右的雪堆埋没线路，14 min后司机发现列车管压力突然下降、风泵泵风不止，立即断电并通知后组机车紧急断电，停车后司机下车检查发现机车前部折角塞门呈半开状态，司机将折角塞门关闭后，列车管压力恢复正常，缓解列车正常。因停车地点位于5.5‰的上坡道上，加之该地段又处于风口，积雪被大风不断的吹到机车和车辆的车轮下，无法启动，司机将情况报告站值班员转报列车调度员及段“120”信息员，站值班员指示司机后方分区无列车，可以退行后再次闯雪，列车共前后动车12次，共退行82 m（由于积雪产生空转）。再次准备起车时车站通知：后方来车救援不得再行移动，原地等待救援。救援列车进入区间进行尾部救援。救援机车连挂后，救援机车开始加载退行走行 81 m。因管压下降停车，本务一组司机下车向后检查发现机后第 9 位车辆制动支管折损，司机关闭第 9 辆两端折角塞门。第二次退行，走行 467 m。因管压下降停车，司机检查发现机后第 2～6 位脱线，第 6 辆与 7 辆间车钩脱开，第 5 辆侵入上行线。脱轨的第 7～9辆被救援机车牵引继续运行至曲线桥上脱轨，其中，第 7 辆被甩到运行方向右侧线路边坡上，第 8 辆掉到桥下，第 9 辆甩到桥护栏上。构成行车较大事故。

原因分析：

该次列车在区间向后两次各停留 45 min 和 54 min。由于大风刮雪迅速囤积，部分车轮处积雪成堆，救援退行时，机后第 7 辆车轮被积雪垫起；并且列车停于 S 曲线上，退行时轮轨间侧向力加大，造成机后第 7 辆前转向架向曲线下股脱轨（运行方向右侧），脱轨走行中，导致机后第 2～6 辆相继脱轨，第 6 辆与 7 辆车钩脱开。受本务机车推力作用，第 6 辆脱轨在运行方向线路右侧，第 5 辆侵入上行线。脱轨的第 7 辆继续运行至曲线桥上，被甩到下行线路边坡上，第 8、9 辆被带脱轨，第 8 辆掉到桥下，第 9 辆甩到桥护栏上。综上所述，造成该起脱轨事故的原因是雪害所致。

防范措施：

机车乘务员在恶劣天气下行车应谨慎小心，注意观察一切对行车安全构成威胁的自然状况。

4. 铁矿专用铁路脱轨事故

事故概况：

某次列车被送入铁矿专用铁路交接线。调车机牵引 12 辆送至装车地点，在返回交接线过程中牵引运行至矿内 25 铲走行线时，机后第 2 位运行方向前台车 2 位转向架脱轨，在复救过程中，又造成机后第 3 位运行方向前转向架 C160242982 车 2 位转向架 4 位轮对脱轨。

原因分析：

(1)因矿内 25 铲走行线曲线上轨处堆积废弃矿石块（高 600 mm，距离钢轨边缘100 mm），当车列牵引运行至该处时，因震动影响石块滑落至钢轨面，造成机后第 2 位车辆 4 位轮对跳起后落入轨下脱轨。

(2)废弃矿石未能及时处理，是造成这起事故的直接原因。

防范措施：

各大工矿企业应严格安全生产运输，严格执行运输规程及时发现事故解决隐患，以避免更大的事故发生。

5. 调车脱轨事故

事故概况：

调车区执行某调车作业计划，共 6 钩，9 道挂 14 辆（检斤）；9 道摘 6 辆；12 道摘 4 辆；9 道摘 4 辆；16 道挂 2 辆；7 道摘 2 辆。

制动员检查车辆、连挂好后联系牵出作业。驼峰作业员排列上峰进路，当作业第 1 钩 9 道挂 14 辆上峰检斤，牵出至 212 道岔处，机后第 8 辆平板车全轮脱轨，第 9 位空敞车第 2 位台车脱轨。当时，头部驼峰值班员发现异常后，使用调车电台呼叫司机停车。

原因分析：

通过对现场设备的检查和轨道几何尺寸的测量，确认爬轨点处轨距杆脱落、道钉浮离，在车轮横向力的作用下产生不均匀的横向位移，改变了既有的曲线半径，加之轨距大于《技规》规定 1 456 mm，破坏了车辆的运行品质，致使车轮在绝缘接头处的最不利位置沿曲线切线方向爬上钢轨，造成车辆脱轨。

防范措施：

工务人员应加强施工质量，监管部门要严格把关，适当增加日常检修维护频次，做到不漏检不少检。

6. 列车脱轨事故

事故概况：

某车站电务工区工长使用电务部门联系电话通知驻站联络员“上行列车脱线”，电务驻站联络员口头通知车站值班员。车站值班员呼叫司机停车。停车后检查发现机后 17 辆车轮有脱轨痕迹，处理后开车，造成区间停车 45 min。

(1)脱轨车辆运行轨迹

通过对现场 39 号道岔可动心轨的全部检查，发现距心轨尖端 310 mm 有爬轨点，爬轨后在心轨与翼轨间走行了 460 mm，然后车轮踏面在翼轨上走行了 2.25 m 后，又在心轨与翼轨间悬空走行 820 mm 后落下轧在第一间隔铁横穿螺丝上，脱轨后列车继续走行 725 m 后到 1 号道岔的辙叉部复轨。

轨道几何尺寸检查情况。从辙叉前接头每隔 1 m 测量一处，其轨距水平分别为：0、0；1、0；1、－1；2、0(心轨尖端)；1、0；－2、－2(落轨点)；脱轨点后轨距水平－4、－2；－5、－3；－5、－3；－3、－8；－3、－3；2、－5；0、2(辙叉根部接头)。

(2)可动心轨的测量情况

工务段，对 39 号道岔可动心轨的各部技术尺寸进行了测量，测量数据如下：

①尖轨 20 mm 断面处宽度测量。实际测量 19.72 mm，规定标准 20 mm，公差±0.5 mm。

②尖轨尖端高度测量。实际测量距顶面高度 24 mm，规定 23 mm，公差 0、－1 mm。

③尖轨断面 20 mm 处高度测量。实际测量距顶面高度 6 mm，规定 5 mm，公差±0.5 mm。超过标准 0.5 mm。

④尖轨尖端断面 20 mm 处有车轮压痕。根据中铁山桥集团有限公司提供的理论数据，尖轨尖端断面 20 mm 处前，尖轨不能承受垂直力，但是该尖轨尖端断面 20 mm 处前 120 mm 范围内，有车轮的明显压痕，说明提前受力，属非正常受力状态，不符合设计原理。

⑤距尖轨尖端 190～430 mm 范围内，尖轨作用面设计为半径 5～20 mm 防爬圆弧过渡段，现场目视检查，过渡段没有防爬圆弧，基本成折角状态。

工务处、安监室对线路进行了检查。结果如下：轨道几何尺寸没有超限处所、各种零配件齐全有效、轨枕无失效、道床无翻浆冒泥。动态观察 39 号道岔没有空吊现象。

(3)现场勘查情况

①事故车的 2 位轮对脱轨，左右侧车轮轮缘磕伤，其中右侧严重、左侧较轻。

②事故车辆 3、4 位闸瓦及插销丢掉，并在脱轨后距离脱轨点 400 m、680 m 处将丢掉配件拣到，经复原为事故车配件。经分析造成该配件脱落的原因是脱轨后振动所致。其他配件齐全。

原因分析：

根据对可动心轨尖端技术数据的测量和现场痕迹的分析确认，造成列车脱轨事故的原因是：

(1)距尖轨尖端断面 20 mm 处有车轮压痕。尖轨尖端处提前受力，属非正常受力状态，破坏了车轮的运行轨迹。

(2)距尖轨尖端 190～430 mm 防爬圆弧过渡段，现场目视检查圆弧基本成折角状态，改变了车轮与尖轨顶面的接触状态，增加了轮轨之间摩擦力，失去了克服车轮上爬的复原功能，加之脱轨车辆为转 8 型转向架，横向摆动大、动力学性能较差，致使车轮爬上轨面造成脱轨事故。

防范措施：

要加强铁路施工单位制造加工工艺的改进，并对类似缺陷进行及时有效的处理。

7. 车辆脱轨事故

事故概况：

某列车机后 1 辆、机后 2 辆全车脱轨，机后 3 辆前转向架脱轨，脱轨后走行 63.10 m。

现场调查情况

(1)脱轨现场勘察

脱轨前爬轨点位于 9 号道岔调车运行方向右侧曲上股，距尖轨尖端 3.05 m 处。脱轨后右侧落轨点位于距 9 号道岔尖轨尖端前 650 mm 线路外侧；左侧落轨点位于 9 号道岔尖轨尖端前 100 mm 线路内侧。爬轨后在钢轨面走行 3.15 m 后落轨。

(2)调车作业情况

(3)号翻车机翻完 22 辆球团，正在翻 5 辆粉状货物中的第一辆时，总调通知物流中心翻车机人员，将 5 辆粉状货物调到老烧翻车机卸车，随后物流中心翻车机人员停止了正在翻卸的车辆，车上货物翻卸出约 45 t，车上货物剩余约 25 t，剩余货物留在车辆的左侧。站调下达了调车作业计划，计划 3 号翻车机回空线挂 27 辆，经 1 道走行线到 3 号车场摘 22 辆，老烧翻车机摘 5 辆。当车列运行到料场 9 号道岔处，机后 1 至 3 辆脱轨(机后 1 辆先脱轨，将机后 2 辆、3 辆带脱轨)，脱轨时机车运行速度为 10 km/h，脱轨车辆均为重车。

(4)现场对 9 号道岔测量情况

1)转辙部分：①尖轨尖端处轨距 1 452 mm，水平 12 mm(超临修 2 mm)。②尖轨中轨距 1 425 mm(超临修 16 mm)。③尖轨跟端：直 1 434 mm，水平 16 mm(超临修 6 mm)；曲 1 453 mm(超临修 8 mm)，水平 20 mm(超临修 10 mm)。

2)导曲部分：①直线：前 1 431 mm(超临修 1 mm)，水平 10 mm；中 1 431 mm(超临修 1 mm)，水平 12 mm(超临修 2 mm)；后 1 432 mm，水平 6 mm。②导曲线：前 1 458 mm(超轨距容许最大值 2 mm)，水平 6 mm；中 1 455 mm，水平 0 mm；后 1 455 mm，水平－4 mm。

原因分析：

因机后 1 辆剩余货物偏载，当车列运行到 9 号道岔曲线时，由于车体向左侧倾斜，右侧轮对向上浮起，加之 9 号道岔转辙部分和导曲线部分超限，导致右侧车轮爬上轨面。

防范措施：

站调度人员应快速有效安全地进行装卸车作业，以避免货物偏载。工务相关人员应加大巡道护道检查的频数保证铁轨安全

8. 轧脱轨器脱轨事故

事故概况：

列车于某站 3 场 3 道停车，准备折返开行，前部检车员摘开机车后车列两端使用电动脱轨器进行安全防护，车列端部距电动脱轨器 80 m 左右。

机车经 3 场 1 道转线回 3 场 3 道，当机车距脱轨器 25 m 左右，司机才发现，使用单阀采取紧急制动不及，轧上列检作业防护的电动脱轨器后，机车第 6 轮脱轨。

原因分析：

机车在站内3场转线挂头时，由于司机间断瞭望，没有确认防护信号，造成机车轧上列检脱轨器脱轨。

防范措施：

司机应严格执行作业标准化，注意瞭望，确认信号。

9. 旅客列车脱轨重大事故

事故概况：

某车站施工调度命令，更换下行线1、7、9号提速道岔液压转辙机。影响范围是：上行各出站信号机停用，绿色许可证发车；下行各进站信号机停用，引导接车。

助理员接电A次进入4道停车(电A次待避后续的B次客车)；6时56分值班员分别命令南头扳道员和信号员准备B次Ⅱ道通过进路，7时左右，值班员接到进路办理完毕的通知后，填写了B次Ⅱ道出站的绿色许可证。核对后，派助理值班员接B次，并递交许可证。7时05分，B次机车副司机接到许可证后通过了车站。

按照分局调度员下达的B次旅客列车通过后，开4道电A次货物列车的指示，值班员张本发填写了绿色许可证，核对后。值班员报告了值班站长。站长指派信号员去送4道电A次的许可证。B次通过后，值班员向列车调度员报点，调度员询问值班员："是通过快，还是起车快?，值班员回答：还是起车快。调度员又说：那11号岔子不得摇吗？值班员回答说：11号能扳，不用摇。"这时，值班站长听到调度员与值班员对话后，就解锁11号道岔单操锁闭按钮，扳动道岔到反位对向4道。当监控干部发现11号道岔在反位，就喊了一声："B次还未出站，赶紧定位"。值班站长于7时08分解锁11号道岔，但B次在7时07分49秒已压入11DG绝缘道岔区段，道岔不能扳动。7时08分5秒列车压过11号道岔，造成B次机后第5位、7位的一位转向架脱轨。

原因分析：

车站值班站长严重违反《技规》162条、171条行车工作统一指挥的原则和集中操纵道岔的有关规定，擅自将信号员派出送绿色许可证，擅自顶岗，严重违章作业，在没有得到值班员允许、没有接到南头扳道员B次列车出清报告的情况下，擅自办理4道A次货物列车发车进路，扳动了11号道岔，破坏了B次旅客列车进路，造成B次旅客列车爬上11号道岔，致使机后5、7位车辆脱轨。是造成这起事故的直接原因。

监控干部违反车务段施工作业非正常行车时干部上岗监控的规定，没有对调度命令、行车凭证、按车进路准备情况进行监控，更没有填写非正常情况下接发列车程序卡控表，是造成这起事故的重要原因。

防范措施：

干部职工要认真吸取这起旅客列车脱轨重大事故教训，举一反三，采取有针对性的防范措施，严肃纪律，深查安全隐患，迅速扭转当前的安全被动局面。

(1)认真吸取事故教训，增强干部职工的责任意识。对这起事故，要认真吸取这起事故的惨痛教训，要从职工作业、干部作风、专业管理、逐级考核等方面进行认真的剖析，使干部职工做到"四个清楚"：即：事故经过清楚、事故原因清楚、事故教训清楚、整改防范措施清楚，切实增强干部职工安全生产的紧迫感和责任意识。同时，要由责任单位和事故责任者到各分局现身说法，在全局开展安全警示教育，重点教育干部职工增强遵章守纪的意识，职工严格落实基本作业制度，干部严格履行基本职责。

(2)强力推进安全生产专项整治工作,及时消除安全隐患。

10. 站内轨道车脱轨事故

事故概况:

轨道车到达车站二场Ⅰ道。16 时 09 分,二场信号楼值班员指示信号员排列了由 1 道去工务小车线的调车进路,16 时 11 分,当轨道车越过 212 号道岔未全部出清时,信号员仅从控制台上观察红光带消失就认为轨道车已全部进入小车线,在未执行车机联控制度、未确认轨道车行进位置的情况下,盲目扳动 212 号道岔,致使与其联动的安设在小车线上的防护脱轨器复位,该次最后一辆轨道车后台车轧上脱轨器后脱轨,构成一起调车脱轨事故。

原因分析:

(1)信号员在未执行车机联控制度、未确认轨道车行进位置的情况下,仅从控制台上观察红光带消失就认为轨道车已全部进入小车线,盲目扳动 212 号道岔,致使与其连动的安设在小车线上的脱轨器复位,造成该次最后一辆轨道车后台车轧上脱轨器。这是造成这起事故的主要原因。

(2)值班员对轨道电路分路不良区段的调车作业没有进行认真布置,没有提示、监视信号员的办理过程。这是造成这起事故的重要原因。

防范措施:

车站作业人员应严格执行《行规》、《站细》规定,指派人员现场检查。信号员执行调车作业钩钩联控制度,在不确认轨道车具体位置,未得到轨道车司机联控报告的情况下,不得盲目恢复 212 号道岔定位。

11. 断轨造成的货物列车脱轨事故

事故概况:

某货物列车以 17 km/h 速度经过 153 号道岔处,由于运行方向左股导曲轨折断,造成机车前一轴脱轨,机后 1、2 位车辆脱轨,列车运行 54.45 m 后停车,未中断正线行车。构成行车一般 B 类事故。

现场调查情况

线路情况

(1)钢轨断口情况。在 153 号道岔导曲部曲上股距离辙叉前 970 mm 处折断,产生水平错牙 20 mm、高低错牙 15 mm。

轨底角外侧下部有一处长 15 mm,向轨底方向延长 5 mm、向轨角上方 2 mm 的陈旧性伤痕;该处由轨底角开始向轨底和轨底角上方有一个 8 mm 扇形黑核(钢轨探伤盲区);断口处轨头使用钢轨侧磨尺测量,侧磨 9 mm(规定轻伤 14 mm、重伤 17 mm)。

(2)钢轨自然情况。153 号道岔 50 kg/m9 型渡线交叉道岔,木枕,碎石道床。

原因分析:

由于轨底角外侧下部陈旧性伤痕,在此处产生应力集中,造成钢轨在此处产生核伤。当列车通过时,在横向力的作用下,钢轨在核伤处产生拉应力,致使钢轨撕裂性折断,断口处于导曲线上股,在列车横向力的作用下产生错牙,致使机车前一位左侧车轮在错牙处距离钢轨作用边 16 mm 处爬上轨面,同时,后续 1、2 位车辆的车轮相继在此处爬上轨面,造成机车和 1、2 位车辆脱轨。

防范措施:

这起事故是由于设备失修、日常漏检所造成的

(1)153 号道岔导曲部曲上股钢轨长期侧磨，然而只是进行了更换，并未注意到原有的缺陷，以致于有明显缺陷的钢轨上道使用且有缺陷的处所位于受横向力最大的不利位置。所以更换前要对钢轨进行认真的检查与分析。

(2)道岔失修，基础稳定性不好，道岔扣件密靠不严。现场检查道岔设备，虽然没有轨道几何尺寸失格处所、扣件失效的问题，但从断缝处两钢轨上下产生高低差分析，说明两根岔枕间的基础强度不同，道岔的基础还不够稳定，维修工作还有欠缺；从断缝处两钢轨在水平方向产生的错牙分析，说明岔枕上的扣件没有紧密的靠严钢轨轨底，在列车车轮横向力的作用下钢轨产生水平位移，造成水平方向错牙。

(3)巡道记录未表明发现问题，应更仔细的进行日常巡道。

12. 货物列车脱轨事故

事故概况：

助理值班员发现列车尾部 43 辆左右底部冒白烟，通知值班员和司机。停车后，机后 41 位至 47 位车辆颠覆，40 位、48 位、49 位车辆脱线，机后 9 位、10 位车辆分离 300 m。车辆脱轨、颠覆是因机后 40 辆的 1 位车轴 1 位端轴颈卸荷槽处发生冷切轴所致。

车轴冷切断面距轴颈端面最长 219.8 mm、最短 207.6 mm，断面旧痕面积占断面面积的 50%左右，断面裂纹源点弧长仅 50 mm，裂纹源区较小且无核。

原因分析：

通过调阅冷切轴轮对检修的有关原始记录，追踪切轴轮对的整个检修过程，车辆段严格执行了《轮轴微机控制超声波自动探伤机探伤工艺规程》、《轮轴微机控制超声波探伤机作业标准》及产品使用说明书中的操作规程。开工前对 034 号微控超探设备实施的日常性能校验符合设备生产厂家所确定的设备校验程序，且校验结果显示性能良好。

由于某些车辆段单纯的依赖机控作保证，对新设备没有采取谨慎的第二道安全防线，没有考虑到微控探伤设备自身存在的一定缺陷，对该微控超探设备隐含的对轴颈卸荷槽部位裂纹检测还不够可靠的隐患失去了防范，使该设备出现的漏探和误判没有得到有效的控制，最终发生了 1564 号车轴的冷切事故。

冷切轴轮对组装及运用时间较长。从第一次组装至今已运用 20 年 11 个月 25 天。根据铁道部运装货车《关于全面加强轮轴检修工作的决定》运用时间达到或超过 20 年的 RD_2 型 40 钢车轴一律推卸轴承，对轴颈卸荷槽进行磁粉探伤检查，轮对一经解体不再重新组装；运用时间达到或超过 22 年的 RD_2 型 40 钢车轴一律报废。据此规定，1564 号车轴已接近报废期限。该轴距段修期限也仅 25 天。

防范措施：

(1)要加强安全意识，采取超前防范措施。

提高新投入使用的设备的重视，及时采取有效的控制手段。对该切轴轮对进行超探的是刚刚投入使用的新设备，在检修质量由人控转向机控的过程中，要加强对微机控制轮轴超声波自动探伤机在使用过程中可能出现的新情况和新问题的估计，及时预见到设备本身存在的缺欠。

(2)要采取超前的段修质量防范措施，消除轮对安全隐患。发生冷切事故的轴接近报废期。要加强对高速、重载带给车辆的新的更高的安全质量要求的认识，要站在铁路跨越式发展的高度着眼于货车检修工作。充分认识已接近报废期的车轴的潜在的安全隐患，采取超前的段修质量防范措施。

13. 旅客列车运行途中发生脱轨及重大、大事故

(1)旅客列车运行途中发生脱轨及重大、大事故时，车辆乘务员应明确责任，做好以下 4 项工作：

①车辆乘务员必须明确，行车重大、大事放发生后，最要紧的任务是尽快开通线路和勘察现场，查找原因。因此必须做到、恪尽职守、保护现场、顾全大局、服从统一指挥。

②当有查询或了解事故有关情况时，应取谨慎、积极态度，在确认查询人员系事故现场临时调查处理小组成员或事故调查处理委员会成员后，应积极配合工作，并服从统一指挥和调动，在无正当理由情况下，不得拒绝接受查询和提供与事故有关情况。

③因抢救人员，防止事故扩大以及疏通交通等原因，需要移动现场物件时，应当做出标志，绘制现场简图写出书面记录。妥善保存现场重要痕迹和物证。

④车辆乘务人员必须严格执行一次往返作业标准，认真检查车辆，详细记录有关数据，对包乘车辆的技术状态应随时做到心中有数。这样，才能有备无患，事故后能说清楚，讲明白，有利于正确判定事故原因。

(2)旅客列车中途发生脱轨及重大、大事故时，详细检查车辆技术状态是车辆乘务员在事故发生后一项重要任务，车辆乘务员必须保持清醒的认识，要排除干扰，努力做好以下 7 项工作。

首先检查脱轨或颠覆车辆并作成记录，重点检查以下项目：

①转向架、悬吊装置，尤其是电机、皮带轮、蓄电池箱、风缸、制动缸等零部件有无脱落或破损、擦损，轴箱支柱有无裂纹和弹簧散落情况。如有，须判明先期还是事故后造成。

②发生事故时轴温报警器记录数据，轴箱温度，有无断切油，轮对各部有无缺损，踏面有无擦伤、剥离，轮缘有无碾堆、锋芒等。如有，须注明程度。

③基础制动装置配件有无脱落，断裂。如有，须注明新旧痕迹。

④车钩连接状态，车钩防跳装置捆扎情况，在可能的情况下，须检查开、闭锁状态，并注明前后钩位置。

⑤对外届车辆还须记录定检日期。

⑥折角塞门固定情况及开、闭位置。

⑦在进行上述六项工作后，初步判定事故车辆破损程度。

其次，对列车编组中未脱轨车辆应逐辆作详细检查，确认可继续运行的情况下，报现场指挥小组，并提出前方站加强检查和相应的速度等要求，以防止事故扩大。

(3)旅客列车中途发生脱轨及重大、大事故时，车辆乘务员在事故发生后，应立即与运转车长、司机取得联系，在确认排除列车冲撞、破坏、爆炸、线路障碍等外部因素后，应迅速查明事故有关情况，具体工作有 5 项：

①记录事故发生日期、时分、列车车次、编组辆数、颠覆和脱轨辆数及其位数、车号。

②记录事故发生地点，区间(有桥梁、隧道时须注明)，曲线半径，上、下坡道(看路标)，第一辆脱轨车的地点、位置及与末辆脱轨车辆之间的距离。

③记录机车型号、车号、司机姓名，运转车长、列车长姓名，事故发生时列车运行速度。

④记录线路损坏情况，判断并记清 6 种痕迹：

a)有无钢轨移动痕迹。

b)有无车轮爬轨痕迹。

c)有无断轨痕迹。如有，须判明新、旧痕。

d)有无轮对踏面、轮缘撞击钢轨岔轨或轨头、岔尖的痕迹。

e)有无轨枕被轧痕迹。如有，须注明被轧程度和数量。

f)因受外力损坏或变形的线路设备，配件有无撞击痕迹等。

⑤记录颠覆或脱轨后的车辆位置与地点，并绘制现场原始示意图。

(4)车辆乘务员在中途和停车站发生事故后须作以下的记录：

①发生事故的地点、站名或途中公里处所，列车运行速度，按运行图的停开时分，实际停、开时分，实际停车时间。

②发生故障的车辆、车型、车号、位置、机后第几辆、装载情况，定检日期。

③有关人员的姓名代号：机车型号、号码、司机姓名、运转车长姓名、车站值班员姓名、代号和其他有关系人员姓名。

④故障名称和处理，确认的原因和处理经过。

⑤向事发地段、局报告发生事故的时间等。

(5)旅客列车发生行车事故时，车辆乘务员除应采取措施，迅速抢救，尽量减少损失外，还应立即将发生的行车事故报告所在铁路局的车辆调度、本铁路局车辆调度、主管领导及有关部门。报告事项如下：

①发生的年、月、日、时、分。

②发生的地点(区间、公里、米)。

③列车车次、车号、位数、司机、运转车长、列车长、车辆乘务员等有关人员的姓名。

④行车事故发生前的情况、客车损坏情况及事故发生的原因。

第十二节　其他事故案例

1. 责任晚点事故

事故概况：

旅客列车在运行到某站时，由于值班乘务员忘记叫班，造成规定作业时间内没人连接风管导致列车延续晚点 6 min。

原因分析：

车辆乘务员未执行有中部向端部作业的规定，而是违反有关规定采取了反方向作业，没有及时发现与平行作业的另一名乘务员，没有下车作业，自控、互控失去作用。同时没有执行“叫醒制度”，导致乘务员在车站晚起。

防范措施：

一是修订乘务员提前叫班制度，要求值班乘务员提前叫班制度，执行值班乘务员提前 20 min叫醒间休乘务员，做好到站作业准备。二是由主管领导亲自负责，督促有关科室细化乘务指导添乘检查办法；明确检查的频次，发现问题的数量，检查的重点内容，实施严格考核和量化联挂，以此来规范乘务员的作业行为。

2. 列车线路有异物停车事故

事故概况：

调车机在某站准备转线作业，发现上行线有一黑色大胶皮，立即通知该站站值班员。值班员立即报告行车调度员，同时通知公安派出所到现场。行车调度员通知值班员上行线处有异物。要求调车机停车，值班员用车机联控通知司机说：上行线处有异物，注意运行，影响行车立即停车。该次列车司机运行中发现有异物，采取了停车措施。构成 D 类事故。

原因分析：

由于线路上有施工单位在施工，对准备使用的聚乙烯海绵板压盖不牢，被风掀起后吹走，造成此次停车。

防范措施：

铁路施工人员应严谨作业，监工人员应严查严防施工中的隐患，做到不返工不误工，处理好施工中的屋子保证施工质量。

3. 道岔尖轨折损故障

事故概况：

列车计划 4＋9、12－9，4 道回本列开车。排列该车回 4 道调车进路时，发现 5/7 号道岔反位无表示，值班员立即在“行车设备检查登记簿”登记，通知电务、工务、公安现场确认。经调车员、电务信号现场确认，7 号道岔反位侧尖轨裂纹，不能向专用线方向放行列车，车站立即报列车调度员。经工务确认，7 号道岔反位不能放行列车，工务在“行车设备检查登记簿”内登记“定位可以放行列车，经 7 号道岔处限速 15 km/h，道岔加锁”。随后列车调度员下达经 7 号道岔运行的限速命令（限 15 km/h）。经现场应急处置后，列车开始阶梯提速。耽误行车 1 h 55 min，构成设备故障。

（1）断轨处勘察

7 号道岔断裂处距电务转辙机第一牵引点 3.62 m，距第二牵引点 1.77 m，距尖轨尖端 4.01 m。尖轨非作用边一侧有三分之二垂直裂纹，尖轨作用边顶端有三分之一相连（金属光泽）。由于该尖轨扭曲变形导致道岔无表示。

（2）电务情况

电务值班员听到报警立即到运转室，发现 7 号道岔反位无表示，拨动 3～4 次发现反位无表示，立即到现场检查，发现 7 号道岔对专用线曲股尖轨第 8 块滑床板上轨底有约 5 mm 缝并错位 20 mm 左右。上边有连接。

（3）工务情况

工务段接到工务处调度电话通知灯塔站上行出站方向 7 号道岔反位无表示，立即通知苏南线路车间。经灯塔线路工区工长现场检查发现，该组道岔曲股尖轨（运行方向右侧）距尖轨尖端 4.01 m 处弯曲变形（对应沈大线里程 K352＋858 m），导致反位无表示。工长立即进行临时处理。

原因分析：

经对断裂尖轨检查鉴定，裂损源：一是从非作用边向作用边方向发展，裂损三分之一；二是从轨底向轨顶面方向发展，裂损三分之二，尖轨轨腰距轨底 40 mm 处有一处 30 mm×20 mm 旧痕。工务段车间手检组检查不细，未及时发现尖轨底部裂纹，导致道岔尖轨折损故障的发生。

防范措施：

工务段手检组应加强平时检查，严格安全教育，明确工作细节避免一人漏检层层漏的现象发生。

4. 关于道岔无表示事故

事故概况：

机车运行至某站站上行出发场的 402 道岔后，车站操作 402 道岔恢复定位时，发现 402 道岔无表示。经电务现场检查发现，402 道岔连接杆 3 位方钢被刮弯曲，道岔不能使用，经道岔加锁后，按非正常办理。

现场检查发现，402 号道岔第 3 连接杆(方钢)弯曲，在方钢(40 mm×40 mm)中部左侧前上角有刮痕。拉杆向列车运行方向最大弯曲度 90 mm，并向上翘 50 mm。

原因分析：

综合分析认定，地检人员及乘务员没有检查发现拉杆弯曲，机务段乘务员也未能发现闸瓦吊制动拉杆弯曲，运行中刮碰不良的道口铺面，不断打击增加了制动拉杆向下弯曲的程度，交接乘务员也未发现弯曲的制动拉杆，再次带隐患运行，直至运行 402 号道岔处，向下弯曲的拉杆将道岔第 3 连接杆的螺栓兜住，造成连接杆变形，导致道岔无表示。构成客车 C 类事故。

防范措施：

(1)库内整备，机车走行部各部件安装必须保证标准。

(2)道口铺面要保证状态良好，必须做到“稳、固、牢”。

(3)机车乘务员要落实标准化作业。抓标准不能走形式，要确定必看部位，必检标准，做到早发现、早处理，真正发挥最后一道防线的作用。

(4)全线、全程、全覆盖检查机车车辆以避免此类事件的再次发生。

5. 列车坡停事故的调查报告

事故概况：

列车行至某处(该处为连续上坡道，线路最大坡度为 6.5‰)，由于天降小雨，机车空转不断，司机采取撒砂制止空转无效，速度持续下降，司机被迫使用常用制动停车。停车后司机接连多次起车未成功，司机确认列车无法继续运行，请求救援。

机车沙箱检查情况。机车右侧 1 位沙箱剩余沙子不足沙箱的三分至一，其他 3 个沙箱剩余沙子是沙箱的三分之二。说明只有 1 个沙箱出沙顺畅，其他沙箱出沙并不顺畅。箱内沙子的质量相同。

原因分析：

(1)机车乘务员操纵不当。从机车运器分析，出站后，天气降雨，机车发生 6 次空转，司机采取的措施是撒沙，没有回手柄制动，由于有 3 个沙箱出沙并不顺畅，撒出的沙子数量不够，车轮与钢轨间的黏着力没有达到牵引力的要求，第 7 次空转后采取回手柄和撒沙措施已控制不住机车空转。

(2)由于列车运行至该站时天气降雨，减少车轮与钢轨的黏着力，加之列车牵引吨数超 3 t，降低了机车的牵引力，加剧了机车连续空转。

防范措施：

当出现机车空转时，应及时洒砂并视情况配合回手柄操作，乘务员平时应严格认真检查设备，避免此类事件发生。

6. 列车晚点事故

事故概况：

某列车到达 2 站台客 4 道，由客列检 4 组 4 人作业，此站需要换机车，进行摘头作业；连挂机车接制动软管，进行充风，在充风中机车与车辆连接处提出风管连接部位有轻微漏风，在机后 1 左侧的客列检检车员锤敲软管连接处进行处理，此时随车车辆乘务员以为客列检检车员要摘解风管处理，将机车折角塞门关闭，此时，车辆乘务员将机车折角塞门关闭处理；客列检检车组长发现乘务员关闭机车折角塞门后，立即让其将塞门打开，对列车进行冲风。对列车进行制动机简略试验，正赶上车辆乘务员开折角赛门，列车出急闸。因副风缸风没充满风，制动后不保压，撤除防护号志，车站给发车信号，司机不开车，司机提出保不住压不开车，值班员让司机再下闸，制动机简略试验良好。此时，车站取消开车信号，随后恢复开车信号，列车顺延晚点 24 min。

原因分析：

经对有关人员的调查了解、对添乘的电话询问及对列车运行监控记录的综合分析认为：

客列检检车员在连接机车与车辆风管时未将连接器接好造成连接器胶圈密封不严漏风，是列车不保压长站开晚点 24 min 的原因。

防范措施：

列检人员应严格要求，谨慎工作作业一次到位不返工。

7. 平车端板脱落刮坏信号机事故

事故概况：

某货物列车在车站通过时，机后第 5 辆二位端板脱落，将车站下行进站信号机接线刮断，造成进站信号机内侧轨道电路出现红光带，构成列车运行刮坏行车设备险性事故。

现场勘察(车辆勘察)

(1)该列车到站后，经列检检查确认该车运行方向后部(现车二位)平车端板折页座焊接处开焊，端板丢失，折页座长 100 mm、高 75 mm 四周满焊，全部新痕。

(2)端板脱落后，打在机后第 6 辆前部右侧，造成该车右侧手制动机手轮变形、手闸台断裂、1 位钩提杆弯曲。

(3)车辆集装箱锁头及端板高度确认。经现场实测，平车端板关闭位高度为 260 mm。锁头工作位高度为 95 mm。

原因分析：

(1)根据端板焊缝的开焊情况和磨损程度分析，端板应受较大外力撞击后发生开焊，但没有倒下(由于插销的作用，使端板与折页座形成一体)，由于受列车运行的振动影响，在运行途中端板倒向车体内侧，发生脱落。

(2)从第 6 辆车右前部的撞击破损程度分析。端板右侧先脱离原有位置，左侧仍受端板折页座部分限制，在运行中右侧滑落撞击第 6 辆车手制动机、手闸台及钩提杆，并继续滑落，刮碰线路右侧道床，最后脱落到路肩上。

防范措施：

列车到站后货运员应认真确认车辆的完好度排除事故隐患吊车司机和司索工作业时应按标准作业，在起吊过程中重箱严禁摆动以免刮碰，安全作业。

8. 列车油箱底部护板脱落事故

事故概况：

列车通过车站时，接车助理值班员发现列车运行到北部岔区处有异响和一股白烟，立即报告车站值班员，值班员立即通知值班干部，电务、工务人员到现场检查，发现 6 号和 4 号道岔防尘罩被打坏，继续向前检查发现在下行线左侧有一块薄铁板，长约 1.5 m，宽约 1.0 m 呈不规则卷状，立即通知行调前方停车检查。

原因分析：

经现场检查分析认定由于固定铁皮护板的铆钉腐蚀损坏，在列车运行当中造成该护板脱落，将上述车体配件击打。

防范措施：

经常受到锈蚀，腐蚀的车辆配件，要加强日常的检查力度和频次，防止因腐蚀严重突然发上断裂。

9. 站内因车辆故障没有装车事故

事故概况：

某车站有54辆车，因车辆故障没有装车

原因分析：

(1)故障车为24辆。该24辆车多为混编列车，在前一站重新编组，而到达时车站已停止修车，列检摘车待修的车辆无法处理。

(2)列检在作业中如发现故障应插红票，卸空后送附近站修作业场进行修理。

防范措施：

(1)各列检要加强对排空车的检查，对于影响装车的车辆故障及时处理，若现车无法处理时要扣入站修进行处理。

(2)在列检设立临修组，对临修故障在侧线进行处理，确保车辆技术状态良好。

(3)要求车辆处加强对循环车组的定期检查，发现故障及时扣修。

10. 发现线路有人采取紧急制动停车事故

事故概况：

列车运行途中司机发现距列车运行前方约250 m左右处，线路左侧有两名穿黄马甲的工作人员突然上道。司机立即采取紧急制动措施，同时鸣笛示警，列车在距两人约40 m左右时，两人从左侧下道。列车停于区间4 min。

原因分析：

事故发生的原因：一是工务人员不与车站联系，在车站不设驻站防护员；二是进站作业不从车站进站，而是通过专用线门进入站内作业，造成在无防护、无监控条件下作业，由此产生处拨道作业时，2人违章上道，被司机发现后停车。

防范措施：

(1)工务系统作业时应与车站联系，在车站设驻站防护员。

(2)进站作业时应从车站进站，禁止通过专用线门入站。

第八章　城市轨道交通车辆维修工艺及设备

第一节　车辆检修限度与工艺管理的基本内容

车辆检修限度是指车辆在检修时,对车辆零部件允许存在的损伤程度的规定。例如对车轮这个零部件,规定了踏面损伤深度小于 0.5 mm;擦伤长度小于 40 mm;车轮直径大于 770 mm;轮缘厚度大于 26 mm,等等。检修限度是一种极为重要的车辆规章制度。检修限度制定得合理与否,不仅直接影响到车辆的质量和运行安全,而且与车辆检修的成本和经济效果相关。因此,合理地制定检修限度标准,对车辆运营具有重要的意义。

一、车辆检修限度的分类

1. 原型尺寸

车辆零部件的原形尺寸及配合原始间隙是车辆设计制造时的允许公差和间隙,是根据车辆设计性能要求、材料性质、加工工艺、使用条件和经验资料确定的。

2. 运用限度

运用限度是允许车辆零部件存在的损伤的极限程度,是零部件能否继续运用的依据。车辆在日常运用中,当零部件的损伤程度达到运用限度时,即表示损伤已达到了极限的损伤状态,则该零部件就不能继续使用,必须进行修理或更换,才能保证列车的安全运行。

3. 修理限度

修理限度是指城市轨道车辆进行定期各级计划检修时应控制的检修限度。一般分为架修限度和大修限度两种。架修限度和大修限度是车辆进行架修和大修时,零部件允许存在的损伤程度的规定,也是检验损伤修复后是否合格的依据。如架修限度尺寸,它的确定原则是零件和配合的磨合程度。在这个架修限度内,其磨损表面应有足够的磨损余量,保证到下一个架修或大修前不失效。而大修限度的确定原则是车辆零部件的尺寸必须恢复到原设计所规定的原形尺寸和配合尺寸。

车辆检修有多种检修限度,但并不是所有零部件都具有上述全部检修限度的规定。某些零部件只有架修和大修限度,因此在运用限度中,对其损伤程度不作具体规定;类似地,有的零部件只有运用限度的规定,说明该零部件的这种损伤一旦出现,必须通过加修或更换以恢复其原形尺寸。

二、确定车辆检修限度的原则

1. 确定运用限度

确定运用限度(最大检修限度)时,原则上应从衡量该零件在什么条件下不能正常工作为出发点,来确保行车安全。然而,零件损伤到什么程度就会失效是一个比较复杂的问题,不能通过理论计算来确定。为了确定运用限度,首先要分析该零部件的工作条件,调查统计常见的损伤情况,并结合长期的实践经验,以及经济上的合理性与技术上的先进性等原则,综合分析比较后方能确定。

确定运用限度主要考虑的问题如下：

(1)零件本身的正常工作条件。损伤程度是否破坏了正常工作条件或者损伤程度是否使已有的损伤迅速发展而达到危险的程度。例如，轴颈磨损后的最小直径、整体车轮轮辋的最小厚度、底架各梁腐蚀的最大深度和最大面积、轴类和杆件裂纹的最大深度和最大长度等最大检修限度，都是以正常工作条件为基础而确定的。

(2)零部件之间配合的正常工作条件。许多零件损伤的最大限度，除考虑零件本身的正常工作条件外，还要从损伤对零件在部件中与其他零件的配合工作条件的影响程度来确定。例如，车轮踏面的最大磨损限度就是由轮轨间的正常配合工作条件来确定的。又如销与孔的配合，车辆上有大量的销类与孔类的配合，其最大磨损限度，不能只考虑零件本身的强度条件，主要应从销与孔配合的间隙大小来考虑。

(3)车辆运用的安全性和平稳性。许多运用限度的确定，不仅要考虑零件本身或配合工作条件，还要以对车辆运行的安全性和平稳性为出发点来确定

(4)车辆运营的经济效益。运用限度的确定，还要考虑经济、技术上的合理性。

2. 确定修理限度

确定修理限度的基本原则是，修理限度必须符合修程规定的技术质量要求。它是决定零部件在某个修程中是否修理，以及修后质量及装配要求是否合格的检验标准。

确定修理限度主要考虑的问题如下：

(1)保证零部件安全运行到下次架修或大修。

(2)各级修程之间的相互配合。

(3)在保证质量的前提下，尽量节约人力、物力和财力。

三、工艺管理的基本内容

各种制造企业，包括维修企业，生产或维修的产品类型、规模各有不同，但是其工艺管理一般均应包括下列各项具体内容。

1. 工艺基础工作

工艺基础工作包括以下内容：

(1)工艺标准化。

(2)制定与贯彻工艺管理规章制度，明确责任和权限，参与工艺纪律的考核和督促检查。

(3)工艺情报信息的收集、整理、分析和研究。

(4)开展工艺培训。

2. 产品生产(维修)的技术准备

产品生产(维修)的技术准备包括以下内容：

(1)设计的工艺性分析和检查。

(2)工艺方案设计和工艺规程编制。

(3)工艺定型(工艺定型包括技术验证、材料消耗定额和工时定额验证、专用工艺装备生产验证，通用工艺装备标准的制定等)。

3. 日常工艺管理工作

日常工艺管理工作，是要保证产品质量的稳定和提高。最大限度地提高劳动生产率和减少物耗，实现文明生产和改善劳动条件等。

日常工艺管理的工作内容一般包括以下几方面：

(1)分析产品的工艺流程，及时发现和纠正工艺设计上的差错，不断总结工艺实施过程中的各种先进经验，并加以实施和推广，以求工艺过程的最优化。

(2)组织职工学习工艺文件，切实掌握工艺要求。

(3)监督和指导工艺文件的正确实施，严格贯彻工艺纪律。

(4)保持工艺文件的完整和统一，确定工序质量控制点，规定有关管理和控制的技术内容。

4. 工艺装备的设计和准备

工艺装备的设计和准备包括以下内容：

(1)提出专用工装设计任务书。

(2)采购标准工装，设计和试制专用工装，并进行验证。

(3)对采用工艺装备的经济评价。

(4)工艺装备的管理。

5. 工艺研究和修改

工艺研究和修改包括以下内容：

(1)贯穿于产品开发和制造各阶段的工艺研究，考虑结构工艺性。

(2)围绕提高产品质量、提高生产效率、降低成本进行研究。

(3)利用研究成果整顿和修改工艺。

第二节　车辆修理的生产组织及工艺过程

一、车辆修理的生产过程

生产过程有狭义和广义之分。狭义的生产过程是指从原材料投入生产至生产出成品的全部过程；广义的生产过程是从生产技术准备至生产出成品的全部过程。生产过程的基本内容是劳动过程，即劳动者利用劳动工具，按照一定的步骤和方法，直接或间接地作用于劳动对象，使其按规定的目的变成产品的过程。生产过程的进行，在某些条件下还需要借助自然力的作用，使劳动对象发生物理的或化学的变化，例如自然冷却、时效、干燥和发酵等。在这种情况下，生产过程便是劳动过程和自然过程的有机结合。

生产过程通常有以下 3 项基本活动：

(1)转换。通常称为加工过程或工艺过程。它的功能是通过加工工序的流动，转换工件的形态。工序是一个或一组工人，在一个工作场地上对同一种劳动对象连续进行加工的生产活动。如果超出一个工作地的范围、就算作另一道工序。典型的加工工序有。变态工序(低熔点合金的配料熔化)、变形工序(铸、锻、模塑、冷拔、压力加工、高能成形等)、分离工序(金属切削、磨削、冲压、各种精加工)、连续工序(焊接、铆接、胶接)热处理工序(淬火、退火、调质)、表面处理工序(喷镀、油漆、阳极化)以及装配工序等。

(2)运输。它的功能是在工作场地之间移动工件，一般称材料搬运。运输是生产过程的必要活动，但它不是直接转换工序，它不创造使用价值和增加价值，而却会增加生产成本。所以应减少或消除这种活动。

(3)等待。它包括库存、自然过程和生产过程中的停滞(等待)。通常等待是由于转换和运输功能之间的不平衡而产生的。在原材料供应时间和开始投入生产的时间之间，在生产过程中两个相继阶段之间、在产品完工时间与发运时间之间，生产过程都会产生等待。

与一般生产过程相似，车辆修理过程也包括上述三项基本活动，只是加工对象和工艺过程略有不同。由于修理的对象是受损伤的零部件，因此，对不同的零件形式和不同的损伤形式采取不同的修理工艺(转换或加工)过程。

车辆修理工艺(加工)过程大致包括：分解工序(拆卸、分解)、磨耗修理(镶套、喷镀)、腐蚀修理(除锈、堆焊、截换、补强、油漆)、裂纹修理(探伤、焊修)、变形修理(调整)、装配工序等。如果必须加工制造某个更换零件或配件，那就与上述制造产品的转换过程完全一样了。

运输和等待是与一般生产过程完全相同的，为了缩短物流的过程，降低修理加工过程的时间固然重要，但不能忽视缩短等待时间的意义。实际上，运输和等待时间所占的比例是很大的，应该给以足够的重视。

二、车辆修理过程的划分

根据车辆修理生产过程各组成部分的性质和作用，也可以将其过程按照一般生产过程分为以下几个过程：

(1)基本生产过程。基本生产过程是指直接改变劳动对象的物理和化学性质，使之成为企业主要产品的过程。对车辆修理来说，车辆零部件的拆卸、修理和组装各种工序就是基本生产过程。它代表着车辆修理企业的专业方向。

(2)生产技术准备过程。生产技术准备过程是指在产品投入生产前所进行的全部生产技术准备工作过程。对车辆修理来说，主要包括工艺路线(过程)设计、工艺文件和工艺规程设计、工艺装备配置、材料消耗定额和工时消耗定额的制定等。

(3)辅助生产过程。辅助生产过程是指为保证基本生产过程正常进行所从事的各种辅助性生产活动过程；它是用产品或劳务直接为基本生产过程服务的，如车辆检修前的吹扫除尘、列车修理前后的调车作业等。

(4)生产服务过程。生产服务过程是指为基本生产、辅助生产等过程所进行的各种生产服务过程。如原材料、备用件、工具等的供应、保管和运输等。

生产过程的各组成部分之间既相互区别，又有密切联系，其中基本生产过程是主要的，其他过程都是围绕基本生产过程进行的。某一生产活动过程是属于基本生产过程，还是属于辅助生产过程，不是固定不变的。将生产过程划分为基本生产过程等几个组成部分，只是为了分清它们各自在企业生产过程中的地位、作用和相互关系。在企业生产过程中抓住主要过程，带动其他过程，就可以取得良好的生产成果和经济效益。

三、生产过程组织的基本内容

生产过程组织是将生产过程具体化实施，其基本内容包括生产过程的空间组织和生产过程的时间组织。

1. 生产过程空间组织

生产过程空间组织是指企业内部各生产单位(车间、工段、小组和工作场地)和设施(仓库、管道和运输线等)的实际建立，以及它们的专业化形式和在空间的相对位置所结成的有机整体方式，因此也称为生产结构。为了与生产过程相适应，一般企业都建立基本生产部门、辅助生产部门、生产服务部门和生产技术准备部门。而最小生产单位(车间、工段、小组)，通常按工艺专业化和对象专业化两种基本形式来设置。

(1)工艺专业化设置

工艺专业化设置是按工艺原则和生产过程的各个工艺阶段的工艺性质来建立生产单位的一种方法。最小生产单位集中有同类型的机器设备和同工种的工人，对各种产品(零部件)进行相同工艺的加工，所以都以工艺名称来命名生产单位，如机加工车间、总装组和焊工组等。

按工艺原则建立的生产单位能充分利用生产能力，进行专业化技术管理；有利于进行工艺技术指导，提高工人技术水平。但运输路线长，运送原材料、半成品的劳动量较大；产品在生产过程中停顿和等待的时间多，生产周期长，生产单位之间的生产联系复杂，零件的成套性不易掌握，计划、生产和质量管理的工作也比较复杂。

(2)对象专业化设置

对象专业化设置是按加工(修理)对象原则，把加工对象的全部或大部分工艺过程集中在一个生产单位，以零件或部件为对象来建立生产单位的一种方法。这种最小生产单位，集中了为制造(修理)某种产品所需要的各种类型的机器设备和不同工种的工人，对某一对象进行不同的工艺加工，独立完成该零部件的全部工艺过程，它一般以加工(修理)对象的名称来命名，如转向架车间、电器车间、车钩组和轮轴组等。

按对象原则组成的生产单位，由于加工对象固定，便于使用专用设备和工具，有利于保证产品质量，提高劳动生产率；可以缩短产品的加工路线。节约运输费用；减少加工对象的中间停歇时间，缩短生产周期；简化生产管理工作，有利于建立健全生产责任制。

上述两种专业化形式虽然设置原则不同，但在实际工作中，却往往是结合起来应用的，即在一个企业中，既有按工艺原则建立的车间，也有按对象原则建立的车间；在一个车间内部，有些班组是按工艺原则建立的，而另一些班组则是按对象原则建立的。如何按不同原则建立生产单位，必须因地制宜，灵活应用。

2. 生产过程时间组织

生产过程的时间组织是指劳动对象在各生产单位之间、各工序之间在时间上衔接和结合的方式，一般分为简单生产过程时间组织和复杂生产过程时间组织。

(1)简单生产过程时间组织

简单生产过程时间组织通常是指一种零件加工过程的时间组织。简单生产过程中劳动对象单一，按照工艺过程的顺序通过各道工序，它们在时间上的衔接配合，在零件数量和各道工序的单件时间已定的条件下，主要取决于零件在各道工序间的移动方式。移动方式主要有顺序移动方式、平行移动方式和平行顺序移动方式。顺序移动方式是每一批产品(零件)只有在前道工序全部完工后，再整批地送到后道工序加工，其特点是整批零件在工序之间的移动是顺次连续的，但就每个零件来看却存在等待加工时间。平行移动方式是一批零件中的每个零件在前道工序加工完毕之后，立即送到后道工序去继续加工，其特点是一批零件同时在不同的工序上平行进行加工，在前后道工序时间不等的情况下，零件存在等待加工的时间。平行顺序移动方式是既考虑了相邻工序上加工时间的重合，又保持了该批零件在工序上的顺序加工，即一批零件在一道工序上尚未全部加工完毕，就将已加工好的一部分零件转到下道工序加工，并使下道工序能连续地全部加工完该批零件；它是平行移动方式和顺序移动方式的结合，采用这种移动方式，吸取了前两种方式的优点，消除了设备在加工过程中的间断现象，使工作场地充分负荷，有效利用工时，适当地缩短了零件的生产周期，但生产组织工作较复杂。

(2)复杂生产过程时间组织

复杂生产过程时间组织通常是指产品生产过程的时间组织取决于各简单生产过程的时间组织及其相互配合关系。

生产过程时间组织合理，可缩短生产周期，提高设备利用率。

四、合理组织生产过程的要求

生产过程的组织工作的目标是最小的劳动耗费、最大的生产成果和最好的经济效益。要达到这些目标，必须使生产过程具有连续性、协调性、平行性和均衡性。

1. 生产过程的连续性

连续性是指生产过程的各阶段、各工序的进行，在时间上必须是紧密衔接的，不发生不必要的中断现象，使劳动对象在整个生产过程中始终处于运动状态。

2. 生产过程的协调性

协调性又称为比例性，是指生产过程的各组成部分和各生产要素之间，根据产品生产的要求，保持一定的最佳比例关系。在工艺路线设计时，要正确规定生产过程各组成部分和生产要素间的比例关系，并且随着生产的发展变化及时进行更改和调整，以保持生产过程的协调性。

3. 生产过程的平行性

平行性是指生产过程各组成部分若能同时进行，则各工序应尽量实行平行作业，以缩短时间总量。当然，生产过程是否能实行平行作业，要从实际生产条件出发，合理安排。

4. 生产过程的均衡性

均衡性又称为节奏性，是指各生产环节，都按照生产过程设计的要求，在相同的时间间隔内，完成规定的工作量，各工序和工作点都保持均匀的加工负荷和时间节奏。

合理组织生产过程的四项要求是相互联系和相互制约的。生产过程的协调性是实现其他“三性”的前提；协调性是实现连续性的前提；协调性、平行性和连续性是实现均衡性的前提。

五、车辆修理的工艺过程

车辆按规定检修期限进行的大修与架修，一般在轨道车辆检修基地的车辆工厂或车辆段内进行、自待修车辆送至厂(段)那一刻起，直至列车修竣后的全部过程，称为车辆大修或架修的生产过程。但是，无论大修或架修，修理车辆的全部生产过程，通常都包括以下几部分；

(1)送修和接修待修列车。

(2)修理开工前的准备工作，包括对待修列车的清扫、外观检查和制定检修作业计划。

(3)将列车分解，即根据作业计划将列车分解为车辆，车辆分解为零件或部件。

(4)零部件清洗、检查，并确定其修理范围。

(5)修理零件和部件。

(6)车辆组装及油漆。

(7)修竣车的技术鉴定和交接。

在车辆的修理过程中，从待修列车的分解，经过一系列的修理工作，直至组装、油漆后成为修竣的列车。其中按规定的次序，依次完成的各种作业过程的总和，称为车辆修理的工艺过程。上述生产过程中的3～6项，即构成了车辆修理的全部工艺过程。

根据车辆设计特点和车辆零部件修理作业方式的不同，以及车辆修理条件和环境的不同，目前城市轨道交通车辆的修理工艺过程基本上分为现车修理(即不换件修理)与互换修理两种类型。

1. 车辆的现车修理工艺过程

车辆的现车修理工艺过程是指从待修车上拆卸下的零部件，经过修理消除其缺陷后，重新装回原车上的修理方式。

修理前的第一道工序是列车分解和车辆分解。车辆分解的范围，应根据车辆的结构特点与修程及其技术状态来决定。例如，车辆大修时，一切木制件和以螺栓连接的零件，均应进行分解，而车体钢结构（铝合金结构）则以其损伤程度及检修范围，确定其分解工作量。至于车辆走行部以及车钩缓冲装置等重要零部件，无论大修或架修，均须分解检查并消除其不良状态。

车辆经过分解、清洗与细密检查后，车体结构直接送至车体修理车间进行修理，其他各种零件或部件，则按状态分为良好、待修和报废三大类，分别送至各修理车间（或工段、组），进行修理与部件组装，最后将良好及修竣的零部件装回原车上。现车修理的工艺过程如图 8-1 所示。

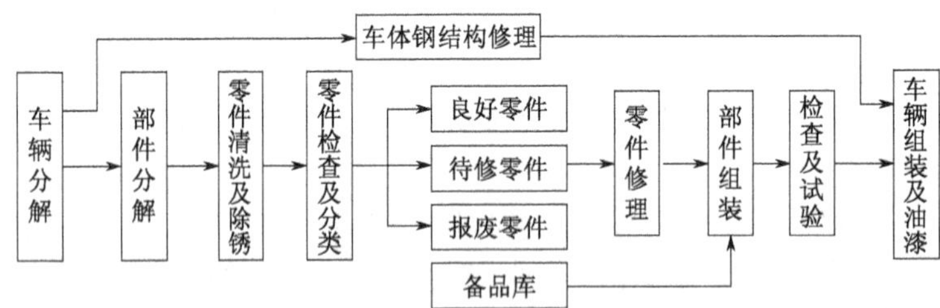

图 8-1　现车修理工艺过程

在现车修理作业方式中，除报废零件从备品库领取新品外，其他零部件均待修竣后装回原车。因此，常因等待零部件的修理而延长车辆停修的时间。此外，由于要尽量缩短停修时间，所以会导致零部件的修理质量得不到可靠的保证。现车修理的唯一的优点是不需要储备过多的备用零件，这种方法主要用于修理更换零配件不多的新车，或修理工作量不大的车辆。

2. 车辆的互换制修理工艺过程

目前车辆定期检修中普遍采用的是互换制修理。所谓互换制修理工艺过程，是指从待修车上分解下来的零部件，修竣后可装于同类车型的任何车上，而不必立即装回原车。而这回装车的零部件是前一次修理车辆中拆卸下来经过修理的。这种修理方式即为互换制修理。

一般情况下，除了车体结构作为车辆的基础部件外，其他零部件绝大部分均可采用互换制修理，即按技术条件分别进行修理，与该零部件原属于哪辆车无关。车辆组装时，修竣后的零部件或新换零部件，分别取自车间组合库及备品库。这样，车辆修理过程事实上变为车辆分解—车体结构修理—车辆组装及油漆。采用互换制修理的工艺过程如图 8-2 所示。

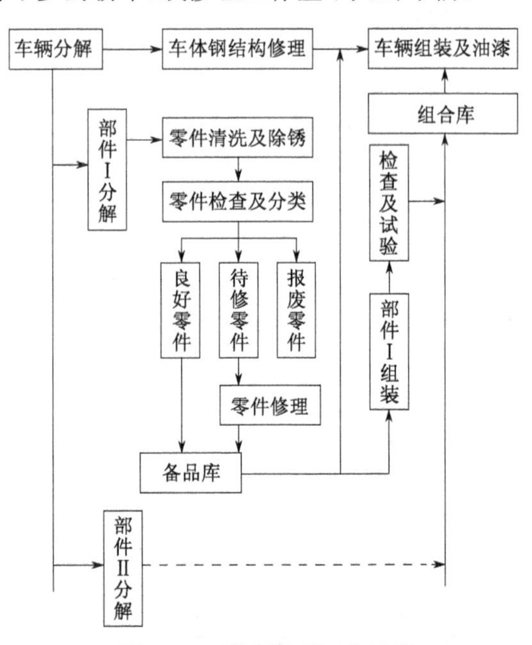

图 8-2　互换制修理工艺过程

实行互换制修理的工艺过程，零部件需有一定的储备周转量。从图 8-2 可以看出，车辆在修的生产周期，决定于车辆分解、车体结构修理以及车辆组装与油漆作业的延续时间，而不受其他本部件修理时间的影响。因此，互换制修理的最大优点，是能最大限度地缩短车辆停修的时间，并为采用流水作业式生产组织创造了有利条件，因此能有效地提高劳动生产率和车辆的利用率。

但是，全面采用互换制修理工艺过程，要求有大量的备用零件和一定数量的互换部件，这对目前很大一部分从国外进口的城币轨道车辆维修造成困难。进口车辆的备用件由于量小、价格高而十分缺乏。在这样的条件下要实行互换制修理就有很大困难。当然对某些部件采用互换制修理还是有条件实行的。例如转向架、轮对、轴箱装置、制动装置、车钩缓冲装置以及部分车体配件与车内设备等，都可以实行互换制修理。

生产实践已证明，实行互换制修理的零部件数愈多，愈能提高生产效率。因此，实现进口车辆零部件的国产化，不断扩大车辆修理中互换零部件的范围，是实现车辆修理现代化的主要途径之一。

第三节 城市轨道车辆的日常维修

一、日检工艺过程和操作方法

日检是每天必须对车辆进行的检查。日检一般安排在每天的运营结束后，列车回库时进行。日检的目标是保证车辆的正常运营，所以日检的主要内容是针对车辆运营安全至关重要的部位，如走行部分的转向架构架、轮对、齿轮箱悬挂装置、联轴器、轴承箱，制动系统的空气压缩机组、单元制动机、闸瓦，车门控制系统，车载信号设备等进行例行检查，保证在第二天出车前，车辆能够处于良好状态，所以过去日检又称为例检。

由于要保证白天车辆的投运率，所以一个正常运营的城市轨道交通运营企业的大规模车辆日检一般都安排在夜间进行(除非在运营初期或客流很小的线路)。因为对所有运营列车轮检一遍的时间很有限，所以每列车的日检时间仅一小时左右。而且检查部件所在空间有限，不可能许多人挤在一起工作，所以日检操作必须分组进行。日检一般按作业空间分为车底、车上和车项三个层面进行。其中车顶检查有一定危险性，因为车顶比较光滑，容易滑出坠落。一般进行车顶检查必须有与车顶一样高度的平台，并且四周有安全栏杆。现在新建的日检线大都按照轨面以下 1.2 m、车辆地板面和车顶高度设计成三层作业平台，这样就能保证检修安全和方便地进行。

(一)车底检查

车底检查主要有以下几个重点部件。

1. 转向架

转向架是车辆的走行部，关系到车辆运行的安全，是日检的重点检查部位。检查转向架时，列车必须停放在有地沟的检修线上，检修人员站在地沟中央，仰面检查转向架的各个部位。地沟虽然有照明，但检查人员应手持强光电筒或其他移动照明工具进行辅助照明，才能对每个部位仔细检查。

检查部位应包括以下几部分：

(1)转向架构架。检查是否有裂纹、外伤、异常磨耗，特别是牵引电机座与构架焊接处，因为振动原因最容易出现疲劳裂纹。

(2)一系弹簧。有的车辆为钢制弹簧检查其是否有裂纹或变形；有的车辆为橡胶和钢板夹层弹簧，检查其黏合层是否有脱开剥离现象，橡胶层是否有细小裂纹。

(3)轴箱。检查轴箱盖是否有油脂渗漏，轴箱温度是否异常，止挡是否脱落。

(4)轮对。检查轮轴轴身是否有裂纹、外伤;踏面是否有严重擦伤或剥离。一般踏面擦伤深度不得大于 0.5 mm,剥离长度不超过 20 mm,如剥离两处,每处不超过 10 mm。此外,如发现沟状磨耗,其深度不得超过 2 mm。

(5)二系弹簧(空气弹簧)。检查空气弹簧及其紧固件,应无漏气和松动。

(6)齿轮箱及其悬挂装置。检查齿轮箱外表,应无渗油和损伤。检查齿轮箱悬挂装置是否有松动,防松标记应无错位。

(7)联轴节。如是齿轮联轴节,检查是否漏油;如是橡胶联轴节,检查橡胶黏结处是否脱开或有裂纹。

(8)中央牵引装置。检查牵引拉杆及附件应无松动和损伤。用扭力扳手检查中心销螺母是否松动,开口销是否脱落。

2. 空气制动系统

空气制动系统对车辆的安全也至关重要,制动系统从某种意义上来说,甚至比牵引系统更重要。日检的主要对象如下:

(1)空气压缩机组。用眼观测机组外表,应无外伤或悬挂松动;用耳聆听机组工作声音,应无明显异常杂音。驱动直流电机换向器和碳刷应无烧灼痕迹。

(2)空气干燥器。检查空气干燥器(塔)悬挂是否松动,排气口是否堵塞。

(3)单元制动机。检查闸瓦是否碎裂或磨耗到限。检查锁紧片、橡胶保护套、闸瓦卡簧及其他螺栓是否脱落或损伤。

(4)各种阀门和管路。检查各种阀门开闭位置是否正确;阀门和管路的连接处是否有泄漏。

3. 车钩

车钩包括全自动车钩、半自动车钩和半永久车钩。因为日检并不解开车钩检查,所以以外观检查为主。检查内容如下:

(1)机械钩头。观测机械钩头各部分,应无损伤和空气泄漏现象。

(2)电气箱。连接应密贴,密封件完好无损。电缆和电缆夹固定无松动。

(3)缓冲器。外表完整,标志环无移动,压溃筒无遭受强烈冲击后的压缩现象。

4. 牵引电机

对交流牵引电机来说基本无检查内容,只是观测其外壳和通风口是否过热、轴承是否漏油。但对于直流牵引电机,检查内容就比较多了,具体如下;

(1)换向器。检查换向器表面是否有灼伤痕迹,根据需要打磨换向器表面。

(2)碳刷。检查刷架、刷握及弹簧是否完好,碳刷是否碎裂或磨耗到限、必要时,更换碳刷块。

(3)定子绕组。测量定子绕组对地绝缘。

(4)电枢。检查电枢绕组与换向器焊接点,应无断裂、损伤现象。测量电枢绕组对地绝缘。

5. 各类电气箱

日检对车底的各种电气设备箱不打开检查,一般只是检查它们的外观是否受到损伤。外盖是否锁紧和密封、接插件是否脱落。此外,悬挂装置也需检查是否松动或受损。检查的电气箱主要包括牵引电气箱、辅助逆变器箱、高速断路器箱、主接触器箱和电阻箱等。

6. 车载信号系统接收装置

信号系统也是每天必须认真检查;保证运营安全、准点。车底检查主要是 ATC 接收装置，检查其线圈和机架是否完好。

（二）车上检查

1. 客室照明

检查客室照明灯带，发现有灯管损坏，立即更换。

2. 客室座椅及扶手

检查座椅是否断裂或严重破损，必要时更换。扶手或座椅是否松动或固定不稳，如有松动现象，检修加固。

3. 折篷和贯通道

检查折篷是否有破损，甚至漏雨漏风。检查贯通道渡板是否磨耗到限。如果有上述情况，应立即更换。

4. 电气控制柜

现在制造的城市轨道车辆都有列车控制单元（TCU）、故障存储单元（CCU）、电子制动控制单元（BECU）和空调控制单元（ACU）等，它们一般都集中安装在客室一端的电气柜中。日检时，首先，目测检查这些控制单元的工作状况，电子板上的输入输出接插件是否松动或脱落，指示灯是否正常闪亮；然后，用便携式计算机读取这些控制单元中储存的故障，并对故障进行存盘记录和分析；最后，将控制单元原来储存的故障删除。有些车辆故障存储系统可以通过司机室驾驶台上的显示屏读取故障。

5. 客室车窗门

日检须对客室的每一个车门和车窗进行检查。首先，检查车窗玻璃是否碎裂、漏气形成弥雾状；其次，检查车门是否变形，测量关门速度，检查护指橡胶条是否脱落或破损；再次，检查车门上方紧急拉手是否完好并处于正确位置；最后，还要对整列车门进行联动检查。

6. 指示灯检查

车内外各种指示灯（包括车体侧墙上的列车运行状态指示灯）是否完好并指示正确。

（三）车顶检查

日检在车顶的检查包括以下部位。

1. 受电弓

检查碳滑板是否碎裂或磨耗到限，托架和羊角是否损伤，升弓气缸是否泄漏。

2. 避雷器

检查避雷器是否有外伤，绝缘瓷瓶、连接线和紧固螺丝是否完好无松动。

3. 空调机组

对空调机组一般只做外观检查。检查冷凝风扇运转是否正常，扇罩是否被堵塞，机组安装处是否有积水。

综上所述，日检主要是对运营车辆安全有关的设备和部位进行重点检查。日检以检查为主，维修为辅，所以检查方法以目测、耳听、触摸和简单测量为主，使用工具以钢皮尺、普通电工工具、摇表和电筒等为主。但是日检记录的内容可以对以后的车辆维修起到参考作用，同时也是车辆履历的最基础、最重要的记录。做好日检是车辆运行和维护的重要一环。

二、月检（双周检）及双月检工艺过程和操作方法

1. 月检工艺过程和操作方法

月检也是城市轨道车辆日常维修的重要一环，是每个月进行一次的对车辆保养和检查。

有许多车辆，过去月检是双周检，每两周进行一次，之后因经验积累，延长了检查周期，改为每月一次。现在也有新造车辆，最初投入运营时还做双周检。由于新车故障多，对其性能掌握不够，所以需要经常检查和发现问题，待车辆性能稳定后再改为月检。

月检属于低级别的检修。月检的内容基本覆盖了日检，但增加了对易耗零配件的更换以及对部分易损零件的修理。月检一般所需时间为一天，所以要占用车辆投运时间。为了缩短留车时间，有的单位做月检也只需半天。

月检主要内容如下：

(1)检查受电弓及其碳滑板。用 0～15 kg 的管形测力计测量受电弓的向上静态压力，一般为 120 N。对受电弓上的销和轴承加注润滑脂。

(2)检查避雷器。

(3)检查空调机组，包括冷凝器及其风机，管路表面及接口。更换空气滤尘网，清洗新风过滤网，清洗排水孔。

(4)对转向架的检查与日检相同。

(5)检查牵引电机的进、出风口。如果是直流牵引电机，则重点检查换向器和碳刷，根据检查情况确定是否要打磨换向器表面和更换碳刷。对空压机电机进行相同检查和修理。

(6)检查高速断路器、主接触器(直流车)，对触头进行必要的整修或打磨等。

(7)对静止逆变器箱内部进行清洁，用麂皮和触点喷剂清洁并保养接触触点。对应急电池进行清洁和测量电压。

(8)对牵引箱和其他电气箱进行清洁，检查线路接触器和各类电子模块。

(9)对 TCU/BECU/CCU/ACU 等控制系统柜进行与日检类似的故障存盘、运行状况检查。

(10)清洁并检查蓄电池箱，检查电解液高度，测量各单体电池电压。对车门、窗、客室内部的设施、照明等检查与日检相同。但对车门的门锁机构、紧急排气装置以及气动门的驱动活塞杆等除了检查，还必须进行润滑。

(11)对车钩及缓冲器的检查与日检相同。

(12)对制动系统的检查与日检相同。

(13)进行牵引和制动试验。

月检与日检最大的区别是月检需要做动态牵引试验和制动试验。试验在试车线上进行，牵引试验包括 0～36 km/h、0～60 km/h；制动试验包括 40 km/h、60 km/h、80 km/h 全常用制动和 40 km/h、60 km/h 快速制动。如果试车线较长，还需做 80 km/h 快速制动试验。

2. 双月检工艺过程和操作方法

双月检是与双周检配套的检修周期，如果不做双周检，一般就不做双月检。双月检是每两个月进行一次的检查和保养，与月检的检修内容大致相同。其主要内容除了与月检相同的以外，还有检查更换闸瓦、给蓄电池组加水、座椅检查、照明检查等。现在有些城市轨道交通企业(如上海地铁)已基本取消双月检，将其内容归八月检。

三、临　　修

临修与日检、月检等日常维修不同，它没有固定的检修周期，但在车辆运营中经常会发生某个零部件故障，需要立即更换零部件或作排除故障处理，因此临修虽然也属于车辆日常维修一部分，但它是一种事后维修。

1. 临修发生的主要原因

根据经验积累，车辆零部件发生故障几率最高的一般首先为有触点电器，如继电器、接插件、接触器、行程开关等，其次是电子设备，如电子线路板、大功率电子器件等。机械故障相对少些，而一旦发生就比较严重。故障比较集中地在这些零部件上发生是有其原因的。

有触点电器在车上数量巨大，每列车上仅继电器就成百上千。日常定期检查，如日检、月检不可能对它们逐一检查和测试。它们的工作频率又特别高，每天动作上千次，氧化磨损、疲劳磨损和金属腐蚀使它们触点接触不良，导致故障频繁发生。

大功率电子器件和电子线路板因为结构复杂，抗干扰能力差，在日常维护中也没有可能去经常测试或检查。这些器件或设备基本上处于"状态修"状况，即"不坏不修，一坏即修"。

机械零部件的临修较少，由于它们比较直观，因此在日常检查中容易发现故障或故障苗子。但有些部位较为隐蔽，不易观察和触摸到；或者故障苗子太小，如裂纹太细小，也不易发现；有时车辆在运行中遭受外力的突然袭击，使部件承受强烈的冲击而损坏。这些都是造成车辆机械临修的原因。

2. 临修作业方法

车辆发生临修，临修场地可视故障部位和故障情况而定。如果故障原因很明确，只需更换小型的零件，则可以在车辆运营的折返线或停车线上利用短暂的停车间隙进行临修。如果故障原因未明，或者需要更换较大的部件，则应立即使车辆退出运营，返回检修库进行临修。为了弥补车辆退出运营的时间，临修时间应尽量缩短。因此，临修必须集中具有较高经验和技术的人员分析原因。并且动用一切人力、物力和设备进行抢修。一旦车辆故障排除，应立即返回运营线路。

由于临修时间紧迫，故障原因也一时难以找到，所以临修一般都以更换零部件为主要排故方法。有时故障部位都找不到，只能逐项检查，直到找出真正的故障原因。

做好临修记录非常重要，因为故障部位和故障频率的统计对掌握车辆故障发生规律改进车辆零部件设计和加强重点维修部位都有重要的指导意义。

第四节　城市轨道车辆的定修

一、定修的工艺过程

定修属计划修，是一种预防性的检修，一般每 10 万 km 或一年进行一次(两个指标无论哪个先到就开始定修)。定修对重要的大部件作较细致的检查；对检查后发现故障的部件进行修理；对易损零件进行更换；因此，定修需要把列车分解，然后进行架车检查和修理。

城市轨道交通的车辆段(停车场)基本上都设有一条专门的定修线，而车辆修理工厂甚至会设两条定修线。车辆定修就在定修线上进行。虽然日常维修的日检和月检每次也检查转向架、车钩和牵引电机，但总是有部位检查不到或检查不彻底。因此，经过一年或超过 10 万 km 的运行，必须分解列车和架车，对转向架等大部件做仔细检查。

定修线上配备的架车机，是一种可以沿列车纵向移动的活动架车机。定修列车解钩后，每节车与每节车之间分开一定距离。然后用架车机逐一架起车辆，推出转向架，放置在车与车之间的空挡里，对其进行检查。一般一条定修线配置三组架车机，每组四个，一次可架起三节车。如果前面三节车检查转向架，后面车辆就作其他检查，尽量互不干扰。一般定修线下面有地沟，可对车底作检查。定修线上空大多有行车，可以起吊像空调机组、转向架和车钩这样的重型部件，所以更换零部件很容易。

定修的工艺过程如图8-3所示。

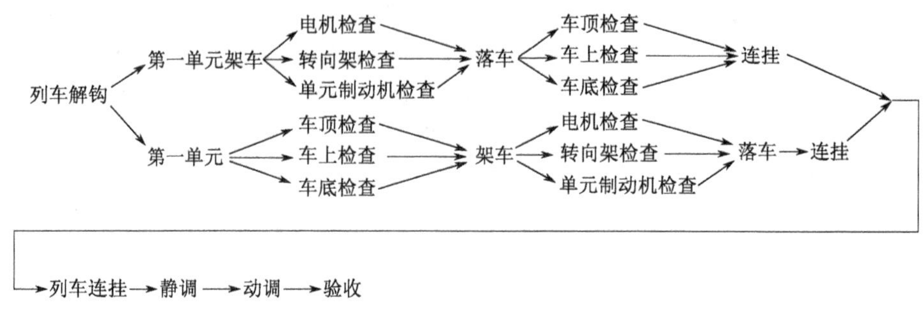

图8-3　定修的工艺过程

定修的检修内容较多，检查也有相当的深度，因此，一次定修的时间大约需要8～9个工作日。

二、定修工艺

定修的主要目的是对重要部件进行细致的检查和对发现的故障进行修理，其主要分项内容及工艺如下。

1. 转向架检修

转向架关系到列车的运行安全，经过一年运行后必须做彻底检查。因此在定修中它从车辆上落下，被推出车底进行清洁并仔细检查。检查的主要部位如下。

(1)轮对

用轮径尺测量车轮直径是否到限，车轮直径一般不小于770 mm；用轮对内侧距尺测量轮对内侧距，如果超出标准，说明轮轴配合已松动；用轮缘尺测量轮缘厚度、高度，以备镟轮参考。

检查车轴是否有外力损伤，有裂纹。如果发现疑点，再进行着色探伤。

检查踏面的磨耗情况；检查是否有严重擦伤、剥离，将情况记录下来，供镟轮参考。

(2)构架

检查构架有无锈蚀、裂纹，特别是电机座、轴箱弓形部分；如果发现疑点，再进行着色探伤。

(3)轴箱

打开轴盖检查油脂是否变质、污染；油脂不足时应添补。

清洁速度传感器磁轮。

更换轴箱盖密封圈。

(4)齿轮箱及悬挂装置

检查箱壳是否受到外伤。

齿轮箱分箱面及出轴处是否渗油。

更换齿轮箱油，检查油堵吸附金属屑情况。

特别需注意检查齿轮箱的悬挂装置，是否松动、受伤或位置偏向。悬挂装置如脱落或断裂，齿轮箱将翻转，引发大事故。

(5)一系和二系悬挂

检查一系弹簧是否有裂纹、外伤。如是橡胶层叠簧,检查橡胶与金属黏结是否有剥离,橡胶层是否有裂纹。

检查二系弹簧(空气弹簧)气囊外表是否有裂纹、损伤;安装后检查是否有泄漏。

转向架其他部件的检查与月检相同。

2. 牵引电机(直流)检修

直流牵引电机的定修一般不从转向架上拆卸下来检修,除非检查中发现问题。检查重点如下。

(1)换向器

检查换向器表面是否光洁,对其进行清洁、打磨并测量换向器径向跳动。径跳一般小于0.08 mm。观察无纬带表面(可见部分)是否有毛刺、烧伤。

检查升高片是否发热变色,脱焊。

(2)联刷

检查刷架绝缘子及紧固螺栓是否完好、紧固。

检查刷握、刷盒、压指、压指簧是否有裂纹、烧损、铜瘤;压指应该有力。

检查碳刷磨损情况,打磨或更换碳刷。

(3)速度传感器

检查传感器接线插头与插座是否完好,清洁探头表面。

(4)轴承

轴承应无发热迹象,不渗油,适当补油脂。

3. 车钩检修

车钩仅在定修或以上检修时才被打开,车钩连接面是检查重点。

(1)全自动车钩

用铁棒模拟对接,检查撞钩时钩舌连挂动作是否灵活。

用酒精清洁结合面和电气触头。

测量钩头中心至轨面的距离。

进行自动和手动解钩操作,检查其功能是否正常。

(2)半自动车钩

检修内容与全自动车钩相同。

(3)半永久车钩

检查零部件是否完好,清洁车钩。

对车钩的其他检查和维护与月检相同。

4. 空调机组检查

吊起空调机组,检查防振橡胶块及紧固螺栓。

打开机盖,检查压缩机组;检查冷凝器及蒸发器翅片;检查电磁阀。

观察制冷液视镜中心色柱,检查是否要更换滤芯;检查储液桶视镜中的液面。

用测漏仪检查管路、阀门是否有泄漏。

使用便携式计算机控制空调机组进行调试。

5. 制动系统检修

(1)空气压缩机组

检查悬挂吊绳是否完好、连接是否牢固。

更换空压机油。

清洗油浴式过滤器。

(2)空气干燥塔

清洗排污口。

用湿度计测量检查出口空气的湿度,一般不能大于35%。

(3)单元制动机

测量闸瓦与踏面之间的间隙;测量闸瓦厚度,如果到限立即更换。

检查停车制动功能,包括人工缓解。

(4)风缸

对风缸排水,检查塞门是否有泄漏。

制动系统的其他检查与月检相同。

6. 车下电气及控制箱检查

定修对车下所有电气和控制箱打开进行清洁和检查。

(1)接触器箱(直流车)

对主触头表面的小面积烧损结瘤应刮去砂平,如果面积大于50%,更换触头。对新装触头用复印法检查接触面积。

检查灭弧罩,导弧角无结瘤,转轴无移位,罩壁无严重烧损。

(2)制动(削磁)电阻箱

用压缩空气吹扫后,检查电阻带是否烧损或有异物搭结,绝缘子是否脱落,高速风扇工作是否正常。

(3)电抗、电容箱

清洁、检查电抗和电容,并测量感抗、容抗。

(4)高速开关箱

清洁并检查高速开关的主触头、灭弧罩。

用低压大电流电源对高速开关分断电流值进行重新设定。

(5)牵引箱(辅助逆变器箱、斩波器箱)

开箱用吸尘器清扫电子线路板、电子元件及构架,检查安装和接线情况。

检查箱盖的密封条、箱体是否渗水。

7. 车上电气柜检查

对车上电气柜内TCU/CCU/BECU/ACU等控制箱的电子线路板进行清扫和检查,更换锂电池,重新设定时间,设定轮径代码,等等。

8. 安全门检查

开启头车驾驶室的安全门,检查其功能。

9. 更换蓄电池

对车载蓄电池组全部进行更换,测量蓄电池总电压。

除了上述九项检修外,定修还要对受电弓、避雷器、车门窗、座椅、扶手、内外照明、渡板折篷和指示灯等进行检查或修理,但基本内容和工艺与月检相同,这里就不再重复了。

10. 列车镟轮

部件检修和分项检修结束后,列车重新组合和连控。连挂后,列车被送至镟轮线。所有车轮将通过不落轮镟床，进行轮对踏面的镟削和测量。不落轮镟床按踏面标准自动对各个轮对测量、计算和加工，并把镟削结果记录下来。

11. 列车调试

定修列车最后还要进行静态和动态调试和试验。静态调试包括以下几项：

(1)启动试验。

(2)升弓试验。

(3)空调机组顺序启动试验。

(4)复核、调整制动空压机压力开关。

(5)检查防滑阀功能。

(6)全常用制动和紧急制动功能试验。

(7)停车制动及缓解试验。

(8)直流制列车接触器模拟试验(用便携式计算机软件模拟指令)。

动态调试和试验包括以下几项：

(1)动车启动及收车试验。

(2)低速牵引、制动试验。

(3)牵引曲线试验(20 km/h、40 km/h、60 km/h、80 km/h)。

(4)制动试验：40 km/h、60 km/h、80 km/h 全常用制动；40 km/h、60 km/h 紧急制动。

(5)ATC 试验。

三、定修的工艺特点和作用

从定修的工艺过程来看，它具有以下几个特点：

1. 因为定修以检查为主，修理为辅，很多零件未到修理极限，所以不采用互换修，而采用现车修。

2. 为了缩短停修时间，定修采用分空间(车前、车后、车上、车下)分专业同时作业的方法组织生产，这样可以充分利用空间和时间。

3. 因为一列车的定修工作量虽然不大，但是每年要进行的定修列车数量很大，因此，一般都专门成立一个定修组来负责定修工作；既充分利用劳动力，又能实现检修专业化。

定修在城市轨道车辆的预防性计划定期修理中，是周期最短，级别最低的一种。虽然它不像架修和大修那样对车辆及其所有零部件做彻底的检查和修理，但定修在车辆的日常维护与架修和大修之间起到了承前启后的过渡性作用，这对保证车辆的长期运行安全有着重要而不可替代的作用。

第五节 城市轨道车辆的架修和大修

一、架修和大修的性质和目标

城市轨道车辆的架修和大修都属于高级别的定期维修，即时间性预防维修。它是以使用时间或运行里程作为检修期限；只要车辆使用到预先规定的时间或运行的里程，不管车辆的技术状态如何，都要进行规定的检修工作，这是一种带强制性的预防维修方式。定期维修的主要依据是机件的磨损规律：当车辆运用一定时间或走行一定里程后，某些零部件会产生一定程度的磨损，磨损严重时会影响其正常工作和安全，甚至会出现故障或造成事故。通过对车辆零部件损伤的大量统计资料进行分析研究后，把车辆上不同损伤规律和损伤速度的零部件，科学地划分成若干组，并确定出不同零件的损伤极限，从而规定了不同修程的修理期限和修理范围。这样，使车辆在运用中能得到有计划的修理，亦即零件尚未达到极限损伤之前就加以修复或更换，所以是预防性的有计划的修理。

我国城市轨道车辆的架修一般是每 50 万 km 或每 5 年进行一次(两个指标无论哪个先达到即开始架修)。架修类似铁路客车的段修。车辆架修主要是恢复性的修理。架修时应对车辆进行全面检查，但重点是车辆的走行部(转向架)、车钩缓冲装置和空气制动系统等部件。对车辆在运营中已经发现的各种故障和损伤应彻底修复，按架修限度规定更换磨损过限的零件，保证各零部件作用良好，减少架修后投运中的临修作业，以提高车辆的使用效率。架修时首先将列车解钩，然后对每节车进行大部件拆卸，如转向架、牵引电机、车钩、空调机组、车门、制动控制单元和单元制动机等。这些拆卸下来的大部件分别送入各个专业班组进行检查和修理。而还有一些大部件则留在车上进行检查，如牵引斩波器(逆变器)、辅助逆变器等。此外，有些只能在现场作业的项目，如地板、内饰等也在车上修理。架修的最后阶段是列车进行组装、调试。

大修是最高级别的车辆修理，一般是每 100 万 km 或每 10 年进行一次(也是两个指标无论哪个先到达即开始大修)。城市轨道车辆的大修与大铁路客车的厂修类似，大多在大型轨道车辆修理工厂内进行，也有送回原车辆制造厂进行大修的。车辆大修的目的是对车辆做彻底的检查和修理，使其恢复新车出厂时的功能和标准。大修除了覆盖架修内容外，还要更换车轮、轴承、内饰和橡胶件等零部件。大修时对车辆进行全面细致的检查，对主要部件按大修限度(大修限度是车辆进行大修时，零部件上允许存在的损伤程度的规定，也是检验损伤修复后是否合格的依据)进行更换或彻底修理。大修还有一个额外任务，如果通过长期运营后发现车辆的个别部件设计有问题，应修改设计并重新制造部件在大修过程中更换。如果有的零部件其应用技术经过 10 年时间后已经被淘汰，还需对车辆进行必要的现代化技术改造，以提高现有车辆的质量。最后，车体还要进行整修和油漆。

二、架修和大修工艺过程

1. 架修和大修的工艺过程

城市轨道交通车辆的架修和大修一般都在专用的架/大修库内进行。自按计划规定进行架修、大修的列车被送入大修库起，直至修理调试结束的全过程，称为车辆架修或大修的生产过程。通常架修和大修的全部生产过程应包括以下几部分：

(1)办理修车的交接手续。

(2)待修车的修前清扫工作(用压缩空气在专用的清扫线上对车底部位进行吹扫)。

(3)对待修车进行外观检查，记录缺损部件，制定检修计划。

(4)列车分解和车辆分解，以及车辆进一步分解为零件或部件。

(5)零部件在专业班组或车间清洗、检查、并确定其修理范围。

(6)零件和部件的修理、装配和调试。

(7)车辆组装及油漆(仅大修后油漆)。

(8)列车联挂及静态调试。

(9)列车试车线动态调试。

(10)修竣车的技术鉴定和交付使用。

在上述车辆修理过程中，从待修车的分解，经过一系列按规定的检修程序，将车辆进行全面检修、组装、调试的作业过程的总和，就是车辆架修或大修的工艺过程。上述生产过程中的第(4)～(9)项，即构成车辆架修或大修的全部工艺过程。

2. 架修和大修零部件修理作业方式

根据车辆零部件修理作业方式的不同，车辆修理工艺过程可分为现车修理(即不换件修理)与互换修理两种类型。由于城市轨道车辆的种类较多，结构大不相同，备用件库存数量差异很大，所以采用两种方式之一的或两种方式混用的都有。

上海、广州地铁的车辆基本上来自国外，备品备件数量不多，备品备件国产化的进程较慢，因此，目前架修和大修只能采用现车修理为主，互换修理为辅的方式。而以国产车辆为主的北京地铁，其架修和大修则采用完全互换修理的方式。

实际上，各种部件的修理过程和速度并不相同。如一列车的转向架(12～16 个)的一般修理时间需要一个半月，而一列车的客室车门的修理时间仅需一周。与车体大修并油漆的时间一个月相比，转向架必须互换修，客室车门则可以现车修。

此外，有的部件可以互换，但有的部件只能现车修理，如客室内装饰板的整形、客室地板修补、车窗和制动管路等检修、现在有的城市轨道车辆牵引控制箱或辅助电源箱体积很大，如上海二号线的交流车，不易拆装和运输，一般在架修时就现车检修调试。只是在大修时才视情况拆卸，运回车间检修调试。

互换修理的最大优点是能缩短车辆停修时间，并可采用流水作业，从而有效地提高劳动生产率和车辆利用率。但它的缺点是需要大量备品备件或一定数量的周转件(互换件)，这对于车型较多、备品备件储备量小的修理单位来说是有困难的。但是对一些修理和组装时间较长的部件，例如转向架、轮对和车钩等，必须进行互换修。还有一些有条件拥有大量备用件的部件，例如受电弓、单元制动机等，由于价格不贵，所以备品备件多，因此都可以实行互换修理。

三、架修和大修的生产组织

与大铁路系统的客、货车段修和厂修不同，城市轨道车辆的架修和大修均不采用流水作业的生产组织方法。

首先，城市轨道车辆的车型较多，同一车型的车辆数量不大，采用流水作业不经济。不像铁路上同一型号的客车或货车成千上万、数量惊人，容易形成流水作业线。其次，城市轨道车辆的结构复杂，动车有电机驱动系统，拖车带驾驶室有列车控制系统；列车编组固定，检修结束后需要进行列车动、静态调试，技术含量高，不适宜采用流水作业。而铁路客、货车厢结构简单，无动力，编组不固定，可以采用流水作业方法。

但是，城市轨道车辆的某些部件的修理可以采用流水作业，如转向架、主接触器、单元制动机等。这些部件的数量较大，修理工序较多，一般都有分解、清洗、修理、组装和调试等修理工艺过程。对修理工人专业化程度要求比较高，使用设备上有很大一部分是专用的或特殊设计的，特别是调试设备和工具，有些是从国外进口的。流水作业为专门技术、专用设备的使用提供了最大可能性。

由于采用定位修的方法，所以城市轨道车辆架修/大修库的设计基本上都不是长条形的。比较典型的架修、大修库如图 8-4 所示。

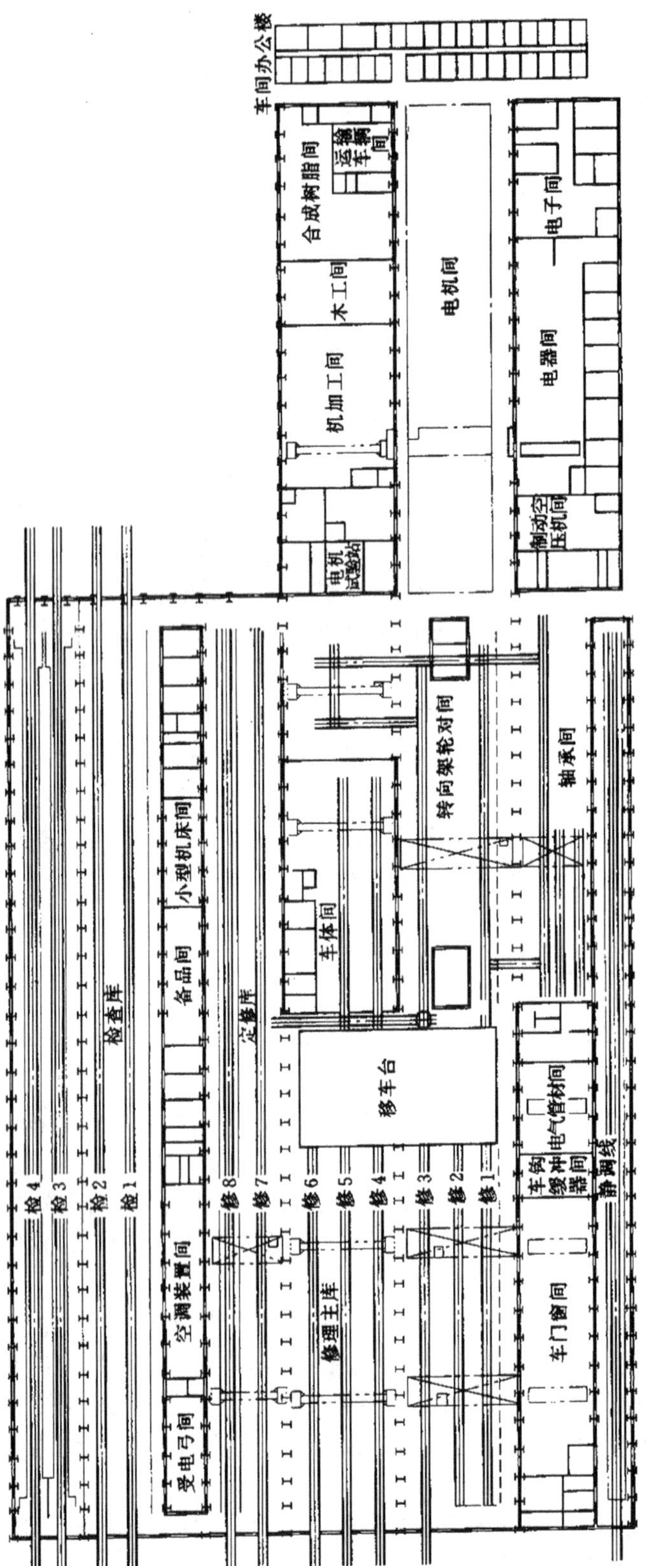

图8-4 联合检修车间布置图

库中修6线为架车线，装有地下架车机，3节车长，可一次分解最多三节编组的动车组。一列六节编组的列车分两次分解成单节车；一列八节编组的列车需分三次分解成单节车。列车分解成单节车后，单节车被地下架车机抬升，转向架从车底落到轨道上然后被推出，通过移车台送到转向架修理流水线上去。车体则用假台车(一种代替转向架的可承载车体的小车)装载，也通过移车台被送至右侧的5条大修线(修1～修5)上去。每条大修线可放置三节车辆，整个架修或大修过程中间，车体就这样由假台车或者其他固定台架负载着。为了保证在检修过程中不倾倒或摇晃，在使用假台车的同时，车体四个角还需用可调节高度的支架支撑牢固。在车辆分解时尚未拆卸的部件，这时可在车体上继续拆卸。现车修理的项目则在车体上进行。车体如需修理的，也由假台车装载，送入车体车间修理。车体的最终油漆，也是由假台车运输至油漆车间进行的。

从车辆上拆下来的部件，按照专业分工，被送入库内标明的各个车间或班组(工段)，进行分解、清洗、修理、组装、调试和存放。现车修理的各个小组按计划上车修理，互不干扰。车辆的组装大部分在大修线的车位上进行；小部分安装困难，需调节车体高度才能安装的设备(如各种车底设备箱)则在架车线上进行。转向架的安装必须在架车线上进行，因为修峻的车辆是由假台车承载的，将假台车替换转向架的作业必须抬升车体，而抬升车体和起落转向架、假台车的作业只能在架车线上完成。单车连接成动车组(三节或两节编组)，然后由调机机车联挂成整列车后，送入静调线进行静态调试。静调结束后上试车线进行列车动态调试。动调结束，架修(或大修)才算真正完成。

架修或大修的整个生产过程的空间组织和时间组织是相当复杂和严密的，必须符合连续性、协调性、平行性和均衡性原则。只有按照这些原则，才能以最小的劳动耗费，取得最好的生产成果，从而提高企业的经济效益。

四、架修和大修工艺

架修工艺与大修工艺没有很大差别，只是修理项目和修理限度有一定的不同。为了避免讲述内容上的重复，下面结合架修和大修工艺相同点和相似点一起介绍，再指出其不同点，使大家能对架修和大修的工艺有一个初步的了解。

(一)转向架

转向架是车辆中最重要的部件之一，它的技术状态好坏直接影响列车的运行安全及车辆运行的平稳性和舒适性。因此，无论是架修还是大修，对它的检修要求和标准特别严格。

转向架从车体上被假台车换下来后，送入转向架修理流水线，首先进行零部件的分解。一般城市轨道车辆转向架的主要部件包括构架、轮对、轴箱、一系悬挂(弹簧)、二系悬挂(弹簧)、变速齿轮箱、联轴节、中央牵引装置、抗侧滚扭杆以及横向、垂向减震器和止挡等。当然，从转向架上分解出来的还有牵引电机、单元制动机等，但它们不属于转向架修理范围，它们将被送到电机车间和制动车间去修理。这些从转向架上分解下来的部件被分送到各个修理台位，下面逐一介绍它们的修理工艺。

1. 构架

城市轨道车辆的转向架构架通常为钢板焊接成的箱形结构，过去也有铸钢的，但是质量太大，现在很少采用。钢板焊接的箱形构架分量较轻，但是应力释放不够会导致变形。焊接质量对这种构架的制造也很关键，构架焊缝受震动后会出现裂纹。

检修中首先将构架用加碱的热水浸泡清洗，去除油腻污垢，过去称为“煮洗”。现在有了高压冲洗机，用加碱热水和几十个喷嘴集中进行高压喷射，清洗就较为彻底，老油漆也能去除。

清洗后的构架必须仔细目测检查焊缝和应力集中处是否有裂纹，特别是电机安装座、牵引拉杆座、一系弹簧座等受力部位。如有疑点，再进行着色探伤。检查时，构架应放置在一个专用翻转架上，以便检查各个部位。如果发现裂纹，应补焊或进行补强。

构架还要进行变形检测。有的转向架制造商会提供一个构架测试专用平台，如上海地铁车辆厂大修分厂就有这样的测试台。将构架放置在测试台上，用塞尺测量构架的一系簧座与测试台对应支座之间的间隙，然后将构架转 180°再测量一次。两次结果可以得知构架是否需要矫正。矫正方法非常复杂，这里就不介绍了。

2. 轮对

轮对由车轮和车轴组成。架修和大修首先检查车轮踏面和轮缘的磨耗和损伤的情况，测量车轮踏面直径；然后计算对路面和轮缘修理后的踏面直径和轮缘高度，如果已达到检修极限(直径小于 785 mm，轮缘高度小于 26 mm)，必须换车轮。但轮对的分解非常困难，因为在一根车轴上不仅安装了两个车轮，还有轴承、轴箱迷宫环、齿轮及齿轮箱挡油圈等。退轮前必须先拆下轴承的滚子、外圈和保持架，但是内圈要用电磁感应加热器加热膨胀后才能退下。车轮与车轴为过盈配合，安装时不是采用热套(车轮加热，车轴冰冻)，就是冷压方法。但退轮现在不用加热和冷压的方法，一般采取油压自动退轮。现在很多车轮的毂孔上都加工了一条或两条油槽，而且毂孔和轴座结合面是一个圆锥面，向外变小。油槽与轮毂上的注油孔相通，注油孔平时用油塞堵住。退轮时，用油压机向注油孔注高压油，通过油槽在毂 8 孔与轴座之间形成一个油膜，并胀扩毂孔使结合面的静摩擦突然消失。车轮在圆锥面的导向下，向外弹滑而出。采用这种方法退轮，必须注意安全。车轮要用吊具挂牢，车轮退出的瞬间要用软的木块阻挡一下，避免车轮吊着晃动伤人。有时因为某种原因结合面形不成油膜，自动退轮失败，只能采用油压机冷压退轮。

退轮后的车轴经过清洗，必须进行探伤，重点在轮座两侧向内 12°～32°处。因为这个范围内，最容易出现疲劳裂纹。探伤用湿式荧光粉或磁粉进行电磁探伤，可以发现表面以下 7 mm 深的细裂纹。动车轴上的大齿轮检修有时不退卸，轴的这个部位不能进行电磁探伤，但可以采用超声波探伤、探伤未发现裂纹的车轴才能重新组装轮对。

新轮安装可以用热套的方法，但现在更多的工厂采用冷压方式。在新轮的毂孔和车轴的轴座上涂润滑脂，用油压机的靠山支架将车轮顶住，然后用油压机活塞紧贴轴端面将车轴压入毂孔，一直推进至轴座。压轮过程中油压机显示的压力曲线应平稳均匀上升，最终压力应达到设计吨位。压力太大、太小或者有断续不均衡现象都说明毂孔与轴座的配合不符合要求，属于不合格轮对。压装第二个车轮时，特别注意两轮间的内侧距，国内标准 1 353±2；进口车(欧洲)标准 1 358$^{+1}_{-0}$ mm。新轮对的踏面要经过旋削，一般在车轮车床上进行，按规定加工踏面形状。最后，对新轮对油漆。

3. 轴箱

轴箱无论架修或大修都必须彻底分解、清洗和检查。在使用电感应加热器拆卸轴承内圈和防尘挡圈时，要注意控制加热时间和加热温度，防止轴承内圈过热退火，还有要彻底退磁。清洗不能使用碱水，轴承应在煤油或汽油槽中清洗，最好使用轴承清洗机，既可提高清洗质量又可改善劳动条件。清洗后的轴承通过检查、探伤、抛光、修理和组装，最后检测内径、外径、径向游隙和轴向游隙等数值是否符合要求，并记入检查卡片，以便组装时选配。

4. 一系悬挂

城市轨道车辆的许多一系悬挂采用人字形橡胶弹簧，拆下来后用清水冲洗并擦干。用塞尺检查橡胶层是否有裂纹，一般裂纹深度不能超过 8 mm。人字形橡胶弹簧是由橡胶板和金属板(钢板或铝板)胶结硫化制成的；所以还要检查橡胶板与金属板结合部是否有脱开和剥离现象。

橡胶弹簧需在室温条件下放置 24 h，然后上一系簧试验台进行垂向静载荷性能测试。测试结果首先判定该橡胶簧是否继续使用，其次提供配对数据。

5. 二系悬挂

将拆卸下来的气囊用清洗剂清洁，检查气囊外表是否有损伤、裂纹、刀痕或金属丝外露。检查层叠弹簧尺寸，并上弹簧测试台进行刚度测试。

6. 变速齿轮箱

架修时，水平分箱面的齿轮箱分解，但垂直分箱面的不分解齿轮箱，仅清洁和检查箱体，更换齿轮箱油。大修时，则必须将齿轮箱完全分解清洁和检查。装在车轴上的大齿轮有时不拆，但与车轴一起探伤。齿轮、短轴和轴承经过清洗、修理、测试，重新组装。齿轮箱油在转向架组装后再加入齿轮箱。

7. 中央牵引装置

对中央牵引装置进行分解、清洗和检查。对中心销、销轴和牵引拉杆进行电磁探伤。大修时更换复合弹簧。

8. 抗侧滚扭杆

抗侧滚扭杆的拆卸有专用的高压油泵，拆卸后不得倾斜或倒地存放，以防变形。对抗侧滚扭杆进行电磁探伤。将扭杆置于车床上，用百分表测量扭杆是否变形。在扭杆关节球轴承处注油并重新组装。

9. 联轴节

对齿式联轴节，架修不分解，大修分解。分解后清洁和检查齿轮、金属软管是否完好、无损伤、无渗漏。

对于橡胶联轴节，使用时间超过 5 年，立即更换。

10. 组装

转向架按下列步骤组装；

(1)在组装后的轮对上安装速度传感器。

(2)在轮对轴箱上安装一系悬挂。

(3)将构架落至轮对上，安装轴箱拉杆和垂向止挡。

(4)安装安全轴销，齿轮箱悬挂装置。

(5)安装单元制动机(从制动组检修后运来)、抗侧滚扭杆、横向缓冲装置、层叠弹簧和牵引拉杆等。

11. 试验

转向架试验在专门设计的转向架加载测试台上进行。主要测试转向架的轮重和轴的平行度。测试时，用液压缸对转向架的二系簧承载处加压，测量各个车轮的载重和轴距。将测量结果进行计算，轮载偏差不得超过整个转向架轮载平均值的 2%；两轴平行度不超过 0.75 mm。左右两侧构架基本测量点至轨面的垂向高度差绝对值应小于 1 mm。如果上述数值有偏差，应予调整。调整方法主要是对一系簧和层叠弹簧加补偿垫片。

（二）车钩及缓冲器

车钩及缓冲器是一个相对独立的系统，而且城市轨道车辆的密接式车钩与铁路车辆的车钩有较大的差别。它由机械、电气、气动各种零部件组成，有很强的专业性。因此，在架修和大修中它由一个专门的工段或小组来检修。

1. 全自动车钩

用扳手将车钩上的电器元件拆除，注意不要损坏电器元件、用冷水清洗机械车钩的表面和钩头。测量车钩钩舌间隙，将测量所得数据直接写在钩头上，并做好记录。将全自动车钩分解：将构头分解、清洗、晾干。检查钩头各零部件磨损状况，对钩锁连接杆、抱箍和钩锁舌销进行探伤检查。检查结果应无严重磨损、无裂纹，将尺寸值记录下来。

对钩头零部件油漆和润滑，对中心轴只进行润滑，并重新组装。对钩舌板和中心轴的工作表面须涂油脂，锈蚀处清理后用抗锈涂层涂复并补漆。

对连接环清洁、检查、润滑和油漆，更换所有垫圈。对连接环进行无损探伤，连接环不得有损伤。不得油漆连接环的内表面。

对缓冲器进行静态检查，检查标志环有无变化，并用塞尺检查轴环处间隙，并记录。

检查垂向支承、接地电缆和软管，应无裂纹、无老化、无磨损。

检查手动解钩钢绳，应无断丝、无断股、无翻毛。

清洗和检查解钩风缸及对中风缸部件总成，风缸内壁清洗并涂油脂，更换密封圈。

组装全自动车钩，更换所有紧固件，更换开口销。连接环紧固扭矩、支承座与钩尾冲击座紧固扭矩以及张力套处扭矩必须按要求达到。车钩必须进行功能试验和气密性试验。功能试验在专用的车钩试验台上进行，被试车钩安装在一个轨道小车上，由气动缸推它与试验台另一端的标准车钩对撞，观察对撞时机械车钩是否快速灵活，连接是否有效。车钩联挂后间隙应小于 1.3 mm，风管孔对接无泄漏。气路接头如有泄漏，用密封胶重新密封。

对电气车钩清洗和检查；检查触点的弹性和表面粗糙度；按线号用万用表检查其导线是否导通。导向杆上涂油脂。

2. 半自动车钩

将支撑板从钩头上拆下，同时拆卸行程开关并送检测。清洗机械车钩的表面和钩头。测量车钩钩舌间隙，将测量所得数据直接写在钩头上。

将半自动车钩分解。分解后清洗支撑板及各零件，检查磨损情况。传动齿轮和齿条清洗后再涂油，其余零件补漆。检查电气车钩解钩孔盖板装置，弹簧损坏则更换。所有销钉和开口销换新，齿轮转动灵活，齿条伸缩自如。

钩头各零件分解、清洗，检查钩头各零部件磨损状况，有无严重磨损、裂纹。对钩锁连接杆和钩锁锁舌以及抱箍进行探伤检查。对钩头零部件油漆、润滑以及对中心轴进行润滑和组装。

对缓冲器进行静态检查，检查标志环有无变化并用塞尺检查轴环处间隙。清洗连接环，并进行探伤。清洗并检查垂向支承，接地电缆和通气软管无裂纹、无磨损，橡胶件无老化。检查支撑座有无裂纹、轴套有无严重磨损。

对中风缸、电气车钩等部件的清洗、检查、修理，以及半自动车钩组装与对接试验跟全自动车构完全相同。

3. 半永久车钩

清洗和检查各零部件，应无污垢、无裂纹、无严重磨损。尤其车钩外表面。对抱箍进行内表面磨损检查和探伤处理，抱箍应无严重磨损，无裂纹。将尺寸值记录下来。

对缓冲器进行静态检查并记录。检查标志环有无变化并用塞尺检查轴环处间隙。

检查支撑座有无裂纹，轴套有无严重磨损，橡胶件是否老化。

组装半永久车钩。支承座与钩尾冲击座紧固扭矩按照规定达到。对气路接头进行密性试验，如有泄漏，用密封胶重新密封并紧固。

电气车钩的清洗和检查与全自动车钩类似。

（三）制动系统

制动系统既是个重要的专业，又是个庞大的机构。架修和大修的内容及零件数量都很多。有的部件虽然由其他专业拆装，如单元制动机由转向架组负责拆装，但检修仍在制动组；有的部件不属于制动系统、如车门驱动气缸，但由制动组进行检修。

1. 空气压缩机组

无论架修还是大修，都要分解空气压缩机组。分解后，清洗各个零部件，检查内部零件是否有损坏或损伤，尺寸应符合要求。

清洗空压机外表及冷却器叶片。冷却器叶片应无积垢，外表补漆应均匀完整。对需要润滑的各零部件用油脂润滑。组装空压机，并与电机重新连接后上试验台进行整机试验。

2. 空气干燥塔

分解空气干燥塔，清洗并检查零部件是否完好、是否无堵塞，特别是排污机构。重新组装空气干燥器，更换干燥剂。对排污功能进行测试，测试功能应良好。空气干燥塔外表重新油漆。

3. 单元制动机

对单元制动机作外观清扫、冲洗积尘和污垢。松开闸瓦连接螺栓、螺母，取下挡圈环，抽出扭簧心轴，取下吊臂。拧下定位弹簧螺套，对弹簧片进行清洁后涂薄层黄油。

将单元制动机吊至试验台进行功能及泄漏测试。

安装吊臂、扭簧心轴、扭簧并将挡圈环扣好，扭簧和心轴涂薄层黄油，螺杆表面也涂黄油。

将闸瓦托连接螺栓插上，并将螺母加一弹簧垫圈拧紧。清洁并检查皮腔有无裂纹、损伤并对其润滑。更换闸瓦，安装应牢固。

架修不分解制动缸。大修分解制动缸并清洁内腔和活塞，检查活塞及弹簧，更换活塞环。

4. 空气制动控制系统

将BCU的各种阀和压力开关分解，对阀进行检查、清洁、润滑。在多功能阀类试验台上测试阀的功能。重新安装阀及压力开关，安装位置正确，安装牢固。

5. 防滑阀

清洁阀的表面，应无积垢、无灰尘。对阀进行检查、清洁、润滑，应无损伤、裂纹。测试防滑阀的功能，功能应良好，无泄漏，电磁线圈绝缘性能良好。

6. 双针压力表

拆卸并清洁压力表外表面，应无积尘、无积垢，表面玻璃清晰、干净。对表进行检查，应无损伤、无裂纹、无变形，玻璃无碎裂。校验压力表，应指示正确，性能良好。表具安装正确。

7. 各种测试接头

清洁各种测试接头，应无积垢、无灰尘。对各种测试接头进行检查，应无损伤、无裂纹、无变形。检查各种测试接头的功能，功能应良好，无泄漏。

8. 过滤器

拆卸过滤器，去除滤网上及内部的杂物。清洗后擦拭于净。

安装过滤器，安装位置应正确、牢固。

9. 安全阀

架修和大修后，一般应更换所有的安全阀。

10. 其他

除了制动系统外，一般制动组(工段、车间)还要承担其他气动部件的修理。如车门驱动气缸、刮雨机、气喇叭和二系悬挂高度阀等。

(四)牵引电气箱

牵引电气箱指的是牵引斩波器箱、牵引逆变器(VVVF)箱等，虽然它们的电气原理不一样，但电气箱结构类似，检修方法也相同。

用干燥的压缩空气或吸尘器清洁牵引箱通风区域及安装区域。

拆卸各电子模块，清洁模块。检查各模块是否有损伤或烧灼的痕迹。重装各模块，要求安装、接线正确和紧固。

拆卸接触器，更换接触器主触点和辅助触点，检查机械动作是否正常。拆下灭弧罩，清洁、检查灭弧罩。重新安装接触器，安装应正确，接线要牢固。

检查牵引箱内其他部件有无损坏。清洁和检查进出风格栅，格栅应无堵塞、无损伤。检查箱体有无损坏、锈蚀，密封是否良好。拆卸牵引箱的冷却风机，更换轴承。检查风机，风机功能应正常。重新安装冷却风机，部件安装要正确、牢固，接线正确。检查电缆连接及电缆连接插座，触点及连接处应无损坏、无氧化、无锈蚀。

(五)静止逆变器箱

检查箱体所有外部紧固件连接件，应不缺少、无锈蚀、无损伤。

检查端盖面板密封条和锁位压力触头，密封条无损伤和变形、锁位正常。清洁过滤网及内部风道区域，应清洁无积灰。

拆卸模块并清洁、检查，各模块目测应无不正常现象。清洁、检查并测试线路电感器、主熔器、绝缘子、电压传感器、电流传感器、子系统滤波电容、逆变器控制单元及其他部件，各部件应清洁无积灰，各项技术参数符合技术要求，各器件功能显示正常。

检查主回路各连接排和绝缘子各连接插头、插座，绝缘是否符合要求。检查冷却风机功能并更换轴承。

重新安装模块单元后，用便携式计算机进行静态调试和动态调试。调试的各技术参数、波形应符合技术要求。

(六)牵引电动机

1. 交流电动机

架修时将电机从转向架上拆下，清洁并检查电机的避风口及罩盖，各部件应清洁、无损坏。

检查电缆、电缆接头及速度传感器，应完好无拉坏、无松动。

润滑两端轴承。检查注油扎盖，锁紧装置良好，无松动、无缺盖。

上电机试验台试验。

2. 直流牵引电机

分解电机，清洁各部件。

检查定子，定子绝缘无破损、过热现象。测试定子绕组对地耐压，在 4 000 V、1 min 下定子绕组对地无击穿。

检查电枢，绕组表面无破损、无烧伤和过热。无纬带、无毛刺、无开裂。轴颈各工作表面无拉伤，键槽完好。1 min下电枢绕组对地绝缘，冷态下绝缘电阻大于5 MΩ，热态不绝缘电阻大于2 MΩ。

精车换向器表面。换向器表面粗糙度和下刻深度按照修理标准。工作表面无拉伤、无毛刺。

其他检修如碳刷、轴承等与定修基本一样，这里不再重复。

对电机进行试验。试验项目主要有额定制试验、小时制试验、换间试验、超速试验等。

(七)受电弓

分解受电弓各部件，对所有零部件进行清洁。检查绝缘瓷瓶，瓷瓶表面应光洁、无油污、无裂纹、无破损，安装螺纹无烂牙。检查底部框架、下部撑杆部件、下部导向杆、上部撑杆、上部导向杆、集电头，各部件应无裂纹、无变形。用标准靠模板检查部件外形尺寸，尺寸应符合要求。

检查气动升降装置及主压簧部件。气动装置压力在2.94～5.88 MPa之间，5 min保压试验，泄漏量不大于0.2×10^5 Pa(0.2 bar)。

组装受电弓，更换轴承并润滑各相关部件，注油至两侧排出润滑脂为止。更换碳滑板；安装到位，其过桥连接编织线连接正确。

对受电弓进行升、落弓时间及接触压力测试。测试在专用的受电弓测试台上进行。一般要求升、落弓时间为7～8 s，压力范围为1.2×10^6 Pa(12 bar)。对绝缘瓷瓶进行绝缘电阻及交流耐压试验。绝缘电阻应大于500 MΩ。在4 750 V、1 min下无闪烁、无击穿。

(八)高速开关箱

分解和清洁高速开关，检查各个部件是否有损伤和变形。

清洁并检查灭弧罩，灭抓罩内、外清洁，灭弧片良好。

用游标深度尺检查叉架与滚轮间的离合间隙。

更换主触头；更换各机械磨耗件，如导杆装置、减震装置、减震器和叉架等。

用低压大电流电源检查和调整跳闸门槛电流值。

(九)蓄电池组

首先要注意，蓄电池属于易燃易爆物品，因此，它的检修场地也应该是防爆级的。

从车辆上拆下蓄电油箱，运回蓄电池车间。清洗蓄电油箱。箱体应清洁、无残液，排液孔通畅。

检查电池抽屉、木格及连接电缆。抽屉应动作灵活，无机械损坏；木格无破损，接线良好。

清洁主蓄电池。清洗前，用黄色运输塞换下白色气塞，电池、气塞、连接件应清洁、无结晶。检查蓄电池电解液密度。对主蓄电池进行充放电。电池电压应大于110 V(直流)。

检查主蓄电池转换开关盒及保险丝闸刀开关盒，盒内保险丝、隔离二极管应完好。检查车上各连接线。线缆及接线端子应完好，无破损。对导电排涂凡士林、涂抹应均匀。

(十)制动电阻箱

拆下制动电阻箱，打开箱盖，将各个电阻单元连架一起取出。清洁后电阻片上应无积灰。检查电阻带，电阻带应无过热痕迹、无变形。

检查绝缘子。绝缘子应无破损、无丢失。

清洁和检查制动电阻箱内部，箱内应无积灰、无破损、无明显变形。

重新安装电阻带时先检查电阻带安装框架，框架应无变形、无破损。电阻带安装后，测量电阻单元阻值，阻值应在规定范围内。

检查冷却风机机筒和悬挂处各焊接部位，应无开焊、无裂纹、无变形，悬挂处平整。检查风机网罩和风机座板，网罩应无变形。

检查冷却风机驱动电机，电机端盖应完好，端盖轴承座无拉伤。退出高速轴承，清洗轴承不留残脂。轴承重装后，电机通电 30 min 试验，检查电机轴承是否发热。

检查风机叶片。叶片安装孔应无拉伤；叶片完好，无积垢。对风机进行振动测试，低速振动值不大于 3.0 mm/s，高速振动值不大于 7.0 mm/s。

(十一)客室车门

客室车门有各种形式，这里仅以气动式内藏对开门为例，介绍客室车门的架修和大修。

从车上卸下所有门板，运回车体车间清洗和检查。

另从车上拆下所有的驱动气缸，清洗并润滑驱动气缸的活塞杆和球形铰接头，使气缸运行自如，无异声。

拆卸并清洗门锁钩装置，检查门锁钩单元的磨损情况并加油润滑，门锁装置应活动灵巧无阻碍。清洁并润滑解锁气缸的活塞和活塞杆，检查解锁气缸有无严重磨损，是否运行自如。清洁和检查紧急开门装置，应功能正常。

清洁和检查导轨。调整紧固导轨螺栓，导轨工作表面清洁不可使用化学清洗剂，无松动现象。

清洁和检查上下端门刷、门板玻璃安装橡胶条和护指橡胶密封条，并对护指橡胶加硅油。门板应无变形；护指橡胶密封条无破损、无老化，两门封条上下距离之差不大于 2 mm；而且间隙下小上大。

将清洗、整形后的门板装回车上。检查车门承载轮、防跳轮、门板、门槛间隙和安全钩的互相关系的几何尺寸。

清洁和检查传动钢丝绳，钢丝绳应无损伤、无部分断裂现象。用悬挂重块的方法测量其张紧程度。距离门中心左侧 165 mm 处，挂 2 kg 铅锤，被挂处钢丝绳下半周与钢丝绳上半周之间的距离应为(15±3)mm。

清洁、检查限位开关，若有损坏必须更换。

检查开关门时间和关门压力。开关门时间和关门压力按检修规程执行。

(十二)空调机组

1. 机组箱体

将箱体与通风道连接的过渡风道拆掉，用悬臂吊吊起空调机组箱，放置在运输小车上运回空调车间检修。

分解空调机组，清洗箱体；检查箱体是否腐蚀、破损、变形。检查箱体紧固件有无损伤。检查箱体防震胶垫是否破损、老化、有裂纹，一般大修时更换。

2. 蒸发器箱

拆除蒸发器箱内部隔热层。清洗箱体内部及进风格栅。拆下旧风滤尘网，更换新件。清洁混合风滤尘网框架，更换混合风滤尘网。粘贴隔热层材料，要求粘贴平整。

拆下通风电机和风叶。分解并清洗电机，更换轴承，烘干定子，重新组装电机。测量电机对地绝缘。电机运转应平稳，无异声。

清洗蒸发器翅片，翅片表面无积灰。检查和疏理蒸发器翅片，应无损伤变形。清洗排水孔，保证箱内排水顺畅，无积水。

清洁和检查循环空气挡板、气动缸及气路，应功能正常，无泄漏、结构无松动。清洁并检查各温度传感器、管路、阀门，应无损伤、无变形、无泄漏。

3. 冷凝器箱

拆下冷凝电机和风叶。分解和清洗电机,更换轴承,烘干定子,重新组装电机。测量电机对地绝缘。电机运转应平稳,无异声。清洗并检查风叶,风叶应无损伤,如有损伤更换风叶。

清洗箱体和冷凝器翅片,用压力水枪冲洗,污垢严重的使用中性洗涤剂。检查冷凝器翅片应无损伤、无变形。

检查管路、电磁阀和阀门有无损伤、变形和泄漏。检查压力传感器,连接应完好无损伤。检查所有电缆、接头、插头有无损伤、松动。电缆及接线盒内各线头应无老化、无破损,排列应整齐。

检查压缩机,吸排气口法兰应无损伤、无泄漏。检查压缩机安装座橡胶件及紧固螺栓,橡胶件和螺栓应无损伤和裂纹。检查压缩机接线端,应无烧损、无松动。

通过视油窗检查压缩机油位。油位应在视镜的 1/2 位置以上,2/3 位置以下。检查制冷液视镜中心色柱,色柱呈紫色,腔内洁净。粉红色为制冷剂含水量过高;藏青色为制冷剂内污垢过多,需更换干燥过滤器。

(十三)地板

检查地板的安装和外观,地板应牢固、平整、无破损,清洁无污垢。如不平整或有破损,应予以局部修补。

检查地板的覆盖层与地板黏结是否牢固,有无鼓泡、破损和明显划痕、全车允许鼓泡、破损的面积有一个百分比规定,超过这个百分比,按原整块摘掉后重新黏结。

(十四)贯通道和折篷

拆下检查折篷是否完好无损,对其进行冲洗和修理。重新安装后,检查活动侧墙及其机构备件是否安装牢固、翻转灵活。

从车上拆下过渡板进行清洗,检查过渡板有无裂纹及严重磨损,磨耗条厚度小于 2 mm 时必须更换。大修时过渡板基本磨耗到限,一般都进行更换处理。

(十五)车体修理(油漆)

耐候钢制的车体每 10 年必须进行大修,也就是将车体蒙皮全部去掉,只剩钢架。车架进行抛丸除锈,检查结构是否有损伤、变形、裂纹,在必要的部位进行补焊和补强。

由于现在城市轨道车辆更多地采用铝合金型材制造车体,因此大修不一定需要对车作进行整修。但是油漆是必须的,因为洗车或乘客的不当行为经常造成油漆的损伤。

油漆一般在专用的油漆车间进行。首先要铲刮和磨去原来的油漆和底子,然后重复进行多次嵌刮腻子和打磨,使表面平整。喷漆后,自然阴干或加热烘干。

(十六)列车调试

城市轨道车辆与铁路车辆的最大不同就是列车有固定编组,而不像铁路客车或货车没有动力,可任意编组。因此,架修或大修后的城市轨道车辆必须进行列车调试。调试分静态调试和动态调试。

1. 静态调试

静态调试(简称为静调)在静调线上进行。静调线上有接触网 1 500 V 直流电,下有检修地沟,还有登车顶的梯子,检查作业都很方便。静调主要内容如下:

(1)列车初始状态检查,检查所有开关、闸刀的位置。

(2)列车得电检查,检查供电是否正常,蓄电池电压测量。

(3)驾驶室得电检查,用司机钥匙打开主控制器。

(4)人工升弓检查,用脚踏泵打气升弓。

(5)驾驶室指示灯检查。

(6)升弓、落弓检查,平时正常操作。

(7)停车制动检查,驾驶室操作。

(8)辅助逆变器电源应急启动试验。

(9)通风风扇检查,所有设备的通风风扇无论大小都要检查。

(10)客室照明检查。

(11)列车照明检查,包括头灯、尾灯和运行灯。

(12)列车车门联动试验,包括模拟故障试验。

(13)牵引控制单元(TCU)静调,用便携式计算机发出模拟指令,检查输出响应。

(14)高速开关检查。

(15)气路和压力表检查。

(16)制动压力检查。

(17)轮径设置。

(18)校验北京时间。

2. 动态调试

动态调试(简称为动调)在试车线上进行。主要内容如下:

(1)库内低速运行和制动试验。出静调线时先要低速运行,检查列车前作是否正常,驾驶室面板信号显示是否正常,各种指示灯显示是否正确。

(2)车轮直径校正运行,速度低于 28 km/h。

(3)慢行试验。速度为 3 km/h,用于洗车、碰钩和调车。

(4)紧急牵引试验。检查全牵引工况。

(5)常用制动试验。40 km/h、60 km/h 和 80 km/h 条件下的全常用制动。

(6)快速制动试验。要求在 20 km/h、40 km/h、60 km/h 和 80 km/h 条件下,制动距离分别小于 17 m、65 m、130 m 和 190 m。

(7)紧急制动试验。要求在 20 km/h、40 km/h、60 km/h 和 80 km/h 条件下,制动距离分别小于 17 m、56 m、120 m 和 180 m。

(8)电制动失效制动试验。切除部分动车电制动,检查气制动补偿作用。

(9)牵引特性试验。检查列车在全牵引、全制动运行下的工况。

(10)后退试验。列车在两个方向运行试验。